富媒体 智能化

高等教育财经类核心课程系列教材

高等院校应用技能型精品规划教材

资产评估基础

Essentials of Asset Valuation

（第二版）

理论·实务·案例·实训

李　贺　杜　宪　王福利　张慧妍◎编　著

上海财经大学出版社

图书在版编目(CIP)数据

资产评估基础:理论·实务·案例·实训/李贺等编著.—2版.—上海:上海财经大学出版社,2020.12

高等教育财经类核心课程系列教材

高等院校应用技能型精品规划教材

ISBN 978-7-5642-3665-6/F·3665

Ⅰ.①资… Ⅱ.①李… Ⅲ.①资产评估-高等学校-教材 Ⅳ.①F20

中国版本图书馆CIP数据核字(2020)第193176号

□ 责任编辑 黄 荟

□ 封面设计 贺加贝

资产评估基础

——理论·实务·案例·实训

(第二版)

李 贺 杜 宪 王福利 张慧妍 编著

上海财经大学出版社出版发行

(上海市中山北一路369号 邮编200083)

网 址:http://www.sufep.com

电子邮箱:webmaster @ sufep.com

全国新华书店经销

上海华业装璜印刷厂印刷装订

2020年12月第2版 2022年8月第2次印刷

787mm×1092mm 1/16 21.75印张 557千字

印数:10 001—11 000 定价:56.00元

第二版前言

《资产评估基础》第二版依据《国务院关于印发国家教育事业发展"十三五"规划的通知》以及高等院校应用技能型教育人才培养目标和培养模式的要求，注重理论联系实际，提高学生应用能力、实践能力和创新能力，依照"原理先行、实务跟进、案例同步、实训到位"的原则，在注重培养学生资产评估实践应用能力的同时，结合最新政策及其改革的变化，我们对教材进行了修订，修订后做到与时俱进，使得教材更接近实际应用操作。

在教育部相关文件和《资产评估法》的指引下，编者总结多年教学实践经验，修订了这本具有较强系统性、完整性、实操性和创新性的应用技能型教材。本教材共有 12 个项目、52 个任务。每一个项目的开篇都有"知识目标"、"技能目标"、"素质目标"和"项目引例"，项目结尾编排了"应知考核"（包括单项选择题、多项选择题、判断题、简述题）、"应会考核"（包括观念应用、技能应用、案例分析）和"项目实训"（包括实训项目、实训内容、实训目的、实训反思、实训报告），以使学生在学习每一个项目时做到有的放矢，增强学习效果。本教材可以使学生加深对资产评估的理解，并学会在实际工作中运用资产评估的基本理论和实操技巧。

作为普通高等教育应用技能型财经类核心课程系列教材，本书具有以下特色：

1. 内容全面，体系规范。资产评估不仅是会计、资产评估专业的主干课程，而且是每一名财会专业方向的学生应当学习和了解的课程。通过学习，可以树立现代资产评估的基本理念，全面认识资产评估的内容体系和知识结构、资产评估师的职能和职责，掌握资产评估的基本方法与技巧，从而在整体上具有系统思考、分析和解决资产评估问题的能力。

2. 结构新颖，栏目丰富。为便于读者学习，本教材力求在结构上有所突破，激发读者的学习兴趣和学习热情。每一个项目在具体的知识精讲前都有清晰的"知识目标"、"技能目标"、"素质目标"和"项目引例"，课后又编排了"应知考核"、"应会考核"和"项目实训"，以呼应本教材的实践性、应用性的特色。

3. 与时俱进，紧跟政策。随着《资产评估法》的实施，我国资产评估行业管理体制发生了改变，既降低了资产评估从业门槛，也加大了评估机构和评估专业人员的法律责任和执业风险，评估机构"提质增效，转型升级"将成为我国评估行业发展新常态。因此，为了反映我国资产评估行业发展的新变化，更新资产评估学科专业知识体系，我们在保持原书基本结构不变的基础上，增加了《资产评估法》实施后所引领的资产评估职业环境变化的新内容，同时对原有项目的相关知识进行优化升级。

4. 学练结合，学以致用。鉴于本课程实践应用性较强的特点，为了便于学生及时复习所学的知识内容，提高学习效率，每一个项目的开篇和结尾都做了精心设计，引导学生“学中做”和“做中学”，把学和做有机结合，做到学思用贯通、知信行统一，提高自己的职业道德素养。

5. 校企合作，接近实际。为培养应用技能型人才及实施“$1+x$”证书制度，实现知行合一，本教材以校企为依托，把实践教学作为深化教学改革的关键环节，推动校企共同修订培养模式、共同开发课程、共建实训项目，发展创新创业教育，开展校企合作育人。本教材对接最新职业标准、行业标准和岗位规范，融合职业岗位所需知识、技能和素养的人才培养方案及课程标准，体现校企一体化。

6. 课证融合，双证融通。本教材以全国资产评估师考试认证为目标，符合考试大纲的基本要求，在注重实践操作的同时，为与资产评估师考证相关内容相配套，在每个项目后设计了与考证对接的相关习题及实训题目，从而为资格认证打下基础。

7. 教辅资源，配备齐全。为了配合课堂教学，编者精心设计和制作了教师课件 PPT、习题参考答案、课程教学大纲、配套实验课程大纲、配套习题、模拟试卷，以及相关法律法规、学习指南与习题指导等，实现网上运行，充分发挥网络课程资源的作用，探索课堂教学与网络教育有机结合的新途径，教师可加入 QQ 交流群 839697807。

本教材由李贺、杜宪、王福利、张慧妍编著。其中，李贺撰写项目一至项目四、项目十和项目十一，杜宪撰写项目五至项目七，王福利撰写项目十二，张慧妍撰写项目八和项目九。本教材适合应用技能型教育层次的会计、资产评估、国际会计、审计、财务管理等专业方向的学生使用，同时也可作为资产评估专业人员的参考资料。另本套图书包括与资产评估师考试相互配套的资产评估相关知识，即财务会计、财务管理和经济法，参见封底。本教材在编写过程中，参阅了相关领域专家和学者们的教材与著作，同时得到了上海财经大学出版社的大力支持，在此一并表示衷心的感谢。由于编写时间仓促，加之编者水平有限，本教材难免存在一些不足之处，恳请专家、学者批评指正，以便我们不断地更新、改进与完善。

编 者

2020 年 6 月

内容更新与修订

目　录

第二篇 资产评估实务篇

第一篇
资产评估基础篇

项目一

资产评估总论

○ **知识目标：**

理解：资产评估的产生及其发展历程；资产评估的发展趋势；资产评估的功能和作用。

熟知：资产评估与清产核资、会计计价、审计的联系与区别。

掌握：资产评估的概念、内容与特点，以及资产评估的基本要素；资产评估相关当事人。

○ **技能目标：**

在掌握资产评估的八大基本要素的基础上，能够在具体的案例操作中，灵活地运用资产评估的基本要素，对资产评估的对象进行科学、合理的估价。

○ **素质目标：**

通过对本项目的学习，加强对资产评估的基本认识，明确资产评估的基本概念和相关内容，为以后项目的学习和将来的资产评估工作打下基础，把学和做有机结合，做到学思用贯通、知信行统一，提高自己的职业道德素养。

○ **项目引例：**

泰山体育产业集团的资产评估

泰山体育产业集团最初只是一个生产体操垫子的家庭式作坊。在政府的倾力帮扶下，它不断加大科技创新力度，先后与山东大学、华东理工大学合作，建立起两个国家级研发中心，成功研制开发出全国领先的纳米材料人工草丝和30多种新型体育器材。2008年，泰山体育产业集团正式签约北京奥组委，为北京奥运会提供体操、柔道、跆拳道、摔跤、拳击和田径六大类200多种体育产品，成为奥运史上一次性提供器材最多的企业。

昔日的小作坊，如今已经发展成年产值20多亿元、利税4亿多元、出口创汇3 000多万美元的大型现代化民营企业，其“泰山”品牌经国家权威评估机构评估，价值高达118亿元。时任国家体育总局局长、中国奥委会主席刘鹏评论说：“这是中国唯一，也是亚洲唯一。”

引例导学：上述是一个无形资产的评估案例。那么，什么是资产评估？资产评估有什么特点？又与哪些基本知识有联系呢？通过对本项目的学习，你将得到解答。

○ **知识精讲：**

任务一　资产评估的产生与发展

一、资产评估的产生与发展阶段

（一）资产评估的产生

资产评估是商品经济发展到一定阶段的必然产物。随着人类社会商品交易的产生和发展，生产商品的资产交易也随之产生并得到发展，这就产生了资产评估的需要。特别是随着市场经济制度的产生，资产交易不断得到发展和扩大，为保证交易的科学性和合理性，对资产评估的需要和要求也随之大大提高。

（二）资产评估的发展阶段

1. 原始评估阶段

在原始社会后期，生产的进一步发展促使剩余财产的出现，这是私有制产生的物质基础。随着私有制的实现，出现了商品生产和商品交易，而生产商品的资产交易也随之产生并得到发展，于是产生了资产评估的客观需要。在房屋、土地及珠宝等贵重财产的交易过程中，由于这些财产的价值具有不确定性的特点，交易双方往往对价格难以达成一致的意见，这时双方会找一个略有经验并共同信得过的第三者进行评判，从而达成一个公平价格，使得买卖成交。这个第三者在协调过程中需要用各种理由和方法给出一个双方都能接受的价格，实际上扮演了类似现在评估人员的角色。

原始评估阶段的资产评估主要具有以下特点：

(1)直观性。评估仅仅依靠评估人员的直观感觉和主观偏好进行，没有借助其他测评设备。

(2)非专业性。评估人员并不具备专业的评估手段和技能，也未受过专门训练，往往是由资产交易双方或一方指定的人员来进行评估，甚至由那些并不懂多少评估知识却在一定程度上德高望重的人员来进行评估。

(3)无偿性。资产交易双方不需要支付评估人员的报酬，评估人员也不需要对评估结果负法律责任。

2. 经验评估阶段

随着经济的进一步发展以及商品、资产交易频率的提高，资产评估业务也逐步向专业化和规范化方向发展，从而也就产生了一批具有一定评估经验的评估人员。这些评估人员由于积累了较丰富的评估经验，因而专业水平更高，接受的委托评估业务也较频繁，实行有偿服务，并逐步向职业化方向发展。

与原始评估阶段相比，经验评估阶段的评估结果更为可靠，但还未能实现评估工作的规范化和评估方法的科学化。从时间上看，前资本主义阶段的资产评估基本上处于经验评估阶段。

经验评估阶段的资产评估主要具有以下特点：

(1)评估的准确性主要取决于评估人员积累的经验。

(2)评估人员对评估业务进行有偿服务。

(3)评估方法较为单一，一般根据类似商品的成交价确定被评估资产的价格。

3. 科学评估阶段

蒸汽机的轰鸣声宣告了产业革命的到来。产业革命促使资本主义经济飞跃发展，生产要素市场日渐发达。这样，社会对资产评估的需要就越来越迫切，要求也越来越高，从而推动资产评估逐渐发展成为一种职业。在现代资产评估行业中，评估机构通过为资产交易双方提供评估业务，积累了大量的资产评估资料和丰富的资产评估经验，形成了符合现代企业特点的管理模式，产生了一大批具有丰富评估经验的评估人员。具备了这些方面的条件，公司化的资产评估机构就产生了。通常，资产评估公司集中了许多具有相当专业化水平的评估人员，这些人员既可以是评估公司的员工，也可以是评估公司的兼职人员。在科学评估阶段，资产评估业务的范围是极其广泛的，包括有形资产评估和无形资产评估，甚至可以细分为机械设备评估、自然资源评估、房地产评估等。

在科学评估阶段，资产评估的理论研究也得到了很大发展。新古典经济学派的阿尔弗雷德·马歇尔率先将价值理论引入估价工作中，并对销售对比法、成本法、收益现值法这三种主要的评估技术进行了研究。其后，美国颇有影响力的经济学家埃尔文·费雪对马歇尔提出的这三种评估技术作了进一步的探讨，并着重研究了收益的价值理论，发展并完善了收益法。这些理论准备促使资产评估方法走向科学化，提高了资产评估的准确性和科学性。

科学评估阶段的资产评估主要具有以下特点：

(1)评估机构公司化，即评估机构是自负盈亏的独立企业法人。

(2)评估手段和方法科学化，即将大量现代科学技术和方法应用到资产评估中，提高了资产评估的准确性和科学性。

(3)资产评估的范围大大扩展了，即资产评估的内容更加丰富，不仅包括有形资产评估和无形资产评估，而且细化到专项资产、金融资产等方面的评估。

(4)资产评估人员专业化，即资产评估人员以资产评估作为自己的职业来从事，他们对资产评估的业务知识和理论有相当程度的掌握与了解。

(5)评估结果法律化，即资产评估结果通常要经过法律部门的公证，评估机构和评估人员对体现资产评估结果的资产评估报告要负法律责任甚至是连带责任。

总之，科学评估阶段的资产评估已成为市场经济体系中一个不可或缺的社会中介行业，对于维持市场经济秩序具有重要的作用。我们所讨论的资产评估就是科学评估阶段的资产评估。

二、发达国家资产评估

资产评估是市场经济条件下资产交易和其他业务发展的产物。市场经济越发达，资产评估业务的规模越大，评估的成熟程度和发达程度就越高。发达国家的资产业务十分发达，其评估行业也因此发展起来，它代表着国际范围内资产评估行业的先进程度。当前，世界发达国家资产评估的基本现状具有以下特点：

(一)资产评估主体的公司化

所谓公司化，是指评估机构以自主经营、自负盈亏的企业法人形式进行经营管理。这些评估机构通常是产权明晰、权责明确、政企分开、管理科学的现代企业，并完全符合一般服务性企业的特点。其客户就是参与资产业务的交易双方，其产品就是为客户提供优质的评估结果(以评估报告的形式提交给客户)。发达国家的资产评估公司可以分为两大类：一类是专业化的资产评估公司；另一类是兼营资产评估业务的各类管理咨询公司。前者能为客户提供几乎所有的资产评估业务，专业化程度较高；后者在从事其他有关业务的同时，如财务管理、战略管理、人力资源管理等，也从事资产评估业务，另外，会计师事务所等也兼营评估业务。

(二)资产评估管理的科学化

资产评估管理的科学化主要表现在评估管理机构健全、评估规则统一和监测评估结果三个方面。发达国家一般设有全国性的资产评估协会，负责资产评估的行业管理和自律工作。全国性的资产评估协会还制定了严格、统一的资产评估规则，其主要内容涉及评估公司的组织、评估师的资格认证及晋升、评估师的职业道德规范以及资产评估中应该遵循的一般原则等。监测评估结果的主要目的是防止评估人员在评估中违反职业道德，恶意损害一方利益的情况发生。评估人员必须在共同完成的评估报告上签字，作为追诉的法律依据，如果评估结果因恶意而出现法律纠纷，则评估人员必须为此承担法律责任。有些国家还采用评估人员之间互相负连带责任的制度来规范评估人员的行为。

（三）资产评估行业从业人员的多层次化

资产评估行业具有知识密集型的特点，从业人员的知识和技能相对其他行业比较突出。从这个角度来说，从业人员可以分为行业管理人员和企业经营人员。前者是指在资产评估协会工作的人员，后者是指在资产评估公司工作的人员。

在资产评估公司工作的人员又可分为三类：第一类是评估公司的董事、经理和其他管理人员，这是公司的管理阶层，主要负责公司的经营管理工作；第二类是评估公司的销售人员，其主要职责是通过各种方式把公司的优质服务推销出去，为公司承揽业务；第三类是专业评估人员，主要由专业技术人员组成，大多是各行各业的工程师和具有相当职称的专家，其中以会计师居多，他们的主要任务是完成公司资产评估业务的技术性工作，所以是资产评估公司的主要技术力量。

（四）资产评估业务的多元化

在发达国家，资产评估业务表现出多元化的趋势，大到航天飞机、国家级工程项目，小到螺丝钉、边角料，都是评估对象。资产评估公司都十分注重创建自己的公司品牌，所以只要客户有合理的委托和要求就尽量满足。评估公司之间有时也为一项业务展开激烈的竞争，但每一家评估公司都有自己的特色，有的精于无形资产评估，有的擅长有形资产评估，有的擅长在建工程评估等。

三、中国资产评估

由于曾长期实行计划经济体制，资产评估在我国还是一个新兴的行业。在计划经济条件下，企业的资产都是国有资产，产权属于国家，资产的转移都通过国家计划调拨的方式进行。在这种条件下，资产交易主要表现为少量的民间交易和少量的对外经济交易，资产业务规模小，制约了资产评估行业的发展。我国的资产评估行业是在改革开放以后逐渐发展起来的，是一个较为年轻的行业。

20 世纪 80 年代末，随着我国社会主义市场经济的逐步形成，企业逐渐成为相对独立的经济实体。在这种情况下，企业的生产要素不再仅仅通过国家计划进行调拨，而是通过市场在企业间进行交换、流动。企业通过联营、兼并、股份制改组、资产转让、交易等多种方式来提高企业资产的运营效益。为了保障交易双方的权益不受损害，防止国有资产流失，资产评估行业应运而生。

我国的资产评估行业自 20 世纪 80 年代末期兴起以来，已取得了许多可喜成绩。

（一）建立和健全了评估规章

1989 年，国有资产管理局下发了《关于国有资产产权变动时必须进行资产评估的若干暂行规定》，这是我国第一部涉及评估问题的政府文件。1990 年 7 月，国有资产管理局成立资产评估中心，其职能是对全国国有资产的评估工作进行管理和监督。资产评估中心自成立以来，一方面，按照国务院和国有资产管理局的要求积极开展有关资产评估的各项管理工作，进行评估理论和方法的研究；另一方面，积极制定资产评估法规和各项规章。1990 年底后，省级国家资产管理部门陆续成立评估中心，管理地方的资产评估工作。至此，资产评估在全国全面开展起来。

1991 年 11 月，国务院以第 91 号令颁布了《国有资产评估管理办法》，对我国开展资产评估工作的程序、目的、法定评估范围、评估应遵循的原则、评估工作管理主体、评估操作机构的资格认定、评估的基本方法和评估行为等方面的法律责任作了系统的规定，确定了我国资产评估工作的基本依据、基本方针和基本政策。国有资产管理局围绕着贯彻落实第 91 号令制定了一系列配套的规章制度，地方省（市）人民政府也制定了一些地方评估管理的法律条例，为促进全国资产评估活动的有序开展和逐步形成全国统一的资产评估服务体系提供了法律保证。

（二）成立了行业组织

1993 年 12 月，中国资产评估协会成立。评估协会的成立标志着我国资产评估行业由政府直接管理，开始向在政府监督指导下行业自律性管理过渡。资产评估组织作为社会公正性的中介服务组织，必须坚持独立、客观、公正的原则，其不仅要承担维护国有资产所有者权益的责任，还要承担维护其他产权主体权益的责任。中国资产评估协会的主要职责是：负责协会会员管理，制定评估准则和标准，代拟行业管理法规，开展评估理论及政策的研究，创立刊物，开展教育培训、国际交流、信息服务，调解仲裁纠纷，维护会员合法权益。评估协会是一个行业自律性的组织。

1995 年 3 月，中国资产评估协会代表中国资产评估行业加入国际评估标准委员会，使中国资产评估行业开始走向世界。在 1999 年北京国际评估准则委员会年会上，中国成为国际评估准则委员会常务理事国。目前，全国各省、自治区、直辖市和计划单列市基本都成立了资产评估协会，形成了较完整的组织体系。

（三）建立了注册资产评估师制度

随着我国社会主义市场经济的发展，评估项目越来越多，规模越来越大，涉及范围越来越广，技术复杂程度也越来越高。如果没有一支知识全面、技能精湛的专业评估师队伍，资产评估工作就很难开展。为此，1995 年 5 月 10 日，国家人事部、国有资产管理局联合颁布了《注册资产评估师执业资格制度暂行规定》和《注册资产评估师执业资格考试实施办法》，并规定注册资产评估师由国家人事部和国有资产管理局共同管理。凡通过全国统一考试并合格者，就能取得“执业资格证书”，证明该人员已具备执业的能力和水平，经过注册取得“注册证”后即可执业。

注册资产评估师具备签署评估报告的权力。评估报告必须由两个或两个以上的注册资产评估师签字方有效。评估机构的申办和建立也必须有一定数量的资产评估师。报考注册资产评估师有一定的要求，如参加注册资产评估师考试者必须具备相关专业（经济管理、财务会计和工程技术等）的相应学历与专业年限。考试合格者必须满足遵纪守法、具备民事行为能力及单位考核同意等条件才能进行注册。

评估师注册后 3 年有效，3 年期满后要到国有资产管理部门重新注册，在两个注册期之间，注册评估师必须接受国资局统一组织的在职培训。注册评估师制度的实行，为保证资产评估人员在社会经济中提供高质量的服务、强化资产评估人员的专业责任发挥了重要作用，同时也为规范评估机构管理打下了必要的基础。

（四）规范了评估机构管理

为了规范评估机构管理，国家在每一个发展时期会根据当时的实际情况，及时地制定机构管理办法。例如，1993 年国资办第 58 号文颁布了《资产评估机构暂行办法》，同年还颁布了证券业评估机构的管理办法。在 1997 年 11 月召开的全国评估管理工作大会上，提出了评估机构脱钩改制的要求，讨论了脱钩改制的办法，要求评估机构都要与挂靠单位或原上级部门脱钩，改制成规范的、由评估师出资的有限责任公司或合伙人事务所，并对评估师人数等条件提出了要求。对评估机构的脱钩改制工作于1998年开始实施，在1999年底全部完成。

（五）资产评估执业标准体系正在逐渐形成

2001年9月1日，《资产评估准则——无形资产》颁布并实施，它是我国资产评估第一个具体执业准则。它的颁布与实施标志着我国资产评估向规范化和法制化迈进了重要的一步。2004年2月25日，《资产评估准则——基本准则》和《资产评估职业道德准则——基本准则》颁布并实施，这些标志着我国资产评估执业标准体系进入有条不紊的发展阶段。

2014年8月12日，国务院发布《关于取消和调整一批行政审批项目等事项的决定》（国发〔2014〕27号），取消了注册资产评估师等11项职业资格许可和认定事项。2014年8月13日，人力资源和社会保障部印发《关于做好国务院取消部分准入类职业资格相关后续工作的通知》（人社部函〔2014〕44号），将资产评估师职业资格调整为水平评价类职业资格。

2016年7月2日，十二届全国人大常委会第二十一次会议审议通过了《资产评估法》，自2016年12月1日起施行。《资产评估法》对资产评估机构和资产评估专业人员开展资产评估业务，资产评估行业实施行政监管和行业自律管理，资产评估相关各方的权利、义务、责任等一系列重大问题做出了明确规定，全面确立了资产评估行业的法律地位，对促进资产评估行业发展具有重大历史和现实意义。2016年12月9日，财政部《关于贯彻实施〈中华人民共和国资产评估法〉的通知》明确提出，根据《资产评估法》的要求，财政部将加快出台资产评估行业财政监督管理办法和资产评估基本准则等相关管理制度，确保《资产评估法》落到实处。该通知要求各级财政部门和中国资产评估协会抓紧修订与《资产评估法》不一致的规定，并按照《资产评估法》的要求，建立新的管理规范和工作流程；要求中国资产评估协会按照《资产评估法》的要求，制定并不断完善资产评估执业具体准则和职业道德具体准则，指导和监督会员执业行为。目前，中国资产评估协会发布了25项资产评估执业准则和1项职业道德准则修订稿，自2017年10月1日起施行。此次修订是资产评估行业加强《资产评估法》配套制度建设的又一重要举措。

四、资产评估的发展趋势

由于资产评估与经济发展息息相关，伴随着我国经济新常态与国家全面深化改革和依法治国战略的推进，我国经济社会各领域都将发生深刻变化，这种新常态、新变化将对资产评估发展的内生动力和外部环境产生深远而重大的影响。其主要表现有以下几个方面：

（一）评估市场格局发生深刻变化

因应经济发展新常态，评估传统市场将随着经济发展方式和结构调整发生变化，新兴市场则会随着经济发展动力增强成为新的增长点，而潜在市场将会在产业转型升级、政府职能调整特别是财税体制改革中不断发育。

1. 传统市场

传统市场主要面临国有企业改制，以及转向实现混合所有制经济模式的改革，国有企业评估外延扩大、内涵深化，多层次资本市场发展和金融服务市场空间扩大形成资产评估业务。

2. 新兴市场

资产评估新兴市场已经拓展到我国社会经济的各个领域和各个方面，特别是党的十八届三中全会以来，国务院出台产权改革、金融改革、国企改革、文化市场建设、资源环境改革等一系列新政策，国家更加注重发挥资产评估在市场配置资源、产权改革、生态环境建设、文化科技体制改革、公共服务等领域的积极作用，为资产评估行业提供了新的市场空间和业务增长点。

3. 潜在市场

由于我国经济结构正处于从以增量扩能为主转向调整存量、做优增量并存的深度调整，资产评估在现代金融服务建设、网络和 IT 产业发展、企业资产财务质量内控、公允价值计量等方面大有可为。资产评估服务于政府职能转变，产生了服务于财税改革的财政项目管理和绩效评价评估、PPP（公私合作模式）评估、房地产税的税基评估、地方债务管理、政府资产管理、政府综合财务报告和政府购买服务等丰富的潜在市场。

（二）评估市场需求发生结构性改变

资产评估市场结构性过剩和新常态下服务能力不足并存，评估机构在传统市场中过度竞争，但是对经济趋势性变化中出现的新市场机会却难以把握。

1. 传统低端服务

传统低端服务主要是中外合资、合作及国有企业改制等法定传统评估业务，由于政府部门和相关监管当局对评估项目实行备案管理，评估方法成熟，执业风险较低，导致形成了严重的供大于求的买方服务市场，评估市场服务价格竞争激烈。

2. 新兴高端服务

新兴高端服务面临以市场化、国际化为取向的资本市场改革。随着我国经济发展“引进来”和“走出去”战略的实施，需对高新技术、轻资产、知识产权和并购溢价等新兴市场领域进行合理估值，且在国家治理现代化和财税体制改革中产生了大量的资产评估服务新需求，然而，新常态下的资产评估机构还无法在理论方法、准则、技术和专业能力上形成充分适应市场的核心竞争力，且创新驱动不足，凸显专业能力不能完全满足对新兴高端服务的需求。

3. 行业转型升级

目前，资产评估机构和人员应对各个细分市场采取不同的战略，巩固和深化传统市场，拓展和培育高端市场，努力实现评估业务的经常化和稳定化。由于评估机构布局不合理，大型资产评估机构相对较少，中小评估机构较多，服务高端业务的机构竞争不充分，服务低端业务的机构竞争激烈，难以满足经济社会发展对评估机构的差异化需求，行业发展实现转型升级的任务十分艰巨。

（三）评估市场环境日趋严峻

新常态下经济发展出现新现象，其主要表现是三期叠加，即增长速度进入换挡期、结构调整面临阵痛期、前期刺激政策步入消化期，资产评估市场环境发生重大变化。

1. 市场准入

从资产评估市场准入机制来看，上市公司重大资产重组定价市场率先发出开放市场的信号，除具有评估资质的机构之外，其他专业中介机构也可以参与非国有资产评估项目的重组定价。

2. 服务价格

2014 年 12 月，国家发改委发布了《关于放开部分服务价格意见的通知》，放开包括资产评估在内的已具备竞争条件的服务价格，资产评估服务收费全面市场化。

3. 市场竞争

资产评估行业的市场竞争转向质量、差异化竞争，行业收入转向中低速增长，评估机构开始优胜劣汰，适应新市场竞争的机构将会迅速发展壮大，不适应市场需要的机构将被逐渐淘汰。

（四）行业管理模式发生重大变革

在国家积极推进“放管服”改革、深化商事制度改革的大背景下，新常态下的资产评估管理发生重大变革。

1. 政府管理职能

国务院发布了《关于取消和调整一批行政审批项目等事项的决定》（国发〔2014〕27 号文件），取消了注册资产评估师等准入类职业资格，改为水平评价类职业资格。开展国家工商注册登记制度改革，取消了公司设立注册资本限制，评估机构的审批由前置审批改为后置审批，财政部要求做好工商登记制度改革后资产评估机构审批管理衔接工作。

2. 自律管理

政府通过职业资格管理方式的改革，将资产评估师考试管理等政府职能交给行业协会，评估机构审批方式的改变赋予协会更多的管理职责，行业协会将会承担更大的责任。在新政策的研究和行业制度设计方面，特别是行政职能承接、行业管理模式、人员考试培训、会员登记和机构管理等关键问题上，协会的自律管理职能在不断强化。

3. 行业管理

我国在连续取消多项行政审批项目后，国务院在 2015 年召开的首次常务会议中继续简政放权，减少政府管制，对资产评估等服务业提出更高的要求。在国务院发布的《服务业发展“十三五”规划》等文件中，资产评估为社会经济服务的功能越来越受国家重视，但资产评估行业的发展水平与市场经济发展的要求相比还有差距，加快资产评估行业转型升级和自主发展，需要在转变观念、创新管理和提升能力上主动布局、积极作为。

（五）国际合作与竞争日趋扩大

我国实施“一带一路”战略以来，企业“引进来”和“走出去”已初见成效，国际化已成为中国资产评估行业发展的必然选择。

1. 评估准则

我国资产评估准则已经实现了与国际评估准则实质性趋同，主要表现在资产评估理念、评估方法、价值类型等方面，并从最初全面跟行国际评估准则，到逐步并行，现在已有多项评估准则实现了领行，如金融不良资产、投资性房地产、著作权、商标权、专利权、实物期权等评估准则。此外，还有一些评估准则填补了国际空白。

2. 评估国际市场

2016 年，我国实际使用外资（FDI）和对外投资规模均超过 1 000 亿美元，对外投资首次超过利用外资的规模，我国成为资本的净输出国。应对新常态的重要措施是积极构建开放型经济新体制，推进“一带一路”战略，推广上海自由贸易试验区经验，推动优势产业“走出去”，开展先进技术合作，积极参与和推动新一轮国际经济秩序的改善与调整，使国内市场与国际市场深度融合。中国资产评估行业应服务于国家对外开放经济战略，延伸国内外服务链条，为我国企业海外并购和跨国经营等提供专业技术支撑。

3. 评估国际合作

日益频繁的评估国际交流已经成为行业发展的内在需要，也成为国际评估同行了解中国评估发展的必然要求。中国资产评估协会从成立之初就重视国际交流，经过 20 多年发展，已经与 50 多个国家和地区评估组织建立了联系，与 10 个国家和地区评估组织签订了专业合作备忘录，还与各国际评估组织开展各种学术研究讨论，已经成为国际评估界一支举足轻重的力量，在多个国际组织中担任重要角色，还成功推荐协会成员、行业专家担任国际评估准则理事会咨询论坛组成员、国际评估准则理事会专业委员会委员等。

任务二 资产评估的概念、特点及其分类

一、资产的概念及其特点、种类

(一)资产的概念及其特点

资产是评估客体中最重要的组成部分,且是一个内涵丰富,具有多角度、多层面的概念。资产可以是单项资产,也可以是若干项资产的组合体;有的是某一资产的所有权,有的则是资产的使用权等。

1. 会计学中资产的概念及其特点

美国财务会计准则委员会(FASB)在《财务会计概念公告》第 6 号中对资产的定义是:“资产是可能的未来经济利益,它是特定个体从已经发生的交易或事项中所取得的或加以控制的。”

我国在 1992 年颁布的《企业会计基本准则》中首次对资产进行了定义,在 1996 年财政部颁布的《企业财务会计报告条例》中对资产的概念做了进一步修订。目前,企业会计制度中使用的资产概念为:“资产是指过去的交易、事项形成并由企业拥有或控制的资源,该资源预期会给企业带来经济利益。”从会计学的角度来看,尽管国际上不同国家和组织对资产概念的表述略有不同,但对资产的基本解释是趋于一致的。也就是说,对于一项资源,只有其具备以下基本特点时,才能被认为是会计上的资产:

(1)资产是由于过去的交易或事项所形成的。资产必须是现实的资产,而不能是预期的资产,是企业在过去的一个时期里,通过交易或事项所形成的结果。对于未来交易或事项以及未发生的交易或事项可能产生的结果,则不属于现在的资产,不得作为企业的资产。

(2)资产是企业所拥有或者控制的。通常情况下,企业应当对其资产拥有所有权,企业可以按照自己的意愿使用或处置该项资产,其他企业或个人未经同意,不能擅自使用。但在某些情况下,对于一些通过特殊方式形成的资产,如融资租入固定资产,企业虽然对其不拥有所有权,但实际上能够对其实施控制,按照实质重于形式的原则,也应当视为企业的资产。

(3)资产预期会给企业带来经济利益,这也是资产的最重要的特征。所谓预期会给企业带来经济利益,是指直接或间接地增加流入企业的现金或现金等价物的潜力,这种潜力可以单独或与其他资产结合起来产生净现金流入。预期不能带来经济利益的,就不能作为企业的资产。同样,对于企业已经取得的某项资产,如果其内涵的未来经济利益已经不复存在,就应该将其剔除。

2. 经济学中资产的概念及其特点

资产在经济学中比在会计学中具有更广泛的概念。经济学中的资产泛指一切财产,即一定时点的财富总量,由一定数量的物质资料和权利构成。

从经济学的角度来看,资产应当具有以下特点:

(1)效用性。经济资源能够给当事人带来某种程度的满足,这是资产的自然属性。效用是一个相对的或存在比较意义的概念,而不是一个绝对的概念。具有效用的经济资源,无论是有形的还是无形的,也无论是单项的还是整体的,都具备作为资产的必备条件。效用是经济资源成为资产在自然属性上的必要条件。

(2)稀缺性。稀缺性是资产的社会属性。稀缺性意味着获得经济资源要付出代价,它与该项经济资源的最初形成和控制是否要付出代价没有本质的联系。稀缺性是经济资源成为资产在社会属性上的充分条件。

3. 法学中资产的概念及其特点

资产在法学中主要是强调财产主体的财产权利,即对财产享有的所有权、使用权、收益权和处置权等一组权益。这组权益的核心是所有权和收益权,即依所有权而产生的收益或利益剩余索取权。

从资产评估活动自身的特点来看,作为资产评估对象的资产与会计学及法学中资产的概念是有区别的。

会计学中的资产是各种被占用或运用的资金存在形态,强调的是资金的实际投入和运用,没有资金的投入和运用就没有资产,对于那些在实际经济生活中确实存在的,但没有占用或耗费资金或者资金耗费无法估量的资产则被排除在核算内容之外,如自创商誉、人力资源等。而资产评估强调的是资产的现实存在性,只要是现实存在的、能给企业带来未来经济利益的资源均应纳入评估对象范围,资产评估中的资产范围比会计学中的资产范围要宽泛。此外,会计学对资产的计价强调历史成本原则,通常反映资产的取得成本,对一些资产的现实价值则不能完全有效地反映出来,而资产评估强调的是资产在模拟市场条件下的现实价值。因此,会计学中资产的范围并不能完全包含资产评估的对象。

法学中的资产强调资产的产权,即资产所有权以及与所有权相关的财产权,资产所有权是资产产权的主体,其他形式的产权是由所有权派生出来的。资产评估中的资产不应仅以所有权作为界定资产的依据,对于企业中那些只有控制权而无所有权的资产,如开采权、经营特许权等,由于能够直接影响企业的产出和收益水平,也应作为企业的资产。因此,对于一切财产物资、债权和其他各种权利,只要归企业控制并能为企业带来持续的影响就是企业的资产,而不论企业是否对其拥有所有权。可见,资产评估中的资产边界应以经济资源的控制权为依据,而不应以所有权划定资产边界。

资产评估中的资产是指既有自然属性上的效用性又有社会属性上的稀缺性的经济资源,应当服从于经济学中资产的概念。

(二)资产的种类

通常情况下,按照不同的标准可将资产分为不同的种类。

1. 按存在形态不同,可将资产分为有形资产和无形资产

有形资产是指那些具有实体形态的资产,如机器设备、建筑物、库存商品、材料等。由于这类资产具有不同的功能和特性,通常具有较强的专业性,在评估时应根据资产的不同特点分别进行评估。

无形资产是指那些没有实物形态,但在很大程度上制约着企业物质产品生产能力和生产质量,且直接影响企业经济效益的资产,主要包括专利权、商标权、非专利技术、土地使用权、特许权、商誉等。无形资产通常具有较强的综合性,影响因素较为复杂,评估难度也较大。

2. 按是否具有综合获利能力,可将资产分为单项资产和整体资产

单项资产是指单台、单件的资产,如一台设备、一栋房屋等。

整体资产是指由一组单项资产组成的具有整体获利能力的资产综合体,如一个具有正常经营活动能力的企业的所有资产、一个独立的部门或车间的资产等。在一般情况下,企业各单项资产价值之和并不一定等于企业的整体资产价值,也就是说,在企业整体资产中,有一部分

资产无法以单项资产的形式存在。因为整体资产评估所评估的是其获利能力，其价值除了包括各项资产的价值外，还包括不可确指的资产商誉。商誉是在整个资产预期收益率高于社会平均收益率情况下产生的，在资产评估工作中，区分单项资产和整体资产便于合理安排评估人员，顺利完成资产评估任务。

3. 按能否独立存在，可将资产分为可确指的资产和不可确指的资产

可确指的资产是指能独立存在的资产，前面所列示的有形资产和无形资产(除商誉以外)都是可确指的资产。

不可确指的资产是指不能脱离企业有形资产而单独存在的资产，如商誉。商誉是指企业基于地理位置优越、信誉卓著、生产经营出色、劳动效率高、历史悠久、经验丰富、技术先进等原因，所获得的投资收益率高于一般投资收益率而形成的超额收益资本化资源。商誉是一种特殊的无形资产，它不能以独立的形式存在，通常表现为企业整体资产与各单项资产之和的差额。

4. 按与生产经营过程的关系不同，可将资产分为经营性资产和非经营性资产

经营性资产是指处于生产经营过程中的资产，如企业中的机器设备、厂房、交通工具等。经营性资产又可按是否对盈利产生贡献分为有效资产和无效资产，区分有效资产和无效资产是开展资产评估工作的一项重要内容。

非经营性资产是指处于生产经营活动以外的资产，如政府机关用房、办公设备等。

二、资产评估的概念、内容、特点及种类

在市场经济条件下，资产持有人的经济活动十分复杂，持有人可以将自己的资产全部转让，也可以部分转让；交易的资产可以是机器设备、库存商品等有形资产，也可以是商标、技术等无形资产。不管交易的资产属于什么类型，交易双方必须准确掌握资产的合理价格，因为进行交易的资产由于已使用过一段时间或其他原因，其合理价格需要重新评估。因此，在市场经济条件下，资产持有者在凭借自己所持有的资产进行各种业务活动时，如资产的转让和继承、企业的分立与合并等，通常要进行资产评估。

(一)资产评估的概念

产品交换过程中的价值判断是经济学研究中不可回避的问题。而资产评估属于价值判断的范畴。所谓资产评估，就是使用经济学理论、方法对资产的价值进行定量的估计和判断。

资产进行市场交易时，市场参与者大多会依据自己所掌握的知识和信息，对交易对象进行价值判断，从而确定交易价格，在此过程中可能会自觉或不自觉地运用资产评估的理论、方法从事相关价值判断。

社会分工和商品经济的发展催生了对专业资产评估服务的需求。资产评估作为一种执业行为，其专业水准和职业公信力会对委托人等当事人的权利保障和市场秩序的维护产生较大影响。因此，立法部门及相关政府管理部门、行业管理机构通过立法、制定准则等方式，对资产评估的主体、行为和责任等加以规范。

2016 年 7 月 2 日，我国颁布了《资产评估法》。《资产评估法》所规范的资产评估是指资产评估的执业行为。

《资产评估法》从资产评估执业角度，对资产评估的概念界定为："评估机构及其评估专业人员根据委托对不动产、动产、无形资产、企业价值、资产损失或者其他经济权益进行评定、估算，并出具评估报告的专业服务行为。"《资产评估法》对资产评估的程序做出了明确规定，要求评估机构及相关评估专业人员对所出具的评估报告依法承担责任。

（二）资产评估的内容

一般认为，资产评估应当包括以下基本内容：(1)资产评估工作是由专门从事资产评估的机构和人员进行的。(2)资产评估是对拟发生产权交易或变动的资产进行的评估。(3)资产评估是评估人员依据有关的法律法规和在对被评估资产有关信息全面了解的基础上作出的价值判断。(4)资产评估具有明确的目的。(5)资产评估应当遵循一定的原则。(6)资产评估必须按照一定的程序进行。(7)资产评估价值类型。(8)资产评估方法。

（三）资产评估的特点

资产评估是资产交易等资产业务的中介环节，是市场经济条件下资产交易和相关资产业务顺利进行的基础。这种以提供资产价值判断为主要内容的经济活动与其他经济活动相比，具有以下鲜明的特点：

1. 市场性

资产评估是市场经济发展到一定阶段的产物，没有资产产权变动和资产交易的普遍进行，就不会有资产评估的存在。资产评估一般要估算的是资产的市场价值，因此，资产评估专业人员必须凭借自己对资产性质、功能等的认识以及市场经验，模拟市场对特定条件下的资产价值进行估计和判断，评估结果是否客观，并需要接受市场价格的检验。资产评估结论是否经得起市场检验，是判断资产评估活动是否合理、规范，以及评估人员是否合格的重要标准。

2. 公正性

资产评估的结果密切关系着资产有关各方的经济利益，如果背离客观、公正的基本要求，就会使资产业务的一方或几方蒙受不必要的损失。这就要求评估人员采取客观、公正、中立的态度，不屈服于任何外来的压力和任何一方的片面要求，客观、公正地进行资产评估。公正性对评估机构而言是十分重要的。评估机构只有以客观、公正的评估结果为客户提供优质服务，才能赢得客户的信任，逐步树立自己的品牌；否则必将丧失信誉、失去市场，最终走向破产。

要保证资产评估的公正性，一方面，要强调资产评估机构和评估人员保持超然独立的地位，与资产交易各当事人没有任何利益和利害关系，这是公正性的组织基础；另一方面，资产评估必须按公允、法定的准则和规程执业，遵守公允的行为规范和业务规范，这是公正性的技术基础。

3. 技术性

资产评估人员在对被评估资产价值作出专业判断的过程中，需要依据大量的数据资料，经过复杂细致的技术性处理和必要的计算，如果不具备相应的专业知识就难以完成评估工作。资产评估的技术性要求评估人员队伍应当由具备一定专业知识的专业技术人员构成，如建筑、土地、机电设备、经济、财务等相关专业人员。

4. 咨询性

资产评估结论是评估人员在评估时根据所能搜集到的数据资料，模拟市场对资产价值所作出的主观推论和判断。不论评估人员的评估依据有多么充分，评估结论仍然是评估人员的一种主观判断，而不是客观事实。因此，资产评估不是一种给资产定价的社会经济活动，它只是一种经济咨询或专业咨询活动。评估结果本身并没有强制执行的效力，评估人员只对评估结论的客观性负责，而不对资产交易价格的确定负责。评估人员只是为资产交易业务提供一个参考价值，最终的成交价格取决于交易双方在交易过程中的讨价还价能力。

5. 综合性

综合性是指资产评估工作需要综合应用多方面的知识，所以评估人员必须具有多方面的综合素质，同时，需要了解被评估资产的综合性能和属性。具体来说，评估人员必须全面了解被评估资产的自然属性、社会属性以及市场价格和内在价值，了解被评估资产的相关外界环境，由此能基本预测其未来的性能、效用和收益。评估工作的综合性是非常突出的，评估小组的人员构成要尽可能综合化，既有熟知工程技术的专家，又有经济学、管理学等方面的专家，还要有相应的预测人员对经济走势和其他方面进行科学的预测。

6. 责任性

责任性是指资产评估机构和评估人员对资产评估结果必须承担相应的法律责任。通常，在市场经济发达的国家，参与评估的评估人员要承担连带责任，这就要求评估人员必须具有良好的职业道德素质，必须充分考虑一切应评估的重要因素。同时，资产评估人员必须在评估报告上签字并加盖所在评估机构的公章，评估结果方为有效。评估结果一旦生效，评估人员和评估机构就必须承担相应的法律责任。

（四）资产评估的种类

按照不同分类标准可将资产评估分为下列几种形式：

1. 按工作的内容不同，资产评估可分为一般评估、评估复核和评估咨询

一般评估是指正常情况下的资产评估，通常以资产发生产权变动、产权交易以及保险、纳税或其他经济行为为前提。一般评估包括市场价值评估和市场价值以外的价值评估，如企业上市资产评估、组建合资企业资产评估、企业股份制改造资产评估、企业资产抵押贷款资产评估等。

评估复核是指在对被评估资产已经出具评估报告的基础上，由其他评估机构和评估人员对同一被评估资产独立地进行评定与估算并出具评估报告的行为及过程。

评估咨询是一个较为宽泛的术语。确切地讲，评估咨询一般不是对评估标的物价值的估计和判断，它更侧重于对评估标的物的利用价值、利用方式、利用效果的分析和研究，以及与此相关的市场分析和可行性研究等。

2. 按资产评估与评估准则的关系不同，资产评估可分为完全评估和限制评估

完全评估一般是指完全按照评估准则的要求进行资产评估，不适用准则中的背离条款。完全评估中的被评估资产通常不受某些方面的限制，评估人员可以按照评估准则和有关规定，根据评估资料对被评估资产的价值作出判断。

限制评估一般是指根据背离条款，或在法律法规允许的前提下未完全按照评估准则或规则进行的资产评估，评估结果受到某些特殊因素的影响。

3. 按评估对象和适用原则分类不同，资产评估可分为单项资产评估和整体资产评估

单项资产评估是指评估对象为单项可确指的资产的评估。通常，机器设备评估、土地使用权评估、房屋建筑物评估、商标权评估、专利权评估等均为单项资产评估。由于单项资产评估的对象为某一类资产，不考虑其他资产的影响，所以通常由在某一方面具有专业水准的评估人员参加即可完成资产评估工作。

整体资产评估是指以由若干单项资产组成的资产综合体所具有的整体生产能力或获利能力为评估对象的资产评估，如以企业全部资产为评估对象的企业整体价值评估（或称企业价值评估）、以企业某一部分或某一车间为评估对象的整体资产评估、以企业全部无形资产为评估对象的无形资产整体评估等。企业价值评估是整体资产评估中最常见的形式。整体资产评估不同于单项资产评估，其关键之处就在于，在整体资产评估工作中要以贡献原则为中心，考虑不同资产的相互作用以及它们对企业整体生产能力或总体获利能力的影响。

三、资产评估的功能

评价和评值是资产评估最基本的内在功效和能力。资产评估源于人们希望了解和掌握在一定条件下资产的价值的需要。随着人们对在各种条件下了解资产价值的需求的不断增加,资产评估也在不断发展,其评价和评值的功能得到不断完善。

(一)评价功能

评价功能是指资产评估可以对企业资产的经营效果进行评价,反映不同时间、地域、经济背景条件下的资产价值与运营绩效的差异性,以此检查、考核评价对象的经营状况和管理绩效。例如,开展企业承包、租赁的资产评估,可以客观地评价承包方、租赁方的经营业绩和资产增值情况,进一步加强、改善企业资产管理工作,提高企业经济效益。

(二)评值功能

评值功能是指资产评估主要对资产价值的内在功效和能力进行评定估算,为资产业务提供基础数据与决策依据。由于价值规律与市场供求等因素的作用和影响,资产的价格具有变动性,资产的账面价值难以反映其真实价值,资产现时价值才是资产交易双方真正的利益所在。因此,只有通过评估而确定的资产现时价值才能满足资产业务交易的需要。

四、资产评估的作用

在不同的历史时期和不同的社会经济条件下,资产评估可能会发挥不同的作用。结合当前的社会经济条件,资产评估主要发挥着以下基本作用:

(一)咨询作用

资产评估的咨询作用是指资产评估结论为资产业务提供专业化估价意见,该意见本身并无强制执行的效力。它只是给相关当事人提供有关资产交换价值方面的专业判断或专家意见,资产评估不能也不应该取代资产交换当事人的交易决策。

(二)管理作用

资产评估的管理作用是指国家或政府在利用资产评估过程中所发挥的特殊作用。在社会主义市场经济初级阶段的某一时期,作为国有资产所有者代表的国家,不仅把资产评估视为提供专业服务的行业,而且将其作为保护国有资产、促使国有资产保值增值的工具和手段。在资产评估开展初期,国家通过制定申请、资产清查、评定估算和验证确认的国有资产评估管理程序,使得资产评估具有管理的作用。但是,资产评估的管理作用并不是与生俱来的,它只是国有资产评估在特定历史时期的特定作用。它会随着国家在国有资产评估管理体制方面的变化而加强或弱化。

(三)鉴证作用

资产评估的鉴证作用是指资产评估结果的合法性、真实性和公平性可以为资产业务的顺利进行提供一定的可信度保障,减免法律纠纷,为资产业务当事人提供重要的决策依据。鉴证由鉴别和举证两个部分组成。鉴别是专家依据专业原则对经济活动及其结果做出的独立判断;而举证则是为该判断提供理论与事实支撑,使之做到言之有理、持之有据。

提示:评估结论不应当被视作对评估对象可实现价格的保证。资产评估师执行资产评估业务,应当关注评估对象的法律权属,并在评估报告中对评估对象法律权属及其证明资料来源予以必要说明。评估师不得对评估对象的法律权属提供保证。资产评估从事的是价值鉴证,而不是权属鉴证。

任务三 资产评估的基本要素

从资产评估的产生和发展中可以看出，科学的资产评估是指由专门机构和专业人员，依据国家有关规定和数据资料，按照特定的目的，遵循一定的计价标准、原则和程序，运用科学的方法，对资产价值进行评定估算的过程。根据资产评估的概念，资产评估包含以下基本要素：

一、资产评估的主体

资产评估的主体是指进行资产评估的操作者，即评估人。评估人包括法人（资产评估机构）和自然人（评估人员）。资产评估工作的政策性强、技术复杂、工作量较大，所以必须由合法的资产评估机构和具有资产评估资格的人员来承担，并负有法律责任。合法的资产评估机构是指持有国务院或省、自治区、直辖市人民政府国有资产行政管理部门颁发的国有资产评估资格证书的，正式登记注册并领有工商营业执照的资产评估机构。目前，我国资产评估工作已收到了相当明显的成效，各种类型的资产评估机构正在逐步建立和完善。这些资产评估机构从组织形式上可分为如下三种：

（一）专业性资产评估机构

此类机构如房地产评估事务所等。这类机构专门从事某一方面的资产评估业务，具有精通这一方面的专门人才，但这些人才也需要通过资产评估的专业培训，取得“国有资产评估资格证书”后，才能承担本资产评估业务。

（二）兼营性资产评估机构

此类机构如会计师事务所、财务咨询公司等。它们原先已有较强的专业技术力量，只要增加或临时聘请一些必需的、有关方面的专业技术人员，经过一定的资产评估知识培训和考试考核，在取得“国有资产评估资格证书”后，就可以承担资产评估业务。

（三）综合性资产评估机构

此类机构如资产评估公司、资产评估事务所。其特点是实行独立核算的企业化经营，遵循独立性、职业性和专业性原则，承担各行业与各部门的资产评估业务，这种类型的机构拥有各类与评估业务相关的专业人员，具有雄厚的资产评估技术力量。

具有资产评估资格的人员是指经过严格的考试或考核，具有资产评估能力并取得资产评估资格的人员。在我国，资产评估人员必须通过全国统一考试取得注册评估师资格，才能承担资产评估的工作。

由于资产评估结果直接关系着资产交接各方的权益，且评估技术难度大，涉及多方面的专业知识，如会计、市场学、数学、工程技术等，因此，资产评估人员必须具备以下三个方面的条件：第一，具有踏实、勤奋、认真的工作作风以及良好的职业道德和个人品质；第二，具有广博的知识和较丰富的实践经验；第三，经过严格的考试或考核，取得注册评估师资格。

二、资产评估的客体

资产评估的客体又称为资产评估的对象，是指被评估的资产。会计学所称的资产是指企业过去的交易或事项形成的、由企业拥有和控制的、预期会给企业带来经济利益的资源，包括各种财产、债权和其他权利。作为资产评估对象的资产比会计学上所称的资产具有更广泛的概念：它不仅包括具有独立实体形态的有形资产，也包括不具有独立实体形态的无形资产；既包括各种单项资产，也包括一组具有获利能力的综合资产，即整体资产。资产评估的客体如图 1—1 所示。

- 企业资产评估分类
  - 按资产评估特性划分
    - 有形资产评估
      - 固定资产：机器、设备、房屋、建筑物、管理用具等
      - 流动资产：原材料、包装物、低值易耗品、在产品、自制半成品、产成品、货币资金、短期投资、应收账项等
      - 长期投资：长期债券、股票等
      - 在建工程：各项工程及为工程准备的专用物资等
      - 递延资产：一年以上分期摊销的各项费用
      - 其他资产：除以上各项以外的其他长期资产
    - 无形资产评估
      - 可确指的无形资产
        - 外部购入
        - 内部开发
      - 不可确指的无形资产——商誉
        - 知识产权类
          - 著作权、专利权、商标、专有技术等
        - 权利类
          - 优惠合同、专营权、专卖权、土地使用权等
        - 关系类
          - 客户名单、销售网络、有组织的职工队伍等
        - 其他
  - 按资产评估对象划分
    - 单项资产评估
    - 综合资产评估
      - 企业价值评估
      - 企业部分资产评估

图 1—1　资产评估的客体

从图 1—1 可以看出，资产评估的客体多种多样，而且在运营中的作用各不相同，产生的效益也有很大差别，这些都决定了资产评估是一项极其复杂的工作。

三、资产评估的依据

资产评估是由专业人员对被评估资产在某一时点的价值量大小所作的判断，但这种判断不是随意的估算，必须具有科学的依据。

一般情况下，资产评估的依据包括四方面内容：一是与资产评估相关的法律、法规；二是反映资产评估经济行为的文件；三是与被评估资产相关的重大合同协议；四是与被评估资产有关的取费标准和其他参考资料。

四、资产评估的目的

资产评估的目的是指资产业务引发的经济行为，如企业进行股份制改造、上市、资产抵押贷款等。资产评估的目的反映了资产评估结果的具体用途，它直接决定和制约资产评估的价值类型与评估方法的选择。

五、资产评估的原则

资产评估的原则是资产评估的行为规范，是调节评估当事人各方关系、处理评估业务的行为准则。评估人员只有在一定的评估原则指导下作出的评估结果才具有可信性。

六、资产评估的程序

资产评估的程序是指资产评估工作从开始准备到最后结束的工作顺序。为了保证资产评估结果的科学性，任何一项资产评估业务，无论是规模较大的企业整体资产，还是单独的一台设备，在进行资产评估工作时，都必须按照国家有关规定进行财产清查、市场调研、评定估算、验证结果等工作程序，否则将影响资产评估的质量。

七、资产评估的价值类型

资产评估的价值类型是指资产评估价值质的规定性，即价值内涵，是对资产评估结果价值属性的抽象和归纳。《国际评估准则》中将价值类型分为两大类：一类是市场价值，另一类是市场价值以外的价值。中国资产评估协会 2007 年 11 月发布的《资产评估价值类型指导意见》明确了市场价值以及投资价值、清算价值和残余价值等几种常见的非市场价值。

八、资产评估的方法

资产评估的方法主要有三种，即成本法、市场法和收益法。这三种方法分别从不同的角度对资产价格进行评定估算。成本法是基于资产重新购置或建造的价格或成本，通常适用于机器设备、房地产等固定资产的评估以及资产补偿的评估。市场法是基于同类资产或类似资产在市场上的成交价来估算评估对象的价格，适用于流动资产、房地产等交易活跃的资产估价。收益法是基于资产的未来获利能力对资产进行估价，适用于能单独测算其未来收益的资产估价。

任务四　资产评估与清产核资、会计计价和审计的关系

一、资产评估与清产核资

清产核资是清查企业财产、核实企业资金的过程，是国家为了"摸清家底"，了解现有资产的实际存量和价值状况，解决企业的账面价值与实际价值严重不符等问题而进行的一项管理活动。新中国成立以来，先后进行过 5 次全国性的清产核资工作。清产核资与资产评估在许多方面具有相同的内容，因此，往往容易混淆。为了更好地理解资产评估，必须正确区别资产评估与清产核资。

(一)资产评估与清产核资的联系

1. 资产评估与清产核资都属于资产管理的范畴，是资产业务的一种形式

在市场经济条件下，作为资产业务范畴的资产管理具有多种多样的形式，但其目的无非是提高资产的运营效率，使有限的经济资源发挥最大的经济效力。作为资产管理的内容，资产评估和清产核资分别是两种不同的手段。

2. 资产评估和清产核资都是以资产作为对象的资产管理方式

资产评估是对拟发生交易或产权变动的资产的价值进行的估算，作为资产评估对象的资产既可以是会计资料中已经确认的有形资产或无形资产，也可以是尚未在会计账簿中予以确认但能够给企业带来预期经济效益的资源。清产核资只是对企业已入账的部分有形资产进行清查核实、重估调账，主要以实物资产为主，对于尚未入账或已入账的无形资产、流动资产等则

一般不作为清产核资的对象。尽管两者在资产的范围上有一定的区别，但它们的行为指向的都是资产。

3. 资产评估和清产核资都要对资产进行清查和核实等工作

资产评估前期工作的一项重要内容就是与被评估单位一起对被评估资产的现有数量和质量状况进行清查和核实，在现场工作阶段，评估人员还要逐项勘察、检测，以确定被评估资产的价值状况。开展清产核资工作的主要目的是摸清资产主体所占有资产的历史价值及其变化情况，不对资产进行清查和核实就难以达到其目的。

（二）资产评估与清产核资的区别

1. 目的不同

资产评估的目的在于通过评定估算资产的现时价值，适应资产产权的变动与交易，促进资产产权的合理流动，维护资产业务有关各方的合法权益。而清产核资的主要目的则是摸清企业的家底，为企业管理和核算提供基础与依据，促进企业管理的科学化。

2. 方法不同

资产评估是由专门的评估机构和专业评估人员按照严格的评估程序、运用规范的评估方法进行的，评估结果通常以评估报告的形式提交给委托方，具体包括市场法、成本法和收益法三种基本评估方法，任何评估机构或评估人员都不得违反程序。而清产核资则一般没有法定的、严格的评估方法和评估程序，在进行中可以根据实际情况灵活掌握。

3. 价值尺度不同

清产核资只考虑资产本身的价值，按照资产的历史成本原则计价。而资产评估不仅必须考虑资产使用的收益以及资产占有单位各类资产的匹配情况，还必须考虑货币的时间价值等，主要反映企业资产的获利能力和现时价值。

4. 范围不同

清产核资通常仅对企业的有形资产即实物资产、各种款项、债权和债务进行清理核实。而资产评估还必须对无形资产如商誉、商标、专利以及土地使用权等进行评定估算，其范围比较宽泛。

5. 主体和功能不同

清产核资一般在上级有关部门的指导下，由企业内部财务人员进行，因此不具有客观性和公证性。而资产评估必须由企业之外专门的资产评估机构和人员进行，资产评估提供的服务属于社会中介服务，具有独立性，因此资产评估既具有评值功能，也具有评价功能和公证功能。

6. 结果的效力不同

清产核资的结果只能在企业自身经济核算时以及向上级反映企业经营状况时使用，其结果不具有法律效力。而资产评估的结果则可以是企业股东或其他利益主体维护自己合法权益的法律依据，评估机构和评估人员对资产业务的有关方面承担相应的法律责任。因此，资产评估结果的效力比较强。

二、资产评估与会计计价

由于资产评估产生于对资产价值进行估算的客观需要，资产评估所需要的数据资料有相当一部分是来源于企业的财务会计数据，而会计也涉及对资产价值进行计量的问题，因此，有人认为，资产评估是现代会计发展到一定阶段后分离出来的一种社会经济活动，资产评估与会计计价有一种密不可分的关系。从会计与资产评估自身的发展来看，两者确实存在着许多联系，但它们之间也存在着根本的区别，只有科学地认识它们之间的不同点，才能充分发挥资产评估和会计在社会经济中的不同作用。

（一）资产评估与会计计价的联系

1. 资产评估的结论为会计计价提供依据

我国《公司法》及相关法律法规规定，当投资方以非货币资产投资时，应当对非货币资产进行资产评估，以资产评估结果为依据，确定投资数额，并以此作为公司会计入账的重要依据。当企业进行联合、兼并、重组等产权变动经济行为时，也需要对拟发生产权变动的资产进行评估，评估结果可以作为产权变动后企业重新建账、调账的重要依据。此外，为了消除通货膨胀等因素的影响，使财务报表使用者正确理解和使用财务报表数据，《国际会计准则》及许多国家的会计制度中，也提倡或允许同时使用历史成本和现行公允价值对有关资产进行记账与披露，而公允价值一般可通过资产评估得到。

提示：在特定条件下，资产会计计价和财务报告需要利用资产评估结论。鉴于此，《国际评估准则》对资产评估与会计之间的联系给予了充分的考虑，对"以会计报表为目的的资产评估"方面的内容作出了规定。

2. 资产评估结论的形成依赖于会计提供的有关数据资料

资产评估结论的形成需要大量的数据支持，评估中所依据的许多数据资料来源于企业的会计资料和财务数据，特别是续用前提下的资产评估。如企业会计账簿中记录的取得资产的原始凭证，是资产评估工作中确定资产产权和原始价值构成的重要证明资料；对固定资产修理和损耗情况的记录，是资产评估工作中判断其实际贬值、确定成新率指标的重要参考；资产评估工作中对资产的预期收益、预期风险的测算都离不开企业的财务会计数据。另外，由于资产评估结论的形成依赖于会计提供的有关数据资料，这些企业会计数据资料的准确性在一定程度上也会对资产评估结果的质量产生影响。

无论是特定条件下会计计价利用资产评估的结果，还是资产评估需要参考会计数据资料，都说明资产评估与会计有着一定的联系，而且这种联系会随着投资者对企业披露资产现值要求的不断提高而更加紧密。

（二）资产评估与会计计价的区别

尽管资产评估与会计计价之间存在着一定的联系，但从本质上来说，两者属于不同的经济活动领域，有着明显的区别。

1. 性质和基本职能不同

会计是一项以记账、算账和报账为基本手段，连续系统地反映和监督企业生产经营、财务收支及其成果的社会活动，是企业组织管理中的一个重要组成部分，其基本职能是对会计主体经济活动的反映和监督。而资产评估则是一种以提供资产价值判断为主要内容的咨询活动，是一种社会中介服务活动，其基本职能是估值和评价。

2. 确定资产价值的依据不同

会计账簿中为了能够清楚地反映资产的取得成本，主要是以历史成本为依据记录资产的价值，对于没有发生实际耗费的资产，通常情况下不予确认。但在资产评估中，判断一项资产是否有价值以及价值的大小，则不能简单地以是否发生历史成本为标准，必须以资产的效用和市场价值为依据。对于那些虽有历史成本发生，但在评估基准日及其以后不能再给企业创造收益的资产，或没有市场需求的资产，从资产评估的角度来看，则没有价值；而对于那些虽没有发生实际支出，但能给企业带来预期收益的项目，仍然可以对其价值进行评估。

3. 计价方法不同

现代会计理论为了解决通货膨胀因素的影响，使会计资料更好地反映资产的现时价值，对于资产计价方法在历史成本计价的基础上，又提出了重置成本、变现价值、收入现值和清算价值等多种新的会计计量标准。但到目前为止，世界各国普遍采用的资产计价方法仍然以历史成本为主。而资产评估中的资产价值评估除了可以利用核算方法外，还广泛应用收益法、市场法等多种技术方法。

4. 计价目的不同

会计与资产评估虽然都要对资产的价值进行确认和计量，但两者的计价目的不同。会计计价的总体目标是全面反映企业的历史和现实资产状况，为企业管理服务。而资产评估的总体目标则是为资产交易提供估值服务。

三、资产评估与审计

(一)资产评估与审计的联系

资产评估与审计都是通过专业机构和人员为社会提供中介服务，两者在业务上有一定的联系。从我国的实际情况来看，资产评估与审计的联系主要表现在以下几个方面：

1. 使用的方法有相同之处

审计的主要工作之一是对反映企事业单位经济活动的财务资料及其相关资料的真实性、公允性与合理性等方面作出判断，属于“事实判断”的范畴，因此审计中主要运用的方法是分析和证实法，如对期初余额的分析性复核、对应收账款的函审、对存货的监盘等。资产评估虽然是对被评估资产的价值作出判断，具有“价值判断”的性质，但在资产评估工作中也会广泛运用分析和证实法。如在资产评估中的资产清查阶段，需要对委托方申报的评估对象进行核实和界定，就要用到证实的方法；对应收账款价值的判断，通常也会向债务人发询证函；对存货的数量和价值判断，必须依赖于评估人员对存货的检测和盘点等。可以说，资产评估中很多方法是借鉴了审计的方法，特别是对流动资产的评估。

2. 资产评估与审计相互配合开展工作

在实际工作中，资产评估与审计通常情况下是相互配合的。企业经过审计后，剔除了财务资料中的虚假成分，使其公允性得到证实，在此基础上开展资产评估工作，可以大大减少资产评估的工作量，如评估前期的财产清查、企业整体资产评估中的流动资产评估等，审计结果为评估提供了基础数据。企业经过资产评估后，对资产的现存数量及其产权进行了核实，对资产的现实价值进行了估算，这些资料也都为审计财务报表提供了重要参考。

(二)资产评估与审计的区别

资产评估与审计虽同为专业服务性质的活动，但两者有着本质的区别，主要表现在以下方面：

1. 产生的社会条件和活动的本质不同

审计是在现代企业两权分离背景下产生的，旨在对企业财务报表所反映的企业财务状况和经营成果的真实性和公允性作出事实判断，具有明显的公正性特征。资产评估是在市场经济充分发展的条件下，为适应资产交易、产权变动的需要而产生的，旨在为委托人与有关当事人的被评估资产作出价值判断，具有明显的咨询性特征。

2. 执业过程中遵循的原则不同

审计人员在执业过程中，要自始至终地贯彻公证、防护和建设三大专业原则。而资产评估人员在执业过程中，必须遵循供求、替代、贡献和预期等基本经济原则。

3. 专业基础不同

审计的主要工作是围绕着会计及相关法规进行的，开展审计工作所需的专业知识主要以会计、税法及其他经济法规等知识为基础，因此，审计人员主要由具有财务方面知识的人员构成。而开展资产评估工作所需的专业知识，除了经济学、法律、会计等社会科学知识外，工程技术等方面的自然科学知识也是其重要的组成部分，资产评估体现了专业知识的综合性。

4. 与会计原则的关系不同

尽管现代审计的业务范围不断扩大，但对会计报告的审计仍然是审计的基本业务，审计会计报表及其相关业务的标准与会计是一致的，如对资产价值的计量都以历史成本原则为主，凡是违背了这一会计原则的，审计都将给予查处。而资产评估虽然与会计有着密切的联系，但在资产价值计量标准上却有很大区别，会计强调资产的历史成本，而资产评估则强调资产的现时价值，注重资产的重置成本、市场价值和未来收益的价值。

任务五　资产评估相关当事人

一、评估委托人

资产评估是一项委托或受托的民事事项，资产评估需要签订委托合同，委托合同的委托方就是评估委托人，受托方则是评估机构，两者是民事合同的当事双方。

(一)评估委托人的概念

《资产评估法》规定，资产评估委托人应当与评估机构订立委托合同。也就是资产评估作为一项民事经济活动，是建立在委托契约基础上的。与资产评估机构就资产评估专业服务事项签订委托合同的民事主体，就是资产评估的评估委托人。

委托人可以是一个，也可以是多个；可以是法人，也可以是自然人。一旦委托合同签订，该评估委托合同就受《合同法》规范，评估委托人和资产评估机构享有委托合同中规定的权利，同时也都要严格履行委托合同约定的义务。

《资产评估法》规定，评估分为法定评估和非法定评估。为法定评估的，委托人的确定需要符合国家有关法律、法规的规定；为非法定评估的，委托人可以在自愿协商的原则下确定。

(二)评估委托人的权利与义务

1. 评估委托人的权利

评估委托人可以根据委托合同的约定，享有合同中规定的相关权利。《资产评估法》对评估委托人的权利有以下规定：

(1)评估委托人有权自主选择符合《资产评估法》规定的评估机构，任何组织或者个人不得非法限制或者干预。

(2)评估委托人有权要求与相关当事人及评估对象有利害关系的评估专业人员回避。为了保证资产评估的公正性，当发现参与评估工作的评估机构中有与相关当事人或资产评估对象存在利害关系的评估专业人员，或者评估机构安排的评估专业人员与相关当事人或资产评估对象存在利害关系的，评估委托人有权要求有利害关系的机构或人员回避。

(3)当评估委托人对资产评估报告结论、评估金额、评估程序等方面有不同意见时，可以要求评估机构解释。评估委托人认为评估机构或者评估专业人员违法开展业务的，可以向有关评估行政管理部门或者行业协会投诉、举报，有关评估行政管理部门或者行业协会应当及时调查处理，并答复评估委托人。

2. 评估委托人的义务

评估委托人在享有必要权利的同时，还必须承担评估委托合同约定的义务。《资产评估法》对委托人的义务有以下规定：

(1)评估委托人不得对评估行为和评估结果进行非法干预。评估委托人不得串通、唆使评估机构或者评估专业人员出具虚假评估报告。为了保证资产评估的客观公正性，任何人都不允许对资产评估机构或者评估专业人员的评估工作进行非法干预，更不能串通、唆使评估机构或评估专业人员出具虚假评估报告。

(2)评估委托人应当按照合同约定向评估机构支付费用，不得索要、收受或者变相索要、收受回扣。

(3)评估委托人应当对其提供的权属证明、财务会计信息和其他资料的真实性、完整性和合法性负责。提供真实、完整、合法的权属证明、财务会计信息和其他资料是资产评估业务正常开展的基础。所谓真实，是指提供的相关资料的内容必须反映评估对象的实际情况，不得弄虚作假；所谓完整，是指提供的相关资料种类应当齐全，内容应当完整，不得有遗漏；所谓合法，是指提供的相关资料的内容和形式应当符合法定要求。评估委托人对其提供的权属证明、财务会计信息和其他资料的真实性、完整性和合法性负责是其最基本的义务。

(4)评估委托人应当按照法律规定和评估报告载明的使用范围使用评估报告，不得滥用评估报告及评估结论。《资产评估准则》要求资产评估报告明确该评估报告的评估目的。评估委托人使用评估报告应当符合评估目的的要求，不得将评估报告的结论用作其他目的，或者提供给其他无关人员使用。除非法律法规有明确规定，评估委托人未经评估机构许可，不得将资产评估报告全部或部分内容披露于任何公开的媒体。

二、评估机构

(一)评估机构的概念

评估机构是资产评估委托合同的受托人，是出具资产评估报告的主体，也是对资产评估报告承担法律责任的法人(或非法人组织)主体。

根据《资产评估法》的规定，资产评估机构是对不动产、动产、无形资产、企业价值、资产损失或者其他经济权益进行评定、估算，并出具评估报告的专业服务机构。

评估机构是依法成立的享有独立民事责任的法人组织。评估专业人员从事评估业务，应当加入评估机构，并且只能在一个评估机构从事业务，不能私自接受委托从事资产评估业务。资产评估机构一般都会加入评估行业协会，接受行业协会的自律管理。

中国资产评估协会是资产评估行业的全国性自律组织，依法接受财政部和民政部的指导、监督。评估机构加入资产评估协会可以及时掌握行业的政策及动态，通过参加行业的继续教育培训提高执业水平、规范执业行为，提高专业服务的社会公信力，通过与会员单位的交流提高管理水平，在出现执业纠纷的情况下，行业协会可以最大限度地保护机构的合法权利。

(二)评估机构的权利与义务

1. 评估机构的权利

评估机构依法享有评估委托合同中约定的权利。我国《资产评估法》对资产评估机构应享有的权利有以下规定：

（1）评估委托人拒绝提供或者不如实提供执行评估业务所需的权属证明、财务会计信息和其他资料的，评估机构有权依法拒绝其履行合同的要求。

（2）评估委托人要求出具虚假评估报告或者有其他非法干预评估结果情形的，评估机构有权解除合同。

评估机构享有的上述权利可以使评估机构在签订评估委托合同后，如果发现委托人拒绝提供或者不如实提供执行评估业务所需的权属证明、财务会计信息和其他资料，或者评估委托人要求出具虚假评估报告或者有其他非法干预评估结果情形，可以拒绝出具评估报告或单方面解除评估委托合同，而无须为此承担责任。

上述规定是杜绝由于委托人或产权持有人（或被评估单位）不提供相关评估资料，或者提供虚假信息资料导致评估机构出具虚假或不实评估报告的重要举措，同时也是对评估机构诚信的一种保护。

2. 评估机构的义务

评估机构依法承担评估委托合同中约定的义务。《资产评估法》对资产评估机构的义务有如下规定：

（1）评估机构及其评估专业人员开展业务应当遵守法律、行政法规和评估准则，依法独立、客观、公正开展业务，建立健全质量控制制度，保证评估报告的客观、真实、合理。

（2）评估机构应当建立健全内部管理制度，对本机构的评估专业人员遵守法律、行政法规和评估准则的情况进行监督，并对其从业行为负责。

（3）评估机构应当依法接受监督检查，如实提供评估档案以及相关情况。评估档案的保存期限不少于15年；属于法定评估业务的，保存期限不少于30年。

三、产权持有人（或被评估单位）

所谓产权持有人，是指评估对象的产权持有人。当评估对象为股权或所有者权益时，产权持有人是指股权或所有者权益的拥有者。与相关股权或所有者权益对应的被投资单位则称为被评估单位。

注意：委托人与产权持有人可能是同一主体，也可能不是同一主体，资产评估的委托人并不一定是评估对象的产权持有人。

例如，按照国有资产评估管理法规的规定，国有企业法人转让财产权需要由产权持有人委托评估机构，这时的委托人与产权持有人为同一主体；国有企业收购非国有资产，如果被收购方不同时作为委托人，评估委托人与评估对象的产权持有人则不是同一主体。

四、报告使用人

（一）报告使用人的概念

报告使用人是指法律、法规明确规定的，或者评估委托合同中约定的，除评估委托人之外有权使用资产评估报告或评估结论的其他资产评估当事人。

对法律、法规中没有明确规定，也未在评估委托合同中约定且未经过评估机构书面同意，得到或利用资产评估报告或者结论的其他单位和个人，并不作为评估报告使用人。

（二）报告使用人的权利与义务

评估报告使用人有权按照法律规定、资产评估委托合同约定以及资产评估报告载明的使用范围和方式使用评估报告或评估结论。

评估报告使用人未按照法律、法规或资产评估报告载明的使用范围和方式使用评估报告的，评估机构和评估专业人员将不承担责任。

评估机构和评估专业人员不承担非评估报告使用人使用评估报告的任何后果和责任。

【做中学 1－1】 A公司委托评估机构B对X公司股权进行评估，评估报告载明的评估委托人是A公司，报告使用人为A公司及其关联公司C公司，评估目的是为A公司和C公司增资X公司提供X公司股权的价值。在上述经济行为实施过程中，出现一家D公司，其也需要对X公司增资，但是在评估委托合同上没有约定D公司为评估报告使用人，国家法律、法规也没有明确规定D公司是评估报告的法定使用人，D公司可能因实施的经济行为与A、C公司一致，借用评估机构B出具的评估报告。

但是，评估机构B仅对A、C公司按照约定要求使用评估报告产生的后果承担责任，不会对D公司使用评估报告的后果承担责任，D公司将对自己使用评估报告的行为及后果承担责任。

任务六 资产评估法律与准则

在全面深化改革的总体部署中，发展混合所有制经济、深化国有企业改革将成为改革的重要内容。而在这种以增强企业活力、提高企业效率为中心的转型升级中，资产评估行业作为现代高端服务业，将对监管国有资产、防范国有资产流失、规范国有资产管理以及挖掘国有资产价值做出重要的专业贡献。而在我国现行评估法律制度中，除了1991年国务院颁布的《国有资产评估管理办法》外，其他法律规定散见于《中华人民共和国公司法》、《中华人民共和国证券法》、《中华人民共和国合伙企业法》等多部法律中；有关行政管理部门还颁布了众多规范性文件，涉及资产评估、土地估价、房产估价等。这些法律彼此缺乏一致性，而部门规章的权威性和约束力又比较差。为规范资产评估行为，保护资产评估当事人的合法权益和公共利益，促进资产评估行业的健康发展，维护社会主义市场经济秩序，2016年7月2日，全国人大常委会审议通过《资产评估法》，并于2016年12月1日起施行。这是我国社会主义市场经济法律体系建设的一项重要成果，也是资产评估行业发展的一个重要里程碑，标志着我国资产评估行业进入了依法治理的新时代。

《资产评估法》的施行，有利于进一步完善国家基本经济制度，可为各类产权交易提供公允的价值尺度，既维护国有资产权益，防止国有资产流失，也维护多方非国有投资者权益；有利于完善市场经济机制体制的运行，实现市场机制对生产要素的有效配置；有利于评估行政管理部门统一监管尺度，划清行政监管部门权力边界，规范资产评估行业健康有序发展。

一、《资产评估法》

（一）立法的宗旨和重点

《资产评估法》旨在规范资产评估行为，保护资产评估当事人的合法权益和公共利益，促进资产评估行业健康发展，维护社会主义市场经济秩序。

1. 明确资产评估当事人的权利与义务，规范资产评估行业基本制度

明确评估师、评估机构、委托人的权利与义务以及他们之间的法律关系，将制定评估基本

准则、资格考试制度、执业登记制度、行业监管制度、行业自律制度等作为立法重点，对评估业务的专业性、操作性问题仅做原则性规定。

2. 坚持资产评估行业的市场属性，使其既符合国情，又要与国际通行准则接轨

明确资产评估行业是一个以市场价值理念为基础的综合性现代高端服务业的定位，坚持市场配置资源的原则。资产评估立法既要充分考虑我国社会主义市场经济发展的要求和资产评估行业发展的现状，也要借鉴成熟市场经济国家的经验，反映《国际评估准则》的基本精神，还要适应行业发展趋势，具有一定的前瞻性。

3. 建立部门协调配合机制，逐步完善行政管理体制

针对目前政出多门、执业标准不统一的问题，按照“统分结合”的原则，在实行统一市场准入、统一基本准则和统一法律责任的基础上，实行不同评估类别之间既有区别也有融合、各有关行政管理部门在协调配合机制框架下的部门分工负责制，明确行业自律职责和监管责任，为今后进一步理顺资产评估行业管理体制、促进行业健康发展奠定基础。

4. 加强行政监管，增强行业自律

资产评估不仅涉及资产所有者或交易当事人的权益，在很多情况下还涉及国家利益和社会公众利益，必须加强对评估行业的行政监管，增强行业自律能力。行政监督重点应放在加强注册资产评估师和评估机构的资格、资质认证以及依法执业的管理上。

（二）《资产评估法》的主要内容

1. 关于资产评估的内涵

《资产评估法》所称资产评估，是指评估机构及其评估专业人员根据委托对不动产、动产、无形资产、企业价值、资产损失或者其他经济权益进行评定、估算，并出具评估报告的专业服务行为。《资产评估法》中评估主体为评估机构和评估专业人员；评估业务属于委托性质，自然人、法人或者其他组织需要确定评估对象价值的，可以自愿委托评估机构评估(《资产评估法》第三条)；评估对象为不动产、动产、无形资产、企业价值、资产损失或其他经济权益，涵盖了现有的包括资产评估、房地产估价、土地估价、矿业权评估、旧机动车鉴定估价和保险公估在内的六类评估领域，资产评估简称“评估”。

2. 关于法定评估

一般来说，某资产是否需要评估，取决于资产所有者和资产交易双方的意愿。对于特定资产评估，如国有资产、涉及公共利益的资产等相关法律规定必须委托评估的，称为法定评估。考虑到相关法律法规，如《中华人民共和国公司法》、《中华人民共和国证券法》、《国有资产评估管理办法》等已有这方面的规定，《资产评估法》没有采用逐项列举的方式，而是规定“涉及国有资产或者公共利益等事项，法律、行政法规规定需要评估的，应当依法委托评估机构评估”(第三条)。对于法定评估，《资产评估法》还特别规定“应当依法选择评估机构”(第二十二条)。

3. 关于评估专业人员

为了规范评估师的专业胜任能力，保证评估执业质量，《资产评估法》指出，“评估师是指通过评估师资格考试的评估专业人员。国家根据经济社会发展需要确定评估师专业类别”(第八条)。《资产评估法》还明确指出评估师在执业过程中应享有的权利和应履行的义务。

4. 关于评估机构

评估机构是指具备相应资质条件、依法设立并从事评估业务的专业机构。《资产评估法》提出，“评估机构应当依法采用合伙或者公司形式，聘用评估专业人员开展评估业务”(第十五条)。这样规定主要是考虑到资产评估师的工作类似职业律师和会计师，其机构的组织形式符

合资产评估行业的职业特点。为了严格评估机构的准入,《资产评估法》还规定,“设立评估机构,应当向工商行政管理部门申请办理登记。评估机构应当自领取营业执照之日起三十日内向有关评估行政管理部门备案。评估行政管理部门应当及时将评估机构备案情况向社会公告”(第十六条),“评估机构应当依法独立、客观、公正地开展业务,建立健全质量控制制度,保证评估报告的客观、真实、合理”(第十七条)。

5. 关于行业自律

为了规范资产评估行业自律,《资产评估法》对行业自律组织的职责范围分别作了规定。评估行业协会是评估机构和评估专业人员的自律性组织,依照法律、行政法规和章程实行自律管理。同时规定资产评估行业自律组织应履行的职责(第三十六条),且应当建立沟通协作和信息共享机制,根据需要制定共同的行为规范,促进评估行业健康有序发展(第三十七条)。

6. 关于行政监管

资产评估不仅涉及资产所有者或交易当事人的权益,在很多情况下还涉及国家利益和社会公众利益,必须加强对评估行业的行政监管,把其重点放在加强评估机构的合法运营上。《资产评估法》指出,“设区的市级以上人民政府有关评估行政管理部门依据各自职责,负责监督管理评估行业,对评估机构和评估专业人员的违法行为依法实施行政处罚,将处罚情况及时通报有关评估行业协会,并依法向社会公开”(第四十条),“评估行政管理部门对有关评估行业协会实施监督检查,对检查发现的问题和针对协会的投诉、举报,应当及时调查处理”(第四十一条)。

7. 关于法律责任

资产评估当事人承担的法律责任包括民事责任、行政责任和刑事责任三类,责任主体包括评估师、评估机构,还有委托人、行业管理部门及自律组织等。《资产评估法》对各种主体、各类责任均作了相应规定,具体包括以下几条:

《资产评估法》第四十四条 评估专业人员违反本法规定,有下列情形之一的,由有关评估行政管理部门予以警告,可以责令停止从业六个月以上一年以下;有违法所得的,没收违法所得;情节严重的,责令停止从业一年以上五年以下;构成犯罪的,依法追究刑事责任:

(1)私自接受委托从事业务、收取费用的;

(2)同时在两个以上评估机构从事业务的;

(3)采用欺骗、利诱、胁迫,或者贬损、诋毁其他评估专业人员等不正当手段招揽业务的;

(4)允许他人以本人名义从事业务,或者冒用他人名义从事业务的;

(5)签署本人未承办业务的评估报告或者有重大遗漏的评估报告的;

(6)索要、收受或者变相索要、收受合同约定以外的酬金、财物,或者谋取其他不正当利益的。

《资产评估法》第四十五条 评估专业人员违反本法规定,签署虚假评估报告的,由有关评估行政管理部门责令停止从业两年以上五年以下;有违法所得的,没收违法所得;情节严重的,责令停止从业五年以上十年以下;构成犯罪的,依法追究刑事责任,终身不得从事评估业务。

《资产评估法》第四十六条 违反本法规定,未经工商登记以评估机构名义从事评估业务的,由工商行政管理部门责令停止违法活动;有违法所得的,没收违法所得,并处违法所得一倍以上五倍以下罚款。

《资产评估法》第四十七条 评估机构违反本法规定,有下列情形之一的,由有关评估行政管理部门予以警告,可以责令停业一个月以上六个月以下;有违法所得的,没收违法所得,并处

违法所得一倍以上五倍以下罚款;情节严重的,由工商行政管理部门吊销营业执照;构成犯罪的,依法追究刑事责任:

(1)利用开展业务之便,谋取不正当利益的;

(2)允许其他机构以本机构名义开展业务,或者冒用其他机构名义开展业务的;

(3)以恶性压价、支付回扣、虚假宣传,或者贬损、诋毁其他评估机构等不正当手段招揽业务的;

(4)受理与自身有利害关系的业务的;

(5)分别接受利益冲突双方的委托,对同一评估对象进行评估的;

(6)出具有重大遗漏的评估报告的;

(7)未按本法规定的期限保存评估档案的;

(8)聘用或者指定不符合本法规定的人员从事评估业务的;

(9)对本机构的评估专业人员疏于管理,造成不良后果的。

评估机构未按本法规定备案或者不符合本法第十五条规定的条件的,由有关评估行政管理部门责令改正;拒不改正的,责令停业,可以并处一万元以上五万元以下罚款。

《资产评估法》第四十八条　评估机构违反本法规定,出具虚假评估报告的,由有关评估行政管理部门责令停业六个月以上一年以下;有违法所得的,没收违法所得,并处违法所得一倍以上五倍以下罚款;情节严重的,由工商行政管理部门吊销营业执照;构成犯罪的,依法追究刑事责任。

《资产评估法》第四十九条　评估机构、评估专业人员在一年内累计三次因违反本法规定受到责令停业、责令停止从业以外处罚的,有关评估行政管理部门可以责令其停业或者停止从业一年以上五年以下。

《资产评估法》第五十条　评估专业人员违反本法规定,给委托人或者其他相关当事人造成损失的,由其所在的评估机构依法承担赔偿责任。评估机构履行赔偿责任后,可以向有故意或者重大过失行为的评估专业人员追偿。

《资产评估法》第五十一条　违反本法规定,应当委托评估机构进行法定评估而未委托的,由有关部门责令改正;拒不改正的,处十万元以上五十万元以下罚款;情节严重的,对直接负责的主管人员和其他直接责任人员依法给予处分;造成损失的,依法承担赔偿责任;构成犯罪的,依法追究刑事责任。

《资产评估法》第五十二条　违反本法规定,委托人在法定评估中有下列情形之一的,由有关评估行政管理部门会同有关部门责令改正;拒不改正的,处十万元以上五十万元以下罚款;有违法所得的,没收违法所得;情节严重的,对直接负责的主管人员和其他直接责任人员依法给予处分;造成损失的,依法承担赔偿责任;构成犯罪的,依法追究刑事责任:

(1)未依法选择评估机构的;

(2)索要、收受或者变相索要、收受回扣的;

(3)串通、唆使评估机构或者评估师出具虚假评估报告的;

(4)不如实向评估机构提供权属证明、财务会计信息和其他资料的;

(5)未按照法律规定和评估报告载明的使用范围使用评估报告的。

前款规定以外的委托人违反本法规定,给他人造成损失的,依法承担赔偿责任。

《资产评估法》第五十三条　评估行业协会违反本法规定的,由有关评估行政管理部门给予警告,责令改正;拒不改正的,可以通报登记管理机关,由其依法给予处罚。

《资产评估法》第五十四条　有关行政管理部门、评估行业协会工作人员违反本法规定，滥用职权、玩忽职守或者徇私舞弊的，依法给予处分；构成犯罪的，依法追究刑事责任。

二、《资产评估准则》

（一）国际资产评估准则

1. 国际评估准则理事会

国际评估准则理事会（International Valuation Standards Council，IVSC）前身为国际评估准则委员会（International Valuation Standards Committee，IVSC），是联合国一个非政府组织成员，是 20 世纪 80 年代以来在世界各国资产评估专业团体的推动下逐步发展起来的重要国际性评估专业组织，于 1985 年 5 月被联合国经济与社会理事会认可。其与各成员国和地区，以及诸如世界银行、经济合作与发展组织（OECD）、国际会计师联盟（International Federation of Accountants）、国际会计准则委员会（International Accounting Standards Board）等组织及其他评估业界人士合作，致力于协调和促进世界评估准则的形成和发展。国际评估准则理事会国际总部设在英国伦敦，执行总部通常设在 IVSC 主席所在地。

国际评估准则理事会致力于制定和推广《国际评估准则》，是目前最具影响力的国际性评估专业团体。IVSC 是一个全球性的资产评估行业自律性机构，其宗旨是研究制定国际资产评估标准，为国际资产市场和商业经营服务，为发展中国家及新兴工业化国家实施这些标准服务；其研究各国、各地区资产评估标准的差异，致力于促进国际标准与地区和国家标准的协调。IVSC 与国际会计准则委员会、国际会计师联盟、国际审计事务委员会和国际证券组织有着紧密的业务联系，并不断向会计界提供有关资产评估的建议和咨询，在决定和颁布新的国际评估标准过程中，与有关行业组织进行协调。1995 年 3 月 15－16 日，在南非开普敦召开的第 14 届年会上，中国资产评估协会成为 IVSC 的会员。

2. 国际评估准则理事会产生的背景

国际评估准则理事会的诞生有其独特的历史背景，既反映了各国和国际资产评估行业发展的内在需求，也是经济全球化发展等外部推动因素共同作用的必然结果。首先，20 世纪 80 年代以前，资产评估业在世界范围内得到很大发展，英国、美国、澳大利亚、新西兰、加拿大等许多国家陆续成立了资产评估协会、学会等专业性组织，并分别制定了本国资产评估准则和职业道德守则，为成立国际性评估专业团体奠定了行业发展基础。其次，尽管各国资产评估行业有了长足发展，但在国际上资产评估行业尚未形成一个世界性的中心，各国资产评估准则、理论、实务以及专业术语上的差异，都给资产评估业的国际合作和进一步发展带来了很大困难，不能满足日益全球化的资产市场和国际经济界的要求。国家评估业迫切需要制定一部统一的、在国际评估界得到广泛认可的国际评估准则，这也成为促使国际评估准则委员会成立的内在动力。最后，20 世纪 70 年代，随着国际经济和市场全球化的迅速发展，各国经济界越来越重视资产评估在资本市场和促进资产跨国流动中的重要作用，特别是资产评估所具有的在有关企业财务文件中反映资产的现时市场价值、弥补传统会计中历史成本原则缺陷的功能得到了越来越多的关注。国际经济界迫切需要一部“国际认可”的国际评估准则，以促使资产评估业更好地为经济发展服务，这也就成为国际评估准则委员会成立的外部动力。在这些因素的共同推动下，1981 年，英国、美国等 20 多个国家和地区在澳大利亚墨尔本发起成立国际资产评估准则委员会（IAVSC）；1995 年，其更名为国际评估准则委员会，开展制定《国际评估准则》的工作。

2008 年 10 月，历时一年的国际评估准则委员会改组工作落下帷幕。改组后的国际评估准则委员会更名为国际评估准则理事会，英文首字母缩写仍为 IVSC。IVSC 的会员不再局限于评估专业组织，其还吸纳了包括评估机构、非营利性实体和学术界等更为广泛的代表。新组织主要包括 3 个委员会，即管委会、国际评估准则委员会和国际评估专业委员会。国际评估准则委员会的主要职责是在与评估师、客户方及监管方协商的基础上，制定评估准则。

3. 国际评估准则理事会的宗旨

一是发展真正的国际评估和报告准则，以满足财务报告、国际资本市场和国际经济领域的需要。

二是发展真正的国际评估和报告准则，以满足发展中国家和新兴工业国家的需要，并且推广和完善这些准则。

三是确定国家或地区间准则的差异所在，并致力于国家或地区要求与《国际评估准则》间的协调和统一。

4.《国际评估准则》结构体系

《国际评估准则》于 2017 年发布，在结构和内容上发生了变化：一是在原准则的基础上增加"术语"部分，删除了"国际评估准则定义"和"评估应用"；二是基本准则部分增加了《国际评估准则 104——价值类型》和《国际评估准则 105——评估途径和方法》两个准则；三是资产准则部分的《国际评估准则 233——在建投资性不动产》更名为《国际评估准则 410——开发性不动产》；四是对基本准则和资产准则的内容进行了修改。

(1)前言

这一部分在回顾、总结国际资产评估行业发展历史的基础上，重点对国际评估准则理事会的宗旨和工作、《国际评估准则》的起源、《国际评估准则》的结构等进行了介绍。

(2)术语

该部分明确了《国际评估准则》中特定术语的定义。

(3)《国际评估准则框架》

该部分对《国际评估准则》的适用范围、评估师、客观性和独立性、专业胜任能力、背离等方面进行了说明。

(4)基本准则

基本准则适用于所有的资产类型和评估目的，其具体包括 5 个准则：

①《国际评估准则 101——工作范围》。该准则主要包括一般要求和工作范围的变动。

在一般要求中，准则要求评估师以书面形式准备和确认工作范围。工作范围具体包括评估师身份、委托人身份(如有)、报告使用者身份(如有)、评估对象、评估币种、评估目的、价值类型、评估基准日、评估报告使用的限制、评估依赖信息的来源及性质、一般假设和特殊假设、报告形式、报告使用及分发或发布的限制、《国际评估准则》的遵守。

在工作范围的变动中，准则要求在出具评估报告之后，工作范围不可以变动。

②《国际评估准则 102——调查和合规》。该部分主要规定了评估实施过程中应注意的相关问题，包括基本原则、调查、评估记录以及遵守其他准则，其中调查是核心内容。评估实施过程，首先应当遵守《国际评估准则》，如果评估师在评估实施过程中受到其他要求的限制，在满足《国际评估准则》的要求后，可以遵守其他要求。在调查中，准则要求评估调查工作必须满足评估主要目的和确定价值类型的要求，确保所收集信息的准确性。本部分也介绍了调查的方法和内容，如果评估师在调查过程中受到限制，则应在工作范围中披露。评估记录要求评估师

在评估过程中必须进行记录。

③《国际评估准则 103——报告》。该准则主要对资产评估报告应该包含的内容进行了规定。评估报告必须能让报告使用者理解评估结论。该准则包括一般要求、评估报告和评估复核报告。一般要求包括影响报告详细程度的因素、格式、对评估报告编制和复核人员的要求等。通常,评估报告包括工作范围、适用途径、采用方法、使用的关键输入、评估假设、评估结论、报告日期。评估复核报告至少包括复核工作范围、被复核的评估报告、输入和假设、复核结论、报告日期。

④《国际评估准则 104——价值类型》。该准则主要规定《国际评估准则》定义的价值类型和其他准则定义的价值类型,包括引言和价值类型两部分,其中价值类型是该准则的核心内容。引言部分介绍了价值类型的定义和确定依据,价值类型部分介绍了《国际评估准则》定义的价值类型和其他准则定义的价值类型,并解释了其定义、内涵以及适用范围。《国际评估准则》定义的价值类型包括市场价值、市场租金、公允价值、投资价值、协同价值、清算价值。常见的使用前提包括最高最佳使用、当前用途、现存用途、有序清算、强制出售。

⑤《国际评估准则 105——评估途径和方法》。该准则主要规定评估途径和方法。在《国际评估准则》中,基本的评估途径包括市场途径、收益途径、成本途径。无论是评估资产的市场价值还是市场价值以外的价值,评估师都需要根据项目具体情况恰当地选择评估方法。在选择评估方法时,评估师应当考虑三种基本评估途径在具体项目中的适用性,采用多种评估方法时,应当分析、调整运用多种评估方法得出的评估结论,确定最终评估结果。

市场途径是通过将目标资产与相同或相似且价格信息可获取的资产进行比较提供一种价值的途径。市场途径包括可比交易法和上市公司比较法。采用市场途径的同时,还应考虑到流动性折扣、控股权溢价、股票销售折价。

收益途径是通过把未来现金流转换为资本现值提供一种价值的途径。该方法考虑一项资产在使用寿命期限内,将产生的收入通过资本化过程估计价值。收益途径方法只介绍了现金流折现法,内容包括现金流的类型和预测、预测期、终值计算、折现率。

成本途径是基于经济学原理,无论是购买还是建造,买方都将支付不高于等效资产获取价格,除非存在超长时间、不便因素、风险或其他因素。成本途径包括更新重置成本法、复原重置成本法及加和法。通常,被评估资产由于年代或损耗,与替代资产相比不具吸引力。在这种情况下,可能需要根据价值类型对替代资产的成本做出调整,即需要考虑贬值。贬值通常包括实体性贬值、功能性贬值和经济性贬值。

(5)资产准则

资产准则对具体资产的评估提供指导。该部分是对基本准则要求的细化或者扩充,并说明了基本准则中的规定如何应用到特定资产以及在评估时应特殊考虑的事项。资产准则包括6个准则:《国际评估准则 200——企业及企业权益》、《国际评估准则 210——无形资产》、《国际评估准则 300——机器设备》、《国际评估准则 400——不动产权益》、《国际评估准则 410——开发性不动产》、《国际评估准则 510——金融工具》。

(二)我国资产评估准则

2004 年 2 月,财政部正式发布了中国资产评估协会制定的《资产评估准则——基本准则》和《资产评估职业道德准则——基本准则》,初步确立了我国资产评估准则体系。至 2016 年,我国《资产评估准则》在《资产评估法》的指引下重新修订。《资产评估准则》作为一个有机整体,系统地对评估机构和评估专业人员进行指导和规范。

1. 中国资产评估准则体系建立的指导思想

资产评估准则体系直接影响着各评估具体准则和指南的内容，各国评估界在制定评估准则时都十分重视准则体系的结构设计。鉴于我国资产评估行业发展的综合性，我国《资产评估准则》将涉及各种类型资产、各种评估目的和经济行为，因此更需要设计合理、灵活的准则体系，使其不仅对资产评估中的共性问题进行规范，同时也对各类别、各目的以及各类经济行为的资产评估业务有层次地分别予以指导和规范。因此，在设计我国资产评估准则体系时，主要应遵循以下指导思想：

第一，我国资产评估准则应当是综合性的评估准则体系，包括不动产、动产、机器设备、企业价值、无形资产等各类别资产的评估准则。

第二，我国资产评估准则体系应当高度重视程序性准则与专业性准则。鉴于资产评估行业的特点，我国资产评估准则体系不仅应包括从程序方面规范评估行为的准则，如评估报告、工作底稿、评估程序等，也应包括针对各主要类别资产特点而进行规范的专业性准则，如企业价值评估准则、机器设备评估准则、不动产评估准则等。

第三，在我国资产评估准则体系中，应当将职业道德准则放在与业务性准则同等重要的位置上。基于职业道德在资产评估行业中的重要作用，我国资产评估准则在重视制定规范评估行为的业务性准则的同时，更应当高度重视职业道德准则的作用。

第四，我国资产评估准则体系应当层次清晰、逻辑严密，并具有一定的灵活性。我国资产评估准则体系应当体现各层次准则文件的不同效力和不同规范领域，同时由于资产评估理论与实践在国际上发展的不均衡性，我国资产评估行业的发展尚处于不断完善的过程中，准则制定应考虑评估理论和实践的未来发展趋势。

2. 中国资产评估准则体系的产生与发展

我国资产评估行业是随着经济体制改革、对外开放和社会主义市场经济的发展，在引进国外评估理论和方法的基础上发展起来的。

(1)初创阶段

20 世纪 80 年代，资产评估行业主要服务于国有企业转制过程中国有资产的产权交易。资产评估行业管理部门以行政规章制度和规范性文件对资产评估行为进行行政管理。随着资产评估行业的逐步发展，中国资产评估协会的自律管理职能也日益凸显，执业标准建设出现了从以政府部门为主导到以行业协会为主体的过渡趋势。中国资产评估协会在准则制定方面做了大量的探索和准备。

(2)奠基阶段

2001 年，国务院取消财政部门对国有资产评估项目的立项确认审批制度，实行财政部门的核准制或财政部门、集团公司及有关部门的备案制。评估机构和执业人员的责任主体地位进一步凸显。与此相适应，财政部加强《资产评估准则》的制定工作。中国资产评估协会承担了主要的研究起草工作，执业标准的制定主体已由政府部门逐步转变为行业协会。至 2007 年，中国资产评估协会共发布包括 2 项基本准则在内的 15 项评估准则。

(3)发展完善阶段

2007 年以后，我国评估执业标准建设继续紧跟市场和执业需求，逐步发展完善。2014 年 7 月，国务院取消资产评估师行政许可，将资产评估师由准入类调整为水平评价类职业资格。2016 年 12 月 1 日，《资产评估法》正式实施，其规定了评估准则的制定和实施方式，并对《资产评估准则》的规范主体、表述、评估程序、评估方法以及评估报告等方面做了调整。为了适应行业管理方式改革，满足监督管理需要，配合《资产评估法》的实施，加强与《国际评估准则》的协调，开拓新业务领域，近年来，财政部和中国资产评估协会不断完善《资产评估准则》的体系及内容。目前，财政部和中国资产评估协会发布了以基本准则为基础、由执业准则和职业道德准则组成的准则体系，《资产评估准则》共 27 项，覆盖主要执业流程和执业领域。

3. 中国资产评估准则体系的作用

《资产评估法》强调了资产评估的专业特性和评估准则的重要性，赋予了评估准则法律效力。《资产评估准则》不但是评估专业人员的职业道德规范和执业行为规范，也是执业监管、纠纷调处、司法仲裁的重要依据。《资产评估准则》已成为传播和推广评估行业专业理念、职业精髓和核心价值的重要平台，极大地提升了我国资产评估行业的专业形象和社会公信力，并在经济活动中发挥越来越重要的作用。

(1)有助于提升行业公信力

《资产评估准则》制定过程中，各方充分参与，评估准则成为各方协调和平衡需求以及相关各方依赖的标准。评估准则发布后，得到各方普遍认同。监管部门、委托方等普遍把是否遵循准则作为判断评估报告质量的依据。同时，评估师受到职业道德准则约束，增强了勤勉尽责、公正服务的意识和能力，其可以依据准则抵制虚假或不合理的评估需求。这些措施增强了评估行业的公信力。此外，《资产评估准则》的出台，扩大了评估行业的影响，使公众对评估行为有了客观评判的依据。

(2)有助于规范执业行为

资产评估作为一项专业性工作，要求评估专业人员具有规范的执业行为和较强的专业能力。这是资产评估行业得以持续、健康发展的重要基础。《资产评估准则》作为资产评估行业的基本职业规范，为评估机构和评估专业人员提供了统一、全面的执业标准，是资产评估行业规范执业行为，塑造独立、客观、公正专业形象的重要前提和保障。

(3)有助于加强行业监管

资产评估关系到国有资产保值增值，委托方及相关方、社会公众的权益和市场经济秩序的稳定。因此，资产评估专业服务水准及评估结论的合理性，历来受到社会各界的关注。对资产评估专业服务的监管，既包括政府监管，也包括行业自律监管。监管需要严格的规范体系，才能做到“监管有据、处罚有据”。作为衡量执业责任的重要标尺，资产评估准则体系的建设尤为重要。评估准则体系的完善为加强行业监管提供了有力支持。

(4)有助于为纠纷调处、司法仲裁提供依据

《资产评估法》强调了资产评估的专业特性和评估准则的重要性，赋予了评估准则法律效力。《资产评估准则》具有综合性的特点，涉及各种类型资产、各种评估目的和经济行为，不仅对资产评估中的共性问题进行规范，同时也对各类别、各目的的资产评估业务有层次地分别予以指导和规范。《资产评估法》要求评估机构和评估专业人员遵守评估准则，规定了违反评估准则的法律责任。因此，在涉及纠纷调处、司法仲裁时，可以以《资产评估准则》为依据判断其行为是否违法。

(5)有助于行业更好地服务市场经济

我国资产评估行业随着市场经济发展而出现和发展，多年来为国有资产管理体制改革、各类所有制企业的各种经济行为提供了权威性的专家意见，为资本市场提供了客观、公正的资本价值信息。在资产评估行业发展过程中，陆续制定发布的评估准则对行业和经济社会发展发挥了积极的作用。《资产评估准则》使资产评估的价值发现功能、定价功能更加科学有效。《资

产评估准则》的有效实施，使行业成为市场经济运行中一支规范、稳定的专业力量，融入市场经济发展的大潮，赢得更加广阔的发展空间，进而为市场经济的发展作出贡献。

(6)有助于行业国际交流

资产评估服务的需求最初来自改革开放后对外经济合作中对资产的合理定价。资产评估的理念、方法，以及资产定价的公允性需要得到合作双方的认可。对资产评估行为进行指导和规范的《资产评估准则》也就成为各方认可的“国际语言”。在我国资产评估准则建设的过程中，为加快与国际评估界的协调，对国际上资产评估的概念、评估方法、价值类型等进行了借鉴，这一方面加速了我国评估准则的建设进程，同时也促进了我国评估准则与国际主要评估准则的协调，促进了我国评估行业的国际交流。

4. 中国资产评估准则框架体系

根据《资产评估法》规定及准则建立的指导思想，我国资产评估准则体系包括《资产评估基本准则》、《资产评估执业准则》和《资产评估职业道德准则》。《资产评估基本准则》由财政部制定，中国资产评估协会根据《资产评估基本准则》制定《资产评估执业准则》和《资产评估职业道德准则》。其中，《资产评估基本准则》和《资产评估职业道德准则》是单独的准则实体，《资产评估执业准则》是一系列准则的统称，包含不同层次。

(1)《资产评估基本准则》

《资产评估基本准则》是财政部依据《资产评估法》制定的，是资产评估机构、资产评估专业人员执行各种资产类型、各种评估目的资产评估业务的基本规范，是各类资产评估业务中所应当共同遵守的基本规则。《资产评估基本准则》是一般性原则，是搭建资产评估准则体系的龙头，也是中国资产评估协会制定《资产评估执业准则》和《资产评估职业道德准则》的依据。由于我国资产评估行业特殊的发展背景和综合性定位，《资产评估基本准则》在整个评估准则体系中占有极为重要的地位。

(2)《资产评估执业准则》

《资产评估执业准则》包括三个层次：

第一层次为资产评估具体准则。资产评估具体准则分为程序性准则和实体性准则两个部分。

程序性准则是关于资产评估机构、资产评估专业人员通过履行一定的专业程序完成评估业务、保证评估质量的规范，包括资产评估程序、资产评估委托合同、资产评估档案、资产评估报告等。程序性准则的制定需要与目前我国资产评估行业的理论研究和实践发展相结合。资产评估专业人员只有履行必要的资产评估程序，才能在程序上避免重大的遗漏或疏忽，保证资产评估的质量。

实体性准则针对不同资产类别的特点，分别对不同类别资产评估业务中的资产评估机构、资产评估专业人员执业行为进行规范。根据我国资产评估行业的惯例和国际上通用的做法，实体性准则主要包括企业价值评估准则、无形资产评估准则、不动产评估准则、机器设备评估准则、珠宝首饰艺术品评估准则等。

第二层次为资产评估指南。资产评估指南包括对特定评估目的、特定资产类别(细化)评估业务以及对资产评估中某些重要事项的规范。评估专业人员在执行不同目的的评估业务时，所应当关注的事项也各有不同。资产评估指南是对我国资产评估行业中涉及主要评估目的的业务进行规范，同时也涉及一些具体的资产类别评估业务，并对资产评估工作中的一些重要特定事项进行规范。

第三层次为资产评估指导意见。资产评估指导意见是针对资产评估业务中的某些具体问题的指导性文件。该层次较为灵活，针对评估业务中新出现的问题及时提出指导意见，某些尚不成熟的评估指南或具体评估准则也可以先作为指导意见发布，待实践一段时间或成熟后再上升为具体准则或指南。

(3)《资产评估职业道德准则》

《资产评估职业道德准则》对资产评估机构及其资产评估专业人员职业道德的基本要求、专业胜任能力、独立性、与委托人和相关当事人的关系、与其他资产评估机构及资产评估专业人员的关系等方面进行了规范。

5. 我国资产评估准则体系的主要内容

评估准则项目发布与实施情况汇总表见表1—1。

表1—1　　评估准则项目发布与实施情况汇总表

序号	准则项目名称	发布文号	发布日期	施行日期	备注
1	《资产评估准则——无形资产》	财会〔2001〕1051号	2001年7月23日	2001年9月1日	2008年更新后废止
2	《资产评估对象法律权属指导意见》	中评协〔2017〕48号	2017年9月8日	2017年10月1日	取代2003年发布的《注册资产评估师关注评估对象法律权属指导意见》
3	《珠宝首饰评估指导意见》	中评协〔2003〕1号	2003年1月28日	2003年1月28日	2009年更新后废止
4	《资产评估基本准则》	财资〔2017〕43号	2017年8月23日	2017年10月1日	废止2004年发布的《资产评估准则——基本准则》和《资产评估职业道德准则——基本准则》
5	《资产评估职业道德准则》	中评协〔2017〕30号	2017年9月8日	2017年10月1日	废止2012年发布的《资产评估职业道德准则——独立性》
6	《企业价值评估指导意见(试行)》	中评协〔2004〕134号	2004年12月30日	2005年4月1日	2011年更新后废止
7	《金融不良资产评估指导意见》	中评协〔2017〕52号	2017年9月8日	2017年10月1日	取代2005年发布的《金融不良资产评估指导意见(试行)》
8	《以财务报告为目的的评估指南》	中评协〔2017〕45号	2017年9月8日	2017年10月1日	取代2007年发布的《以财务报告为目的的评估指南(试行)》
9	《资产评估执业准则——资产评估报告》	中评协〔2017〕32号	2017年9月8日	2017年10月1日	取代2011年修订的《资产评估准则——评估报告》
10	《资产评估执业准则——资产评估程序》	中评协〔2017〕31号	2017年9月8日	2017年10月1日	取代2007年发布的《资产评估准则——评估程序》
11	《资产评估执业准则——资产评估委托合同》	中评协〔2017〕33号	2017年9月8日	2017年10月1日	取代2011年修订的《资产评估准则——业务委托合同》

续表

序号	准则项目名称	发布文号	发布日期	施行日期	备注
12	《资产评估执业准则——资产评估档案》	中评协〔2017〕34号	2017年9月8日	2017年10月1日	取代2007年发布的《资产评估准则——工作底稿》
13	《资产评估执业准则——机器设备》	中评协〔2017〕39号	2017年9月8日	2017年10月1日	取代2007年发布的《资产评估准则——机器设备》
14	《资产评估执业准则——不动产》	中评协〔2017〕38号	2017年9月8日	2017年10月1日	取代2007年发布的《资产评估准则——不动产》
15	《资产评估价值类型指导意见》	中评协〔2017〕47号	2017年9月8日	2017年10月1日	修订2007年发布的《资产评估价值类型指导意见》
16	《资产评估执业准则——无形资产》	中评协〔2017〕37号	2017年9月8日	2017年10月1日	取代2008年发布的《资产评估准则——无形资产》
17	《专利资产评估指导意见》	中评协〔2017〕49号	2017年9月8日	2017年10月1日	修订2008年发布的《专利资产评估指导意见》
18	《企业国有资产评估报告指南》	中评协〔2017〕42号	2017年9月8日	2017年10月1日	修订2011年发布的《企业国有资产评估报告指南》
19	《资产评估执业准则——珠宝首饰》	中评协〔2017〕40号	2017年9月8日	2017年10月1日	取代2010年发布的《资产评估准则——珠宝首饰》
20	《投资性房地产评估指导意见》	中评协〔2017〕53号	2017年9月8日	2017年10月1日	取代2009年发布的《投资性房地产评估指导意见(试行)》
21	《著作权资产评估指导意见》	中评协〔2017〕50号	2017年9月8日	2017年10月1日	修订2010年发布的《著作权资产评估指导意见》
22	《金融企业国有资产评估报告指南》	中评协〔2017〕43号	2017年9月8日	2017年10月1日	修订2010年发布的《金融企业国有资产评估报告指南》
23	《资产评估机构业务质量控制指南》	中评协〔2017〕46号	2017年9月8日	2017年10月1日	修订2010年发布的《评估机构业务质量控制指南》
24	《资产评估执业准则——企业价值》	中评协〔2017〕36号	2017年9月8日	2017年10月1日	取代2011年发布的《资产评估准则——企业价值》
25	《商标资产评估指导意见》	中评协〔2017〕51号	2017年9月8日	2017年10月1日	修订2011年发布的《商标资产评估指导意见》
26	《实物期权评估指导意见》	中评协〔2017〕54号	2017年9月8日	2017年10月1日	取代2011年发布的《实物期权评估指导意见(试行)》
27	《资产评估执业准则——利用专家工作及相关报告》	中评协〔2017〕35号	2017年9月8日	2017年10月1日	取代2012年发布的《资产评估准则——利用专家工作》
28	《资产评估执业准则——森林资源资产》	中评协〔2017〕41号	2017年9月8日	2017年10月1日	取代2012年发布的《资产评估准则——森林资源资产》
29	《财政支出(项目支出)绩效评价操作指引(试行)》	中评协〔2014〕70号	2014年4月30日	2014年8月1日	
30	《知识产权资产评估指南》	中评协〔2017〕44号	2017年9月8日	2017年10月1日	修订2015年发布的《知识产权资产评估指南》
31	《文化企业无形资产评估指导意见》	中评协〔2016〕14号	2016年3月30日	2016年7月1日	

财政部根据《资产评估法》制定并发布了《资产评估基本准则》(以下简称“基本准则”),同时废止了2004年2月25日财政部发布的《资产评估准则——基本准则》和《资产评估职业道德准则——基本准则》(财企〔2004〕20号)。

基本准则共6章43条,分别为总则、基本要求、资产评估程序、资产评估报告、资产评估档案和附则。基本准则根据《资产评估法》的要求,重点在以下方面做出了规定:

(1)对基本准则的规范主体进行重新界定

基本准则的规范主体包括资产评估机构和资产评估专业人员。资产评估机构是指在财政部门备案的评估机构。资产评估专业人员包括资产评估师和其他具有评估专业知识及实践经验的资产评估从业人员。其中,资产评估师是指通过中国资产评估协会组织实施的全国资产评估师职业资格考试的评估专业人员。

(2)对基本准则的规范主体提出了基本要求

基本准则要求资产评估机构、资产评估专业人员开展资产评估业务时应当遵守法律、行政法规和资产评估准则,遵循独立、客观、公正的原则;遵守职业道德规范,维护职业形象;对所出具的资产评估报告依法承担责任;能够胜任所执行的资产评估业务,并且能够独立执业,拒绝委托人或相关当事人的非法干预。

(3)对资产评估程序进行了原则性规范

资产评估程序是资产评估机构和资产评估专业人员在执行资产评估业务、形成资产评估结论的过程中所履行的系统性工作步骤。基本准则对资产评估程序作出了规定,要求资产评估机构、资产评估专业人员开展资产评估业务时,应当根据资产评估业务具体情况履行必要的资产评估程序。基本的评估程序有8项:明确业务基本事项、签订业务委托合同、编制资产评估计划、进行评估现场调查、收集整理评估资料、评定估算形成结论、编制出具评估报告、整理归集评估档案。评估程序的规定有利于规范资产评估机构和资产评估专业人员的执业行为,切实保证评估业务质量。同时,恰当履行资产评估程序也是资产评估机构和资产评估专业人员防范执业风险、合理保护自身权益的重要手段。

(4)对资产评估报告进行了规范

基本准则要求资产评估机构、资产评估专业人员完成规定的资产评估程序后,由资产评估机构出具并提交资产评估报告。资产评估报告的主要内容通常包括标题及文号、目录、声明、摘要、正文、附件。基本准则要求应当在资产评估报告中提供必要信息,使资产评估报告使用人能够合理理解评估结论。在资产评估报告中,评估目的应当唯一,应当载明评估对象和评估范围,选择适当的价值类型,载明的评估基准日应当与资产评估委托合同约定的评估基准日保持一致,合理使用并披露评估假设,以文字和数字形式清晰说明评估结论,并明确评估结论的使用有效期。

(5)对资产评估档案的管理进行了规范

基本准则要求资产评估专业人员执行资产评估业务时,应当编制能够反映评估程序实施情况、支持评估结论的工作底稿,并与其他相关资料一起形成评估档案。工作底稿分为管理类工作底稿和操作类工作底稿,其应当真实完整、重点突出、记录清晰。评估档案由所在资产评估机构按照国家有关法律、行政法规和基本准则规定妥善保管,保存期限不少于15年,属于法定评估业务的,不少于30年。资产评估档案的管理应当执行保密制度。

应知考核

一、单项选择题

1. 评估人员只对评估结论的客观性负责，而不对资产交易价格的确定负责，体现了资产评估的(　　)特性。

A. 市场性　　B. 咨询性　　C. 公正性　　D. 现实性

2. 下列各项中，不属于资产评估基本构成要素的是(　　)。

A. 评估程序　　B. 评估假设　　C. 评估目的　　D. 评估价值类型

3. 资产评估主体是指(　　)。

A. 被评估资产占有人　　B. 被评估资产

C. 资产评估委托人　　D. 从事资产评估的机构和人员

4. 下列各项中，不属于资产评估原始评估阶段特点的是(　　)。

A. 直观性　　B. 有偿性　　C. 无偿性　　D. 非专业性

5. 审计是在现代企业两权分离背景下产生的，旨在对企业财务报表所反映的企业财务状况和经营成果的真实性与公允性作出事实判断，具有明显的(　　)特征。

A. 独立性　　B. 预测性　　C. 咨询性　　D. 公正性

二、多项选择题

1. 资产评估大体经历了(　　)阶段。

A. 原始评估　　B. 探索评估　　C. 经验评估　　D. 科学评估

2. 经验评估阶段的资产评估特点包括(　　)。

A. 评估的准确性主要取决于评估人员积累的经验

B. 评估人员对评估业务进行有偿服务

C. 评估方法较为单一

D. 一般根据类似商品的成交价确定被评估资产的价格

3. 资产评估中的资产具有的基本特征包括(　　)。

A. 必须是有形的　　B. 是过去的交易和事项形成的

C. 预期给企业带来经济利益　　D. 企业所拥有或控制

4. 资产评估的特点主要有(　　)。

A. 市场性　　B. 强制性　　C. 公正性　　D. 咨询性

5. 资产评估机构从组织形式上可分为(　　)。

A. 专业性资产评估机构　　B. 兼营性资产评估机构

C. 综合性资产评估机构　　D. 律师事务所

三、判断题

1. 资产评估一般要估算的是资产的市场价值。　(　　)

2. 资产评估的客体等同于资产评估对象，即评估人。　(　　)

3.《资产评估准则》作为一个有机整体，系统地对评估机构和评估专业人员进行指导和规范。　(　　)

4. 企业价值评估是单项资产评估中最常见的形式。　(　　)

5. 凡是对由多个单项资产组成的资产综合体的评估都是整体资产评估。 （ ）

四、简述题

1. 简述资产评估的基本构成要素。
2. 简述资产评估的内容。
3. 简述资产评估是如何进行分类的。
4. 简述资产评估与审计的联系和区别。
5. 简述资产评估与会计计价的联系和区别。

应会考核

■ 观念应用

【背景资料】

2014年8月，国务院印发第27号文件，取消涉及资产评估等多个专业领域的专业技术人员准入类职业资格。一石激起千层浪，该消息顿时在资产评估行业内外引起广泛关注。事实上，取消注册资产评估师的准入类职业资格，并不意味着取消对注册资产评估师这一专业资格的认可，而只是将这一职业资格的管理由行政命令式的准入制改为专业管理式的行业评价制。

正如中国资产评估协会秘书长刘萍所表示的，国务院第27号文件决定取消注册资产评估师职业资格认定和许可事项，对资产评估师的职业资格管理方式由行政"准入制"改为行业"评价制"，是职业管理方式的改革。这是依法治国、简政放权和行业市场化的必然要求，是大势所趋。

资产评估行业20多年的发展历程告诉我们，市场化是资产评估行业发展的根，是资产评估业务诞生进而展现强大生命力的内生动力，也是资产评估行业发展深化升级、强化市场服务能力、提升专业服务水平的助推器。

市场化的氛围越浓，越能提升资产评估行业这一高端服务业的专业含金量。市场规则如大浪淘沙，只有真正具有深厚专业积淀的机构才能脱颖而出。这种专业力量的比拼，必能促进资产评估机构的良性竞争，推动资产评估行业的科学发展。

改革将为行业赢得更长远的利益。此项改革赋予行业协会更多的管理职能，赋予评估师更大的责任，也赋予评估机构更灵活的空间，对进一步完善行业自律管理和行业进一步发展都有重要意义。

此项改革标志着资产评估行业进入了以市场为导向、以专业为领域、以服务为己任的可持续发展阶段。资产评估行业要在已有的发展基础上，审时度势，借改革的东风，顺势而为、再塑行业、提振专业，实现行业转型升级和可持续发展。

回顾2014年上半年，就会发现资产评估行业的利好不断：《资产评估法》已经结束二审程序，正在积极推进中；国务院连续颁布的《关于促进市场公平竞争维护市场正常秩序的若干意见》、《国务院关于加快发展生产性服务业促进产业结构调整升级的指导意见》和《国务院办公厅关于金融服务"三农"发展的若干意见》等文件中，都将发展资产评估行业放在重要位置。2014年8月，发改委发文要求在利用外资和境外投资方面着力推动5项工作，其中就包括大力培育和支持国内资产评估、法律服务、会计服务、投资顾问、设计咨询、风险评估等相关中介机构，支持各行业商（协）会积极发挥服务和促进作用……可以预见，随着我国深入推进国家治理、深化市场化转型，资产评估业务会越发多样化，市场空间会越发广阔，专业价值会进一步体现，行业良性循环会进一步建立。

（资料来源：高鹤：《简政放权将为评估行业赢取更长远利益》，《中国会计报》，2014 年 8 月 29 日。）

【考核要求】

(1)取消注册资产评估师考试制度的背景和原因是什么？

(2)资产评估行业的未来发展前景如何？

■ 技能应用

针对某一资产评估对象，利用资产评估的基本要素对其进行分析。

【技能要求】

资产评估的基本要素有哪些？

■ 案例分析

随着我国经济的日益发展，资产评估业务逐渐规范，行业格局发生改变，从 20 世纪 80 年代末期开始，审计与资产评估行业就保持着既相互独立又相互联系的关系。尤其是近年来，在政府审计工作中，对国有企业脱钩改制、破产清算或是财政资金投资及其他所有制资产进行审计监督时，审计部门需要采用资产评估报告中的公允价值确定资产价值，而资产评估机构在进行评估作价时，往往采用与审计方法相同或相似的程序，如监盘、函证、抽样和测试等。

资产的复杂性和多样性决定了评估从业人员必须实行内部分工，而政府审计人员通常不以资产类型分工，所以在一些与资产评估相关联的审计工作中，因为受专业分工限制，审计人员很难对资产公允价值的合理性作出估计和判断，而如果直接采用资产评估报告中的公允价值，这就无形中增加了审计工作的风险。也就是说，如果资产评估报告出了问题，审计工作也很容易出现问题，最后可能会导致政府决策失误或是国有资产流失等严重后果。

【分析要求】

资产评估与审计如何相互配合开展工作？两者有何区别？

项目实训

【实训项目】

初识资产评估。

【实训内容】

资产评估的特点，资产评估与清产核资、会计计价、审计的联系和区别。

【实训目的】

掌握资产评估的基础知识，为后续项目的学习奠定基础。

【实训反思】

(1)作为一个有素质的资产评估师，应如何遵守职业道德？谈谈你的感想。

(2)将实训报告填写完整。

<table>
<tr><td colspan="3">《初识资产评估》实训报告</td></tr>
<tr><td>项目实训班级：</td><td>项目小组：</td><td>项目组成员：</td></tr>
<tr><td>实训时间：　　年　　月　　日</td><td>实训地点：</td><td>实训成绩：</td></tr>
<tr><td colspan="3">实训目的：</td></tr>
<tr><td colspan="3">实训步骤：</td></tr>
<tr><td colspan="3">实训结果：</td></tr>
<tr><td colspan="3">实训感言：</td></tr>
<tr><td colspan="3">不足与今后改进：</td></tr>
<tr><td colspan="3">项目组长评定签字：　　　　　　　　　　项目指导教师评定签字：</td></tr>
</table>

项目二

资产评估基本理论

○ **知识目标:**

理解:资产评估的目的及价值类型。

熟知:资产评估的假设与资产评估的原则。

掌握:资产评估的依据与资产评估的程序。

○ **技能目标:**

在掌握资产评估的一般目的和特定目的的基础上,能够充分合理地运用资产评估的基本假设和依据,对个案按照资产评估的程序进行分析,学以致用。

○ **素质目标:**

通过对本项目的学习,加强对资产评估价值类型的理解,能够运用市场价值与市场价值以外的价值,并在市场价值与市场价值以外的价值中作出选择;在资产评估原则的基础上,能够辨析价值类型的选择与评估目的的关系;把学和做有机结合,做到学思用贯通、知信行统一,提高自己的职业道德素养。

○ **项目引例:**

通过评估报告分析资产评估假设和原则

致委托方函

×××有限公司:

受贵方委托,本公司秉着客观、公正、科学、独立的原则对贵方拥有合法产权的位于×××的×××房产价格进行了评估,目的是为确定估价对象在2020年8月15日的公开市场价值,并以此为贵方委托评估标的向银行进行抵押贷款,为确定抵押额提供客观的价值依据。

根据贵方所提供的资料,本公司估价人员依据国家、省、市的相关法律、法规,在对现场实地勘察并收集、整理、分析相关信息的基础上,遵循估价原则,按照必要的估价程序,采用合理的估价方法对估价对象进行评估,在满足本次估价假设和限制条件的前提下,经测算确定贵方委托评估房产在评估基准日的抵押价值为人民币贰仟贰佰陆拾伍万叁仟肆佰元整(2 265.34万元)。

×××房地产评估咨询有限公司

××年××月××日

引例导学:上述是资产评估报告中的一部分内容,在对企业进行资产评估时,应遵循哪些资产评估假设和原则?资产评估时,是按照哪些依据和程序进行的?通过对本项目的学习,你将得到解答。

○ **知识精讲:**

任务一 资产评估的目的

资产评估的目的有一般目的和特定目的之分。资产评估的一般目的包含特定目的，而资产评估的特定目的则是一般目的的具体化。

一、资产评估的一般目的

资产评估的一般目的（或资产评估的基本目标）是由资产评估的性质及其基本功能决定的。资产评估作为一种专业人士对特定时点及特定条件约束下资产价值的估计和判断的社会中介活动，它一经产生就具有为委托人以及资产交易当事人提供合理的资产价值咨询建议的功能。不论是资产评估的委托人还是与咨询交易相关的当事人，他们所需要的无非是评估人员对资产在一定时间及一定条件约束下的公允价值的判断。如果我们暂且不考虑资产交易或引起资产评估的特殊需求，资产评估所要实现的一般目的只能是资产在评估时点的公允价值。

从资产评估的角度来看，公允价值是一种相对合理的评估价值，它是一种相对于当事人各方的地位、资产的状况及资产面临的市场条件的合理的评估价值，是评估人员根据被评估资产自身的条件及其所面临的市场条件，对被评估资产客观交换价值的合理估计值。公允价值的一个显著特点是，它与相关当事人的地位、资产的状况及资产所面临的市场条件相吻合，且没有损害各方当事人的权益，也没有损害他人的利益。

二、资产评估的特定目的

资产评估作为资产估价活动，总是围绕特定资产业务的需要而进行。在这里，资产业务是指引起资产评估的经济行为。资产评估实践表明，资产业务主要有资产转让、企业兼并、企业出售、企业联营、股份经营、中外合资或合作、企业清算、抵押、担保、企业租赁和债务重组。

（一）资产转让

资产转让是指资产拥有单位有偿转让其所拥有的资产，通常是指转让非整体性资产的经济行为。

（二）企业兼并

企业兼并是指一个独立核算的企业以承担债务、购买和控股等形式有偿接收其他企业的产权，使被兼并方丧失法人资格或改变法人实体的经济行为。

（三）企业出售

企业出售是指独立核算的企业或企业内部的分厂、车间及其他整体资产产权出售的经济行为。

（四）企业联营

企业联营是指国内企业或单位之间以固定资产、流动资产、无形资产及其他形式的资产作为投入，组成各种形式的联合经营实体的经济行为。

（五）股份经营

股份经营是指资产占有单位实行股份制经营方式的行为，包括法人持股、内部职工持股、向社会公开或私募发行股票。

（六）中外合资或合作

中外合资或合作是指我国的企业或其他经济组织与外国企业或其他经济组织或个人，在我国境内开办合资或合作经营企业的行为。

（七）企业清算

企业清算包括破产清算、终止清算和结业清算。

（八）抵押

抵押是指资产占有单位以本单位的资产作为物质保证，进行抵押而获得贷款的经营行为。

（九）担保

担保是指资产占有单位以本企业的资产为其他单位的经济行为作担保，并承担连带责任的行为。

（十）企业租赁

企业租赁是指资产占有单位在一定的期限内，以收取租金的形式将企业全部或部分资产的经营使用权转让给其他经营使用者的行为。

（十一）债务重组

债务重组是指债权人按照其与债务人达成的协议或法院的裁决，同意债务人修改债务条件的事项。

上述各类资产业务构成了资产评估的特定目的。在市场经济条件下，社会经济生活中资产业务的范围是十分广泛的。就企业资产业务而言，资产评估还包括对企业经营业绩的评价、企业主要领导者变更时对企业资产的评估以及对企业资产交易中的纳税情况进行评估等。就其他资产业务而言，个人遗产继承、个人财产交易和个人担保抵押等也都需要进行资产评估。只不过这些资产业务由专门的资产评估机构来进行评估，有的则只需通过交易双方或双方认可的评估人员进行评估即可。可以说，在市场经济条件下，需要进行资产评估的资产业务十分普遍，没有资产评估机构的评估工作，市场经济就不可能顺利运行，资产交易也就不可能有效进行。可见，资产评估工作在市场经济条件下占有十分重要的地位，发挥着独特的作用。但是，资产评估仅仅是资产业务的一个中介环节，它不可能反映资产交易的目的，更不能代表资产业务本身。因此，资产评估机构仅仅是一个资产业务的服务机构，资产评估服务于资产业务，评估只是手段，交易才是目的。

三、资产评估的特定目的在资产评估中的地位和作用

（一）资产评估的特定目的在资产评估中的地位

资产评估的特定目的是界定评估对象的基础。任何一项资产业务，无论产权是否发生变动，它所涉及的资产范围必然受资产业务本身的制约。资产评估委托方正是根据资产业务的需要确定资产评估的范围。评估人员不仅要对该范围内的资产产权予以说明，而且要对其价值作出判断。

资产评估的目的决定了资产评估的方法、程序和应遵守的评估标准。也就是说，不同的评估目的需要采用不同的评估方法、遵循不同的评估程序并遵守不同的评估标准。例如，企业兼并中的交易双方非常重视企业资产的获利能力，因此，通常采用收益现值法。一个企业兼并另一个企业，必须把被兼并企业看作拥有一定获利能力的有机整体，而不能看作简单的资产堆积。一头牛的所有牛肉的价值不能代替一头牛的价值，当一个屠宰厂购买一头牛时，主要考虑这头牛的牛肉价值，而一个农夫买牛耕地则考虑的是其他方面，这与资产评估是一个道理。可见，资产评估的特定目的对资产评估的整个工作非常重要。

(二)资产评估的特定目的在资产评估中的作用

资产评估的特定目的是由引起资产评估的特定经济行为(资产业务)所决定的,它对评估结果的性质、价值类型等有重要的影响作用。资产评估的特定目的不仅是某项具体资产评估活动的起点,也是资产评估活动所要达到的目标。资产评估的特定目的贯穿着资产评估的全过程,影响着评估人员对评估对象的界定、资产价值类型的选择等。它是评估人员在进行资产评估时,必须首先明确的基本事项。

资产评估的特定目的对资产评估的价值类型选择具有约束作用。特定资产业务决定资产的存续条件,资产价值受制于这些条件及其可能发生的变化。资产评估人员在进行资产评估时,要根据具体资产业务的特征选择与之相匹配的评估价值类型。以资产业务的特征与评估结果的价值属性一致性原则进行评估,是保证资产评估趋于科学化、合理化的基本前提。

任务二　资产评估的价值类型

一、资产评估的价值类型的概念

资产评估的价值类型是指资产评估结果的价值属性及其表现形式。不同的价值类型从不同的角度反映资产评估价值的属性和特征。不同属性的价值类型所代表的资产评估价值不仅在性质上是不同的,在数额上往往也存在着较大差异。评估人员必须根据资产业务的特征,即评估目的和资产属性及其存续环境,来确定资产业务所应用的类型,以保证资产评估结果的价值内涵和计价基础与资产业务的要求相适应;否则,资产评估就失去了正确反映和提供价值尺度的功能。

资产评估的价值类型也是对资产评估价值的质的规定。根据资产评估所依据的市场条件、被评估资产的使用状态以及评估结论的适用范围,资产评估价值类型分为市场价值与市场价值以外的价值两大类。

二、市场价值

在《国际评估准则》中,市场价值概念如下:“自愿买方与自愿卖方在评估基准日进行正常的市场营销之后,所达成的公平交易中某项资产应当进行交易的价值的估计数额,当事人双方应当各自精明、谨慎行事,不受任何强迫和压制。”

根据我国《资产评估价值类型指导意见》(中国资产评估协会〔2007〕189号),市场价值是指自愿买方和自愿卖方在各自理性行事且未受任何强迫的情况下,评估对象在评估基准日进行正常公平交易的价值估计数额。

一般而言,在特定评估时点的公开市场上,市场价值相对于潜在的买者和卖者来说都是相对公平合理的。因此,根据公开市场的范围不同,市场价值具有区域性,同时市场价值又是区域市场整体认同的公平合理的结果。

以市场价值为基础的资产评估价值类型一般被概括为三种,即重置成本、现行市价、收益现值。(1)重置成本,是指在现行市场条件下,按功能重置全新资产并使资产处于在用状态所耗费的全部货币总额。重置成本的构成应包括资产购建、运输、安装和调试等建设过程中的全部费用。按重置条件不同,它还可分为复原重置成本和更新重置成本。(2)现行市价,是指资产在资产评估基准日在公开市场上的交易价格。所谓公开市场,是指有充分的市场竞争,买卖双方都有足够的时间了解实情，而且交易双方都是理性、谨慎、自愿的。(3)收益现值，是指将资产未来预期收益，按适当的折现率折算到评估基准日的现值。收益现值的思路是根据未来获利的大小，按“以利索本”的思维方式来换算应投入的资本。所以，收益现值的基础是收益，而其本质是收益的本金化。

在不同时期、地点及市场条件下，同一资产业务对资产评估结果的价值类型的要求也会有差别。这表明，引起资产评估的资产业务对评估结果的价值类型的要求不是抽象的和绝对的。每一类资产业务在不同的时间、地点和市场环境中发生，因此，对资产评估结果的价值类型的要求不是一成不变的。也就是说，资产业务本身的属性因时间、地点及市场环境的变化而变化。所以，将资产业务的属性绝对化，或是将资产业务与评估结果的价值类型关系固定化都是不可取的。资产评估结果的价值类型与评估的特定目的相匹配、相适应，指的是在具体评估操作过程中，评估结果的价值类型要与已经确定了的时间、地点、市场环境下的资产业务相匹配、相适应。任何事先划定的资产业务类型与评估结果的价值类型相匹配的关系或模型，都可能会偏离或违背客观存在的具体业务对评估结果的价值类型的内在要求。换句话说，资产的业务类型是影响甚至决定评估结果的价值类型的一个重要因素，但它绝不是决定资产评估结果的价值类型的唯一因素。评估的时间、地点，评估时的市场条件、资产业务各当事人的状况，以及资产自身的状态等，都可能对资产评估结果的价值类型起影响作用。

三、市场价值以外的价值

市场价值以外的价值又称非市场价值，《国际评估准则》中没有直接定义市场价值以外的价值，而是指出凡不符合市场价值概念条件的资产价值类型都属于市场价值以外的价值。可见，市场价值以外的价值是若干具体的价值类型的总称。

根据《资产评估价值类型指导意见》的规定，市场价值以外的价值类型包括投资价值、在用价值、清算价值和残余价值。

（一）投资价值

投资价值是指评估对象对于具有明确投资目标的特定投资者或者某一类投资者所具有的价值估计数额，也称特定投资者价值。要注意区分投资价值与投资性资产价值，后者是指特定主体以投资获利为目的而持有的资产在公开市场上按其最佳用途实现的市场价值，两者是完全不同的两个概念。

（二）在用价值

在用价值是指将评估对象作为企业组成部分或者要素资产，按照其正在使用的方式和程度，对其所属企业贡献价值的估计数，而不考虑该资产的最佳用途或变现的情形。在用价值强调的是对整体资产的贡献能力。

（三）清算价值

清算价值是指在评估对象处于被迫出售、快速变现等非正常市场条件下的价值估计数额。

（四）残余价值

残余价值是指机器设备、房屋建筑物或其他有形资产等的拆零变现价值的估计数。

此外，在某些特定评估业务中，评估结论的价值类型可能会受到相关法律、法规或者合同的约束。这些评估业务的结论应当按照相关法律、法规或者合同等的规定，选择评估结论的价值类型；相关法律、法规或者合同没有规定的，可以根据实际情况选择市场价值或者市场价值以外的价值，并予以定义。特定评估业务主要包括以抵(质)押为目的的评估业务、以税收为目的的评估业务、以保险为目的的评估业务、以财务报告为目的的评估业务等。

与市场价值相比，市场价值以外的价值评估的是非公开市场上的价值，它是局部的市场认同，只对特定的资产业务当事人来说是公平合理的。但需要注意的是，在满足各自概念及相应使用条件的前提下，对市场价值和市场价值以外的价值的评估结论都是公平合理的。

四、市场价值与市场价值以外的价值的选择

（一）市场价值与市场价值以外的价值的划分标准

不同的价值类型从不同的角度反映资产评估价值的属性和特征。不同属性的价值类型所代表的资产评估价值不仅在性质上是不同的，而且在数量上往往也存在较大差异。因此，合理选择和确定资产评估的价值类型是每一位资产评估人员必须做好的工作。评估人员主要通过以下三个方面来判断是选择市场价值还是市场价值以外的价值：

(1)资产评估时的市场条件。这要看是公开市场条件还是非公开市场条件。

(2)资产评估时的资产使用状态。这要看是正常使用(最佳使用)还是非正常使用。

(3)资产评估时所用的信息和参数来源。这要看是公开市场信息还是非公开市场信息。

如果以上三个条件同时满足，则评估价值类型为市场价值，其余情况均为市场价值以外的价值。

（二）评估价值类型选择

注册资产评估师执行资产评估业务、选择和使用价值类型时，应当充分考虑评估目的、市场条件、评估对象自身条件等因素，并应关注价值类型与评估假设的相关性。可选择的评估价值类型有如下几种：

1. 选择市场价值

当资产评估业务对市场条件和评估对象的使用等并无特别限制和要求，并同时符合上述三个条件时，注册资产评估师通常应当选择市场价值作为评估结论的价值类型。在确定市场价值时，评估人员要清楚同一资产在不同市场上的价值可能存在的差异。

2. 选择投资价值

当评估业务针对的是特定投资者或者某一类投资者，且在评估业务执行过程中充分考虑并使用了仅适用于特定投资者或者某一类投资者的特定评估资料和经济技术参数时，注册资产评估师通常应当选择投资价值作为评估结论的价值类型。

3. 选择在用价值

当评估对象是企业或者整体资产中的要素资产，并在评估业务执行过程中只考虑了该要素资产正在使用的方式和贡献程度，没有考虑该资产作为独立资产所具有的效用及在公开市场上交易等对评估结论的影响时，注册资产评估师通常应当选择在用价值作为评估结论的价值类型。

4. 选择清算价值

当评估对象面临被迫出售、快速变现，或者评估对象具有潜在被迫出售、快速变现等情况时，注册资产评估师通常应当选择清算价值作为评估结论的价值类型。

5. 选择残余价值

当评估对象无法或者不宜整体使用时，注册资产评估师通常应当考虑评估对象的拆零变现，并选择残余价值作为评估结论的价值类型。

五、价值类型的选择与评估目的的关系

关于资产评估价值类型的选择与资产评估目的的关系应从两个方面来认识和把握：

（一）评估目的影响评估价值类型的选择

前已述及，评估目的包括一般目的和特定目的，而资产评估的特定目的是影响资产评估价值的基础条件，它对价值类型的选择具有约束作用。

特定的资产业务决定了资产的存续条件，资产价值受制于这些条件及其可能发生的变化。资产评估人员在进行资产评估时，一定要根据具体的资产业务特征选择与之相匹配的评估价值类型。按照资产业务的特征与评估结果的价值属性一致性原则进行评估，是保证资产评估趋于科学化、合理化的基本前提。

评估的特定目的不是决定评估价值类型的唯一因素，评估的时间、地点，评估时的市场条件、资产业务各当事人的状况，以及资产的自身状态等，都可能对资产评估结果的价值类型产生影响。

（二）价值类型的合理选择是实现评估目的的重要途径

资产评估的一般目的是要对各种条件下"交易"中的资产的公允价值作出判断，以及给出这些资产在各种条件下的公允价值。而特定目的是一般目的的具体化，其实质是判断具体条件下资产的公允价值。

可见，对某一资产而言，公允价值不是一个确定不变的值，而是一个相对值。当资产处于正常使用及正常市场条件下时，有一个与此条件相对应的合理价值；当其处于非正常使用及非正常市场条件下时，也有一个与之相对应的合理价值。尽管对于同一资产在不同条件下的合理价值是不同的，但它们都有一个共同的特点，即该价值相对于它们各自的条件都是合理的和公允的。

正是由于资产公允价值的多样性、复杂性和难以把握性，设计、选择并利用科学合理的资产评估价值类型，对于评估人员把握资产评估特定目的及资产在特定条件下的公允价值就显得十分重要。

市场价值和市场价值以外的价值的分类，以及该分类所包含的具体的价值表现形式，对于实现评估目的，特别是把握资产评估中的公允价值也具有极其重要的作用，这种作用突出表现在市场价值上。市场价值在资产评估中的作用主要体现为以下两点：

第一，市场价值是公允价值的坐标。资产评估中的公允价值与市场价值是两个不同层次的概念。资产评估中的公允价值是一个一般层次的概念，它包括正常市场条件和非正常市场条件两种情况下的合理评估结果；而资产评估中的市场价值只是正常市场条件下资产处在最佳使用状态下的合理评估结果。相对于公允价值而言，市场价值更为具体、条件更为明确，在实践中评估人员更容易把握。它是资产评估中最为典型的公允价值。

第二，市场价值在其评估所依据的市场范围内，对任何交易当事人都是相对合理的和公允的。而市场价值以外的价值的相对合理公平性是受到某些条件严格限制的。

任务三　资产评估假设与资产评估原则

一、资产评估假设

任何一门学科的建立都要以一定的假设为前提，资产评估也不例外，其理论和方法也是建

立在一定的假设条件之上的。需要强调的是,假设是以有限的事实和观察为基础的,因而并不能完全确定,还有待于实践检验和科学论证。资产评估是在资产交易发生之前,通过模拟市场对准备交易的资产在某一时点的价格所进行的估算。事实上,人们是无法完全把握市场的,同一资产在不同用途和不同经营环境下的价格会有所不同,评估人员模拟市场进行资产评估往往借助于若干种假设,以对资产的未来用途的经营环境作出合理的判断。在资产评估中,最基本的假设有四个:交易假设、公开市场假设、继续使用假设和清算假设。

(一)交易假设

交易假设是资产评估得以进行的一个最基本的前提假设,它假定所有待评估资产已经处在交易过程中,评估师根据待评估资产的交易条件模拟市场进行估价。众所周知,资产评估是在资产实施交易之前进行的一项专业服务活动,而资产评估的最终结果又属于资产的交换价值范围。为了发挥资产评估在资产实际交易之前为委托人提供资产交易底价的作用,同时又能够使资产评估得以进行,因此利用交易假设将被评估资产置于"交易"中来模拟市场进行评估是十分必要的。

提示:交易假设一方面为资产评估得以进行创造了条件;另一方面它明确限定了资产评估的外部环境,即资产是被置于市场交易中的,资产评估不能脱离市场而单独地进行。

(二)公开市场假设

公开市场假设是对资产拟进入的市场的条件,以及资产在这样的市场条件下会受何种影响的一种假定说明或限定。公开市场假设的关键之处在于认识和把握公开市场的实质与内涵。就资产评估而言,公开市场是指充分发达与完善的市场,是一个自愿买卖的竞争性市场。在这个市场上,买者和卖者的地位是平等的,彼此都有获取足够市场信息的机会和时间,买卖双方的交易行为都是在自愿、理性而不是强制或受限制的条件下进行的。事实上,现实中的市场条件未必完全达到上述公开市场的完善程度。公开市场假设就是假定充分发达与完善的市场存在,被评估资产将要在这样一种公开市场中进行交易。当然,公开市场假设也是基于市场客观存在的现实,即是以资产在市场上可以公开买卖这样一种客观事实为基础的。

(三)继续使用假设

继续使用假设是假定被评估资产将按现行用途继续使用或转换用途继续使用,从而可考察它在未来时间能为其持有人带来的经济利益。这一假设要求,一般情况下,不是用将资产拆零出售所得收益之和来评估资产价格,而应该将资产看成一种获利能力。比如,一台机床用于制造产品时,其估价可能是6万元,而将其拆成发动机、床身等零部件分别出售时,可能仅值3万元。同一资产按不同的假设用于不同目的,其价格是不一样的。再如,就一个企业而言,它是由众多的机器设备、流动资产、建筑物和无形资产组成的整体,在继续经营条件下评估,其估价是1 000万元,但如果因破产而被强制清算拍卖,其价值就会远远低于1 000万元。继续使用的方式如下:

(1)在用续用,即处于使用中的被评估资产在产权发生变动或资产业务发生后,按照其现行的用途及方式继续使用下去。

(2)转用续用,即被评估资产在产权发生变动或资产业务发生后,改变资产现在的用途,按照新的用途继续使用下去。

(3)移地续用,即被评估资产在产权发生变动或资产业务发生后,改变资产现在的空间位置,转移到其他空间位置上继续使用。

继续使用假设是对资产使用状态的假定说明。它有两层含义:一是被评估资产是处于营运状态的,或已完全具备实际运行的条件;二是被评估资产必须继续使用,继续使用就意味着它具有剩余寿命,具有收益能力,能满足所有者的期望。显然,这是资产评估最起码的前提条件,如果某一项资产不能继续使用,不再具备使用价值,则不属于资产评估的范围。

(四)清算假设

清算假设是对资产拟进入市场条件的一种假定说明,具体而言,是对资产在非公开市场条件下被迫出售或快速变现条件的假定说明。清算假设首先是基于被评估资产面临清算或具有潜在被清算可能,然后根据相应数据资料推定被评估资产处于被迫出售或快速变现的状态。由于清算假设假定被评估资产处于被迫出售或快速变现状态下,被评估资产的评估值通常要低于在公开市场假设前提下或持续使用假设前提下同样资产的评估值。因此,在清算假设前提下的资产评估结果的适用范围是非常有限的。当然,清算假设本身的使用也是较为特殊的。

二、资产评估原则

资产评估原则是指评估机构和评估人员在资产评估中必须遵循的准则,也是资产评估工作的指导方针。根据其在资产评估工作中的地位和作用,将资产评估原则分为资产评估的工作原则和资产评估的经济技术原则。

(一)资产评估的工作原则

资产评估的工作原则是规范资产评估主体行为的准则,也是调节资产评估主体与委托人及资产业务有关权益当事人在资产评估中的相互关系的准则。

1. 独立性原则

独立性原则要求资产评估机构和评估人员必须公正无私地进行评估,评估过程自始至终不受外来或内在因素的影响和干扰。评估机构应是独立的社会公正性机构,不能为资产评估业务的任何一方所拥有,评估工作应始终坚持独立、公正的第三者立场。评估人员的利益与评估结论相独立,评估收费只与实际工作量相关,不应与资产估价额挂钩,不能与评估结果运用的实际效果挂钩。评估人员的利益应与资产业务相独立,评估机构和评估人员与资产业务没有任何利益上的联系;如果有,应该回避。

2. 客观性原则

客观性原则是指评估结果应有充分的事实依据,从实际出发,按照客观规律办事。一方面,评估机构在评估操作过程中,要以市场为参照、以现时为基础,预测、推算和逻辑运算等主观判断过程要建立在市场和现实的基础资料上,以求得对资产价值的客观评估;另一方面,被评估单位对被评估的资产或债权等必须提供真实客观的情况,不能夸大也不能隐瞒,从而使评估人员能取得评估所需要的确实可靠的资料和数据。

3. 科学性原则

科学性原则是指评估人员在评估过程中,必须根据特定的评估目的选择恰当的估价标准和科学的评估方法,制订科学的评估方案,使资产评估结果准确可靠。科学性原则具体体现在:在选用评估方法时,不仅要注意方法本身的科学性,而且更重要的是必须严格注意评估方法与评估目的的匹配性,评估目的对评估方法具有约束性;同时,也需要制订科学合理的评估方案。资产评估的具体业务不同,其评估程度也有繁简的差别。因此,应根据评估本身的规律性,结合资产评估的实际情况,确定科学合理的评估方案。这样,既有利于节约评估的人力和物力,降低评估成本,也有利于提高评估效率,保证评估工作顺利进行。

4. 专业性原则

专业性原则是指资产评估必须由经法律认可的专业评估机构和评估人员来操作。为保证资产评估结论的准确可靠,专业性原则要求资产评估机构必须拥有一支由财会、工程、法律、经济、管理等多种学科的专家组成的专业评估队伍,他们应该具备足够的从事资产评估业务所需要的专业知识及工作经验。为了保证对专业性原则的贯彻执行,国家规定,只有经国家法定机构注册登记,并持有资产评估许可证的资产评估公司、会计师事务所、财务咨询公司等机构才具有承办资产评估业务的资格;只有通过国家法定机构统一安排的考试,并持有注册资产评估师证书的专业技术人员才有资格承担资产评估任务。

(二)资产评估的经济技术原则

资产评估的经济技术原则是指在资产评估执业过程中的一些规范和业务准则,实质上是资产评估理论的具体化,它们为评估师在执业过程中的专业判断提供指南。

1. 预期收益原则

资产之所以有价值是因为它能为其拥有者或控制者带来未来经济利益,资产价值的高低主要取决于它能为其所有者或控制者带来的预期收益量的多少。资产价值的评定不是按照过去和现在的生产成本或收益能力来确定,也不是按照市场销售价格来确定,而是取决于资产的未来效用和获利能力。预期收益原则要求在进行资产评估时,必须合理科学地预测资产未来的收益能力、风险因素和收益期限。

2. 供求原则

资产评估是对资产的现实价格进行评定估算的过程,供求原则是将被评估资产置于资产市场中来考察其现时价格。按照供求原则,资产的价格随供求状况的变化而变化,这是市场经济的基本法则。对某项资产的需求增加或减少对它的供给,其市场价格会趋于上升;反之,则会下降。供求双方的交互作用构成市场的一大要素,影响资产价格。在进行资产评估时,应充分考虑资产本身的供求状况,正确评估资产的价格。

3. 贡献原则

贡献原则也称重要性原则,它是指某一资产或资产的某一构成部分的价值,取决于它对其他相关资产或资产整体的贡献,或者根据当缺少它时对相关资产或资产整体价值下降的影响程度来确定其评估价值。贡献原则要求在评估一项资产的价值时,必须综合考虑该项资产在资产综合体中的重要性,而不是单独地确定该项资产的购买价或造价。尤其是在对专利权或商标等无形资产进行评估时,如果不坚持贡献原则,有些问题就难以解决。

4. 替代原则

在评估作价时,若同时存在几种效能相同或可以互相替代的资产,而它们的价格又各不相同,则应选择最低的一种,即价格最低的同质商品对其他商品具有替代性。相同效能的商品,对购买者来说,会购买价格最低的一种。对于一项资产,如果市场上存在两种效能相同、可相互替代但价格不同的资产,就以两者价格较低者作为该项资产的评估价格。

5. 估价日期原则

资产的价值是随着时间或环境的变化而相应变化的。资产本身不仅由于实用性损耗和自然力的作用使其价值改变,而且由于社会、经济、技术进步等原因的影响,资产也会发生升值或贬值。如机器设备,一方面其价值会随着使用年限的延长而降低;另一方面又受到通货膨胀的影响而变化,也有可能因性能更好的新设备问世或政府发布严格的环境保护(或能源)法规而贬值。资产价值的形成正是这些因素综合作用的结果。评估人员应全面考虑市场中可能影响资产价值的现有的和预期的种种变化，在资产评估中，必须假定市场条件固定在某一时点，这一时点就是评估基准日，它为资产评估提供了一个时间基准，评估价值只有按评估基准日计算方能有效。

6. 最佳利用原则

如果资产目前还未达到最佳利用状态，在进行评估时，可以其最佳利用状态为基础估价。最佳利用原则对房地产的评估尤其具有指导意义。房地产的用途具有多样性，不同的利用方式为房地产所有者带来的收益不同，所以房地产价格评估是以确保该房地产充分发挥效用为前提的。但事实上，在很多情况下，现有的房地产使用并不一定是最合理、最充分地发挥其效用，这时，就不应以现有使用情况作为估价基础。

7. 平衡原则

平衡原则是指当一切有差别的、相对应的和相互作用的因素处于平衡状态时，可以形成并维持资产的最大价值。这个原则适用于资产的各个组成部分的联系。就大多数房地产而言，只有当土地和建筑物的组合为最优（而不是优地劣建或劣地优建）时，经济平衡点才会达到。这时再追加任何资金，都不可能产生边际效益或效用。平衡原则还适用于资产与环境的关系。根据平衡原则，各种类型土地的用途和位置在一个地区内经过适当的经济配置，能创造并维持最大的价值。

8. 竞争原则

在市场经济条件下，资本总是向利润率最高的行业和地区投入，从而会引起激烈的竞争，导致利润出现平均化的趋向。竞争的效应和利润平均化的趋向，是评估人员在采用收益现值法评估时正确预测资产未来收益需重点考虑的因素。评估人员要正确判断投资者所处的竞争地位，分析被评估资产是处在能够获得超额利润的阶段，还是处在利润已经平均化的阶段。能够产生超额利润的资产，其评估值应适当提高；若竞争过度，则预期收益必定会降低，资产的评估价值应适当降低。

9. 一致性原则

一致性原则是指当资产性能与市场需求相吻合时，其价值就可以达到并维持在最高水平上。以房地产为例，当某栋建筑物的风格和用途符合各种要求（包括经济承受能力、建筑类型、提供的舒适程度和共同爱好）以及地区规划要求的统一标准时，其市场售价达到最高。而那种单纯追求豪华的房产价格可能会下降，与其建筑、装修成本不相适应。

一致性原则还包括若被评估资产与其他资产配套或一致，则其评估价值较高。例如，在商业中心区，往往有许多商店集中在一起，这种高度的集中，通常会吸引大量的顾客光顾，大大增加各商店的收益。这种高度集中的资产使用上的一致性，使得各商店的评估价值上升。

10. 外部性原则

外部性原则是指资产外部的因素对资产评估价值的高低影响很大，评估人员应慎重考察。例如，当某项资产因技术进步而过时或不适用，或继续使用已不经济时，尽管资产实体本身没有什么损耗，但其评估价值会因这些外部因素的影响而降低。外部因素对房地产价值的影响更加明显。社会、经济、法律和政府政策等方面的因素都会导致房地产的价格上升或下降。资产评估人员在评估过程中，要充分考虑这些外部影响因素，以使资产的评估价值更符合市场的实际情况。

注意：资产评估的各技术原则是相互联系的，在评估过程中应综合运用这些原则，以保证资产评估工作效率的提高和评估结果的合理。

任务四　资产评估的依据与程序

一、资产评估的依据

资产评估是为评估当事人提供中介服务的一项工作，为保证评估结果的公正、客观，必须有充分必要的依据。评估事项不同，所需要的评估依据也不相同，资产评估依据虽然多种多样，但大致可以划分为以下四类：

（一）行为依据

行为依据是指评估委托人和评估人员据以从事资产评估活动的依据，如公司董事会关于进行资产评估的决议、评估委托人与评估机构签订的业务约定书等。资产评估机构和评估人员只有在取得资产评估行为依据后，才能正式开展资产评估工作。

（二）法规依据

法规依据是指从事资产评估工作应遵循的有关法律法规依据，如1991年国务院颁布的《国有资产评估管理办法》、1999年财政部颁布的《资产评估报告基本内容与格式的暂行规定》、2001年财政部颁布的《资产评估准则——无形资产》、2004年财政部颁布的《资产评估准则——基本准则》，以及《中华人民共和国土地管理法》、《中华人民共和国城市房地产管理法》等。

（三）产权依据

产权依据是指能证明被评估资产权属的依据，如国有土地使用证、房屋所有权证等。在资产评估中，被评估资产必须是资产占有方拥有或控制的资产，这就要求评估委托人必须提供此依据，评估人员必须收集被评估资产的产权依据。

（四）取价依据

取价依据是指评估人员确定被评估资产价值的依据。这类依据可分为两部分：一部分是由评估人员收集的市场价格资料、统计资料、技术标准资料及其他参考资料等，如当地政府土地管理部门制定的容积率修正系数表等；另一部分是由被评估单位提供的相关资料，如财务会计资料、工程结算资料等。

以上只是一般资产评估过程中所需要的依据，评估人员还应根据评估项目的具体情况及特殊需要，决定是否需要收集其他一些依据；同时，评估人员也应在资产评估报告中对评估依据予以详细的披露。

二、资产评估的程序

资产评估的程序是指资产评估机构和评估人员执行资产评估业务、形成资产评估结论所履行的系统性工作步骤。资产评估的程序由具体的工作步骤组成，不同的资产评估业务由于评估对象、评估目的、资产评估资料收集情况等相关条件的差异，评估人员可能需要执行不同的资产评估具体程序或工作步骤。但由于资产评估业务的共性，资产评估基本程序是相同或相通的。

根据各工作步骤的顺序，资产评估的程序通常主要包括以下方面：

（一）明确资产评估业务基本事项

明确业务基本事项是资产评估程序的第一个环节，包括在签订资产评估业务约定书之前的一系列基础性工作，它对资产评估项目风险评价、项目承接与否以及资产评估项目的顺利实施具有重要意义。由于资产评估专业服务的特殊性，资产评估程序甚至在资产评估机构接受委托前就已开始。资产评估机构和评估人员在接受资产评估业务委托之前，应当采取与委托人等相关当事人讨论、阅读基础资料、进行必要的初步调查等方式，与委托人等相关当事人共同明确以下资产评估业务基本事项：

1. 委托方和相关当事方的基本状况

资产评估机构和评估人员应当了解委托方的基本状况、资产占有方等相关当事方的基本状况。在不同的资产评估项目中，相关当事方有所不同，主要包括资产占有方、资产评估报告使用方、其他利益关联方等。委托方与相关当事方的关系也应当作为重要基础资料予以充分了解，这对于了解评估目的、相关经济行为以及防范恶意委托等十分重要。在可能的情况下，评估机构和评估人员还应要求委托人明确资产评估报告的使用人或使用人范围以及资产评估报告的使用方式。明确评估报告使用人范围，一方面有利于评估机构和评估人员更好地根据使用人的需求提供良好服务，另一方面也有利于降低评估风险。

2. 资产评估目的

资产评估机构和评估人员应当与委托方就资产评估目的达成明确、清晰的共识，并尽可能细化资产评估目的，说明资产评估业务的具体目的和用途，避免出现仅仅罗列出通用资产评估目的的现象。

3. 评估对象及其权益基本状况

资产评估机构和评估人员应当了解评估对象及其权益基本状况，包括其法律、经济和物理状况，如资产类型、规格型号、结构、数量、购置(生产)年代、生产(工艺)流程、地理位置、使用状况、企业名称、住所、注册资本、所属行业、在行业中的地位和影响、经营范围、财务和经营状况等。同时，资产评估机构和评估人员应当特别关注有关评估对象的权利受限状况。

4. 价值类型及概念

资产评估机构和评估人员应当在明确资产评估目的的基础上，恰当确定价值类型，确信所选择的价值类型适用于资产评估目的，并就所选择价值类型的概念进行沟通，避免出现歧义。

5. 资产评估基准日

资产评估机构和评估人员应当通过与委托方的沟通，了解并明确资产评估基准日。资产评估基准日是评估业务极为重要的基础，也是评估基本原则中的估价日期原则在评估实务中的具体体现。评估基准日的选择是为了减少和避免不必要的资产评估基准日以后的事项影响，使资产评估结论更有效地服务资产评估的目的。评估机构和评估人员应当根据专业知识和经验，建议委托方根据评估目的、资产和市场的变化情况等因素合理选择评估基准日。

6. 资产评估限制条件和重要假设

资产评估机构和评估人员应当在承接评估业务前，充分了解所有对资产评估业务可能构成影响的限制条件和重要假设，以便进行风险评价，更好地为客户服务。

7. 其他需要明确的重要事项

资产评估机构和评估人员在明确上述资产评估基本事项的基础上，应当分析下列因素，确定是否承接资产评估项目：(1)评估项目风险。评估机构和评估人员应当根据初步掌握的有关评估业务的基础情况，具体分析资产评估项目的执业风险，以判断该项目的风险是否超出合理的范围。(2)专业胜任能力。评估机构和评估人员应当根据所了解到的评估业务的基础情况和复杂性，分析本机构和评估人员是否具有与该项目相适应的专业胜任能力及相关经验。

(3)独立性分析。评估机构和评估人员应当根据职业道德要求和国家相关法规的规定,结合评估业务的具体情况分析资产评估机构和评估人员的独立性,确认与委托人或相关当事方是否存在现实的或潜在的利害关系。

(二)签订资产评估业务约定书

资产评估业务约定书是指评估机构与委托方签订的,明确评估业务基本事项,约定评估机构和委托方权利、义务、违约责任和争议解决等内容的书面合同。根据我国资产评估行业的规定,注册资产评估师承办资产评估业务,应当由其所在的资产评估机构统一受理,并由评估机构与委托人签订书面资产评估业务约定书,注册资产评估师不得以个人名义签订资产评估业务约定书。资产评估业务约定书应当由资产评估机构和委托人双方的法定代表人或其授权代表签订。资产评估业务约定书应当内容全面、具体,概念清晰、准确,符合国家法律法规和资产评估行业的管理规定,具体包括以下基本内容:资产评估机构和委托方名称;资产评估目的;资产评估对象;资产评估基准日;出具资产评估报告的时间要求;资产评估报告使用范围;资产评估收费;各方的权利、义务及违约责任;签约时间;双方认为应当约定的其他重要事项。

(三)编制资产评估计划

为高效完成资产评估业务,资产评估机构和评估人员应当编制资产评估计划,对资产评估过程中的每个工作步骤以及时间和人力安排进行规划。资产评估计划是资产评估机构和评估人员为执行资产评估业务拟订的资产评估工作思路与实施方案,对合理安排工作量、工作进度、专业人员调配、按时完成资产评估业务具有重要意义。由于资产评估项目千差万别,资产评估计划也不尽相同,其详略程度取决于资产评估业务的规模和复杂程度。资产评估机构和评估人员应当根据所承接的资产评估项目的具体情况,编制合理的资产评估计划,并根据执行资产评估任务过程中的具体情况,及时修改、补充资产评估计划。

(四)资产勘查与现场调查

资产评估机构和评估人员执行资产评估业务,应当对评估对象进行必要的勘查,包括对不动产和其他实物资产进行必要的现场勘查,对企业价值、股权和无形资产等非实物性资产进行评估时,也应当根据评估对象的具体情况进行必要的现场调查。进行资产勘查和现场调查工作,不仅是基于对资产评估人员勤勉尽责的要求,而且是资产评估操作的必经环节,这样有利于资产评估机构和评估人员全面、客观地了解评估对象,核实委托方和资产占有方提供资料的可靠性,并通过资产勘查过程中发现的问题、线索,有针对性地开展资料收集、分析工作。由于各类资产差别很大以及评估目的不同,不同项目中对评估对象进行资产勘查或现场调查的具体方式和程度也不尽相同。评估师应当根据评估项目的具体情况,确定合理的资产勘查或现场调查方式,并与委托方或资产占有方进行沟通,确保资产勘查或现场调查工作的顺利进行。

(五)收集资产评估资料

在上述几个环节的基础上,资产评估机构和评估人员应当根据资产评估项目的具体情况收集相关资料。资料收集工作是资产评估业务质量的重要保证,也是进行分析、判断进而形成评估结论的基础。由于资产评估的专业性和评估对象的广泛性,不同的项目、不同的评估目的、不同的资产类型对评估资料有着不同的要求。另外,由于评估对象及其所在行业的市场状况、信息化和公开化程度差别较大,相关资料的可获得程度也不同,因此资产评估机构和评估人员的执业能力从一定程度上就体现在其收集、占有与所执行项目相关的信息资料的能力上。资产评估机构和评估人员在日常工作中就应当注重收集信息资料、掌握其来源,并根据所承接项目的情况确定收集资料的深度和广度,尽可能全面、翔实地占有资料,并采取必要措施确保资料来源的可靠性。根据资产评估项目的进展情况，资产评估机构和评估人员应当及时补充并收集所需资料。

（六）评定估算

资产评估机构和评估人员在占有相关资产评估资料的基础上，进入评定估算环节，主要包括分析资产评估资料、恰当选择资产评估方法、运用资产评估方法形成初步资产评估结论、综合分析确定资产评估结论、资产评估机构内部复核等具体工作步骤。

成本法、市场法和收益法是三种国际通用的资产评估基本方法，理论上，在任何资产评估项目中，资产评估人员都应当首先考虑这三种方法的适用性。如果不采用某一种资产评估基本方法，资产评估人员应当予以必要说明。资产评估人员在选择恰当的资产评估方法后，应当根据评估基本原则和规范要求进行评估，形成初步评估结论。

资产评估人员在形成初步资产评估结论的基础上，需要对信息资料以及参数的数量、质量和选取的合理性等进行综合分析，以形成资产评估结论。当采取两种以上资产评估方法时，资产评估人员应当在初步合理性的基础上形成资产评估结论。

另外，资产评估机构应当建立内部复核制度，对资产评估结论进行必要的复核工作。

（七）编制和提交资产评估报告书

资产评估机构和评估人员在执行必要的资产评估程序、形成资产评估结论后，应当按有关资产评估报告的规范编制资产评估报告书。资产评估报告书的主要内容包括委托方和资产评估机构情况、资产评估目的、资产评估结论的价值类型、资产评估基准日、评估方法及其说明、资产评估假设和限制条件等。资产评估机构和评估人员可以根据资产评估业务的性质，并按照委托方或其他评估报告使用者的要求，在遵守资产评估报告书规范和不引起误导的前提下，选择恰当的资产评估报告书提交给委托人。在提交正式的资产评估报告书之前，可以与委托人等进行必要的沟通，听取委托人、资产占有方等对资产评估结论的反馈意见，并引导委托人、资产占有方、资产评估报告使用者等合理理解资产评估结论。

（八）资产评估工作档案归档

资产评估机构和评估人员在向委托人提交资产评估报告书后，应当将资产评估工作档案归档。将这一环节列为资产评估基本程序之一，充分体现了资产评估服务的专业性和特殊性，不仅有利于评估机构应对以后可能出现的资产评估项目检查和法律诉讼，也有利于资产评估机构总结、完善和提高资产评估的业务水平。资产评估机构和评估人员应当将在资产评估工作中形成的、与资产评估业务相关的、有保存价值的各种文字、图表、声像等资料及时予以归档，并按国家有关规定对资产评估工作档案进行保存、使用和销毁。

应知考核

一、单项选择题

1. 以下原则中，属于资产评估的工作原则的是（　　）。

A. 贡献原则　　B. 替代原则　　C. 预期收益原则　　D. 客观性原则

2. 下列原则中，属于资产评估的经济技术原则的是（　　）。

A. 贡献原则　　B. 客观性原则　　C. 专业性原则　　D. 科学性原则

3. 资产评估最基本的前提假设是（　　）。

A. 交易假设　　B. 公开市场假设　　C. 继续使用假设　　D. 清算假设

4. 在企业兼并时，目标企业(被兼并企业)价值评估的最适用假设是(　　)。

A. 清算假设　　B. 公开市场假设　　C. 继续使用假设　　D. 持续经营假设

5. 银行在因债务不能清偿而需要对其受押的抵押房地产进行处置时，该抵押房地产价值评估适用(　　)。

A. 清算假设　　B. 公开市场假设　　C. 继续使用假设　　D. 持续经营假设

二、多项选择题

1. 下列各项中，属于资产评估的经济技术原则的有(　　)。

A. 预期收益原则　　B. 可行性原则　　C. 供求原则　　D. 贡献原则

2. 适用于资产评估的假设有(　　)。

A. 重置成本假设　　B. 公开市场假设　　C. 交易假设　　D. 清算假设

3. 下列可以作为资产评估的特定目的的资产业务有(　　)。

A. 个人拥有的股票　　B. 企业拥有的不动产

C. 政府公布的经济信息　　D. 中外合资和合作

4. 资产评估业务约定书包括的主要内容有(　　)。

A. 资产评估目的、资产评估对象　　B. 资产评估限制条件和重要假设

C. 资产评估基准日　　D. 资产评估报告使用范围

5. 特定评估业务主要包括(　　)。

A. 以抵(质)押为目的的评估业务　　B. 以税收为目的的评估业务

C. 以保险为目的的评估业务　　D. 以财务报告为目的的评估业务

三、判断题

1. 对市场价值和市场价值以外的价值的评估结论都是公平合理的。(　　)

2. 资产评估计划一经确定就不得改动。(　　)

3. 资产评估的一般目的是界定评估对象的基础。(　　)

4. 评估人员确定被评估资产价值的依据是产权依据。(　　)

5. 资产评估中的市场价值以外的价值也是公允价值。(　　)

四、简述题

1. 如何理解资产评估的一般目的和特定目的?

2. 简述市场价值与市场价值以外的价值的划分标准。

3. 为什么说对价值类型的合理选择是实现评估目的的重要途径?

4. 资产评估的依据有哪些?

5. 资产评估的程序有哪些环节?

应会考核

■ 观念应用

【背景资料】

S资产评估事务所(简称“S事务所”)于2015年在某省设立，主营评估业务；2016年在北

京成立总所,原地方所注册为分所。2017 年采取“借牌子”、“过门子”等方法,获取了证券资格。该评估机构的评估资格证在 2018 年后没有进行年检。成立之初,为了争揽业务,该机构推出了所谓“成本套餐”,即收费少一点、人员少派点、底稿少编点。在人手紧张、业务繁忙时期,依然“来者不拒”,同时承揽多家大型项目的评估业务,并集中了一批无从业资格的机构和人员进行“兵团作战”,外聘“专家”水平参差不齐。在评估过程中,该机构对不同项目的假设都大同小异,评估前提假设、评估环境假设、使用范围假设、利用效果假设都近似,甚至在行业竞争分析方面都有相似的描述。W 公司刚注册商标,委托 S 事务所评估其未来的市场范围以及可能带来的收益,S 事务所只对 W 公司提供的许多“未来”项目进行评估。S 事务所在三天时间内便为 W 公司“炮制”出一份作价 4.93 亿元的虚高评估报告。评估过程中,既未到相关部门核实土地权属、征地费用、土地等级等一系列资产评估需要的重要依据,也未取得被评估土地所在地政府有关当地土地基准地价的文件,仅凭 W 公司提供的 A 公司一宗土地的“国有土地使用证”复印件和另一宗土地的“国有土地使用证正在办理之中的证明”复印件等,就“凭经验”采取基准地价法对 A 公司 1 268 亩土地(其中包括部分国家文物保护区范围内的土地)进行所谓的“估算”并出具报告,W 公司据此向金融机构骗贷 0.7 亿元。由于报告时间紧,来不及进行实物现场全面核查,该机构直接在“特别事项说明”中表述“实物资产未进行核实,以账面值作为评估结果”。

【考核要求】

请结合项目一和项目二的相关内容对此进行分析,案例中违反资产评估规定的行为表现在哪些方面?

■ 技能应用

上网调研或实地考察一个你所熟悉的企业,查看企业的基本情况,结合本项目中资产评估的目的及价值类型、资产评估的依据和程序对企业进行资产评估分析,写一篇小论文或进行课堂小组讨论。

【技能要求】

撰写小论文,要求依据、程序合理。

■ 案例分析

ABC 钢铁有限责任公司是一家大型国有钢铁产销型企业,是由 ABC(集团)公司、GD 银行、WY 投资公司和 CX 资产管理公司于 2016 年正式投资组建成立的有限责任公司。该公司注册资本 950 000 万元,其中 ABC(集团)公司占 45%、GD 银行占 35%、WY 投资公司和 CX 资产管理公司各占 10%。该公司 2018 年在册职工人数为 80 000 人。该公司主要有四大系列产品:(1)以重轨、工字钢、310 乙字钢等为代表的大型材;(2)以管线钢、汽车大梁板、热轧酸洗板、冷轧镀锌板、IF 钢等为代表的板材;(3)以五氧化二钒、三氧化二钒、高钒铁、钒钛合金、钛白粉为代表的钒钛制品;(4)以无缝钢管、高频焊管为代表的管材及优质棒线材。2018 年,实际生产生铁 4 280 000 吨、转炉钢 4 000 000 吨、轨梁材 1 060 000 吨、热轧板 16 500 000 吨、冷轧板 730 000 吨、五氧化二钒 4 000 吨、三氧化二钒 3 000 吨、钛白粉 13 000 吨。截至 2019 年 12 月 31 日,该公司旗下设有 22 家二级单位、7 家分公司、7 家全资子公司和 16 家控股子公司。

由于 GD 银行拟转让其所持有的 ABC 钢铁有限责任公司 35%的股权,因此需要对其所涉及的企业整体价值进行评估。

【分析要求】

该案例中,在初步分析企业价值时需要解决哪些关键问题?

项目实训

【实训项目】

资产评估的假设与原则。

【实训内容】

调查苹果、三星等公司的基本信息，假设你是一个资产评估师，在对这些公司进行资产评估时，应遵守哪些假设和原则？

【实训目的】

加强对资产评估的理解，为掌握资产评估的基本方法奠定基础。

【实训反思】

(1)资产评估中，如何合理地运用资产评估的基本假设和原则？写一篇你的认识或感想小结。

(2)将实训报告填写完整。

<table>
<tr><td colspan="3">《资产评估的假设与原则》实训报告</td></tr>
<tr><td>项目实训班级：</td><td>项目小组：</td><td>项目组成员：</td></tr>
<tr><td>实训时间：　　年　　月　　日</td><td>实训地点：</td><td>实训成绩：</td></tr>
<tr><td colspan="3">实训目的：</td></tr>
<tr><td colspan="3">实训步骤：</td></tr>
<tr><td colspan="3">实训结果：</td></tr>
<tr><td colspan="3">实训感言：</td></tr>
<tr><td colspan="3">不足与今后改进：</td></tr>
<tr><td colspan="2">项目组长评定签字：</td><td>项目指导教师评定签字：</td></tr>
</table>

项目三

资产评估基本方法

○ **知识目标：**

理解：成本法、市场法、收益法的基本概念、原理和方法。

熟知：资产评估方法的使用程序。

掌握：成本法、市场法、收益法的评价和常用计算公式。

○ **技能目标：**

在掌握资产评估的成本法、市场法和收益法的基础上，能够在具体的案例操作中合理、灵活地运用这三种基本方法，对资产评估的对象进行价值判断。

○ **素质目标：**

通过对本项目的学习，掌握资产评估的基本方法——成本法、市场法和收益法，掌握对各种资产评估方法的比较和选择。把学和做有机结合，做到学思用贯通、知信行统一，提高自己的职业道德素养。

○ **项目引例：**

资产评估方法的选择

假设被评估资产年生产能力为 60 吨，参照资产年生产能力为 80 吨，评估时点参照资产的市场价格为 100 万元，该类资产的功能指数为 0.7，则被评估资产的价值为多少？

资产评估价值 $=100\times(60/80)^{0.7}=81.8$（万元）

引例导学：在资产评估中，评估的方法种类繁多，选择合理的方法至关重要。本项目重点阐述资产评估中的成本法、市场法和收益法。

○ **知识精讲：**

任务一　成本法

一、成本法概述

（一）成本法的概念

成本法，也称重置成本法或重置价值法，是指从待评估资产在评估基准日的复原重置成本或更新重置成本中，扣减其各项损耗价值来确定被评估资产价值的方法。

采用成本法对资产进行评估的理论依据主要有以下两个方面：

1. 资产的价值取决于资产的成本

资产的原始成本越高，其原始价值越大，反之则越小，两者在质和量的内涵上是一致的。

根据这一原理，采用成本法对资产进行评估，必须首先确定资产的重置成本。重置成本是按在现行市场条件下重新购建一项全新资产所支付的全部货币总额确定的，重置成本与原始成本的内容构成是相同的，而两者反映的物价水平是不同的，前者反映的是资产评估日的市场物价水平，后者反映的是当初购建资产时的物价水平。在其他条件既定时，资产的重置成本越高，其重置价值越大。

2. 资产的价值是一个变量

资产的价值随资产本身的运动和其他因素的变化而相应变化。影响资产价值量变化的因素，除了市场价格以外，还有以下几方面：

(1)资产投入使用后，由于使用磨损和自然力的作用，其物理性能会不断下降，价值会逐渐减少。这种损耗一般称为资产的物理损耗或有形损耗，也称实体性贬值。

(2)新技术的推广和运用，使企业原有资产与社会上普遍推广和运用的资产相比，技术明显落后、性能降低，其价值也就相应减少。这种损耗一般称为资产的功能性损耗，也称功能性贬值。

(3)由于资产以外的外部环境因素变化导致资产价值降低。这些因素包括政治因素、宏观政策因素等。例如，政府实施新的经济政策或颁布新的法规限制了某些资产的使用，使得资产价值下降。这种损耗一般称为资产的经济性损耗，也称经济性贬值。

(二)成本法应用的前提条件

1. 应当具备可利用的历史资料

成本法的应用是建立在具体历史资料基础上的，许多信息资料、指标需要通过历史资料获得。同时，现时资产与历史资产应具有相同性或可比性。

2. 形成资产价值的耗费是必需的

耗费是形成资产价值的基础，但耗费包括有效耗费和无效耗费，采用成本法评估资产，首先要确定这些耗费是不是必需的，而且这些耗费应体现社会或行业的平均水平。

3. 被评估资产处于继续使用状态或被假定处于继续使用状态

成本法从再取得资产的角度反映资产价值，只有当被评估资产处于继续使用状态下，取得被评估资产的全部费用才能构成其价值的内容。只有当资产能够继续使用，并且在持续使用中为潜在所有者或控制者带来经济利益时，资产的重置成本才能为潜在投资者和市场所承认与接受。因此，成本法主要适用于继续使用前提下的资产评估。

二、成本法的应用及其各项指标

根据成本法的概念，成本法的基本计算公式可以表述为：

被评估资产评估值＝重置成本－实体性贬值－功能性贬值－经济性贬值

＝重置成本×成新率

其中，成新率是反映资产新旧程度的比率。

成本法的计算公式为正确运用成本法评估资产提供了思路，在评估操作中，重要的是依此思路确定各项技术经济指标。对于基本能够正常使用的资产，其成新率不能低于15%，评估值不能低于重置成本的15%。

(一)重置成本及其估算

资产重置成本以功能重置为基本参照，但由于对现行条件的参照要素不同，又可分为复原重置成本和更新重置成本。重置成本是指在现行市场条件下，重新购建一项全新资产所耗费的全部货币支出。复原重置成本是指运用与原来相同的材料、建筑或制造标准、设计、格式及技术等，以现时价格复原购建这项全新资产所产生的支出。更新重置成本是指利用新型材料，并根据现代标准、设计及格式，以现时价格生产或购建具有同等功能的全新资产所需的成本。

选择重置成本时，在可同时获得复原重置成本和更新重置成本的情况下，应选择更新重置成本；在无更新重置成本时，可采用复原重置成本。一般来说，复原重置成本大于更新重置成本，但由此导致的功能性损耗也大。之所以要选择更新重置成本，一方面，随着科学技术的进步、劳动生产率的提高，新工艺、新设计被社会普遍接受；另一方面，新型设计、工艺制造的资产，无论是在使用性能还是成本耗用方面，都会优于旧的资产。

一般来说，重置成本的估算可以采用下列几种方法：

1. 重置核算法

重置核算法是指按资产成本的构成，把按现行市价计算的全部购建支出计入成本，并将总成本分为直接成本和间接成本来估算重置成本的一种方法。其中，直接成本是指直接可以构成资产成本的支出部分，如房屋建筑物的基础、墙体、屋面、内装修等项目，以及机器设备类资产的设备购价、安装调试费、运杂费、人工费等项目。直接成本应按现时价格逐项加总。间接成本是指为建造、购买资产而发生的管理费、总体设计制图费等支出。实际工作中，间接成本可以通过下列方法计算。

（1）按人工成本比例法。即按每一元人工成本应分摊间接成本的比率来计算间接成本的方法。其计算公式为：

间接成本＝人工成本总额×成本分配率

其中：

成本分配率＝间接成本额÷人工成本额×100％

（2）单位价格法。其计算公式为：

间接成本＝工作量（按工日或工时）×（单位价格÷工日或工时）

（3）直接成本百分率法。其计算公式为：

间接成本＝直接成本×间接成本占直接成本百分率

有些固定资产的重置成本还可以直接从有关资料中获得，如机械设备、运输车辆等。

【做中学3－1】 星海公司2020年重置购建生产设备一台，现行市场价格每台50 000元，运杂费1 000元，直接安装成本800元（其中，原材料300元，人工成本500元）。根据统计分析求得安装成本中的间接成本为单位人工成本0.8元，试求该机器设备重置成本是多少？

解：

直接成本	51 800元
其中：买价	50 000元
运杂费	1 000元
安装成本	800元
其中：原材料	300元
人工	500元
间接成本（安装成本为500×0.8）	400元
重置成本合计	52 200元

这种方法能比较真实地计算出被评估资产的重置成本价值，但工作量大，而且忽视了资产

的实用性。

2. 物价指数法

这种方法是在资产历史成本的基础上，通过现时物价指数确定重置成本。其计算公式为：

资产重置成本＝资产历史成本×资产评估时物价指数/资产购建时物价指数

或

资产重置成本＝资产历史成本×(1＋物价变动指数)

公式中，资产历史成本要求真实、准确，并符合社会平均合理成本的要求；资产评估时物价指数是指评估基准日(或能够代替评估基准日)的物价指数，而且应是评估资产类别或个别物价指数。

【做中学3－2】 某项被评估资产2012年购建，账面原值为100 000元，2020年进行评估，已知2012年和2020年该类资产定基物价指数分别为100％和150％。试求被评估资产重置成本为多少？

解：被评估资产重置成本＝100 000×150％/100％＝150 000(元)

或

被评估资产重置成本＝100 000×(1＋50％)＝150 000(元)

这种方法简单方便，其关键在于价格指数是否正确，它适用于企业对原有资产重置成本的计算和评估。

3. 功能价值法

功能价值法也称生产能力比例法或功能计价法，这种方法是寻找一个与被评估资产相同或相似的资产为参照物，计算其每一单位生产能力价格或参照物与被评估资产生产能力的比率，据以估算被评估资产的重置成本。其计算公式为：

被评估资产重置成本＝(被评估资产年产量/参照物年产量)×参照物资产重置成本

【做中学3－3】 星海公司2020年6月重置一台全新机器设备的价格为80 000元，年产量为8 000台。现知被评估资产年产量为6 000台，由此可以确定其重置成本：

被评估资产重置成本＝(6 000/8 000)×80 000＝60 000(元)

注意：运用这种方法的前提条件是资产成本与其生产能力呈线性关系，生产能力越强，成本越高，而且是呈正比例关系。应用这种方法估算重置成本时，首先应分析资产成本与生产能力之间是否存在这种线性关系，如果不存在这种关系，这种方法就不适用。

4. 规模经济效益指数法

通过对不同资产的生产能力与其成本之间关系的分析，可以发现，许多资产的成本与其生产能力之间不存在线性关系。当资产A的生产能力比资产B的生产能力大1倍时，其成本却不一定大1倍，也就是说，资产生产能力与成本之间只是同方向变化，而不是等比例变化，这是规模经济效益作用的结果。通过对两项资产的重置成本和生产能力作比较，其关系可用下列公式表示：

被评估资产的重置成本/参照物资产的重置成本＝(被评估资产的产量/参照物资产的产量)^x

推导可得：

被评估资产的重置成本＝参照物资产的重置成本×(被评估资产的产量/参照物资产的产量)^x

公式中，x是一个经验数据，称为规模经济效益指数。在美国，这个经验数据一般在0.4—1.0，如加工工业一般为0.7，房地产行业一般为0.9。

提示：我国到目前为止尚未有统一的经验数据，因此在评估过程中要谨慎使用这种方法。公式中的参照物一般可选择同类资产中的标准资产。

5. 统计分析法

在用成本法对企业整体资产及某一相同类型资产进行评估时，为了简化评估业务、节省评估时间，还可以采用统计分析法确定某类资产的重置成本。统计分析法是应用统计学原理估算重置成本的一种方法，这种方法的步骤如下：

(1)在核实资产数量的基础上，把全部资产按照适当标准划分为若干类型，如房屋建筑物按结构划分为钢结构、钢筋混凝土结构等，机器设备按有关规定划分为专用设备、通用设备、运输设备、仪器仪表等。

(2)在各类资产中抽样选择适量具有代表性的资产，应用功能价值法、物价指数法、重置核算法或规模经济效益指数法等方法估算其重置成本。

(3)依据分类抽样估算资产的重置成本与账面历史成本，计算出分类资产的调整系数。其计算公式为：

$$K=R'/R$$

式中：K 表示资产重置成本与历史成本的调整系数；R' 表示某类抽样资产的重置成本；R 表示某类抽样资产的历史成本。

根据调整系数 K 估算被评估资产的重置成本，其计算公式为：

$$被评估资产重置成本=\sum 某类资产账面历史成本\times K$$

其中，某类资产账面历史成本可从会计记录中取得。

【做中学 3－4】 评估星海公司某类通用设备，经抽样选择具有代表性的通用设备5台，估算其重置成本之和为600万元，而这5台具有代表性的通用设备的历史成本之和为400万元，该类通用设备账面历史成本之和为8 000万元。则：

$K=600/400=1.5$

该类通用设备重置成本$=8\ 000\times1.5=12\ 000$(万元)

注意：上述5种方法均可用于确定在成本法中的重置成本。至于具体选用哪种方法，应根据具体的评估对象和可以找到的资料确定。这些方法中，对某项资产可能同时都能用，有的则不行，评估时必须注意分析方法运用的前提条件，否则将得出错误的结论。

(二)实体性贬值及其估算

资产的实体性贬值是指资产由于使用磨损和自然力作用形成的贬值。实体性贬值的估算，一般可以采用以下几种方法：

1. 观察法

观察法，也称成新率法，是指由具有专业知识和丰富经验的工程技术人员对被评估资产实体各主要部位进行技术鉴定，并综合分析资产的设计、制造、使用、磨损、维护、修理、大修改造情况和物理寿命等因素，将评估对象与其全新状态相比较，考察由于使用磨损和自然损耗对资产的功能、使用效率带来的影响，判断被评估资产的成新率，从而估算出实体性贬值。其计算公式为：

$$资产的实体性贬值=重置成本\times(1-成新率)$$

其中，成新率是反映评估对象的现行价值与其全新状态下的重置价值的比率。

2. 公式计算法

其计算公式为：

资产的实体性贬值＝(重置成本－预计残值)/总使用年限×实际已使用年限

公式中，预计残值是指被评估资产在清理报废时净收回的金额。在资产评估中，通常只考虑数额较大的残值，如果残值数额较小，则可以忽略不计。总使用年限是指实际已使用年限与尚可使用年限之和。其计算公式为：

总使用年限＝实际已使用年限＋尚可使用年限

实际已使用年限＝名义已使用年限×资产利用率

由于资产在使用中负荷程度不同，必须将资产的名义已使用年限调整为实际已使用年限。名义已使用年限是指资产从购进使用到评估时的年限。名义已使用年限可以通过查询会计记录、资产登记簿、登记卡片确定。实际已使用年限是指资产在使用中实际损耗的年限。实际已使用年限与名义已使用年限的差值可以通过资产利用率来调整。其计算公式为：

$$资产利用率=\frac{截至评估日资产累计实际利用时间}{截至评估日资产累计法定利用时间}\times 100\%$$

当资产利用率＞1 时，表示资产超负荷运转，资产实际已使用年限比名义已使用年限要长；当资产利用率＝1 时，表示资产满负荷运转，资产实际已使用年限等于名义已使用年限；当资产利用率＜1 时，表示开工率不足，资产实际已使用年限小于名义已使用年限。

【做中学 3－5】　星海公司的某资产于 2010 年 7 月购进，2020 年 7 月评估时名义已使用年限是 10 年。根据该资产技术指标，正常使用情况下，每天应工作 8 小时，该资产实际每天使用 7.5 小时(一年按 360 天计算)。由此可以计算资产利用率：

$$资产利用率=\frac{10\times 360\times 7.5}{10\times 360\times 8}\times 100\%=93.75\%$$

由此，可确定其实际已使用年限为 9.4 年(10×93.75%)。

实际评估过程中，由于有些企业基础管理工作较差，再加上资产运转中的复杂性，用于计算资产利用率的指标往往很难确定。评估人员应综合分析资产的运转状态，诸如资产开工情况、大修间隔期、原材料供应情况、电力供应情况、是否是季节性生产等因素来确定。尚可使用年限是根据资产的有形损耗因素来预计资产的继续使用年限。

(三)功能性贬值及其估算

功能性贬值是指由于技术进步所导致的资产贬值，即无形损耗。估算功能性贬值时，主要根据资产的效用，生产加工能力，工耗、物耗、能耗水平等功能方面的差异造成的成本增加和效益降低，相应确定功能性贬值额。同时，还要重视技术进步因素，替代设备、替代技术、替代产品的影响，以及行业技术装备水平现状和资产更新换代速度。

通常，功能性贬值的估算可以按下列步骤进行：

(1)将被评估资产的年运营成本与功能相同但性能更好的新资产的年运营成本进行比较。

(2)计算两者的差值，确定净超额运营成本。由于企业支付的运营成本是在税前扣除的，因此企业支付的超额运营成本会导致税前利润下降、所得税额降低，并使得企业负担的运营成本远远低于其实际支付额。净超额运营成本是超额运营成本扣除所得税以后的余额。

(3)估计被评估资产的剩余寿命。

(4)以适当的折现率将被评估资产剩余寿命内每年的超额运营成本折现，这些折现值之和

就是被评估资产的功能性损耗(贬值)。其计算公式为:

$$被评估资产的功能性贬值额=\sum(被评估资产年净超额运营成本\times折现系数)$$

【做中学 3-6】 对于星海公司机器设备 A,技术先进的设备比原有的陈旧设备生产效率高,能节约工资费用。有关资料及计算结果如表 3—1 所示。

表 3—1　　星海公司机器设备 A 有关资料及计算结果

项　目	技术先进设备	技术陈旧设备
月产量(台)	10 000	10 000
单件工资(元)	0.90	1.40
月工资成本(元)	9 000	14 000
月差异额(元)		14 000—9 000=5 000
年工资成本超支额(元)		5 000×12=60 000
减:所得税(元)(税率 25%)		15 000
扣除所得税后年净超额工资(元)		45 000
资产剩余使用年限(年)		5
假定折现率为 10%,5 年年金折现系数		3.790 8
功能性贬值额(元)		170 586

应当指出,新、老技术设备的对比,除对比生产效率影响工资成本超额支出外,还可根据原材料消耗、能源消耗以及产品质量等指标进行对比,计算其功能性贬值。

此外,功能性贬值的估算还可以通过超额投资成本的估算进行,即超额投资成本可视同功能性贬值。其计算公式为:

$$功能性贬值=复原重置成本-更新重置成本$$

(四)经济性贬值及其估算

经济性贬值是指由于外部环境变化造成的资产贬值。计算经济性贬值时,主要是根据由于产品销售困难而开工不足或停止生产而形成资产的闲置,以及价值得不到实现等因素,确定贬值额。评估人员应根据资产的具体情况加以分析确定,当资产使用基本正常时,不计算经济性贬值。

$$经济性贬值=\left[1-\left(\frac{现时利用生产能力}{原有生产能力}\right)^{n}\right]\times被评估资产重置成本$$

其中,指数 n 称为生产能力指数,它是指在购买该项资产后,剩余生产能力还有被利用的可能。n 的取值范围一般为 0.4—0.9。

【做中学 3-7】 星海公司某专用手表生产线,重置成本为 30 万元,日生产能力为 4 500 只,因市场上出现替代产品,现在及今后趋势每日只能生产 3 000 只。如果 n 取 0.6,则该手表生产线的经济性贬值是多少?

解:$经济性贬值=\left[1-\left(\frac{3\ 000}{4\ 500}\right)^{0.6}\right]\times30\approx6.48(万元)$

（五）成新率及其估算

成新率是反映评估对象的现行价值与其全新状态下重置价值的比率。此处的成新率是指重置成本法第二个公式"被评估资产评估值＝重置成本×成新率"中的成新率，它是综合考虑资产使用中各类损耗以后确定的。通常，成新率的估算方法有以下几种：

1. 观察法

即由具有专业知识和丰富经验的工程技术人员对资产实体各主要部位进行技术鉴定，以判断确定被评估资产的成新率。与上文所述实体性贬值确定中所谓的实体性成新率不同，这一成新率是在综合考虑资产实体性贬值、功能性贬值和经济性贬值等基础上确定的，而不只是考虑使用磨损和自然损耗的影响。

2. 使用年限法

即根据资产预计尚可使用年限与其总使用年限的比率确定成新率。其计算公式为：

$$成新率=[预计尚可使用年限/(实际已使用年限+预计尚可使用年限)]\times 100\%$$

3. 修复费用法

即通过估算资产恢复原有全新功能所需要的修复费用占该资产的重置成本（再生产价值）的百分比确定，其计算公式为：

$$成新率=1-(修复费用/重置成本)\times 100\%$$

估算成新率的方法有很多，在后面各类型具体资产的评估中会具体讲解，这里不再详述。

三、成本法评估资产的程序

运用成本法评估资产主要包含以下五步：(1)确定被评估资产，并估算重置成本；(2)确定被评估资产的使用年限；(3)估算被评估资产的损耗或贬值；(4)计算确定被评估资产的价值；(5)分析并确定评估结果。

四、成本法评价

成本法比较充分地考虑了资产的损耗，评估结果更趋于公平合理；使用成本法有利于对单项资产和特定用途资产的评估，在不易计算资产未来收益或难以取得市场参照物时，可广泛地应用，有利于企业资产保值，具有一定的科学性和可行性，可使被评估资产的评估价值接近实际价值，较真实地反映资产的现时价值。但是，这种方法使用起来工作量较大，经济性贬值也不易全面准确计算。

任务二　收益法

一、收益法概述

（一）收益法的概念

收益法，也称权益法或收益现值法，是指通过估算被评估资产未来预期收益并折算成现值，确定被评估资产价值的一种资产评估方法。

采用收益法对资产进行评估所确定的资产价值，是指为获得该项资产以取得预期收益的权利所支付的货币总额。这里不难看出，资产的评估价值与资产的效用程度密切相关，资产的效用越大，获利能力越强，它的价值也就越大。从收益法概念本身也可以分析确定收益法应用的前提条件。

(二)收益法应用的前提条件

众所周知,资产成交后能为新的所有者带来一定的收益,所有者支付的货币量不会超过该项资产(或与其具有同样风险因素的相似资产)的期望收益的折现值。换一个角度分析,投资者投资购买资产时一般要进行可行性分析,其预计的内部回报率只有超过评估的折现率时,他才肯支付货币以取得该项资产。应用收益法评估资产,必须具备的前提条件如下:(1)资产可以投入使用,只有在投入使用的前提下,资产才可能带来收益,才有估价的基础。(2)资产经营的未来收益能够且必须用货币金额来表示。(3)资产所有者所承担的风险收益也必须是能用货币衡量的。

注意:运用收益法对资产进行评估时,是以资产投入使用后能够连续获利为基础的。资产作为特殊商品,在买卖中,人们购买的目的往往并不在于资产本身,而是资产的获利能力。如果在资产上进行投资不是为了获利,进行投资后没有预期收益或预期收益很少而且又很不稳定,则不能采用收益法。

二、收益法应用的形式

收益法的应用,实际上就是对被评估资产未来预期收益进行折现或资本化的过程。一般来说,有以下几种情况:

(一)资产未来收益有限期的情形

在资产未来预期收益具有特定时期的情形下,通过预测有限期内各期的收益额,并以适当的折现率进行折现,各年预期收益折现之和即为评估值。其基本公式为:

$$评估值=\sum_{i=1}^{n}\frac{R_i}{(1+r)^i}$$

式中:R_i 表示未来第 i 个收益期的预期收益额,收益期有限时 R_i 中还包括期末资产剩余净额;n 表示收益期;r 表示折现率。预期收益很少而且很不稳定时,则不能采用收益法。

【做中学3-8】 星海公司尚能继续经营3年,营业终止后资产全部用于抵债,现拟转让。经预测得出3年内各年预期收益和相关数据如表3-2所示。

表3-2　星海公司未来3年的预期收益

年　度	收益额(万元)	折现率(%)	折现系数	收益折现值(万元)
第1年	300	6	0.943 4	283
第2年	400	6	0.890 0	356
第3年	200	6	0.839 6	167.9

如此可以确定其评估值为:

评估值=283+356+167.9=806.9(万元)

(二)资产未来收益无限期的情形

1. 未来收益年金化的情形

这种情形下,首先预测其年收益额,然后对年收益额进行资本化处理,即可确定其评估值。其基本公式为:

资产评估值(收益现值)＝年收益额/资本化率

上述公式实际是预期收益折现值求和的特殊形式。推导过程如下：

假设未来预期收益分别为 $R_1, R_2, \cdots, R_n$，折现率为 r，折现值之和为 PV，则有：

$$PV=R_1/(1+r)+R_2/(1+r)^2+\cdots+R_n/(1+r)^n$$

当 $R_1=R_2=\cdots=A$ 时，

$$\begin{aligned}PV&=A[1/(1+r)+1/(1+r)^2+\cdots+1/(1+r)^n]\\&=A[(1+r)^n-1]/[r\cdot(1+r)^n]\\&=A[1-1/(1+r)^n]/r\end{aligned}$$

当 $n\to\infty$ 时，$1/(1+r)^n\to 0$，则 $PV=A/r$。

有的资产评估，其预期年收益尽管不完全相等，但生产经营活动相对稳定，各期收益额相差不大，这种情况下也可以采用上述方法进行评估。其步骤如下：

第一步，预测该项资产未来若干年(一般为 5 年左右)的收益额，并折现求和。

第二步，通过折现值之和求取年等值收益额。根据上述计算公式可知：

$$\sum_{i=1}^{n}\frac{R_i}{(1+r)^i}=A\sum_{i=1}^{n}\frac{1}{(1+r)^i}$$

因此，

$$A=\sum_{i=1}^{n}\frac{R_i}{(1+r)^i}\Big/\sum_{i=1}^{n}\frac{1}{(1+r)^i}$$

其中，$\frac{1}{(1+r)^i}$ 为年金现值系数，也可表示为 $(P/A, r, n)$，可查表求得。

第三步，将求得的年等值收益额进行资本化计算，确定该项资产评估值。

2. 未来年收益不等额的情形

首先，预测若干年内(一般为 5 年)的各年预期收益额；其次，假设从若干年的最后一年开始，以后各年预测收益额均相同；最后，将企业未来预期收益进行折现和资本化处理。其基本公式为：

资产评估值(预期收益现值)＝$\sum$前若干年各年收益额×各年折现系数

＋以后各年的年金化收益/资本化率

×前若干年最后一年的折现系数

提示：确定后期年金化收益的方法，一般以前期最后一年的收益作为后期永续年金收益，但也可以预测后期第一年的收益作为永续年金收益。

【做中学 3－9】　2020 年，星海公司预计未来 5 年收益额分别是 12 万元、15 万元、11 万元、11 万元和 14 万元。假定从第 6 年开始，以后各年收益均为 14 万元，确定的折现率和资本化率均为 10％。确定该企业在持续经营下的评估值。

解：评估过程可按下列步骤进行：

首先，确定未来 5 年收益额的现值：

$$\begin{aligned}\text{现值总额}&=12/(1+10\%)+15/(1+10\%)^2+11/(1+10\%)^3+11/(1+10\%)^4\\&\quad+14/(1+10\%)^5\\&=49.277\,7(\text{万元})\end{aligned}$$

计算中的现值系数可从复利现值表中查得。

其次，将从第6年起的收益进行资本化处理：

14/10%＝140(万元)

最后，确定该企业评估值：

企业评估值＝49.277 7＋140×0.620 9＝136.2(万元)

三、收益法中各项指标的确定

收益法的运用不仅在于掌握其在各种情况下的各种计算过程，更重要的是科学、合理地确定运用中的各项指标。收益法中的主要指标有收益额、折现率(或资本化率)、收益期限。

(一)收益额

在运用收益法中，收益额的确定是关键。收益额是指被评估资产在使用过程中产生的超出其自身价值的溢余额。对于收益额的确定，应把握两点：

(1)收益额即纯收益，指的是资产使用带来的未来收益期望值，是通过预测分析获得的。无论是对于所有者还是购买者，首先应判断该项资产是否有收益。评估时对其收益的判断，不仅仅是看其现在的收益能力，更重要的是预测其未来的收益能力。

(2)收益额必须是由被评估资产直接形成的，不是由该项资产形成的收益应分离出来，切莫“张冠李戴”。关于收益额的构成，以企业为例，目前有几种观点：税后利润(即净利润)、现金流量、利润总额。

提示：至于选择哪一种作为收益额，评估人员应根据被评估资产的类型、特点以及评估目的决定，重要的是科学反映资产收益，并与折现率(或资本化率)保持口径一致。

(二)折现率(或资本化率)

确定折现率，首先应该明确折现的内涵。折现作为一个时间优先的概念，是指将来的收益或利益低于现在的同样的收益或利益，并且随着收益时间向将来推迟的程度而有系统地降低价值。同时，折现作为一个算术过程，是将一个特定比率应用于一个预期的收益，从而得出当前的价值。从折现率本身来说，它是一种特定条件下的收益率，说明资产取得该项收益的收益率水平。收益率越高，资产评估值越低。因为在收益一定的情况下，收益率越高，意味着单位资产增值率越高，所有者拥有的资产价值就越低。折现率的确定是运用收益法评估资产时比较棘手的问题。折现率必须谨慎确定，折现率的微小差异甚至会带来评估值数万倍的差异。一般来说，折现率应包含无风险利率、风险报酬率和通货膨胀率。无风险利率是指资产在一般条件下的获利水平，风险报酬率是指在风险条件下取得的报酬与资产的比率，通货膨胀率则是指资产受宏观货币环境影响而出现的价格上涨程度。每一种资产投资，由于其使用条件、用途和行业不同，风险也不一样，因此，折现率也不相同。通常，它由评估人员根据社会、行业、企业和评估对象的资产收益水平综合分析确定；而且，选择折现率时还要注意所选收益额的计算口径应与折现率的口径保持一致。至于折现率的具体确定方法，将在各类资产具体评估时阐述。

资本化率与折现率在本质上是没有区别的，只是适用场合不同。折现率是将未来有限期的预期收益折算成现值的比率，用于有限期的预期收益还原；资本化率则是将未来永续性的预期收益折算成现值的比率。

(三)收益期限

收益期限是指资产收益的期间，通常指收益年限。收益期限由评估人员根据未来获利情况、损耗情况等确定，也可以根据法律、契约和合同规定确定。

四、收益法评估资产的程序

运用收益法评估资产主要包含以下4步：(1)收集、验证有关经营、财务状况的信息资料；(2)计算和对比分析有关指标及其变化趋势；(3)预测资产未来预期收益，确定折现率或资本化率；(4)将预期收益折现或资本化处理，确定被评估资产价值。

五、收益法评价

收益法的优点是：能较真实和准确地反映企业资本化的价值；与投资决策相结合，应用此法评估的资产价值易为买卖双方所接受。其缺点是：预期收益额预测难度较大，受较强的主观判断和未来不可预见因素的影响，所以在评估中适用范围较小，一般适用于企业整体资产和可预测未来收益的单项资产评估。

任务三　市场法

一、市场法概述

(一)市场法的概念

市场法，即现行市价法，是以市场价格作为资产评估的价格标准，据以确定资产价格的一种资产评估方法。在实际操作中，它通过比较被评估资产与最近售出的类似资产的异同，并将类似资产的市场价格进行调整，从而确定被评估资产的价值。市场法是一种最简单有效的方法，因为评估过程中的资料直接来源于市场，同时又为即将发生的资产行为估价。此外，市场法的应用与市场经济的建立和发展、资产的市场化程度密切相关。在我国，随着社会主义市场经济的建立和完善，为市场法提供了巨大的应用空间，市场法日益成为一种重要的资产评估方法。

(二)市场法应用的前提条件

应用市场法进行资产评估，必须具备以下两个前提条件：

1. 需要有一个充分发育、活跃的资产市场

在市场经济条件下，市场交易的商品种类繁多，资产作为商品，是市场经济发展的重要方面。在资产市场上，资产交易越频繁，与被评估资产相类似资产的价格就越容易获得。

2. 类似资产参照物及指标、技术参数是可搜集到的

运用市场法，重要的是能够找到与被评估资产相同或类似的参照物。但与被评估资产完全相同的资产是很难找到的，这就要求对类似资产参照物进行调整，有关调整的指标、技术参数能否获取是决定市场法能否运用的关键。参照物与评估对象的可比性是运用市场法评估资产价值的重要前提。

二、运用市场法进行资产评估的方式

运用市场法进行资产评估时，因市场条件差异和参照物不同，应采取不同的方式。一般来说，在市场上如能找到与被评估资产完全相同的参照物，就可以把参照物价格直接作为被评估资产的评估价值。这是运用市场法最简单、直观的方式。但是，资产评估过程中，完全相同的参照物是很少见的，更多的情况下获得的是相类似参照物的价格，需要进行价格调整。即使是

一个工厂出产的相同规格、型号的设备，在不同企业中使用，由于维护保养条件、操作使用水平以及利用率高低等多种因素的作用，其实体性损耗也不可能是同步的。即便新旧程度相同，交易条件的不同也会影响资产价格，因此只有经过详细的调查研究，通过仔细对比分析，才能得出正确的结论。采用市场法时，一方面是选择确定参照物，选择的参照物应具有相关性和代表性，而且应足够多；另一方面则是分析确定参照物的差异调整因素。

三、市场法评估资产的程序

运用市场法评估资产时，一般按下列程序（或步骤）进行：(1)明确评估对象。(2)进行公开市场调查，搜集相同或类似资产的市场基本信息资料，寻找参照物。(3)分析整理资料并验证其准确性，判断选择参照物。评估人员对搜集到的资料应认真分析并验证其真实可信程度，分析其交易条件和背景，并选择三个或三个以上的可对比参照物。(4)将被评估资产与参照物作比较。(5)分析调整差异，得出结论。

一般来说，市场越活跃，市场法运用的空间越大，评估结论越准确。

四、市场法评价

市场法是资产评估中最简单、最有效的方法，其优点是：能够客观反映资产目前的市场情况，其评估的参数、指标可直接从市场获得，评估值更能反映市场现实价格；评估结果易于被各方理解和接受。同时，市场法也有其缺点，主要表现为：需要以公开及活跃的市场作为基础，当市场不够成熟活跃时，会因缺少可对比数据而使市场法难以应用；不适用于专用机器设备、大部分无形资产，以及受地区、环境等严格限制的一些资产的评估。

任务四　资产评估方法之间的关系和选择

一、资产评估方法之间的关系

资产评估方法有很多，各种方法都有其自身的特点。同时，这些方法之间又是相互关联的。研究资产评估方法的特点，分析比较各方法之间的联系和区别，对于选择资产评估方法具有重要意义。

（一）资产评估方法之间的联系

从整体上来说，评估方法是由互相关联的、内在相关的、不可分割的技巧和程序组成的，其共同目标就是获得令人信服的、可靠的评估结果。对成本和市场销售数据的分析通常是收益法运用中不可缺少的部分。同样，折现和资本化也时常运用于市场法与成本法中。例如，在市场法中，分析和调整参照物价格与被评估资产价格的差异因素，会用到折现和资本化技巧；在成本法中，对功能性贬值等的确定也要采用折现和资本化方法。一般来说，成本法、收益法的运用都是建立在现行市价基础上的，只是它们的运用不像市场法运用表现得那么直接。

（二）资产评估方法之间的区别（以市场法与成本法的区别为例）

在资产评估过程中，市场法和成本法往往容易混淆。区别市场法和成本法具有重要的理论和实践意义。两种方法的区别表现为以下几点：

(1)成本法是按现行市场价格确定重新购买该项资产的价值，而市场法则是按市场上该项资产的交易价格确定的。前者主要从买方角度，即以购建某项资产的耗费来确定；后者则是从卖方角度，即以市场上销售价格来确定。

(2)市场法中的现行市价是指资产的独立价格，是在交易过程中采用的。而成本法中的重置成本不仅包括该项资产的自身价格(购建价格)，还包括该项资产的运杂费和安装调试费等。

(3)市场法的运用与原始成本没有直接联系，而成本法中的某些计算则要用到被评估资产的原始成本和原始资料。

(4)成本法是按全新资产的购建成本扣除被评估资产的各项损耗(或贬值)后确定评估价值；市场法则是按参照物价格，并考虑被评估资产与参照物的各项差异因素，进行调整后来确定评估值。两种方法具有不同的操作程序，资料的获得和指标的确定有着不同的思路。

二、资产评估方法的选择

资产评估方法主要有成本法、市场法、收益法。资产评估方法的多样性，为评估人员提供了适当选择评估途径、有效完成评估任务的现实可能。选择合适的资产评估方法，有利于简捷、合理地确定资产评估价值。对资产评估方法的选择，主要应考虑以下几个因素：

(一)资产评估方法必须与资产评估价值类型相适应

资产评估价值类型决定了应该评估的价格类型，资产评估方法作为获得特定价值尺度的技术规程，必须与评估价值类型相适应。资产评估价值类型与资产评估方法是两个不同层次的概念。资产评估价值类型说明“评什么”，是资产评估价值质的规定，具有排他性，对评估方法具有约束性。资产评估方法说明“如何评”，是资产评估价值量的确定，具有多样性和替代性，并服务于评估价值类型。准确地确定资产评估价值类型与科学地匹配资产评估方法，是资产评估价值具有科学性和有效性的重要保证。

(二)资产评估方法必须与评估对象相适应

评估对象是单项资产还是整体资产，是有形资产还是无形资产，往往要求有不同的评估方法与之相适应。同时，资产评估对象的状态不同，所要求的评估方法也往往不同。例如，一台市场交易很活跃的旧机器设备可以采取市场法进行评估，而旧专用设备通常只能采用成本法进行评估。

(三)评估方法的选择受可搜集到的数据和信息资料的制约

各种方法的运用都要根据一系列数据、资料进行分析、处理和转换，没有相应的数据和资料，方法就会失灵。资产评估的过程实际上也就是搜集资料的过程。比如，在资产评估方法运用过程中，国外评估机构大多采用市场法，但在我国，由于受市场发育不完全、不完善的限制，市场法的应用无论是从广度还是从使用效率来看，都落后于发达国家的水平。因此，评估者应根据可获得的资料以及经努力能搜集到的资料满足程度来选择适当的方法。就资产评估来说，方法的科学性依赖于方法运用中指标的确定。

(四)选择评估方法还要结合不同评估途径统筹考虑

在同一评估价值类型约束之下，由于方法的替代性，可能有几种方法都可以使用。在选择方法时，一是要充分考虑资产评估工作的效率，选择简便易行的方法；二是要根据资产评估人员的特长进行选择。一般来说，方法的选择应在评估开始之前予以确定，当然，也可以分别采用几种方法进行评估，分析比较结果的科学性。

有时，一项资产同时采用两种或两种以上的方法评估，会得出一种或两种以上不同的结论。这种情况是很常见的。这时，我们不能把几种方法得出的评估结果进行简单平均或加权平均作为结论，应该根据评估价值类型以及不同评估结果对市场的适用性来判断选择一种评估结果作为评估结论。

应知考核

一、单项选择题

1. 下列各类资产中,适合采用市场法评估的是(　　)。

A. 专用设备　　B. 受地域、环境等严格限制的资产

C. 大部分无形资产　　D. 通用设备

2. 当资产利用率大于1时,表示资产(　　)。

A. 实际已使用年限比名义已使用年限长　　B. 实际已使用年限比名义已使用年限短

C. 实际已使用年限等于名义已使用年限　　D. 实际使用年限比总使用年限长

3. 折现率本质上是(　　)。

A. 风险报酬率　　B. 无风险报酬率

C. 特定条件下的收益率　　D. 超额收益率

4. 下列资产中,最适宜采用成本法评估的是(　　)。

A. 无形资产　　B. 资源性资产　　C. 企业整体资产　　D. 自制专用设备

5. 按照一般要求,运用市场法通常应选择(　　)个或以上参照物。

A. 2　　B. 3　　C. 5　　D. 10

二、多项选择题

1. 成本法应用的前提条件有(　　)。

A. 应当具备可利用的历史资料

B. 需要一个充分发育、活跃的资本市场

C. 被评估资产必须是能用货币来衡量其未来期望收益的资产

D. 形成资产价值的耗费是必需的

2. 成新率的估测方法通常有(　　)。

A. 使用年限法　　B. 修复费用法　　C. 观察法　　D. 统计分析法

3. 造成资产经济性贬值的主要原因有(　　)。

A. 该项资产技术落后　　B. 该项资产生产的产品需求减少

C. 社会劳动生产率提高　　D. 政府公布淘汰该类资产的时间表

4. 资产评估方法的选择取决于(　　)。

A. 评估的价值类型　　B. 评估对象的状态

C. 可供利用的信息资料　　D. 市场条件

5. 应用收益法进行资产评估的前提条件有(　　)。

A. 有一个充分发育、活跃的资产市场

B. 被评估资产的未来预期收益可以预测并可以用货币金额来表示

C. 资产拥有者获得预期收益所承担的风险可以预测并可以用货币衡量

D. 资产可以投入使用

三、判断题

1. 折现率与资本化率从本质上讲是没有区别的。 （ ）
2. 在收益法运用过程中，折现率的口径应与收益额的口径保持一致。 （ ）
3. 运用市场法评估时，为了减少评估人员的工作量，一般只要求选择一个参照物。 （ ）
4. 更新重置成本是指被评估资产的功能变化（更新）后的重置成本。 （ ）
5. 在采用成本法进行资产评估时，其实体性贬值与会计上的折旧是一样的。 （ ）

四、简述题

1. 简述市场法与成本法的区别。
2. 简述在资产评估中如何选择具体的评估方法。
3. 简述成本法评估资产的程序及其评价。
4. 简述收益法评估资产的程序及其评价。
5. 简述市场法评估资产的程序及其评价。

应会考核

■ 观念应用

【背景资料】

请评估某企业一套自制非标设备。该设备购建于2010年12月，评估基准日为2020年12月30日。根据设计图纸，该设备的主材为钢材，耗量共15吨，钢材利用率90%，评估基准日钢材的不含税市价为3 850元/吨，主要外购件不含税费用为55 000元；加工过程中发生人工费5 000元，冷加工费30 000元，热加工费按钢材耗量净重每千克2元，其他费用为主材费的15%。成本利润率为15%，设计费率为14%，产量1台，增值税率为13%，城市维护建设税率为7%，教育费附加费率为3%。另外，经工程技术人员现场鉴定，该设备还可使用10年。与该企业最近生产的同类设备相比，被评估设备每年多耗电500度，每度电0.5元，假定该企业所得税率为25%，企业所在行业平均投资收益率为10%。

【考核要求】

请问：你能根据下列问题对该设备进行评估吗？

(1)计算该设备的重置成本；

(2)计算该设备的成新率和功能性贬值额；

(3)计算该设备的评估值。

■ 技能应用

1. 已知资产的价值与功能之间存在线性关系，参照物与评估对象仅在功能方面存在差异，参照物的年生产能力为2 200件产品，成交价格为2 500元，评估对象的年生产能力为1 500件。试问评估对象的价值为多少？

2. 与评估对象完全相同的参照资产6个月前的成交价格为10万元。半年间，该类资产的价格上升了5%。试求资产评估价值。

3. 星海公司重置购建设备一台，现行市场价格每台5万元，运杂费1 000元，直接安装成本800元（其中原材料300元、人工成本500元）。根据统计分析，计算求得安装成本中的间接成本为每人工成本0.8元。试求该机器设备的重置成本。

4. 星海公司某重置全新的一台机器设备价格5万元，年产量为5 000件。现知被评估资产年产量为4 000件。试求机器设备的重置成本。

5. 某被评估生产线的设计生产能力为年产20 000台。因市场需求结构变化，在未来可使用年限内，每年产量估计要减少6 000台，功能价值指数取0.6。根据上述条件，试求生产线的经济性贬值率。

6. 评估某拟快速变现资产，在评估时点与其完全相同的资产的正常变现价为10万元。经评估师综合分析，认为快速变现的折扣率应为40%，试求快速变现资产评估价值。

【技能要求】

请对上述内容进行计算。

■ 案例分析

被评估成套设备购建于2010年12月，账面价值为100万元，2015年12月对设备进行技术改造，追加投资20万元，2020年12月对设备进行评估。经评估机构人员分析得出如下数据：

(1)2010—2015年，每年该类设备价格上涨率为10%，而2015—2020年设备价格维持不变；

(2)该设备的月人工成本比其替代设备超支2 000元；

(3)被评估设备所在企业的正常投资报酬率为10%，规模经济效益指数为0.7，所得税率为25%；

(4)该设备在评估前使用期间的实际利用率仅为正常利用率的80%，经技术检测该设备尚可使用5年，在未来5年中设备利用率能达到设计要求。

【分析要求】

(1)计算被评估设备的重置成本及各项损耗；

(2)计算该设备的评估值(以万元为单位，计算结果保留两位小数)。

项目实训

【实训项目】

资产评估基本方法。

【实训内容】

资产评估的基本程序及评估方法的应用。

【实训目的】

掌握不同评估方法之间的关系和资产评估方法的选择。

【实训反思】

(1)成本法、市场法、收益法的优缺点。

(2)成本法、市场法、收益法的常用计算公式。

(3)运用市场法的基本程序，市场法包括哪些基本的技术方法？

(4)如何区分更新重置成本和复原重置成本？

(5)在成本法应用中，如何确定重置成本？

(6)收益法包括哪些基本参数？如何运用收益法进行价值评估？

(7)在资产评估中，如何选择具体的评估方法？

(8)将实训报告填写完整。

<table>
<tr><th colspan="3">《资产评估基本方法》实训报告</th></tr>
<tr><td>项目实训班级：</td><td>项目小组：</td><td>项目组成员：</td></tr>
<tr><td>实训时间：　年　月　日</td><td>实训地点：</td><td>实训成绩：</td></tr>
<tr><td colspan="3">实训目的：</td></tr>
<tr><td colspan="3">实训步骤：</td></tr>
<tr><td colspan="3">实训结果：</td></tr>
<tr><td colspan="3">实训感言：</td></tr>
<tr><td colspan="3">不足与今后改进：</td></tr>
<tr><td colspan="2">项目组长评定签字：</td><td>项目指导教师评定签字：</td></tr>
</table>

项目四

资产评估行业管理

○ **知识目标：**

理解：资产评估行业政府管理和自律管理的主要内容。

熟知：资产评估从业人员管理以及资产评估协会会员的权利和义务。

掌握：资产评估机构的分类、设立条件和资产评估执业质量管理的主要内容。

○ **技能目标：**

在掌握资产评估行业管理的基础上，能够在具体的案例操作中，灵活地运用资产评估的行业管理知识，对资产评估行业进行管理。

○ **素质目标：**

通过对本项目的学习，加强对资产评估行业、机构、从业人员、执业质量的管理，把学和做有机结合，做到学思用贯通、知信行统一，提高自己的职业道德素养。

○ **项目引例：**

资产评估行业的新环境

我国资产评估行业是现代高端服务业，其特点主要体现为专业技术的复杂性、业务领域的广泛性、服务对象的多样性。国家许多部门将资产评估作为现代服务业的重要组成部分，将资产评估提高到了一个前所未有的高度。随着全面深化改革的稳步推进和各项改革措施的不断出台，资产评估行业面临的环境发生了很大变化，这也对资产评估行业行政管理提出了更高要求。

引例导学：我国资产评估行业是在经济体制改革和对外开放政策背景下，为满足国有资产管理工作的需要而产生的，并走出了一条适合中国特色社会主义市场经济的评估服务专业之路。这是一个极具发展潜力的行业，也是一个迫切需要发展的行业，同时，资产评估师与注册会计师、律师共同构成了中国三大服务专业人员。通过对本项目的学习，将重点对资产评估行业管理进行介绍。

○ **知识精讲：**

任务一　资产评估行业监督管理

一、资产评估行业管理体制变革

随着我国资产评估行业的发展以及影响的不断扩大，1995 年，经外交部批准，中国资产评估协会代表中国资产评估行业加入了国际评估准则委员会；1999 年，中国资产评估协会当选为国际评估准则委员会常务理事，并成为其专业技术委员会的委员；2005 年，经外交部批准，中国资产评估协会加入世界评估组织联合会并成为其常务理事。

在国家积极推进简政放权、加快行政体制改革的大背景下，资产评估管理发生重大变革，主要表现在如下几方面：

（一）政府管理

2014 年，国务院发布了《关于取消和调整一批行政审批项目等事项的决定》（国发〔2014〕27 号）文件，取消了注册资产评估师等准入类职业资格，改为水平评价类职业资格。根据《资产评估法》的规定，评估机构的设立由审批制改为备案制，同时赋予资产评估行政管理部门备案权、检查权、调查权、处罚权以及行业监管制度制定权，要求资产评估行政管理部门依法加强对资产评估行业的监督管理，监督管理的重点从事前监管向事中监管和事后监管转变。

（二）自律管理

政府通过职业资格管理方式的改革，将资产评估师水平考试、管理等政府职能交给行业协会，评估机构设立方式的改变也赋予协会更多的管理职责，行业协会将承担更大的责任，在新政策的研究和行业制度设计方面，特别是行政职能承接、行业管理模式、人员考试培训、会员登记和机构管理等关键问题上，协会的自律管理职能在不断强化。

（三）行业管理

在连续取消多项行政审批项目后，国务院在 2015 年召开的首次常务会议中继续简政放权，减少政府管制，对资产评估等服务业提出更高的要求。在国务院陆续发布的《服务业发展“十二五”规划》、《国务院关于加快发展生产性服务业促进产业结构调整升级的指导意见》、《国务院办公厅关于金融服务“三农”发展的若干意见》等文件中，资产评估为社会经济服务的功能越来越被国家重视，但资产评估行业的发展水平与市场经济发展的要求相比还有差距，加快资产评估行业转型升级和自主发展，需要在转变观念、创新管理和提升能力上主动布局、积极作为。

二、资产评估行业的监督管理

《资产评估法》第六章“监督管理”相关条款明确规定：国务院有关评估行政管理部门组织制定评估基本准则和评估行业监督管理办法；设区的市级以上人民政府有关评估行政管理部门依据各自职责，负责监督管理评估行业，对评估机构和评估专业人员的违法行为依法实施行政处罚，将处罚情况及时通报有关评估行业协会，并依法向社会公开；评估行政管理部门对有关评估行业协会实施监督检查，对检查发现的问题和针对协会的投诉、举报，应当及时调查处理；评估行政管理部门不得违反本法规定，对评估机构依法开展业务进行限制；评估行政管理部门不得与评估行业协会、评估机构存在人员或者资金关联，不得利用职权为评估机构招揽业务。

为落实《资产评估法》对资产评估行业的监督管理要求，体现“简政放权、放管结合”的改革精神和“既不缺位也不越位”的监管原则，2017 年 4 月 21 日，财政部制定印发了《资产评估行业财政监督管理办法》（财政部令第 86 号，以下简称《办法》），自 2017 年 6 月 1 日起施行。

（一）《办法》出台的背景

1. 贯彻和实施《资产评估法》的需要

《资产评估法》巩固改革成果，进一步推动资产评估机构的设立从审批制改为备案制，同时赋予资产评估行政管理部门备案权、检查权、调查权、处罚权以及行业监管制度制定权，要求资产评估行政管理部门依法加强对资产评估行业的监督管理，监督管理的重点从事前监管向事中、事后监管转变。

2. 贯彻国家对资产评估行业监管改革精神的需要

2014 年以来，国务院先后取消了注册资产评估师职业资格的行政许可和认定，将资产评估机构等的设立管理由前置审批改为后置审批，要求取消行政机关与行业协会商会的主办、主管、联系和挂靠关系等。为此，财政部先后印发了《关于调整资产评估机构审批有关事项的通知》和《关于调整资产评估机构审批有关事项的补充通知》，并与人力资源和社会保障部联合制定了《资产评估师职业资格制度暂行规定》，调整了现行的资产评估行业管理制度。结合《资产评估法》的立法情况，需要将资产评估行业监管改革的举措进一步予以制度化。

3. 促进资产评估行业多元化发展的需要

随着资产评估行业在市场经济中发挥的作用越来越重要，资产评估机构多元化发展的需求越来越强烈，资产评估机构执业过程中涉及的经济行为更趋复杂，加强对资产评估机构事中、事后监管更显重要。

（二）《办法》出台的意义

1. 构建了财政部门对资产评估行业的行政监管体系

按照中央深化改革的精神、《资产评估法》等法律法规的要求和国务院有关规定，在新形势下，对资产评估行业的管理思路、监督管理对象、机构设立和管理方式、监督检查和调查处理内容以及法律责任等都有了新要求。《办法》按照新要求构建了新的资产评估行业监督管理体系，建立了行政监管、行业自律与机构自主管理相结合的管理新原则，明确了对评估专业人员、评估机构和评估协会的监管内容和监管要求，明确了各级财政部门的行政监管分工和职能，细化了资产评估法律责任的相关规定。新监管体系的建立，厘清了资产评估行业有关主体的运行规则，使资产评估行业有关主体在规则的框架内运行。

2. 建立了资产评估行业健康发展的制度保障

《办法》对评估专业人员、评估机构和评估协会如何保障权利、履行义务和承担责任做出明确规定，有利于激发全体评估专业人员的创造力和创业热情，以及评估行业践行“大众创业，万众创新”的活力。《办法》明确了资产评估机构自主管理和备案管理的内容，将组织形式和设立条件、质量控制和内部管理、独立性、集团化、职业风险金等作为机构自主管理范围，在备案管理中充分利用信息化手段提升管理效率，挖掘资产评估机构自身潜力，加强资产评估机构质量和风险防控，鼓励评估机构多元化发展和做优做强做大。《办法》明确了资产评估协会作为资产评估机构和资产评估专业人员的自律性组织，应充分发挥行业协会参与和实施社会治理的重要作用。

3. 提供了适应市场经济发展的评估领域协调体制

《资产评估法》立足我国评估行业实际，创新性地按照各行政管理部门分别管理的现行体制，将不同专业评估管理统一在一部法律框架之下予以规范，要求对行业发展中产生的新问题，建立沟通协作和信息共享机制，共同促进评估行业健康有序发展。《办法》在明确财政部门按职责分工对资产评估行业进行监督管理的基础上，特别注重资产评估财政监督管理与其他评估领域行政监管的协调。在备案管理方面，规定备案信息管理系统要与其他相关行政管理部门实行信息共享。在行政检查方面，规定有关财政部门可以联合其他相关评估行政管理部门进行检查。在投诉、举报处理方面，对投诉、举报事项同时涉及其他行政管理部门职责的，建立会同处理机制。协调制度的设计不仅满足了行政管理“不冲突、不越位”的基本要求，更有利于落实《资产评估法》要求，有利于整个评估市场的协调发展。

（三）《办法》的主要内容

《办法》共 8 章 72 条，分别为总则、资产评估专业人员、资产评估机构、资产评估协会、监督检查、调查处理、法律责任和附则。主要内容：一是明确《办法》适用于按照职责分工由财政部门监管的资产评估行业、资产评估业务、资产评估专业人员、资产评估机构和资产评估协会；二是对资产评估专业人员的要求；三是详细规定了资产评估机构自主管理、协会对其自律管理以及行政备案管理等内容；四是按照政社分开、权责明确、依法自治的原则，根据《资产评估法》有关规定，明确了对资产评估行业协会的管理要求；五是财政部门监督检查工作的职责、内容和要求；六是财政部门调查处理工作的内容和要求；七是法律责任等相关规定；八是外商投资的资产评估机构安全审查相关规定，以及设区的市级以上有关主管部门监管权等规定。

（四）《办法》对资产评估专业人员与评估机构的设立要求

《资产评估法》将评估专业人员分为评估师和其他评估从业人员。《办法》基于财政监管范围，将资产评估专业人员分为资产评估师（含珠宝评估专业，下同）和具有资产评估专业知识及实践经验的其他资产评估从业人员。同时，按照“放管结合”原则，其他评估行政管理部门管理的其他专业领域评估师，如果从事《办法》第二条规定的资产评估业务，也应当接受财政部门的监管。

关于资产评估机构及分支机构备案管理，《办法》主要规定了以下内容：第一，通过信息管理系统实施备案，并简化资产评估机构备案材料，减轻申请人负担。但考虑到信息系统的安全运行有待检验，同时要求提供纸质材料，未来视情况可考虑取消纸质材料。第二，明确了省级财政部门在备案管理中的职责，对于备案信息或材料不齐全的，省级财政部门应当在接到备案材料 5 个工作日内一次性告知需要补正的全部内容，并给予指导；对于备案材料齐全的，省级财政部门收齐备案材料即完成备案，并在 20 个工作日内将有关信息以公函编号向社会公开。第三，考虑到资产评估机构分支机构的实际情况，明确了资产评估机构设立分支机构的，由资产评估机构向分支机构所在地省级财政部门备案。同时，为方便资产评估机构完成备案，由分支机构所在地省级财政部门将分支机构备案情况告知资产评估机构所在地省级财政部门。第四，明确了机构重要事项变更手续、机构跨省迁移经营场所备案手续、注销备案等内容。第五，资产评估机构未按本办法规定备案的，依法承担法律责任。

（五）《办法》对资产评估协会的要求

按照政社分开、权责明确、依法自治的原则，根据《资产评估法》的规定，《办法》进一步细化了对资产评估行业协会的要求。一是规定资产评估协会是资产评估机构和资产评估专业人员的自律性组织，接受有关财政部门的监督，不得损害国家利益和社会公共利益，不得损害会员的合法权益。二是规定资产评估协会章程应报财政管理部门备案，资产评估协会向财政部门报告会员信用档案、会员自律检查情况和对会员的奖惩情况等。三是规定资产评估协会的自律管理要求，包括应对资产评估机构及其资产评估专业人员执业质量和职业风险防范机制进行自律检查，对机构年度报送的材料进行分析，发现违法情形及时向财政部门报告等。四是规定资产评估协会应当与其他评估专业领域行业协会加强沟通协作，建立会员、执业、惩戒等相关信息的共享机制。

三、资产评估行业的自律管理

我国资产评估由政府管理逐渐转向在财政部门指导下的行业自律管理。这既是我国政府行政管理体制改革的需要,也是与国际惯例接轨的需要。要充分发挥协会的行业管理作用,必须有一个健全的协会组织体系。为此,1993年12月10日,我国成立了中国资产评估协会,它是一个自我教育、自我约束、自我管理的全国性资产评估行业组织。资产评估协会作为独立的社团组织,具有跨地区、跨部门、跨行业、跨所有制的特点,使资产评估管理工作覆盖整个行业和全社会,它既可以把培训评估专业人员、研究评估理论方法、制定评估技术标准和执业标准、进行国内外业务交流合作等作为己任,又可以接受政府授权和委托,办理属于政府职能的工作。资产评估协会的建立,标志着我国资产评估行业建设进入了一个新的历史发展阶段。

(一)中国资产评估协会的宗旨

中国资产评估协会的宗旨是:遵守国家宪法、法律、法规和国家政策,遵守社会道德风尚,依法进行行业自律管理;服务会员、服务行业、服务国家经济社会发展,维护社会公共利益和会员合法权益;监督会员规范执业,提升行业服务能力和社会公信力,促进行业持续健康发展。

(二)中国资产评估协会履行的职责

(1)制定会员自律管理办法,对会员实行自律管理。

(2)依据评估基本准则制定评估执业准则和职业道德准则。

(3)组织开展会员继续教育。

(4)建立会员信用档案,将会员遵守法律、行政法规和评估准则的情况记入信用档案,并向社会公开。

(5)检查会员建立风险防范机制的情况。

(6)受理对会员的投诉、举报,受理会员的申诉,调解会员执业纠纷。

(7)规范会员从业行为,定期对会员出具的评估报告进行检查,按照章程规定对会员给予奖惩,并将奖惩情况及时报告有关评估行政管理部门。

(8)保障会员依法开展业务,维护会员合法权益。

(9)组织实施资产评估师职业资格全国统一考试。

(10)法律、行政法规和章程规定的其他职责。

中国资产评估协会最高权力机构为全国会员代表大会,每5年召开一次,选举产生理事会;理事会是全国会员代表大会的执行机构,对全国会员代表大会负责;常务理事会为理事会的常设机构,在理事会闭会期间,行使理事会职权。

理事会下设若干专门委员会和专业委员会。专门委员会是理事会履行职责的专门工作机构;专业委员会是理事会负责行业发展中专业管理及专业技术问题的专业工作机构。各委员会办事机构设在秘书处相关部门或受委托的有关部门。

秘书处为协会日常办事机构,负责落实全国会员代表大会、理事会、常务理事会、会长办公会的各项决议、决定,承担日常工作。秘书长负责秘书处的日常工作。

四、资产评估行业管理趋势

(一)强化市场建设,拓展服务领域

新常态下的中国经济发展仍将总体向好,大有作为。资产评估反映经济发展活力,市场经济越发展,评估新市场和新领域就越广阔。一是服务混合所有制经济发展,要积极探索评估行业服务混合所有制经济发展的具体思路和措施,着力促进经济转型升级。二是服务资本市场完善和金融体制改革,要充分发挥资产评估服务金融企业改制上市、并购重组中公允价值评估的专业功能,积极推进金融衍生品价值评估理论研究和实践模式。三是服务文化科技体制改革,要加快文化企业无形资产价值相关准则建设,为推进文化体制改革和市场建设提供专业支撑,进一步加快科技成果转化。四是服务生态文明建设和环保市场发展,要深入研究资产评估服务生态环境保护、生态资源价值补偿、碳排放权交易、排污权交易、环境污染第三方治理等领域的内容和方式,拓展评估社会服务功能,促进生态环保机制制度建设和环保市场发展。

(二)加强理论创新,强化准则建设

结合经济新常态下的新市场、新业务,要求进一步完善资产评估理论、方法和技术,动态跟踪新需求。一是加强评估市场研究,积极开展资产评估市场动态和趋势分析研究、国内外评估市场比较研究,为评估市场建设和拓展提供借鉴和参考。二是深化评估理论研究,推进品牌价值评估、央企境外并购资产评估、知识产权质押评估、非物质文化遗产评估、森林资源资产评估等理论研究,为开拓新市场提供专业支撑。三是强化评估准则建设,围绕混合所有制经济发展、国家知识产权战略、文化经济体制改革、国有资本经营预算管理等重点服务领域,加强相关评估准则研究和制定,进一步发挥评估行业维护法治环境、市场秩序的专业作用。

(三)加强执业监管,改善市场环境

随着国家简政放权力度的加大,行业协会等社会组织的自律监管职能将进一步加强。一是要适应监管主体对机构资质管理以及执业能力的新要求,研究制定自律监管的新机制、新措施,执业监管的方法、手段、内容、着力点要与时俱进,关注监管执业中出现的苗头性、倾向性问题。二是要完善评估业务信息报备工作,重点加强证券资格资产评估机构业务报备工作的管理,使监管部门及时掌握一手业务资料,及时了解市场信息。三是要健全和完善执业监管体制机制,加强执业人员的事前预警、事中监督和事后监管,加大执业质量检查工作的表彰与惩戒力度。四是要加强与财政部、中国证监会等相关资产评估政府管理部门的沟通协调,与行政监管和自律监管有机结合,形成合力,营造评估机构规范执业的良好市场环境。

(四)适应改革需求,创新管理模式

以简政放权为核心的行政审批改革将深刻改变资产评估职业资格管理和机构管理方式,资产评估行业要按照政府行政体制改革要求,全力推进行业管理方式改革,提升评估行业的市场化管理水平。一是要坚决拥护和支持改革,正确理解和解读改革,保持评估队伍稳定,保证改革有序稳步推进。二是要根据改革的要求,以创新的思路,做好顶层设计,完善资产评估师考试制度,选拔行业人才,解决好考试改革前后制度衔接问题。三是要创新自律管理模式,理顺行业准入、会员管理、机构资质、执业监管、准则建设、人才培养之间的管理链条,构建充满活力的行业管理体制机制,打造适应行业改革要求、满足行业发展需求的行业管理与服务新格局。

(五)打造数据平台,提升信息服务

在大数据时代,谁掌握了数据,就意味着掌握了先机和未来。信息化水平的高低,对资产评估行业未来发展将起着至关重要的作用。未来一段时间内,一是要积极推进资产评估行业的信息化建设工作。要随着经济社会的发展、行业的壮大和管理方式的调整,继续加强行业信息化建设规划的研究,进一步优化、完善资产评估行业信息化建设顶层设计。二是要配合行业管理方式、内容的改革,应用新的信息技术框架及数据标准,进一步完善现有行业管理信息平台,提升行业管理水平。三是要继续开展资产评估行业数据库建设,积极为资产评估执业提供专业信息服务。按照“整体设计,分步实施,统一管理,合作应用,适度超前,注重实用”等原则,在加快推进基础数据库建设的同时,积极探索建设评估基准数据库,打造资产评估行业数据平台。

(六)深化国际交流,增强国际话语权

一是要主动参与国际经济交流与合作,配合中国企业“走出去”战略,通过创造政策环境、争取政策支持、搭建服务平台、加强国际化人才培养等举措,营造良好的制度和政策环境,推动中国评估行业“走出去”和“国际化”,提升中国评估行业的国际形象。二是要积极参与国际评估规则制定,增强中国评估行业的话语权,不断提升评估行业服务能力,使行业地位与中国的大国经济地位相匹配。三是要支持并参与国际评估理论和重大课题研究、评估市场研究、评估准则建设,为专业创新和行业发展提供参考和借鉴。

(七)强化队伍建设,提升人员素质

要结合国家改革发展大趋势,根据社会经济发展对行业人才的新要求,不断加大人才培养的创新力度。一是要结合管理方式改革,加强行业人才培养机制研究,进一步完善中国资产评估协会、地方协会、评估机构三个层次的资产评估人才培养机制,加大对地方协会和评估机构人才培养指导和评价的力度。二是要围绕服务财税体制改革、混合所有制经济发展、企业转型升级和文化市场体系建设等新市场、新业务的特殊要求,加强行业人才知识结构更新和专业胜任能力的培养。三是要认真落实分层次、分类别的人才培养计划,组织开展行业高端人才、管理人才、师资和业务骨干人才的培养工作。

任务二 资产评估机构管理

在我国现行的资产评估管理体制下,资产评估机构应当自领取营业执照之日起 30 日内向机构所在地省级财政部门备案,资产评估机构及其分支机构备案后,加入资产评估协会,平等享有资产评估协会章程规定的权利。

资产评估的质量将影响委托人及有关当事人的经济决策和经济利益。因此,资产评估机构及从业人员必须具备执业的技术业务素质和职业道德。资产评估机构是由资产评估从业人员构成的,资产评估专业人员必须具备多方面的专业知识、丰富的相关实践经验以及良好的职业道德。

一、资产评估机构的分类

从目前发展趋势来看,我国资产评估机构大致可以从以下两个方面进行分类:

(一)从资产评估机构的执业范围来划分

1. 混营性资产评估机构

混营性资产评估机构是指在从事资产评估业务的同时还从事其他评估业务的资产评估公司,如××土地房地产资产评估公司。一般情况下,混营性资产评估机构的评估业务范围比较广泛,资产评估专业人员比较固定,资产评估专业人员的素质相对较高。

2. 专营性资产评估机构

专营性资产评估机构是指专门评估某一种或某一类资产的专项评估机构,如××资产评估公司、××房地产估价公司等。专营性资产评估机构由于评估范围较窄,评估对象的性质、功能比较统一,专业性比较强,因而专业化程度和专业技术水平比较高,具有比较明显的专业优势。

(二)从资产评估机构的企业组织形式来划分

1. 合伙制的资产评估机构

合伙制的资产评估机构由发起人共同出资设立，共同经营，对合伙债务承担无限连带责任。合伙制是国际资产评估公司采用的一种主要形式，从专业服务机构的特点来看，资产评估公司的管理特点与合伙制讲究协商文化、共同参与的理念相契合。公司的运营主要靠人的因素而非资本因素，其是由专业人士组成的"人合"企业而非一般的"资合"企业，合伙人的利益分配要综合考虑贡献和出资因素，这都符合合伙制的特征。从外部环境来看，合伙制的资产评估公司的建立应按《资产评估法》要求，但社会也没有建立起作为合伙制存在基础的个人财产申报制度和责任保险制度，使得在合伙制下发生过错的资产评估师为自己的行为承担责任在现实中无法实现，不能对受损失的投资者进行有效的赔偿。随着我国专业服务市场的放开和国内体制环境的不断完善，合伙制将会是我国资产评估公司发展的主导方向。

2. 公司制的资产评估机构

公司制的资产评估机构按《资产评估法》要求由发起人共同出资设立，评估机构以其全部财产对其债务承担有限责任。公司制的资产评估机构也称为有限责任制的资产评估机构，其核心是公司法人治理结构。规范的法人治理结构由股东大会、董事会、监事会、经理层及相应的职能机构组成。股东大会是公司的最高权力机构；董事会是公司决策机构，受股东大会委托管理公司，成为公司法定代表，全权负责公司的经营管理；经理层是执行机构，经理作为执行董事会决策代理人，在董事会授权范围内对公司事务行使管理权和代理权，扮演 CEO 的角色；监事会是公司的监督机构。法人治理结构的本质是妥善处理由于所有权和经营权分离而产生的委托代理关系，核心是董事会的功能运用以及董事会、监事会、经理班子的制衡机制。

二、资产评估机构的管理特点

资产评估机构作为现代高端服务业，有它自身的管理特点：

（一）以项目为核心

（1）每一个评估项目是实现公司战略目标的载体。

（2）公司业务是多项目的组合。

（3）机构管理组织核心是基于项目管理的组织管理体系。

（二）资产评估机构的管理主要是对人的管理

资产评估机构不是一般的"资合"企业，而是由专业人士组成的"人合"企业，从内在属性上分析是一种高端现代服务业。资产评估机构的运营主要靠人的因素而非资本因素，在机构利润形成的过程中，人力资源起了决定性作用，是评估机构生存和发展的根本。信誉是机构生存和发展的生命线，信誉的建立取决于资产评估专业人员的执业质量，而执业质量的高低主要取决于资产评估专业人员自身的专业胜任能力、专业判断、实践经验及职业道德水平等。因此，资产评估机构的日常管理主要是对人的管理。

（三）风险管理在资产评估机构内部管理中占有特殊重要的地位

资产评估机构从事的行业是高风险行业，评估报告的完整性、公允程度、报告使用者的利益取向，都会成为影响资产评估机构承担风险的重要因素。客户支付报酬委托资产评估机构进行评估，是希望资产评估专业人员能够以专业知识和专业判断对其资产价值做出公允的估计，然而，资产评估专业人员专业判断的主观性，使得判断不好量化，风险难以避免。通常，公众的期望值越高，资产评估机构的风险成本也就越大。

（四）资产评估机构提供评估及相关服务时，必须以社会公共利益为重

独立、客观、公正是资产评估行业的灵魂，评估专业人员绝不能为了迎合客户的需求而歪曲事实，践踏职业道德。评估专业人员只能在职业操守规定的范围内，运用合理的专业判断来体现委托人的合法权益，维护社会的公共利益。这与营利性公司“以客户为上帝”的管理宗旨有本质上的区别。

三、资产评估机构的设立

根据《办法》的相关条款，所谓资产评估机构，是指依法设立、从事资产评估业务的机构。资产评估机构应当依法采用合伙形式或者采用公司形式设立。资产评估机构的设立必须具备以下条件：

（一）设立合伙形式的资产评估机构的条件

设立合伙形式的资产评估机构，除符合国家有关法律法规规定外，还应当具备下列条件：(1)有2名以上评估师；(2)其合伙人2/3以上应当是具有3年以上从业经验且最近3年内未受停止从业处罚的评估师。

（二）设立公司形式的资产评估机构的条件

设立公司形式的资产评估机构，除符合国家有关法律法规规定外，还应当具备下列条件：(1)有8名以上评估师和2名以上股东；(2)其中2/3以上股东应当是具有3年以上从业经验且最近3年内未受停止从业处罚的评估师。

（三）资产评估机构和分支机构登记备案管理

1. 资产评估机构备案材料

资产评估机构应当自领取营业执照之日起30日内向所在地省级财政部门备案，并提交下列材料：(1)资产评估机构备案表；(2)营业执照复印件；(3)经工商行政管理机关登记的合伙协议或公司章程；(4)资产评估机构合伙人（股东）信息汇总表、资产评估机构合伙人（股东）简历、由资产评估机构为其自然人合伙人（股东）缴纳社会保险费的复印件（内退、下岗、退休人员除外），有法人合伙人（股东）的，还应当提交资产评估机构法人合伙人（股东）信息表、法人合伙人（股东）营业执照复印件；(5)资产评估专业人员情况汇总表、资产评估师转所表、其他专业领域的评估师资格证书复印件；(6)《办法》规定的资产评估机构质量控制制度和内部管理制度。

2. 资产评估机构办理分支机构备案材料

资产评估机构办理分支机构备案，应当提交以下材料：(1)资产评估机构设立分支机构备案表；(2)分支机构营业执照复印件；(3)资产评估机构授权分支机构的业务范围；(4)资产评估机构分支机构负责人简历以及由资产评估机构或分支机构为其分支机构负责人缴纳社会保险费的复印件（内退、下岗、退休人员除外）；(5)资产评估专业人员情况汇总表、资产评估师转所表。

3. 备案规定

省级财政部门应当根据《办法》的有关规定收齐备案材料，对于资产评估机构申报的资产评估师信息，省级财政部门应当在公开前向地方资产评估协会核实，其中资产评估师（珠宝）由地方资产评估协会转中国资产评估协会核实。对于备案材料不齐全或者不符合要求的，应当在5个工作日内一次性告知需要补正的全部内容。资产评估机构或分支机构应当根据省级财政部门的要求，在15个工作日内补正；逾期不补正的，视同未备案。备案材料完备且符合要求的，省级财政部门收齐备案材料即完成备案，并在20个工作日内将资产评估机构或分支机构备案信息在备案信息管理系统中进行备案确认，同时以公函编号向社会公告。资产评估机构分支机构完成备案的，资产评估机构分支机构所在地省级财政部门还应当通过备案信息管理系统,告知资产评估机构所在地省级财政部门。公告信息应当载明以下内容:(1)资产评估机构名称及组织形式;(2)资产评估机构的合伙人或者股东及其出资的基本情况;(3)资产评估机构的首席合伙人或者法定代表人;(4)申报的资产评估专业人员基本情况。

(四)资产评估机构及分支机构的变更和终止

资产评估机构的名称、执行合伙事务的合伙人或者法定代表人、合伙人或者股东、分支机构的名称或者负责人发生变更,以及发生机构分立、合并、转制、撤销等重大事项的,应当自变更之日起15个工作日内,向有关省级财政部门办理变更手续。需要变更工商登记的,自工商变更登记完成之日起15个工作日内,向有关省级财政部门办理变更手续。

资产评估机构办理合并或者分立变更手续的,应当提供合并或者分立协议。合并或者分立协议应当包括以下事项:(1)合并或者分立前资产评估机构评估业务档案保管方案;(2)合并或者分立前资产评估机构职业风险基金或者执业责任保险的处理方案;(3)合并或者分立前资产评估机构评估业务、执业责任的承继关系。

合伙制资产评估机构转为公司制资产评估机构,或者公司制资产评估机构转为合伙制资产评估机构,办理变更手续应当提供合伙人会议或股东(大)会审议通过的转制决议。转制决议应当载明转制后机构与转制前机构的债权债务、档案保管、资产评估业务、执业责任等承继关系。资产评估机构跨省级行政区划迁移办公场所,应当书面告知迁出地省级财政部门。资产评估机构在办理完迁入地工商登记手续后15个工作日内,向迁入地省级财政部门办理迁入备案手续。迁入地省级财政部门办理迁入备案手续后通知迁出地省级财政部门,迁出地省级财政部门应同时予以公告。

已完成备案的资产评估机构或者分支机构有下列情形之一的,省级财政部门予以注销备案,并向社会公开:(1)注销工商登记的;(2)被工商行政管理机关吊销营业执照的;(3)主动要求注销备案的。

注销备案的资产评估机构及其分支机构的资产评估业务档案,应当按照《中华人民共和国档案法》和资产评估档案管理的有关规定予以妥善保存。

(五)资产评估机构监督检查

财政部统一部署对资产评估行业的监督检查,主要负责以下工作:(1)制定资产评估专业人员、资产评估机构、资产评估协会和相关资产评估业务监督检查的具体办法;(2)组织开展资产评估执业质量专项检查;(3)监督检查资产评估机构从事证券期货相关资产评估业务情况;(4)检查中国资产评估协会履行《资产评估法》第三十六条规定的职责情况,并根据工作需要,对地方资产评估协会履行职责情况进行抽查;(5)指导和督促地方财政部门对资产评估行业的监督检查,并对其检查情况予以抽查。

省级财政部门开展监督检查,包括年度检查和必要的专项检查,对本行政区域内资产评估机构包括分支机构的下列内容进行重点检查,并将检查结果予以公开,同时向财政部报告:(1)资产评估机构持续符合《资产评估法》规定条件的情况;(2)办理备案情况;(3)资产评估执业质量情况。

财政部门开展资产评估行业监督检查,应当由本部门两名以上执法人员组成检查组。检查时,财政部门认定虚假资产评估报告和重大遗漏资产评估报告,应当以资产评估准则为依据,组织相关专家进行专业技术论证,也可以委托资产评估协会组织专家提供专业技术支持。

(六)资产评估机构法律责任

资产评估有下列行为之一的,由对其备案的省级财政部门对资产评估机构予以警告,可以责令停业1个月以上6个月以下；有违法所得的，没收违法所得，并处违法所得1倍以上5倍以下罚款；情节严重的，通知工商行政管理部门依法处理；构成犯罪的，移送司法机关处理：(1)未取得资产评估师资格的人员签署法定资产评估业务资产评估报告的；(2)承办并出具法定资产评估业务资产评估报告的资产评估师人数不符合法律规定的；(3)受理与其合伙人或者股东存在利害关系业务的。

资产评估机构分支机构超过资产评估机构授权范围从事评估业务并造成不良后果的，由其分支机构所在地的省级财政部门责令改正，对资产评估机构及其法定代表人或执行合伙事务的合伙人分别予以警告；没有违法所得的，可以并处资产评估机构1万元以下罚款；有违法所得的，可以并处资产评估机构违法所得1倍以上3倍以下、最高不超过3万元的罚款；同时，通知资产评估机构所在地省级财政部门。

资产评估机构未按照《办法》规定备案或者备案后不符合资产评估机构设立规定条件的，由资产评估机构所在地省级财政部门责令改正；拒不改正的，责令停业，可以并处1万元以上5万元以下罚款，并通报工商行政管理部门。

资产评估机构未按照《办法》规定办理分支机构备案的，由其分支机构所在地的省级财政部门责令改正，并对资产评估机构及其法定代表人或者执行合伙事务的合伙人分别予以警告，同时通知资产评估机构所在地的省级财政部门。

四、资产评估机构从事证券期货业务规定

（一）关于证券业务评估资格的申请条件

(1)资产评估机构从事证券业务，应当按照规定取得证券期货相关业务评估资格(以下简称“证券评估资格”)。

(2)资产评估机构申请证券评估资格，应当符合下列条件：①资产评估机构依法设立并取得资产评估资格3年以上，发生过吸收合并的，还应当自完成工商变更登记之日起满1年；②质量控制制度和其他内部管理制度健全并被有效执行，执业质量和职业道德良好；③具有不少于30名资产评估师，其中最近3年持有资产评估师证书且连续执业的不少于20人；④净资产不少于200万元；⑤按规定购买职业责任保险或者提取职业风险基金；⑥半数以上合伙人或者持有不少于50%股权的股东最近在本机构连续执业3年以上；⑦最近3年评估业务收入合计不少于2 000万元，且每年不少于500万元。

(3)资产评估机构申请证券评估资格，应当不存在下列情形之一：①在执业活动中受到刑事处罚、行政处罚，自处罚决定执行完毕之日起至提出申请之日止未满3年；②因以欺骗等不正当手段取得证券评估资格而被撤销该资格，自撤销之日起至提出申请之日止未满3年；③申请证券评估资格过程中，因隐瞒有关情况或者提供虚假材料被不予受理或者不予批准的，自被出具不予受理凭证或者不予批准决定之日起至提出申请之日止未满3年。

（二）关于证券评估资格的申请材料

(1)资产评估机构申请证券评估资格，应当按要求提交下列材料：①资产评估机构关于申请证券评估资格的报告及执业情况总结；②资产评估机构基本情况表；③资产评估机构质量控制制度和其他内部管理制度及执行情况说明；④经中国资产评估协会核实的提出申请前上月末资产评估师情况一览表；⑤由具有证券业务资格的会计师事务所出具的最近3年会计报表的审计报告，审计报告应当披露总收入中的评估收入单项说明；⑥资产评估机构最近3年评估业务和收入汇总表；⑦职业责任保险保单复印件或者累计职业风险基金证明材料；⑧资产评估

资格证书副本、营业执照副本复印件。

(2)最近3年内发生过合并行为的资产评估机构,除以上规定材料外,还应当提交下列材料:①合并协议复印件;②由具有证券业务资格的会计师事务所出具的合并各方最近3年年度会计报表的审计报告,审计报告应当披露总收入中的评估收入单项说明;③经中国资产评估协会核实的工商变更登记日合并各方资产评估师情况一览表;④自发生合并行为上年末至合并基准日上月末净资产、职业风险基金变动情况说明;⑤合并各方最近3年评估业务和收入汇总表;⑥合并前各方职业责任保险保单复印件或者累计职业风险基金证明材料。

任务三 资产评估从业人员管理

从事资产评估业务的人员称为资产评估专业人员,对资产评估专业人员的管理应符合《资产评估法》、《资产评估师职业资格制度暂行规定》、《中国资产评估师协会章程》和《中国资产评估协会执业会员管理办法(试行)》等的规定。

一、资产评估师职业资格制度

我国的资产评估师制度大致由资产评估师职业资格考试制度、资产评估师职业资格证书登记服务制度、资产评估师执业管理制度,以及资产评估师后续教育制度组成。资产评估师职业资格考试制度是指凡欲取得资产评估师职业资格的人员,必须参加资产评估师职业资格考试。人力资源和社会保障部、财政部共同负责资产评估师职业资格制度的政策制定,并按职责分工对资产评估师职业资格制度的实施进行指导、监督和检查。中国资产评估协会具体承担资产评估师职业资格的评价与管理工作。凡具有高等院校专科以上学历的公民,均可以参加资产评估师职业资格考试,考试合格者将获得资产评估师职业资格证书。

资产评估师职业资格证书实行登记服务制度,资产评估师职业资格考试合格的人员应当进行职业资格证书登记。资产评估专业人员有下列情形的,不予登记:(1)不具有完全民事行为能力;(2)因在资产评估相关工作中受刑事处罚,刑罚执行期满未逾5年;(3)因在资产评估相关工作中违反法律、法规、规章或者职业道德被取消登记未逾5年;(4)因在资产评估、会计、审计、税务、法律等相关工作领域中受行政处罚,自受到行政处罚之日起不满2年;(5)在申报登记过程中有弄虚作假行为未予登记或者被取消登记的,自不予登记或者取消登记之日起不满3年;(6)中评协规定的其他不予登记的情形。

资产评估师有下列情形之一的,由地方协会报中评协注销登记:(1)不具有完全民事行为能力;(2)自愿申请注销登记;(3)死亡或者被依法宣告死亡;(4)中评协规定的其他情形。

资产评估师执业管理制度主要由资产评估师执业技术规范和职业道德规范组成。资产评估师执业技术规范原则规定了资产评估师的执业范围、执业技术规程和执业责任。资产评估师职业道德规范具体规定了资产评估师的职业理想、职业态度、职业职责、执业立场、执业者与委托人之间的关系、回避制度,以及专业胜任能力等。

资产评估师后续教育制度是指已经取得了资产评估师职业资格并正在执业的资产评估师必须接受继续教育的制度。在其执业过程中,每年不得少于一定学时的再学习、再教育时间,以保证执业中的资产评估师的知识更新和技术进步。对未接受再学习、再教育以及未完成再学习、再教育规定学时的资产评估师将不予通过年检。

二、资产评估协会会员的权利和义务

根据《中国资产评估协会会员管理办法》的规定，会员分为单位会员和个人会员。单位会员分为评估机构会员（含特别机构会员）和非评估机构会员；个人会员分为执业会员（含评估师执业会员和非评估师执业会员）和非执业会员。资产评估协会设特别会员，包括特别机构会员、资深会员和名誉会员。

（一）单位会员

1. 评估机构会员

依法设立并完成备案的资产评估机构，应当加入中国资产评估协会，成为评估机构会员。

依法设立的资产评估机构，按有关规定，向所在地地方协会提出入会申请，并提交有关设立和备案文件，经地方协会核实后，报协会批准，成为评估机构会员。

2. 非评估机构会员

(1)与资产评估行业相关的社会团体、企事业单位，以及非专门从事资产评估业务的中介机构；

(2)从事资产评估研究、教学的单位；

(3)国外及港澳台地区从事或研究与评估相关业务的单位。

中央企事业单位、从事资产评估研究和教学的单位、与资产评估行业相关的其他全国性社会团体、国外及港澳台地区从事评估业务的机构等，按有关规定，向中国资产评估协会提出入会申请，经协会批准后，成为非评估机构会员。

其他非评估机构，向所在地地方协会提出申请，经地方协会核实后，报中国资产评估协会批准，成为非评估机构会员。

（二）个人会员

1. 评估师执业会员

通过资产评估师（含珠宝专业，下同）资格考试取得中华人民共和国资产评估师职业资格证书（以下简称“资产评估师资格证书”），且在资产评估机构从事资产评估业务的人员，向所在地地方协会提出入会申请，并提交相关材料，经地方协会初审后，报协会批准，成为执业会员。执业会员享有以下权利：(1)选举权、被选举权；(2)要求中国资产评估协会维护其执业合法权益；(3)通过中国资产评估协会向政府有关部门反映行业的意见和建议；(4)参加中国资产评估协会举办的学习和专业培训；(5)参加中国资产评估协会组织的有关专业研究和经验交流活动；(6)优先获得中国资产评估协会的资料、书刊及行业网络信息资源；(7)被提名为专门委员会、专业委员会委员候选人；(8)对中国资产评估协会工作有监督、建议权；(9)对中国资产评估协会给予的自律惩戒有陈述权和申诉权；(10)按规定退会。

执业会员应当履行以下义务：(1)遵守中国资产评估协会章程；(2)遵守执业准则、执业规范和执业纪律；(3)执行中国资产评估协会决议和制度；(4)接受中国资产评估协会监督和管理；(5)维护会员团结、行业职业信誉和中国资产评估协会声誉；(6)按规定缴纳会费；(7)按规定接受后续教育；(8)承担或协助完成中国资产评估协会委托的任务。

2. 非执业会员

非执业会员包括取得资产评估师资格证书但未在资产评估机构从事评估工作的人员，不再在资产评估机构继续从事评估工作的非评估师执业会员，从事资产评估管理、研究、教学等工作的人员。在中央国家机关及政府相关部门、中央企事业单位、全国性社会团体、资产评估研究和教学单位、国外及港澳台地区评估行业工作的申请人，按相关规定，向资产评估协会提出入会申请，经协会批准后，成为非执业会员。非执业会员享有以下权利：(1)选举权、被选举权；(2)通过中国资产评估协会向政府有关部门反映行业的意见和建议；(3)参加中国资产评估协会举办的学习和专业培训；(4)参加中国资产评估协会组织的有关专业研究和经验交流活动；(5)优先获得中国资产评估协会的资料、书刊及行业网络信息资源；(6)被提名为专门委员会、专业委员会委员候选人；(7)对中国资产评估协会工作有监督、建议权；(8)对中国资产评估协会给予的自律惩戒有陈述权和申诉权；(9)按规定退会。

非执业会员应当履行以下义务：(1)遵守中国资产评估协会章程；(2)执行中国资产评估协会决议和制度；(3)接受中国资产评估协会监督和管理；(4)维护会员团结、行业职业信誉和中国资产评估协会声誉；(5)按规定缴纳会费；(6)按规定接受后续教育；(7)承担或协助完成中国资产评估协会委托的任务。

3. 非评估师执业会员

未取得资产评估师资格证书但在资产评估机构从事资产评估业务的从业人员，向所在地地方协会提出申请，经地方协会核实后，报中国资产评估协会批准，成为非评估师执业会员。

4. 特别会员

依法取得证券、期货相关业务评估资格的评估机构，向中国资产评估协会提出申请，并提交证券、期货相关业务评估资格证书复印件，经协会核实后，成为特别机构会员。

长期从事资产评估业务或资产评估理论研究、具有较高理论水平和较强专业能力的会员，由本人申请，经中国资产评估协会常务理事会批准，成为资深会员。

对资产评估行业做出重大贡献的社会人士，或境内外知名人士，由秘书处提名，经中国资产评估协会常务理事会批准，成为名誉会员。

三、退会规定

会员有下列情形之一的，其相应会员资格终止：(1)申请退会的；(2)不符合《中国资产评估协会会员管理办法》规定的会员条件的；(3)单位会员的主体资格被依法终止的；(4)特别机构会员被取消证券、期货相关业务评估资格的；(5)长期不履行会员义务的；(6)受到中国资产评估协会取消会员资格惩戒的；(7)受到行政处罚、处分，情节严重的；(8)受到刑事处罚的。

会员申请退会的，应当按会员管理权限，向中国资产评估协会或所在地地方协会提交退会申请，经协会批准予以退会。

任务四　资产评估执业质量管理

资产评估执业质量管理包括资产评估机构执业质量控制和资产评估执业质量检查两方面内容。

一、资产评估机构执业质量控制

(一)基本要求

我国资产评估机构应当结合自身规模、业务特征、业务领域等因素，建立资产评估质量控制体系，保证资产评估业务质量，防范执业风险。

资产评估质量控制体系包括资产评估机构为实现质量控制目标而制定的质量控制政策，

以及为政策执行和监控而设计的必要程序。资产评估机构应当针对以下方面制定相应的控制政策和程序：一是质量控制责任；二是职业道德；三是人力资源；四是资产评估业务受理；五是资产评估业务计划；六是资产评估业务实施和资产评估报告出具；七是资产评估质量监控和改进；八是资产评估质量文件和记录。

资产评估机构制定的质量控制政策和程序，应当形成书面文件。资产评估机构应当记录这些政策和程序的执行情况。资产评估机构对资产评估业务进行质量控制，应当符合《资产评估机构业务质量控制指南》。

（二）质量控制责任

资产评估机构应当合理界定和细分质量控制体系中控制主体承担的质量控制责任，并建立责任落实和追究机制。控制主体通常包括最高管理层、首席评估师、项目负责人、项目审核人员、项目团队成员、资产评估机构其他人员。

最高管理层是指公司制资产评估机构的董事会（执行董事）或者合伙制资产评估机构的合伙人管理委员会（执行合伙事务的合伙人）。最高管理层对业务质量控制承担最终责任。最高管理层应当在股东会（或者合伙人会议）授权的或者章程（或者合伙人协议）规定的范围内行使职权，并承担以下职责：(1)树立质量管理意识，让全体人员充分认识到业务质量控制的重要性，确保全员参与，以达到质量控制目标；(2)制定资产评估机构的服务宗旨，确保全体人员理解服务宗旨的内涵，并评审其持续适宜性；(3)在相关职能部门层次上建立质量目标，质量目标应当具体、可测量和可实现，并与服务宗旨保持一致；(4)策划组织架构和质量控制体系，并对其进行定期评审，确保其处于适宜、充分和有效的状态；(5)合理授权分支机构的业务权限，对分支机构的业务开展实施控制。

首席评估师是指最高管理层在质量控制体系方面的代表。首席评估师应当为评估机构的股东（或者合伙人），且应当具备履行职责所需要的经验和能力。首席评估师由最高管理层指定并授予其管理权限，其直接对最高管理层负责。首席评估师承担以下职责：(1)建立、实施和保持质量控制体系；(2)监控质量控制体系的运行情况，向最高管理层报告并提出改进的建议和方案；(3)促进全体人员不断提高业务质量意识。

评估机构应当制定评估业务项目负责人制度。项目负责人应当是具备履行职责所要求的职业道德、专业知识、执业能力、实践经验的资产评估专业人员，其中法定评估业务的项目负责人应当为资产评估师；评估机构应当对每项评估业务委派项目负责人。项目负责人承担以下职责：(1)评估计划的制订和组织实施；(2)评估业务实施中的协调和沟通；(3)按照程序报告与评估业务相关的重要信息；(4)组织复核项目团队人员的工作；(5)合理利用专家工作及工作成果；(6)组织编制评估报告，并审核相关内容；(7)在出具的评估报告上签字；(8)组织处理质量评估报告提交后的反馈意见；(9)组织整理归集资产评估档案。

项目审核人员应当具备履行职责的技术专长，具备审核业务所需要的经验和权限，保证审核工作的客观性。项目审核人员承担以下职责：(1)审核评估程序执行情况；(2)审核拟出具的评估报告；(3)审核工作底稿；(4)综合评价项目风险，提出出具评估报告的明确意见。

项目团队成员一般包括承担或者参与评估业务项目工作的资产评估专业人员、业务助理人员。项目团队成员承担以下职责：(1)接受项目负责人的领导，了解拟执行工作的目标，理解项目负责人的工作指令；(2)按照评估机构质量控制政策和程序的要求从事具体评估业务工作，形成工作底稿；(3)汇报执行业务过程中发现的重大问题；(4)复核已完成的工作底稿并接受审核。

资产评估机构应当明确处于质量控制体系中的其他人员的职责，该类人员通常包括业务洽谈人员、业务部门负责人、分支机构负责人、人力资源管理人员、信息管理人员、档案管理人员、文秘人员。

（三）职业道德

资产评估机构应当制定政策和程序，以利于全体人员遵守《资产评估职业道德准则》。资产评估机构制定的政策和程序应当强调遵守《资产评估职业道德准则》的重要性，并通过以下方式予以强化：一是管理层的示范；二是教育和培训；三是监控；四是对违反《资产评估职业道德准则》行为的处理。

资产评估机构应当按照《资产评估职业道德准则》的要求，恪守独立、客观、公正的原则。针对具体评估业务的特点，资产评估机构应当：(1)对影响独立性和客观性的利益关系等因素进行分析和判断，最大限度地减少或者消除不利因素，直至放弃评估业务，将独立性和客观性的不利影响降至可接受水平；(2)要求内部相关人员就有关独立性的信息进行沟通，以确定是否存在违反独立性的情形；(3)排除影响资产评估专业人员做出独立专业判断的外部因素的干扰。

资产评估机构制定的保密政策，应当要求执业人员和其他相关人员对国家秘密、委托人和相关当事人的商业秘密、所在资产评估机构的商业秘密负有保密义务。除委托人或者由委托人书面许可的人，法律、行政法规允许的第三方，具有管辖权的监管机构、行业协会依法从资产评估机构获取和保留的国家秘密及商业秘密外，不得向他人泄露在评估活动中获得的不应公开的信息以及评估结论。执业人员和其他相关人员在为委托人和相关当事人服务结束或者离开所在资产评估机构后，应当按照有关规定或者合同约定承担保密义务。

（四）人力资源

资产评估机构应当配置必需的人力资源，并根据业务的变化，对人力资源进行调整和更新。资产评估机构在制定人力资源政策和程序时，应当考虑人力资源规划、岗位职责和任职要求、招聘与选拔、教育与培训、绩效考评、薪酬制度等内容。

资产评估机构聘请专家和外部人员协助工作的，应当制定利用专家和外部人员工作的政策和程序，使其承担的工作符合项目质量要求。资产评估机构在制定项目团队成员配备的政策和程序时，应当要求项目团队成员具备下列条件：第一，必要的职业道德素质，能够保持独立性；第二，必要的专业知识和实践经验；第三，遵守资产评估机构业务质量控制政策和程序的意识。

（五）资产评估业务受理

资产评估机构应当制定资产评估业务受理环节的控制政策和程序，确保在与委托人正式签订资产评估委托合同之前，对拟委托事项进行必要了解，以决定是否接受委托。资产评估机构应当谨慎地选择客户和业务，在制定业务承接环节的政策和程序时，应当考虑业务洽谈，资产评估委托合同的审核和签订，发生资产评估委托合同变更、中止、终止情形时的处置等情况。

资产评估机构应当规定业务洽谈人员所具备的条件。业务洽谈人员在洽谈业务时，应当了解下列事项：一是资产评估业务基本事项；二是法律、行业法规、资产评估准则的要求；三是拟委托内容；四是被评估单位的情况。

在订立资产评估委托合同之前，资产评估机构应当考虑与资产评估业务有关的要求、风险、胜任能力等因素，正确理解拟委托内容，初步识别和评价风险，以确定是否受理评估。

资产评估机构应当根据业务风险对评估业务进行分类，分类时应当考虑下列因素：一是来自委托人和相关当事人的风险；二是来自评估对象的风险；三是来自资产评估机构及人员的风险；四是资产评估报告使用不当的风险。

当发生资产评估委托合同变更、中止、终止情形时，资产评估机构应当采取措施进行处置，并保持记录。采取的措施通常包括：对变更、中止、终止的情形进行重新审核；就拟采取的行动及原因与委托人沟通；将信息传达给相关人员。

（六）资产评估业务计划

资产评估机构应当制定资产评估业务计划的控制政策和程序，以确保项目团队成员了解工作内容、工作目标、重点关注领域；项目负责人有效组织和管理资产评估业务；管理层人员有效监控资产评估业务；使委托人和相关当事人了解资产评估计划的内容，配合项目团队工作。

资产评估机构应当针对以下事项制定资产评估业务计划的控制政策和程序：第一，计划编制前对资产评估业务基本事项进一步明确；第二，资产评估计划编制和批准的参与者；第三，资产评估计划的内容和繁简程度；第四，资产评估计划的编制、审核、批准流程。

资产评估机构在制定资产评估业务计划环节的控制政策和程序时，应当要求资产评估项目负责人在编制资产评估计划前完成以下事项：为编制资产评估计划、开展后续工作而组织资源；确定是否对委托人和相关当事人进行必要的业务指导；确定是否对项目团队成员进行适当的培训；确定是否开展初步评估活动等。对大型、复杂的评估业务，资产评估机构在制定资产评估业务计划环节的控制政策和程序时，应当要求编制详细的评估计划。

（七）资产评估业务实施和资产评估报告出具

资产评估机构应当制定资产评估业务实施和资产评估报告出具环节的控制政策和程序，以保证相关法律、行政法规、资产评估准则得以遵守，满足出具资产评估报告的要求。同时，资产评估机构应当针对以下事项制定资产评估业务实施和资产评估报告出具环节的控制政策和程序：一是项目团队组建及工作委派；二是现场调查、评估资料收集和评定估算；三是资产评估报告编制；四是利用专家工作及相关报告；五是疑难问题或者争议事项的解决；六是项目负责人的指导与监督；七是内部审核；八是评估报告签发及提交。

资产评估机构在制定不同特征资产（企业）的现场调查、收集评估资料、评定估算以及编制评估报告的控制政策和程序时，通常考虑现场调查方案的可行性，评估资料的真实性、合法性和完整性，评估方法的恰当性，评估参数的合理性，评估报告的合规性等。

资产评估机构制定的解决疑难问题或者争议事项的控制政策和程序，通常包括疑难问题的内部报告及处理、处理项目执行过程中的意见分歧等内容。只有对分歧意见形成结论，资产评估机构才能出具资产评估报告。

资产评估机构应当制定控制政策和程序，要求项目负责人对项目团队成员的工作进行指导、监督，并对下列事项实施控制：一是项目团队的组建和管理；二是业务时间进度；三是业务沟通；四是业务风险。

资产评估机构应当设置专门部门或者专门岗位实施评估业务的内部审核，内部审核的政策和程序应当确保未经审核合格的事项不进入下一程序。内部审核的政策和程序应当包括内部审核流程，项目审核人员的专业能力要求，审核的时间、范围和方法。

资产评估机构应当制定评估报告签发的政策和程序。资产评估报告签发的政策和程序应当规定，一旦发现已经提交的资产评估报告存在瑕疵、错误等问题，资产评估机构为挽回不良影响，根据问题的严重程度或者潜在影响程度应当采取相应措施。

（八）资产评估质量监控和改进

资产评估机构应当制定政策和程序，对质量控制体系运行情况进行监控。监控应当重点关注质量控制体系是否符合资产评估机构业务指南的要求、是否符合资产评估机构的实际，质量控制体系是否达到质量目标，质量控制体系是否得到有效的实施和保持。

资产评估机构对质量控制体系运行情况的监控措施主要包括：收集、管理和利用不同渠道、来源的相关信息，为评价和改进质量控制体系提供依据；对质量控制体系运行的过程进行监控；对质量控制体系的运行情况进行定期检查和评价。对监控中发现的问题和隐患，质量控制体系中的相关控制主体应当采取适当的纠正措施和预防措施，并对所采取措施的有效性和效率进行评价。资产评估机构应当根据监控和其他方面的信息对质量控制体系的适当性和有效性进行评价，并提出改进意见。

（九）资产评估质量文件和记录

资产评估机构应当制定文件控制政策和程序，确保质量控制体系各过程中使用的文件均为有效版本，防止误用失效或者废止的文件和资料。资产评估机构应当制定政策和程序，保持业务质量控制的相关记录并及时归档。记录控制政策和程序应当规定记录的标识、储存、保护、检索、保存期限和超期后的处置所需的控制。业务质量控制记录主要包括评估业务工作底稿、监控和改进记录、质量控制体系评审记录。资产评估业务质量控制记录应当根据重要性和必要性设计其内容，以符合法律、行政法规和资产评估准则及相关要求。

二、资产评估执业质量检查

资产评估执业质量检查（以下简称“质量检查”）是指中国资产评估协会对资产评估机构和资产评估专业人员遵守资产评估行业有关法律、法规、规章、制度和资产评估准则等情况进行的检查。

（一）检查对象

资产评估机构和资产评估专业人员应当接受并配合资产评估协会组织开展的质量检查工作。资产评估机构应当按照资产评估协会的安排，每 5 年内至少接受一次质量检查。资产评估协会可以根据本地区行业发展的实际情况，以适当的方式确定年度被检查对象，有以下情形之一的资产评估机构可以作为重点检查对象：一是被投诉举报或涉及有关部门移交案件的；二是被有关媒体披露、质疑的；三是上年度受到行政处罚或自律惩戒的；四是内部管理混乱，可能对执业质量造成影响的；五是以恶意降低服务费等不正当手段争揽业务的；六是新设立并已出具评估报告的；七是法定代表人（首席合伙人）变更的；八是 50％以上股份的持有股东或 50％以上合伙人变更的；九是资产评估协会认为需要重点检查的其他情形。

（二）检查范围与内容

1. 检查范围

以被检查对象上一次接受检查至本次检查之间出具的评估报告为主，必要时可延伸到以前年度。

2. 检查内容

其包括：资产评估机构和资产评估专业人员遵守资产评估行业有关法律、行政法规、规章和制度的情况；资产评估机构和资产评估专业人员遵守资产评估准则的情况；资产评估机构和资产评估专业人员遵守《资产评估职业道德准则》的情况；资产评估机构内部质量管理和控制的情况；资产评估协会认为需要检查的其他内容。

（三）检查方式及程序

1. 检查方式

资产评估执业质量检查以实地抽样检查的方式为主，必要时也可以采取其他适当的检查方式。

2. 检查程序

（1）资产评估协会应当提前10个工作日向被检查资产评估机构发出检查通知书，告知其检查的依据、范围、内容、时间、方式和对被检查机构配合检查工作的具体要求，以及对检查意见如有异议，提出书面反馈意见的时间期限。

（2）被检查资产评估机构应当在检查组到达前，完成检查通知书中要求的准备工作。

（3）检查组应当在实地检查时出示检查通知书，并佩戴检查人员工作证件（由地方协会自制）。

（4）检查组应当通过听取被检查资产评估机构汇报、询问相关情况、查阅有关资料等方法，了解被检查资产评估机构的基本情况及其内部管理控制制度的建立和执行情况。

（5）检查组应当充分考虑行业自律检查的特点和要求，依据被检查资产评估机构的有关资料，选取重点检查的评估报告。

（6）检查组应当通过查阅选取的评估报告及工作底稿，检查资产评估机构和资产评估专业人员遵守资产评估行业有关法律、行政法规、规章、制度的情况和遵守《资产评估基本准则》的情况。

（7）检查组应当通过查阅被检查资产评估机构内部管理控制制度，并结合业务检查和与质量检查有关的财务检查等，检查资产评估机构和资产评估专业人员遵守《资产评估职业道德准则》的情况和执行内部质量管理控制制度的情况。

（8）检查组应当将所检查的内容与事项形成检查工作底稿。检查工作底稿的主要内容包括被检查机构的基本情况、抽查报告名称和文号、检查时间、检查发现的主要问题、检查人员的意见及签名、相关证明材料。相关证明材料上应当有提供者的签名或盖章，未取得提供者签名或盖章的，检查人员应当注明原因。

（9）检查组填制检查工作底稿应当做到内容完整、重点突出、条理清晰、用词准确。相关的证明材料应清晰完整。

（10）检查组组长应当对检查组填制的工作底稿及取得的相关证明材料进行必要的复核。

（11）检查工作底稿应当征求被检查资产评估机构及相关资产评估专业人员意见，并由其签字盖章。被检查资产评估机构和相关资产评估专业人员对检查意见有异议，并在资产评估协会检查通知中规定的时间内提出书面意见的，检查组应当予以进一步核查；在资产评估协会检查通知中规定的时间内没有提出异议的，视为对检查意见无异议。

（12）检查组完成实地检查工作后，应认真编写质量检查报告，连同质量检查工作底稿一并提交资产评估协会。质量检查报告和工作底稿的所有权归属于资产评估协会。

（四）检查结果的处理

资产评估协会在听取检查组的检查情况汇报和审查检查组提交的质量检查报告后，对在检查中发现问题的资产评估机构和资产评估专业人员，应视其问题的性质或情节的轻重，提出相应的处理意见和建议。对存在问题性质或情节轻微，不足以予以自律惩戒的资产评估机构和资产评估专业人员，应通过发关注函、谈话提醒、举办强制培训班或其他适当的方式，提醒、教育其改正；对存在问题性质或情节较为严重，应予以自律惩戒的资产评估机构和资产评估专业人员，应按照《资产评估执业行为自律惩戒办法》的有关规定作出惩戒决定；对检查中发现的不符合注册条件的资产评估专业人员，应按照资产评估专业人员管理的有关规定进行处理。

应知考核

一、单项选择题

1. 我国资产评估协会成立的时间是（　　）。

A. 1983 年 12 月 10 日　　B. 1989 年 12 月 10 日

C. 1993 年 12 月 10 日　　D. 1995 年 12 月 10 日

2. 中国资产评估协会最高权力机构是（　　）。

A. 全国会员代表大会　　B. 协会理事会

C. 协会秘书处　　D. 各专业委员会

3. 2014 年，国务院取消了注册资产评估师等准入类职业资格，改为（　　）。

A. 注册资产评估师考试制度　　B. 水平评价类职业资格

C. 水平考试类职业资格　　D. 水平执业类职业资格

4. 中国资产评估协会加入世界评估组织联合会成为常务理事的时间是（　　）年。

A. 1995　　B. 1999　　C. 2005　　D. 2010

5. 资产评估机构的最高管理层在质量控制体系方面的代表是（　　）。

A. 首席评估师　　B. 资产评估师　　C. 项目负责人　　D. 项目审核人员

二、多项选择题

1. 下列属于设立合伙制资产评估公司的条件的有（　　）。

A. 有 2 名以上资产评估师（含合伙人）

B. 有 2 名以上资产评估师（不含合伙人）

C. 其合伙人 2/3 以上应当是评估师

D. 其合伙人 2/3 以上应当是具有 3 年以上从业经验且最近 3 年内未受停止从业处罚的评估师

2. 下列符合申请证券评估资格的条件的有（　　）。

A. 资产评估机构依法设立并取得资产评估资格 3 年以上

B. 具备不少于 30 名资产评估师

C. 净资产不少于 200 万元

D. 净资产不少于 500 万元

3. 依据《中国资产评估协会会员管理办法》的规定，会员分为（　　）。

A. 单位会员　　B. 个人会员　　C. 执业会员　　D. 非执业会员

4. 下列属于资产评估执业质量控制主体的有（　　）。

A. 最高管理层　　B. 首席评估师　　C. 项目负责人　　D. 评估机构

5. 下列属于资产评估机构项目审核人应该承担的职责的有（　　）。

A. 审核评估程序执行情况

B. 审核拟出具的评估报告

C. 审核工作底稿

D. 综合评价项目风险，提出出具评估报告的明确意见

三、判断题

1. 资产评估机构的设立由审批制改为备案制，将组织资产评估师考试、管理等政府职能交给行业协会。（　　）

2. 最高管理层对业务质量控制承担最终责任。（　　）

3. 2003 年，经外交部批准，中国资产评估协会加入国际评估准则委员会。（　　）

4. 目前，我国资产评估机构基本上是合伙制的资产评估机构。（　　）

5. 首席评估师由最高管理层指定并授予其管理权限，直接对最高管理层负责。（　　）

四、简述题

1. 简述对资产评估机构的设立要求。

2. 简述资产评估行业管理趋势。

3. 简述资产评估机构的管理特点。

4. 简述资产评估协会会员的权利和义务。

5. 简述《资产评估职业道德准则》应通过哪些方式予以强化。

应会考核

■ 观念应用

【背景资料】

近期，中国资产评估协会收到举报，反映名为“中国资产评估师协会”的组织发放注册资产评估师证书并收取高额费用的情况，被社会上误以为是中国资产评估协会所发证书，造成不良影响。为此，特声明如下：

经查，“中国资产评估师协会”是虚假协会，其所发的注册资产评估师证书是虚假证书。

中国资产评估协会是资产评估行业唯一合法的全国性自律组织，接受登记管理机关民政部和业务主管单位财政部的业务指导和监督管理；依据《中华人民共和国资产评估法》，组织资产评估师职业资格全国统一考试，考试合格并审核通过的考生可取得由人力资源和社会保障部、财政部监制，中国资产评估协会用印的中华人民共和国资产评估师职业资格证书。

对虚构“中国资产评估师协会”发放虚假证书的行为，追究法律责任。

【考核要求】

对这种虚构“中国资产评估师协会”发放虚假注册资产评估师证书的行为如何给予打击？谈谈你的思路。

■ 技能应用

进入中国资产评估协会网址 http://www.cas.org.cn，查看资格考试、行业培训、会员管理、评估标准等，进一步提高自己的专业技能，拓展业务知识。

【技能要求】

登录网址后，谈谈你对资产评估行业管理的感想。

■ 案例分析

为加强中国资产评估协会会员的自律管理，根据《中华人民共和国资产评估法》和《中国资

产评估协会章程》(以下简称《章程》)的有关规定,会员分为单位会员和个人会员。单位会员分为评估机构会员和非评估机构会员。个人会员分为执业会员和非执业会员,其中,执业会员分为评估师执业会员和非评估师执业会员。本会设特别会员,包括特别机构会员、资深会员和名誉会员。本会会员应当承认本会《章程》,享有《章程》规定的权利,履行《章程》规定的义务。本会管理全国的单位会员和个人会员的会籍。

【分析要求】

中国资产评估协会会员有哪些权利和义务?

项目实训

【实训项目】

资产评估行业管理。

【实训内容】

资产评估机构管理和资产评估从业人员管理。

【实训目的】

掌握资产评估机构和从业人员管理,为今后从事相关工作奠定基础。

【实训反思】

(1)作为一个有素质的资产评估师,如何丰富自己的资产评估专业知识,从而提高专业技能?

(2)将实训报告填写完整。

《资产评估行业管理》实训报告		
项目实训班级:	项目小组:	项目组成员:
实训时间: 年 月 日	实训地点:	实训成绩:
实训目的:		
实训步骤:		
实训结果:		
实训感言:		
不足与今后改进:		
项目组长评定签字:		项目指导教师评定签字:

第二篇
资产评估实务篇

项目五

机器设备评估

○ **知识目标：**

理解：机器设备的概念、分类；机器设备评估的技术经济特点。

熟知：影响机器设备评估价值的基本因素；机器设备评估的特征；机器设备评估的程序。

掌握：成本法、市场法和收益法在机器设备评估中的应用。

○ **技能目标：**

在掌握资产评估基本方法的基础上，能够在具体的案例操作中，用适当的方法对机器设备价值进行评估。

○ **素质目标：**

通过对本项目的学习，在理解机器设备的特点、分类、评估的基础上，能运用机器设备的重置成本、实体性贬值、功能性贬值、经济性贬值等估算方法，以及使用机器设备市场法评估中有关比较指标的修正系数，对机器设备进行评估。把学和做有机结合，做到学思用贯通、知信行统一，提高自己的职业道德素养。

○ **项目引例：**

机器设备如何评估

某企业 2016 年从美国引进一条生产线，该生产线当年安装试车成功正式投入生产。设备进口总金额为 90 万美元，后于 2020 年进行评估。经评估人员对该生产线进行现场勘察和技术鉴定，以及向有关部门进行调查了解，认为该生产线的技术水平在国内仍居先进行列，在国际上也属普遍使用的设备，决定采用指数调整法对该机组重置成本进行估测。按照国内及国外价格变动对生产线的不同影响，评估人员先将生产线分成进口设备主机、进口备件、国内配套设施、其他费用四个部分，分别考虑国外、国内不同价格变化率予以调整。经调查询价了解到，从设备进口到评估基准日，进口设备主机在其生产国的价格变化率上升了 50%，进口备件的价格变化率上升了 30%，国内配套设施价格上升了 60%，其他费用上升了 50%。按评估基准日的国家有关政策规定，该进口设备的进口关税等税收额为 30 万元人民币。评估时点美元对人民币汇率为 1∶7.3。从被评估机组进口合同中得知，进口设备主机原始价值为 75 万美元，进口备件原始价值为 15 万美元。另外，从其他会计凭证中查得国内配套设施原始价值为 45 万元人民币，其他费用原始价值为 18 万元人民币。

引例导学：根据上述数据，如何估算被评估机组的重置成本？本项目将重点阐述成本法、市场法和收益法在机器设备评估中的应用。

○ **知识精讲：**

任务一　机器设备评估概述

一、机器设备的概念

根据我国《资产评估准则——机器设备》对机器设备的定义，机器设备是指人类利用机械原理以及其他科学原理制造的装置，它们是被特定主体拥有或控制的不动产以外的有形资产，包括机器、仪器、器械、装置，以及附属的特殊建筑物等资产。

该准则对机器设备的定义包括自然属性和资产属性两个方面：自然属性是指人类利用机械原理及其他科学原理制造的装置；资产属性是指被特定个体拥有或控制的，用于生产、经营或管理等目的的不动产以外的有形资产。

二、机器设备的分类

（一）按现行会计制度规定分类

按现行会计制度规定分类，机器设备可分为生产经营用机器设备、非生产经营用机器设备、租出机器设备、未使用机器设备、不需用机器设备、融资租入机器设备等。

（二）按国家固定资产分类标准分类

按国家固定资产分类标准分类，机器设备可分为通用设备、专用设备、交通运输设备、电气设备、电子及通信设备、仪器仪表、计量标准器具等。

（三）按机器设备的组合程度分类

按机器设备的组合程度分类，机器设备可分为单台设备（独立设备）、机组（如组合机床）、成套设备（包括生产线）等。

资产评估时，除根据上述分类明确评估对象的类别外，还需根据评估的特定目的，明确评估对象的具体范围，如评估对象中是否包含租出和融资租入机器设备、是否包含房地产中的有关机器设备，以避免重复评估或者遗漏。

三、机器设备的技术经济特点

机器设备的技术经济特点有：(1)单位价值大，使用寿命长，资金投入量大，回收期长。(2)价值补偿和实物更新不同时进行；机器设备的价值补偿是通过折旧形式逐渐形成的，而实物更新一般是一次性完成的。(3)价值和使用价值并非一成不变，贬值和增值具有同步性。机器设备在运行中会产生有形和无形的磨损，这都会使机器设备的价值量发生变化。(4)机器设备属于有形的固定资产，具有动产的性质，并且数量大、品种多、分布广、技术性强、情况复杂。

四、机器设备评估的特点

机器设备的技术经济特点决定了机器设备评估具有以下几个特点：

（一）以技术检测为基础

由于机器设备使用寿命长，在使用过程中磨损程度不同，维修保养状况也存在一定差异，因此不能简单根据使用年限来确定其新旧程度，必须通过技术检测来确定其实际的磨损程度，以正确确定成新率及其评估值。

（二）以单台机器设备为评估对象

由于机器设备使用保养差异大等原因，即使同一型号、相同使用年限的机器设备，它们的新旧程度也会有所不同。因此，必须单台、单件逐一评估，以正确确定其评估值。当然，对那些数量多、单价不高、使用及维修状况相同的一类设备，也可按类进行评估。

（三）一般要考虑无形损耗

机器设备往往存在功能性贬值和经济性贬值，机器设备的技术含量或技术水平的不同，以及企业外部经营环境的改变，都直接关系到其使用价值和企业经济效益，因此在评估时需要考虑功能性贬值和经济性贬值的影响。

（四）收益法的使用受到很大限制

机器设备类资产一般是企业整体资产的一个组成部分，它通常与企业的其他资产，如建筑物、土地、流动资产、无形资产等共同实现某项特定的生产目的，一般不具备独立的获利能力。因此，在进行机器设备评估时，收益法的使用受到很大限制，通常采用成本法和市场法。

五、影响机器设备评估价值的基本因素

一般来说，影响机器设备评估价值的基本因素包括以下方面：

（一）原始成本

原始成本就是机器设备购建时的全部费用，包括购置价款、运杂费、安装调试费等。这是评估机器设备价值的基本依据。

（二）重置全价

重置全价是现时完全重置成本的简称，是按现行价格计算的、购置与被评估机器设备相同的机器设备的全部费用，或者以新型材料、先进技术标准购置类似机器设备的全部费用。它分为复原重置成本和更新重置成本两种。全新设备的重置全价以重置成本为计价标准，是采用重置成本法评估机器设备价值的直接依据。

（三）成新率

成新率是机器设备的新旧程度，一般用机器设备使用年限与计划使用年限的比率来表示。

机器设备的成新率是在计算出机器设备全价之后，计算机器设备评估净值的决定性因素。由于机器设备寿命、磨损程度和累计折旧直接影响着成新率的高低，因此它们也是影响机器设备评估价值的因素。

（四）功能成本系数

功能成本系数是指机器设备的功能变化引起其购建成本变化的函数关系。在被评估机器设备的生产能力已经不同于其原核定的生产能力，或不同于参照机器设备的生产能力时，功能成本系数可作为该机器设备价值量的调整参数。功能性贬值是机器设备因技术进步使其相对陈旧而带来的无形损耗，在评估机器设备的价值时应将其扣除。因此，若机器设备发生了功能性贬值，就会使机器设备的评估价值降低。

（五）物价指数

物价指数是表示市场价格水平变化的百分数。资产评估要按照现时价格评定出资产的实际价值，因此，若物价指数在评估基准日与机器设备购建时不同，就需要按照物价指数将机器设备原价调整成现实价值，然后再作进一步评估。可见，物价指数也是评估中的一个重要调整参数。

六、机器设备评估的程序

（一）明确评估基本事项

1. 明确评估目的

机器设备评估大体可分为两种情形：一种是将机器设备作为独立的评估对象评估；另一种是将机器设备与企业的其他资产一起评估。机器设备单独评估的目的有机器设备转让、机器设备抵押、机器设备保险、机器设备投资、处理机器设备纠纷和有关法律诉讼等。机器设备与企业的其他资产一起评估的目的有企业合资或合作、企业兼并或分立、企业出售、企业承包经营、企业改制、企业上市、企业破产清算等。

2. 明确评估对象和评估范围

明确评估对象首先要明确待估机器设备的类别，在此基础上，再根据评估特定目的，明确评估对象的具体范围。凡被列入企业机器设备进行管理和使用的评估对象，应纳入机器设备评估的范围之内；具有机器设备的主要特性但未被列入机器设备进行管理的评估对象，可以作为机器设备进行评估，但应在资产评估报告中予以专项说明。建筑物和在建工程中的附属设备等资产，在不重复、不遗漏以及评估方法相同、评估结果一致的原则下，可视需要归入机器设备或建筑物的评估范围。融资租入的机器设备一般可以作为机器设备进行评估，但也应在资产评估报告中予以专项说明。

3. 明确评估价值类型

机器设备评估的价值类型一般分为市场价值和非市场价值两类。在机器设备交易市场较发达的情况下，对单台（件）通用设备市场出售价值的评估，其价值类型可确定为市场价值。机器设备评估中的投资价值、保险价值、抵债价值、续用价值和清算价值等一般属于非市场价值。如果将机器设备作为房地产的有机组成部分评估，其价值类型应与房地产评估的价值类型一致；如果将机器设备与企业整体资产一起评估，其价值类型应与企业价值评估的价值类型一致。

4. 明确评估基准日

机器设备评估基准日通常由委托方提出，评估机构与委托方协商确定。如果将机器设备作为单独的评估对象评估，评估基准日通常选择现在某个日期，即现实性评估；个别情况下，评估基准日也可选择在过去某个日期，即追溯性评估或预测性评估。机器设备评估基准日的确定应根据评估的特定目的，遵循与评估目的实现日相接近的原则。如果将机器设备作为房地产的有机组成部分评估或者与企业整体资产一起评估，其评估基准日应与房地产或者企业价值评估的评估基准日相一致。

（二）评估准备阶段

评估人员在明确了评估目的、评估对象和评估范围之后，就应着手做好评估的准备工作。具体包括：

1. 要求委托方提供资产评估的基础资料

评估师首先要求委托方对委托评估的机器设备进行自查，查实机器设备的数量，做到账实相符。在此基础上，填写机器设备评估申报明细表，提供租出及融资租入机器设备的合同、证明，提供新购设备和重点设备的购货合同、发票以及运输、安装调试费用的收据，同时提供其他必要的经济技术资料。

2. 制订具体的评估工作计划

根据委托方提供的有关资料，明确评估范围和评估重点后，应制订合理的评估作业计划，包括设计主要机器设备的评估思路、落实评估人员、聘请有关专家、安排评估进度、规定评估作业完成时间等，以此保证评估工作顺利进行。

3. 搜集评估中所需数据资料

机器设备评估除委托方提供的资料外，在评估准备阶段应广泛地搜集与评估工作有关的数据资料，包括机器设备的成本资料、市场价格资料、技术资料，以及对机器设备价格产生影响的利率、税率、汇率等资料，这对于提高评估工作的效率是非常重要的。有的资料可以通过市场调查获得，有的资料可以通过评估人员现场勘察获得。

（三）进行现场清查和设备鉴定阶段

现场工作是机器设备评估的一个非常重要的工作步骤。它要求评估人员进行现场实地勘察，核定待估设备数量，并进行技术鉴定。现场工作特别是设备的鉴定工作要有详细完整的记录，这些记录将是评估机器设备价值的重要数据，也是工作底稿的重要组成内容。

1. 逐台（件）核实评估对象

现场工作的第一项工作就是对已被列入评估范围的机器设备逐台进行清查核实，方法有两种——普查和抽查。在进行清查时，要先将待估设备申报表与相关固定资产账目、卡片逐项核对，再通过实地盘点将实际数与申报表核对，既要避免漏报，又要防止重复计算，尤其要关注未入账的机器设备、已提完折旧继续使用的机器设备、租入和租出的机器设备。清查核实后，要根据清查结果，要求委托方调整其填报的待估机器设备清册及相关表格，并以清查核实后的待估机器设备作为评估对象。

2. 按照评估重点或人员安排，对待估设备进行分类

当待估设备种类、数量较多时，为了突出重点以及发挥具有专长的评估人员的作用，可对待估设备进行必要的分类。一种分类方法是按设备的重要性划分，如 ABC 分类法：把单位价值大的重要设备作为 A 类；把单位价值小且数量较多的设备作为 C 类；把介于 A 类和 C 类之间的设备作为 B 类。根据委托方对评估的时间要求，对 A、B、C 三类设备投入不同的精力进行评估。另一种分类方法是按设备的性质分为通用设备和专用设备，以便有效地搜集数据资料，合理地配备评估人员。

3. 设备鉴定

对设备进行鉴定是现场工作的重点。对设备进行鉴定包括对设备的技术鉴定、使用情况鉴定、质量鉴定以及磨损鉴定等，设备的生产厂家、出厂日期、设备负荷和维修情况等是进行鉴定的基本素材。

（1）对设备技术状况的鉴定，主要是对设备满足生产工艺的程度、生产精度和废品率，以及各种消耗和污染情况的鉴定，判断设备是否有技术过时和功能落后情况存在。

（2）对设备使用情况的鉴定，主要是了解设备是处于在用状态还是闲置状态，使用中的设备的运行参数、故障率、零配件保证率、设备闲置的原因和维护情况等。

（3）对设备质量的鉴定，主要应了解设备的制造质量，设备所处环境、条件对设备质量的影响，设备现时的完整性、外观和内部结构情况等。

（4）对设备磨损程度的鉴定，主要是了解和掌握设备的有形损耗如锈蚀、损伤、精度下降，以及无形损耗如功能不足及功能过剩等。

（四）确定设备评估经济技术参数阶段

评估所需经济技术参数，要根据评估目的和评估项目对评估价值类型的要求，以及评估所选择的途径和方法，科学合理地确定。这些经济技术参数不仅要在性质上与评估目的、评估价

值类型、评估的假设前提保持一致，而且在数量上也要恰如其分。

（五）评定估算阶段

做完上述基础工作后，评估人员应根据评估目的、评估价值类型的要求以及评估对象的具体情况，科学地选用评估计算方法进行评定估算。

（六）撰写评估报告及评估说明阶段

按照当前有关部门及行业管理组织对评估报告撰写的要求，在评定估算过程结束之后，应及时撰写评估报告书和评估说明。

（七）评估报告的审核和报出阶段

评估报告完成以后，要有必要的审核，包括复核人的审核、项目负责人的审核和评估机构负责人的审核。在三级审核确认评估报告无重大纰漏后，再将评估报告送达委托方及有关部门。

任务二　成本法在机器设备评估中的应用

一、成本法的适用条件

（一）持续使用假设前提下的机器设备评估

成本法适用于持续使用假设前提下的机器设备评估，即该机器设备处于在用、续用状态下。对于处在非续用状态下又无市场参照物、无法采用其他评估方法的机器设备，可采用重置成本法，但需要在成本项目构成要素和其他因素方面作出必要的调整。

（二）应当具备可利用的历史资料

成本法的应用是建立在历史资料基础上的，许多信息资料、指标需要通过历史资料获得。同时，现时资产与历史资产具有相同性或可比性。

（三）形成资产价值的耗费是必需的

耗费是形成资产价值的基础，但耗费包括有效耗费和无效耗费。采用成本法评估资产，首先要确定这些耗费是必需的，而且应体现社会或行业平均水平。

二、成本法的计算公式

机器设备评估的成本法是首先估测被评估机器设备的重置成本，然后再估测机器设备的实体性贬值、功能性贬值和经济性贬值，最后用机器设备的重置成本扣减各种贬值来测定被评估机器设备价值的方法。其计算公式为：

$$机器设备评估值=重置成本-实体性贬值-功能性贬值-经济性贬值$$

或

$$被评估资产评估值=重置成本\times 成新率$$

三、机器设备重置成本的构成

采用成本法评估机器设备价值的第一步就是估测机器设备的重置成本。机器设备的重置成本通常是指按现行价格水平购建与被评估机器设备相同或相似的全新设备所需的成本。

资产评估中，机器设备的重置成本有两种：复原重置成本和更新重置成本。复原重置成本，是指按现行价格水平购建一台与原有机器设备完全相同的全新设备所需的成本。更新重置成本,是指按现行价格水平购建一台能够提供同样服务和功能的全新设备替代现有设备所需的成本。复原重置成本和更新重置成本虽然都属于重置成本范畴,但两者在成本构成因素上却是有差别的:复原重置成本基本上是在不考虑技术条件、材料替代、制造标准等因素变化的前提下,仅考虑物价因素对成本的影响,即将资产的历史成本按照价格变动指数或趋势转换成重置成本或现行成本;更新重置成本是在充分考虑了技术条件、建筑标准、材料替代以及物价变动等因素变化的前提下所确定的重置成本或现行成本。

注意:两种重置成本在成本构成要素上的差别,要求评估师在运用成本途径对机器设备估价时,准确把握所使用的重置成本的确切概念,特别注意两种重置成本对机器设备功能性贬值及成新率可能产生的不同影响。

(一)外购设备重置成本的构成

外购设备的重置成本主要包括设备自身的购置价格、运杂费、安装调试费三项。由于外购设备包括国产设备和进口设备,其重置成本也有一定的区别。

国产设备的重置成本主要包括设备自身的购置价格、运输费用、安装调试费用、大型设备一定期限内的资金成本、其他必要合理的费用(如手续费、验车费、牌照费等)。

进口设备的重置成本除包括国产设备的重置成本项目外,还包括进口设备时支付的有关税费,如关税、银行手续费等。

(二)自制设备重置成本的构成

自制设备的重置成本主要包括制造成本及相匹配的期间费用(如消耗的原材料、辅料的购价和运杂费,应分摊的管理费用和财务费用等)、安装调试费用、大型自制设备合理的资金成本、合理利润、其他合理必要的费用(如设计论证等前期费用)。

自制设备也可分为标准设备和非标准设备。对于标准设备的重置成本,应参考专业生产厂家的标准设备价格,运用替代原则合理确定自制标准设备的重置成本。

在明确了外购及自制设备重置成本的大致构成的基础上,下面将按国产设备和进口设备两种类型讨论重置成本的估测方法。

四、机器设备重置成本的测算

(一)国产设备重置成本的估算

若市场上存在与被评估资产相同的设备,可采用市场询价法;如果市场上没有与被评估资产相同的设备,但有相似或相近的设备,可采用规模经济效益指数法;若以上两个条件都不具备,可以采用物价指数法等确定重置成本。

1. 市场询价法

市场询价法是通过市场调查,从生产厂家、销售部门或其他途径获得设备销售价格,在认真分析的基础上确定设备自身购置价格的方法。该方法主要适用于评估时市场上有被评估设备销售的情况。

对大多数有公开市场价格的机器设备,评估人员首先从市场了解相同产品的现行市场销售价格,再加上合理的运杂费、安装调试费及其他费用,这是估测待估机器设备重置成本最简单有效和可信的途径。

(1)市场价格的来源。包括生产厂家提供的产品目录或价格表、经销商提供的价格目录、报纸杂志上的广告、出版的机电产品价格目录以及向生产厂家直接询价等。

(2)运杂费的估算。国产设备运杂费是指从生产厂家到安装使用地点所发生的装卸、运输、采购、保管、保险及其他有关费用。运杂费可以根据设备的生产地点、使用地点以及重量、体积、运输方式，按照铁路、公路、船运、航空等部门的运输计费标准计算。

在评估实务中，一般是先确定一个运杂费率，再将设备购置价格（到岸价）乘以运杂费率即该设备应负担的运杂费。其计算公式如下：

设备运杂费＝国产设备购置价格×国产设备运杂费率

（3）设备安装费。设备安装费是指设备安装工程所发生的所有人工费、材料费、机械费及全部取费。设备安装工程一般包括：机械和电器设备的装配、安装工程；锅炉砌筑工程；与设备相连的工作台、梯子的安装；附属于设备的管线敷设工程，设备及附属设施的绝缘、防腐、油漆、保温等；为测定安装工程质量所进行的单机试运转和联动无负荷试运转。设备安装费的计算公式如下：

设备安装费＝设备原价×设备安装费率

（4）设备基础费。设备基础是指为安装设备而建造的特殊构筑物，设备基础费是指建造设备基础所发生的人工费、材料费、机械费及全部取费。有些特殊设备的基础列入构筑物范围，但不按设备基础计算。设备基础费的计算公式如下：

设备基础费＝国产设备原价×国产设备基础费率

设备的基础费率按所在行业颁布的概算指标中规定的标准取值。

如果设备安装调试周期较长，则需要考虑设备购置、安装调试所占用的资金成本。设备的资金成本用设备购置、安装所需的全部资金总额乘以现行相应期限的银行贷款利率计算。

【做中学5－1】 星海公司需对购置的一台设备进行重置成本的计算，该设备按现行市场价购置，每台20 000元，运杂费为500元，安装费为500元。则该设备的重置成本为：

重置成本＝20 000＋500＋500＝21 000（元）

2. 规模经济效益指数法

对于某些特定的设备，如化工设备、石油设备等，同一系列不同生产能力设备的价格变化与生产能力变化呈某种指数关系，在无法取得现行购置价格的情况下，可采用规模经济效益指数法确定重置成本。

规模经济效益指数法又称功能价值类比法，是根据待估设备的具体情况，寻找现有同类设备的市价，或通过运杂费和安装调试费得到同类设备的现行重置成本，然后根据该设备与待估设备功能比较，调整得到待估机器设备的重置成本。该方法的评估计算公式为：

$$\text{机器设备评估价值}=\text{参照物设备的现行价格}\times\left(\frac{\text{被评估设备功能}}{\text{参照物设备功能}}\right)^{x}$$

公式中，x 为功能价值指数（或称规模经济效益指数），它是用来反映资产成本与其功能之间指数关系的具体指标。在国外，经过大量数据的测算，取得的经验数据是：指数 x 的取值范围为0.4－1，在机器设备评估中，一般取值范围为0.6－0.8。

评估人员在使用该方法时，需要通过该类设备价格资料分析测算 x。当 $x=1$，被评估机器设备的生产能力与设备价格呈线性关系；当 $x>1$，机器设备的生产能力与设备价格呈非线性关系，设备价格的上涨速度大于设备生产能力的上涨速度；当 $x<1$，机器设备的生产能力与设备价格呈非线性关系，设备价格的上涨速度小于设备生产能力的上涨速度。

【做中学 5－2】 现对某企业的 A 机器设备进行评估，其年生产能力为 80 吨。由于市场上没有与 A 机器设备完全相同的设备，所以选择了与 A 机器设备具有相同性质和用途的全新机器设备 B 作为参照物，其年生产能力为 100 吨。参照物机器设备 B 的现行成本价格为 200 000 元，评估人员分析认为该资产的功能与成本之间呈线性关系。则：

$$被评估机器设备重置成本=200\ 000\times\frac{80}{100}=160\ 000(元)$$

【做中学 5－3】 2020 年 9 月 10 日，评估人员对星海公司拥有的一套年产 50 万吨 A 产品的生产线进行评估，该生产线账面原值为 1 000 万元。评估时选择了一套与评估对象相似的新生产线作为参照物，该生产线年产同类 A 产品 75 万吨，现行成本为 3 000 万元。根据被评估资产所在行业的经验数据，该类生产线的功能价值指数为 0.7。则：

$$被评估生产线重置成本=3\ 000\times\left(\frac{50}{75}\right)^{0.7}=2\ 259(万元)$$

在运用规模经济效益指数法估测机器设备的重置成本时，应注意所选择的参照物尽可能在购建地点和时间方面与评估对象所在地及评估基准日相同或相近；否则，应对地点和时间因素作必要的调整，地点因素的调整主要对运输费或其他费用方面作出必要调整，而时间因素的调整可利用价格指数法进行。

3. 物价指数法

对于无法取得设备现行购置价格，也无法取得同类设备重置成本的，可采用物价指数法估测待估设备的重置成本。

物价指数法是以设备的历史成本为基础，根据同类设备的价格上涨指数来确定机器设备的重置成本，该方法仅考虑了时间因素。物价指数可分为定基物价指数和环比物价指数。

(1)定基物价指数。定基物价指数是以固定时期为基期的指数，通常用百分比表示。以 100%为基础，当物价指数大于 100%时，表明物价上涨；当物价指数小于 100%时，表明物价下跌。采用定基物价指数计算设备当前重置成本的公式为：

$$重置成本=历史成本\times\frac{评估基准日定基物价指数}{设备购建时定基物价指数}$$

【做中学 5－4】 星海公司某被评估机器设备购建于 2010 年，其账面原始价值为 63 000 元，购建时该机器设备的物价指数为 105%。2020 年进行评估时，该类机器设备的价格指数为 120%。则：

$$被评估机器设备重置成本=63\ 000\times\frac{120\%}{105\%}=72\ 000(元)$$

(2)环比物价指数。环比物价指数是以上期为基期的指数。如果环比期以年为单位，则环比物价指数表示该类产品当年比上年的价格变动幅度，通常也用百分比表示。采用环比物价指数计算设备重置成本的公式为：

$$重置成本=历史成本\times基年至基准日环比物价指数$$

【做中学 5－5】 星海公司某设备 2017 年历史成本为 30 000 元，环比物价指数 2017 年为101.9%、2018年为101.8%、2019年为102.7%、2020年为102.8%。计算2020年该设备的重置成本。

重置成本=30 000×(101.9%×101.8%×102.7%×102.8%)=32 855(元)

若能够获取一定时期的物价变动率,也可用下面的公式计算设备的重置成本:

重置成本=历史成本×(1+物价变动率)

【做中学5-6】 星海公司A设备2017年10月历史成本为30 000元,从2017年10月到2020年9月物价上涨了36%。计算2020年10月该设备的重置成本。

重置成本=30 000×(1+36%)=40 800(元)

【做中学5-7】 星海公司B设备2017年10月历史成本为30 000元,从2017年10月到2020年9月物价平均每月上涨了1%。计算2020年10月该设备的重置成本。

重置成本=30 000×(1+1%×36)=40 800(元)

用物价指数法计算重置成本是机器设备评估中经常采用的方法,特别是对于那些难以获得市场价格的机器设备,该方法是比较简便易行的。在使用物价指数法时,要注意以下问题:

首先,使用物价指数法计算机器设备的重置成本,所使用的物价指数一般为某一类产品的综合物价指数,它反映的是一类设备综合的物价变化水平,反映不了个别设备的价格变化。其中,某种具体产品的价格变动指数与该类产品的综合物价指数可能存在一定的差异。因此,使用这种方法计算重置成本,如具体到单台设备可能是不准确的。

其次,设备的原始成本是计算设备重置成本的基础,评估人员应注意审查原始成本的真实性。

再次,企业账面上的设备原始成本一般还包括运杂费、安装费、基础费以及其他费用,上述费用的物价变化指数与设备价格变化指数往往是不同的,应分别计算。特别是对锅炉、锻压机械等,运杂费、安装费、基础费所占比例很大,有的可能超过设备本身的价格,应特别注意。

最后,一般来讲,物价指数不能反映技术进步,因此,物价指数法不能运用于更新重置成本。

提示:要获取设备的物价指数,评估人员可以参考政府有关部门、世界银行、国外一些保险公司公布的统计资料,也可以根据所掌握的价格资料测算,或者选同一厂家设备的物价指数。

(二)进口设备重置成本的估算

进口设备重置成本的估算与国产设备重置成本的估算没有太大的区别,只是进口设备重置成本的构成比国产设备多了一些从属费用。这些从属费用包括国外运费、国外运输保险费、关税、消费税、增值税、银行手续费、外贸代理手续费等。若进口的是小汽车、摩托车、游艇,则重置成本还应包括进口增值税和消费税。

进口设备的重置成本不仅受国际市场价格变化的影响,而且还受国家政策、税收制度和汇率变化的影响,因此,估测进口设备的重置成本相对困难。

在评估过程中,应根据进口设备的具体情况以及搜集掌握到的相关数据,进行不同的处理。

1. 可查询到进口设备的现行离岸价或到岸价的情形

可查询到进口设备的现行离岸价(FOB)或到岸价(CIF),按下列公式进行评估:

$$\text{重置成本}=\left(\text{FOB价}+\text{途中保险费}+\text{国外运杂费}\right)\times\text{基准日外汇汇率}+\text{进口关税}+\text{银行及其他手续费}+\text{国内运杂费}+\text{安装调试费}$$

或

$$\text{重置成本}=\text{CIF价}\times\text{基准日外汇汇率}+\text{进口关税}+\text{银行及其他手续费}+\text{国内运杂费}+\text{安装调试费}$$

式中：

境外运费（一般为海运费）＝FOB价×海运费率

$$\text{境外途中保险费}=\frac{\text{FOB价}+\text{海运费}}{1-\text{保险费率}}\times\text{保险费率}$$

进口关税＝（FOB价＋途中保险费＋境外运费）×关税税率

＝CIF价×关税税率

$$\text{消费税}=\frac{\text{关税完税价}+\text{关税}}{1-\text{消费税率}}\times\text{消费税率}$$

增值税＝（关税完税价＋关税＋消费税）×增值税率

银行财务费用＝FOB价×银行手续费率

外贸手续费＝CIF价×外贸手续费率

进口设备国内运杂费＝CIF价×进口设备国内运杂费率

进口设备安装费＝相似国产设备原价×国产设备安装费率

进口设备安装费＝CIF价×进口设备安装费率

进口设备的安装费率可按相同类型国产设备的30％－70％选用。进口设备的机械化、自动化程度越高，取值越低；反之，则越高。

进口设备基础费＝相似国产设备原价×国产设备基础费率

进口设备基础费＝CIF价×进口设备基础费率

进口设备的基础费率可按相同类型国产设备的30％－70％选用。进口设备的机械化、自动化程度越高，取值越低；反之，则越高。

关于各种费率的取值：海运费率，远洋一般为5％－8％，近洋一般为3％－4％；保险费率一般在0.4％左右；关税、增值税、消费税税率按国家有关税法的规定确定；银行财务费率一般为4‰－5‰；外贸手续费率一般为1％－1.5％；其他杂费包括口岸管理费、海关监管费、商检费等，费率较低，视进口设备CIF价的高低而定，有时可忽略不计。

【做中学5－8】　星海公司某进口设备在评估基准日的FOB价为105万美元，当日美元对人民币的汇率为7.12，国外海运费率为5％，海运保险费率为0.4％，关税税率为13％，增值税税率为13％，银行财务费率为0.4％，公司代理费率为1％，国内运杂费率为1.5％，安装费率为0.6％，基础费率为1.7％。计算该设备的重置成本。

该设备的重置成本包括货价、海外运输费、海运保险费、关税、增值税、银行财务费用、外贸手续费、国内运杂费、安装费、基础费。

(1)设备的货价＝1 050 000(美元)

(2)海外运输费＝货价×海运费率＝1 050 000×5％＝52 500(美元)

(3)海运保险费＝(货价＋海运费)/(1－保险费率)×保险费率

＝(1 050 000＋52 500)/(1－0.4％)×0.4％＝4 427.71(美元)

上述三项构成设备的到岸价，合计 1 106 927.71 美元，折合人民币 7 881 325 元。

(4)关税＝到岸价×关税税率＝7 881 325×13%＝1 024 572(元)

(5)增值税＝(关税完税价＋关税)×增值税率

＝(7 881 325＋1 024 572)×13%＝8 905 897×13%＝1 157 767(元)

(6)银行财务费用＝离岸价×费率＝1 050 000×7.12×0.4%＝29 904(元)

(7)外贸手续费＝到岸价×外贸手续费率＝7 881 325×1%＝78 813(元)

(8)国内运杂费＝到岸价×运杂费率＝7 881 325×1.5%＝118 220(元)

(9)安装费＝到岸价×安装费率＝7 881 325×0.6%＝ 47 288(元)

(10)基础费＝到岸价×基础费率＝7 881 325×1.7%＝ 133 983(元)

重置成本＝7 881 325＋1 024 572＋1 157 767＋29 904＋78 813＋118 220＋47 288
＋133 983
＝10 471 872(元)

2. 无法查询到进口设备的现行离岸价或到岸价的情形

无法查询到进口设备的现行离岸价或到岸价的，如可以获取国外替代产品的现行 FOB 价或 CIF 价的，可采用功能价值法或比较法来估测被评估进口设备的重置成本；如没有国外替代产品的现行 FOB 价或 CIF 价的，可利用国内替代设备的现行市价或重置成本来推算被评估进口设备的重置成本。

【做中学 5－9】 2020 年底评估某合资企业的一台进口气流纺机。该纺机 2016 年从德国某公司进口，进口合同中的 FOB 价是 20 万欧元。评估人员通过德国有关纺机厂商在国内的代理机构向德国生产厂家进行了询价，了解到当时德国已不再生产被评估气流纺机那种型号纺机了，其替代产品是全面采用计算机控制的新型纺机，新型纺机的现行 FOB 报价为 35 万欧元。针对上述情况，评估人员与有关纺机专家共同分析研究新型纺机与被评估气流纺机在技术性能上的差别，以及对价格的影响。最后认为，按照通常情况，实际成交价应为报价的 70%－90%。故按德方 FOB 报价的 80%作为 FOB 成交价。针对新型纺机在技术性能上优于被评估气流纺机，估测被评估气流纺机的现行 FOB 价约为新型纺机 FOB 价的 70%，30%的折扣主要是功能落后造成的。评估基准日，欧元对美元的汇率为 1∶1.09，人民币对美元的汇率为 1∶7.12。境外运杂费按 FOB 价的 5%计，保险费按 FOB 价和境外运费的 0.5%计，关税与增值税予以免征。银行手续费按 CIF 价的 0.8%计算，国内运杂费按 CIF 价和银行手续费的 3%计算，安装调试费用包括在设备价格中，由德方派人安装调试，不必另付费用。由于该设备安装周期较短，故没有考虑利息因素。

根据上述分析及数据资料，被评估气流纺机的重置成本计算过程如下：

FOB 价＝35×80%×70%＝19.6(万欧元)

FOB 价＝19.6÷1.09＝17.98(万美元)

境外运杂费＝17.98×5%＝0.899(万美元)

保险费＝(17.98＋0.899)×0.5%＝0.094 4(万美元)

CIF 价＝FOB 价＋运费＋保险费＝17.89＋0.899＋0.094 4＝18.883 4(万美元)

银行手续费＝18.883 4×0.8%＝0.151 1(万美元)

国内运杂费＝(18.883 4＋0.151 1)×3%＝0.571 0(万美元)

气流纺机重置成本＝18.883 4＋0.151 1＋0.571 0＝19.605 5(万美元)＝139.59(万元人民币)

3. 利用指数调整法估测进口设备的重置成本

当上述两种方法都行不通时，也可以利用指数调整法估测进口设备的重置成本。采用指数调整法测算进口设备的重置成本，可用下列公式进行评估：

$$\text{重置成本}=\frac{\text{账面原值中的到岸价}}{\text{进口时的外汇汇率}}\times\text{设备生产国同类资产价格变动指数}\times\text{评估基准日外汇汇率}\times(1+\text{现行进口关税税率})\times(1+\text{其他税费率})+\text{账面原值人民币部分}\times\text{国内同类资产价格变动指数}$$

该公式是假定进口设备的到岸价全部以外汇支付，其余均为人民币支付。如实际情况与此假设不符，应自行调整。

在运用物价指数对进口设备的重置成本进行估测时，应尽量将支付外汇部分与支付人民币部分分开，分别运用设备生产国的价格变动指数与国内价格变动指数进行调整，最好不要综合采用国内和设备生产国的价格变动指数一揽子调整。

进口设备生产国同类资产价格变动指数，可根据设备生产国设备出口时的同类资产价格指数与评估时点的同类资产价格指数的比值求取。而在实际操作过程中，不但设备生产国设备出口时的同类资产价格指数不易获取，即使是评估时点的同类资产价格指数也不易取得。所以，实际运用上述公式时，往往是以进口设备生产国在设备出口时的价格水平为基期价格水平，再根据设备生产国从基期到评估时点每年的价格变化率，将生产国出口设备价值从原值调整为现值。评估公式可改为：

$$\text{重置成本}=\frac{\text{设备原值中支付外汇部分}}{\text{进口时的外汇汇率}}\times(1+\text{设备生产国同类资产价格变动率})\times\text{评估基准日外汇汇率}\times(1+\text{现行进口关税税率})\times(1+\text{其他税费率})+\text{账面原值人民币部分}\times\text{国内同类资产价格变动指数}$$

（三）自制设备重置成本的估算

自制设备可分为标准设备和非标准设备。对于标准设备的重置成本，应参考专业生产厂家的标准设备价格，在通盘考虑质量因素的前提下，运用替代原则合理确定。对于非标准设备的市场价格资料一般难以获得，评估时经常使用重置核算的方法来确定其重置成本。

重置核算法是利用成本核算的原理，根据机器设备建造时所消耗的材料、工时及其他费用，按现行价格或费用标准计算资产现行的建造费用及安装调试费用，然后再加上合理的利息、利润来确定被评估机器设备的重置成本。

核算机器设备重置成本的估算方法有重置核算法、综合估价法和重量估价法。

1. 重置核算法

该方法是根据账目中记录的料、工、费消耗，用现价和费用标准确定设备的各种成本构成，然后加总得出设备的重置成本。其评估计算公式为：

$$\text{重置成本}=\text{制造成本}+\text{制造利润}+\text{税金}+\text{设计费}+\text{安装调试费}$$

制造成本包括直接成本和间接成本；制造利润是以行业平均成本利润率计算得出的利润，利润率可分为直接成本利润率和总成本利润率等；税金为增值税及其附加；设计费为评估对象分摊的设计费；安装调试费包括人工费和材料费等。

【做中学5－10】 对星海公司的一台自制设备进行评估，由核查企业提供的账目得知，该自制设备有关料、工、费等成本要素的核算资料见表5－1、表5－2。该企业适用的增值税税率为 13%，城市维护建设税税率为 7%，教育费附加为 3%。

表 5—1 **制造费用核算表**

料、工、费消耗	数 量	单价(元)	金额(元)
钢材	24 吨	2 250	54 000
铸铁	25 吨	800	20 000
外协件	10 吨	3 000	30 000
工时	5 000 定额工时	8	40 000
管理费用	5 000 定额工时	4*	20 000
合计			164 000

表 5—2 **安装调试费用核算表**

料、工、费消耗	数 量	单价(元)	金额(元)
水泥	8 吨	350	2 800
钢材	4 吨	2 250	9 000
工时	500 定额工时	8	4 000
管理费用	500 定额工时	4*	2 000
合计			17 800

注：* 为每定额工时分摊的费用数。

经评估人员市场调查和测算，评估时钢材价格为 2 800 元/吨，铸铁为 1 200 元/吨，外协件为 3 200 元/吨，每定额工时成本为 12 元，每定额工时分摊的管理费用为 6 元。根据现价和费用标准，以及该自制设备原自制和安装调试的量耗资料，重置成本计算如下：

(1)计算制造成本：

制造成本＝24×2 800＋25×1 200＋10×3 200＋5 000×12＋5 000×6

＝67 200＋30 000＋32 000＋60 000＋30 000

＝219 200(元)

(2)计算制造利润。假定行业的平均成本利润率为 10%，则：

制造利润＝219 200×10%＝21 920(元)

(3)计算税金。应纳税金包括增值税及城市维护建设税、教育费附加：

税金＝(219 200＋21 920)×13%×(1＋7%＋3%)

＝31 345.6×(1＋7%＋3%)＝34 480(元)

(4)计算设计费。假定该企业共建造该类设备 2 台，总设计费为 15 000 元，则被评估设备应分摊的设计费为：

设计费＝15 000÷2＝7 500(元)

(5)计算安装调试费。根据表 5—2 中资料，则：

安装调试费＝8×350＋4×2 800＋500×12＋500×6

＝2 800＋11 200＋6 000＋3 000

＝23 000(元)

(6)计算被评估设备重置成本：

重置成本＝219 200＋21 920＋34 480＋7 500＋23 000＝306 100(元)

2. 综合估价法

该方法是依据设备的总图，计算出主要材料消耗量，通过确定设备的主要材料费用和主要外购件费用，计算出设备的完全制造成本，并考虑企业利润、税金和设计费用，确定设备的重置成本。其计算公式为：

$$R_c=(M_{rm}\div K_m+M_{pm})\times(1+K_p)\times\left(1+\frac{K_d}{n}\right)/(1+r_t)$$

公式中，R_c 表示设备价格，M_{rm} 表示主要材料费，K_m 表示成本主要材料费率，M_{pm} 表示主要外购件费，K_p 表示成本利润率，K_d 表示非标准设备设计费率，n 表示非标准设备的生产数量，r_t 表示综合税率。

该方法只需依据设备的总图，计算出主要材料消耗量，并根据成本主要材料费率即可估算设备的售价，是机械工业估算通用非标准设备时经常使用的方法。

【做中学 5－11】 某悬链式水幕喷漆室为非标准自制设备，购建日期为 2016 年 12 月，评估基准日为 2020 年 9 月 30 日。

根据设计图纸，该设备主要材料为钢材，主要材料的净消耗量为 25.5 吨，评估基准日钢材不含税市场价为 3 500 元/吨。另外，所需主要外购件(电机、泵、阀、风机等)不含税费用为 55 680 元。主要材料费利用率为 90%，成本主要材料费率为 55%，成本利润率为 15%，设计费率为 16%，产量 1 台。计算该悬链式水幕喷漆室的重置成本。

计算过程如下：

首先确定设备的主要材料费用，该设备的主要材料利用率为 90%，则：

主要材料费：$M_{rm}=25.5\div 90\%\times 3\ 500=99\ 167$(元)

成本主要材料费率：$K_m=55\%$

主要外购件费：$M_{pm}=55\ 680$(元)

成本利润率：$K_p=15\%$

非标准设备设计费率：$K_d=16\%$

非标准设备的生产数量：$n=1$(台)

如增值税率为 13%，城市维护建设税率为 7%，教育附加费率为 3%，则综合税率：

$r_t=13\%\times(1+7\%+3\%)=14.3\%$

设备的重置成本：

$$\begin{aligned}R_c&=(99\ 167\div 55\%+55\ 680)\times(1+15\%)\times(1+16\%/1)/(1+14.3\%)\\&=235\ 984\times(1+15\%)\times(1+16\%/1)/(1+14.3\%)\\&=275\ 418(\text{元})\end{aligned}$$

3. 重量估价法

若假设人工费、制造费用、管理费及设计费等是设备材料费的线性函数，根据相似设备的统计资料计算出单位重量的综合费率，以设备的重量乘以综合费率，考虑利润和税金，并根据设备的复杂程度进行适当调整，便可确定设备的价格。用公式表示为：

$$R_C=W\times R_W\times K+P+T$$

公式中，R_C 表示设备价格，W 表示设备的净重，R_W 表示综合费率，K 表示调整系数，P

表示利润，T 表示税金。

该方法操作简单，估价速度快，适用于材料单一、制造简单、技术含量低的设备价格估算，如结构插件和比较简单的大型冲压模具等。

【做中学 5－12】 某冲压模具需要评估。该模具重 1 000 吨，已知类似模具的单位重量综合费率为 50 元/吨，成本利润率为 15%，综合税率为 18.7%。则该模具的重置成本为：

重置成本＝1 000×50×(1＋15%)/(1＋18.7%)＝48 441(元)

五、机器设备有形损耗(实体性贬值)的估算

机器设备的有形损耗也称为实体性贬值，是由于使用磨损和自然力造成的侵蚀而引起的资产价值的损失。机器设备的有形损耗使得机器设备的使用功能和精度逐渐下降，故障率和维修费用不断上升，因而其价值不断下降，即价值贬值。机器设备的实体性贬值是评估其重置成本时一项重要的价值减项，也可用成新率来表示。机器设备的成新率是指其现时价值与全新状态价值的比率，它用来反映待估设备现时的新旧程度。与成新率相对应的指标是有形损耗率。有形损耗率是指有形损耗与重置成本的比率，也可以理解为机器设备实体性损耗与全新状态价值的比率。

机器设备的成新率与有形损耗率的关系是：

$$成新率=1-有形损耗率$$

或

$$有形损耗率=1-成新率$$

机器设备有形损耗率或成新率的估算是机器设备评估的重要一环，它通常依靠客观资料，借助检测手段，凭借评估人员的经验进行测算，可以采用使用年限法、观测分析法和修复金额法。

(一)使用年限法

使用年限法是假定机器设备在整个使用周期中，有形损耗随时间的推移呈线性增长，而且设备价值的降低额与其损耗大小成正比。其计算公式为：

$$成新率=\frac{设备尚可使用年限}{设备已使用年限+设备尚可使用年限}\times100\%$$

上述表达式是计算成新率的典型算式，但不是所有的机器设备都是以“年”为单位反映寿命，如汽车的寿命用行驶里程反映更为准确，有些大型设备以工作小时反映寿命，大型建筑施工机械可按工作台班反映寿命。

尽管反映寿命的单位不同，但评估成新率的原理与按“年”计量的评估方法基本一致，因此我们统称为使用年限法。

【做中学 5－13】 星海公司因故开工不足，从购建日到评估基准日 A 设备的法定利用年限是 4 年，其实际使用年限只有 3 年。假设 A 设备的尚可使用年限是 5 年，则该设备的成新率为：

$$成新率=\frac{设备尚可使用年限}{设备已使用年限+设备尚可使用年限}\times100\%=\frac{5}{3+5}=62.5\%$$

1. 简单年限法

简单年限法是针对投资一次完成、没有更新改造和追加投资等情况发生的机器设备成新率的估测方法。

(1)机器设备已使用年限的确定

机器设备已使用年限，是指机器设备从开始使用到评估基准日所经历的时间。由于资产在使用中负荷程度及日常维护保养有差别，已使用年限可分为名义已使用年限和实际已使用年限。名义已使用年限，是指会计记录记载的资产的已提折旧年限。实际已使用年限，是指资产在使用中实际磨损的年限，可根据设备运行的记录资料，用下列公式计算：

$$\text{实际已使用年限}=\text{名义已使用年限}\times\text{设备利用率}$$

$$\text{设备利用率}=\frac{\text{截至评估基准日设备实际利用时间}}{\text{截至评估基准日设备法定利用时间}}\times 100\%$$

若设备利用率的计算结果小于1，表明开工不足，设备实际已使用年限小于名义已使用年限；若计算结果大于1，则表明设备处于超负荷运转状态，实际已使用年限大于名义已使用年限。

提示：在机器设备评估中，应根据机器设备的名义已使用年限(折旧年限)，考虑机器设备的使用班次、使用强度和维修保养水平，据实估测其实际已使用年限。

(2)机器设备尚可使用年限的测定

机器设备尚可使用年限，是指从评估基准日开始到机器设备停止使用所经历的时间，即机器设备的剩余寿命。

机器设备的已使用年限加上尚可使用年限就是机器设备总寿命年限。如果机器设备总寿命年限已确定，尚可使用年限就是总寿命年限扣除已使用年限的余额。

机器设备的尚可使用年限受到已使用年限、使用状况、维修保养状况以及设备运行环境的影响，评估人员应对上述因素进行全面分析和审慎考虑，以便合理确定机器设备的尚可使用年限。

①折旧年限法。该方法是参照国家规定的机器设备的折旧年限，扣除已使用年限即为机器设备的尚可使用年限。

折旧年限是国家财务会计制度以法律的形式规定的机器设备计提折旧的时间跨度。它是综合考虑了机器设备物理使用寿命、技术进步因素、企业承受能力以及国家税收状况等因素确定的。

从理论上讲，折旧年限并不等同于机器设备的总寿命年限，机器设备已折旧年限并不一定能全面反映出机器设备的磨损程度。因此，采用此方法计算机器设备的尚可使用年限及成新率时，一定要注意法定年限与机器设备的经济寿命、已折旧年限与设备的实际损耗程度是否相吻合，并注明使用前提和使用条件。折旧年限法一般适用于较新的机器设备尚可使用年限及成新率的确定。

对于国家明文规定限期淘汰、禁止超期使用的设备，其尚可使用年限不能超过国家规定禁止使用的日期，而不论设备的现时技术状态如何。

②寿命年限平均法。该方法是根据企业已退役的机器设备使用寿命年限的记录，按加权平均法确定机器设备的平均寿命年限，并以此作为被评估机器设备的总寿命年限，再扣除已使用年限后即得尚可使用年限。

该方法的运用前提是：企业机器设备报废资料记录比较完整，且具有一定数量；企业机器设备使用保养情况正常，或评估对象与退役的机器设备使用情况、维修保养情况以及运行环境状况基本相同；被评估机器设备与退役的机器设备类型、规格型号、制造质量等方面基本相同。

【做中学 5－14】 评估企业一台普通金属切削机床的成新率：该机床已使用 5 年，查阅近 3 年设备退役记录发现，共报废该类机床 8 台，其中使用寿命 13 年的 1 台、使用寿命 15 年的 2 台、使用寿命 16 年的 3 台、使用寿命 17 年和 20 年的各 1 台。

经分析，被评估设备与退役设备的使用情况、维修保养情况及运行环境状况基本相同，则该类设备的平均使用寿命为：

$$\frac{13\times1+15\times2+16\times3+17\times1+20\times1}{8}=16(\text{年})$$

③预期年限法。该方法也称技术鉴定法，是应用工程技术手段现场勘察和技术鉴定，检测机器设备的各项性能指标，确定资产的磨损程度，并与现场操作人员和设备管理人员交谈，了解设备的使用状况、维修保养状况及运行环境状况，依靠专业知识和经验判定机器设备的尚可使用年限。

在对已使用时间较长、比较陈旧的机器设备以及超龄服役的机器设备确定尚可使用年限时，一般采用此方法。预期年限法主观性较强，难度也较大，需要评估人员具有较强的专业水准和丰富的评估经验，这也是评估人员必备的本领。

2. 综合年限法

综合年限法是根据机器设备投资分次完成、机器设备进行过更新改造和追加投资，以及机器设备的不同构成部分的剩余寿命不相同等一些情况，经综合分析判断，并采用加权平均计算法，确定被评估机器设备的成新率。

(1)综合已使用年限的确定

一台机器设备由于分次投资、更新改造、追加投资等情况，使不同部件的已使用年限不同，如果要确定整个设备的已使用年限，应按各部件重置成本的构成作权重，对各部件不同的已使用年限进行加权平均，确定使用年限。

(2)综合尚可使用年限的确定

与已使用年限一样，一台设备各部件的尚可使用年限也可能有长有短，在评估时，可按重置成本对各部件的尚可使用年限进行加权平均，求得整个设备的尚可使用年限。

机器设备的尚可使用年限，即机器设备的剩余使用寿命，是指从评估基准日到机器设备报废所经历的时间。它受已使用年限、使用状况、维修保养情况的影响。在评估实务中，对于设备的尚可使用年限，可根据情况采用如下方法确定：

①对于全新或较新的机器设备，以及法定折旧年限基本能体现寿命年限的设备，以预计折旧年限扣减已使用年限来确定尚可使用年限。

尚可使用年限＝法定折旧年限－已使用年限

②对于有足够的与待估设备制造厂家、制造质量、规格型号、使用状况、维修保养及运行环境状况基本相同的退役设备的机器设备，可用经验年限法确定设备的尚可使用年限。即根据已退役的机器设备的使用寿命记录，计算出它们的加权平均寿命年限，并以此作为被评估设备的总寿命年限，再扣除被评估设备已使用年限后即可求得被评估设备尚可使用年限。

尚可使用年限＝同类设备的平均使用年限－已使用年限

【做中学 5－15】 2020 年 5 月对星海公司的一台设备进行评估。该设备购置于 2015 年，已使用 5 年，评估人员查阅了相同设备的报废记录，历史记录显示共报废该类设备 10 台：

有2台的使用寿命为12年；有2台的使用寿命为13年；有3台的使用寿命为14年；有1台的使用寿命为15年；有1台的使用寿命为16年；有1台的使用寿命为17年。试计算该设备的尚可使用年限。

该类设备的平均使用寿命为：

12×2/10＋13×2/10＋14×3/10＋15×1/10＋16×1/10＋17×1/10＝14(年)

被评估设备的尚可使用年限＝14－5＝9(年)

③如果评估人员具有较强的专业技术水平和丰富的实践经验，可以借助工程技术手段进行现场勘察和技术鉴定，判定机器设备的尚可使用年限。

根据以上所述，如果机器设备的投资是分次完成的，或者经过大修理、技术更新改造和追加投资，或者考虑到机器设备的不同构成部分的磨损不同，所运用的方法可称为综合年限法。简单年限法和综合年限法同属于使用年限法，只是考虑机器设备的投入状况不同而已。

利用综合年限法估算设备成新率，可以参考下列公式进行近似估算：

$$\text{成新率}=\frac{\text{尚可使用年限}}{\text{加权投资年限}+\text{尚可使用年限}}\times 100\%$$

其中：

$$\text{加权投资年限}=\frac{\sum\text{加权投资成本}}{\sum\text{投资成本}}$$

$$\text{加权投资成本}=\text{已使用年限}\times 100\%$$

【做中学5－16】 星海公司2010年购入一台设备，账面原始价值为30万元，2015年和2017年进行了两次技术更新改造，当年投资额分别为3万元和2万元。2020年底对该设备进行了资产评估，假设从2010年到2020年通货膨胀率为10%，该设备的尚可使用年限经检测和鉴定为7年。试计算该设备的加权投资年限和成新率。

计算步骤如下：

第一步，调整计算现行成本，如表5—3所示。

表5—3　　更新重置成本计算表

投资日期	原始投资额(元)	价格变动系数	现行成本(元)
2010年	300 000	2.6	780 000
2015年	30 000	1.61	48 300
2017年	20 000	1.33	26 600
合　计	350 000		854 900

第二步，计算加权投资成本，计算过程如表5—4所示。

表5—4　　加权更新重置成本计算表

投资日期	现行成本(元)	投资年限	加权投资成本(元)
2010年	780 000	10	7 800 000
2015年	48 300	5	241 500
2017年	26 600	3	79 800
合　计	854 900		8 121 300

第三步，计算加权投资年限：

$$加权投资年限=\frac{\sum 加权更新重置成本}{\sum 更新重置成本}=\frac{8\ 121\ 300}{854\ 900}\approx 9.5(年)$$

第四步，计算成新率：

$$成新率=\frac{尚可使用年限}{加权投资年限+尚可使用年限}\times 100\%=\frac{7}{9.5+7}\times 100\%=42\%$$

(二)观测分析法

观测分析法又称观察法，是评估人员根据对机器设备的现场观察和技术检测，在综合分析机器设备的已使用时间、使用状况、技术状态、维修保养状况、大修技改情况、工作环境和条件等因素的基础上，测定设备的成新率。

观测分析法的基本思路及过程如下：

第一步，确定和划分不同档次设备成新率的标准，一般是先确定“两头”，即全新或投入使用不久、基本完好的设备和待淘汰处理报废的设备，然后根据设备评估工作的要求，在全新设备和待报废设备之间设若干档次，并规定不同档次设备的技术经济参数标准。

第二步，对被评估机器设备的使用时间、使用状况、利用率、技术状况、维修保养、大修理、工作环境等基本情况有充分的了解。

第三步，借助必要的检测手段，对被评估设备进行技术检测或鉴定。

第四步，根据掌握的情况以及鉴定的结果给被评估机器设备打分，并与标准分值相对照确定成新率。

运用观察法估测机器设备的成新率，在具体操作中可采用以下两种具体方法：

1. 直接观测法

直接观测法是首先确定和划分不同档次的成新率标准，然后根据评估对象的实际情况，经观测、分析、判断，直接确定被评估机器设备的成新率。这种方法的特点是相对简便、省时、易行，但主观性强，精确度较差，一般适用于单位价值小、数量多、技术性不是很强的机器设备成新率的确定。

2. 打分法

打分法又称分部分项鉴定法，是先按机器设备的构成部分分项，按各项的价值比重或贡献度打分，然后根据对设备各部分实际状况的技术鉴定，通过打分来确定被评估机器设备的成新率。这种方法的特点是使单项设备的成新率的确定定量化，在一定程度上克服了主观随意性，使成新率的确定更加科学合理。下面以普通机床为例，对这种方法加以具体说明。

在对机床采用打分法估测成新率时，首先把机床划分为机床精度、操作系统、运动系统、润滑系统、电气系统、外观及其他几个部分，并给定每个部分的标准分，然后对各部分进行观测或技术鉴定，在此基础上，对各部分实际状况打分，最后把各部分实得分数相加，即可得到被评估机床的成新率。具体情况如表 5—5 所示。

表 5－5　　机器设备(机床)成新率鉴定表

单位名称：　　　　　　　　　　　　　　　　　　　　　　　　　评估基准日：

<table>
<tr><td colspan="2">设备名称</td><td></td><td>规格型号</td><td></td><td>制造厂家</td><td></td></tr>
<tr><td colspan="2">购置时间</td><td></td><td>已使用年限</td><td></td><td>近期大修理日期/金额</td><td></td></tr>
<tr><td>序号</td><td>项目</td><td>标准分</td><td colspan="3">鉴定内容及实际情况</td><td>实际打分</td></tr>
<tr><td>1</td><td>机床精度</td><td>55</td><td colspan="3">(1)几何精度，如溜板移动在垂直平面内的直线度、主轴锥孔中心线的径向跳动等指标是否达到设计及有关要求
(2)工作精度，如精车轴类零件外圆的圆度和圆柱度、精车端面的平面度等指标是否达到有关要求</td><td></td></tr>
<tr><td>2</td><td>操作系统</td><td>6</td><td colspan="3">变速及溜板操作手轮或手柄是否灵活轻便、丝杠与螺母之间的间隙是否过大</td><td></td></tr>
<tr><td>3</td><td>运动系统</td><td>8</td><td colspan="3">包括主轴箱、进给箱的齿轮传动系统，各部位轴承有无振动及发热，各滑动面有无拉伤</td><td></td></tr>
<tr><td>4</td><td>润滑系统</td><td>10</td><td colspan="3">润滑油泵出口压力是否达到额定值、油管是否有泄漏、油路是否畅通</td><td></td></tr>
<tr><td>5</td><td>电气系统</td><td>15</td><td colspan="3">电控箱中电流开断装置，如磁力启动器、交流接触器、空气断路器以及各种继电器触点有无烧损或接触不良，工作是否正常；电动机在运转中是否有发热、升温，是否超过正常值</td><td></td></tr>
<tr><td>6</td><td>外观及其他</td><td>6</td><td colspan="3">机床附件是否齐全，安全保护装置是否完好，外观有无锈蚀、碰伤及油漆剥落等</td><td></td></tr>
<tr><td colspan="2">合　计</td><td>100</td><td></td><td>成新率(%)</td><td colspan="2"></td></tr>
</table>

(三)修复金额法

修复金额法是以修复机器设备的实体有形损耗、使之达到全新状态所需要支出的金额，作为估测被修复机器设备有形损耗的一种方法。这种方法假设机器设备所发生的实体性损耗是可以补偿的，则设备的实体性贬值就等于用以补偿实体性损耗所发生的费用。所用的补偿手段一般是修理或更换损坏部分。这种方法适用于具有特殊结构的机器设备的可修复性有形损耗的估算。可修复性有形损耗是指机器设备的有形损耗在技术上是可修复的，在经济上也是合算的，否则称为不可修复性损耗。可修复性损耗计算公式如下：

$$\text{实体有形损耗率}=\frac{\text{设备修复费用}}{\text{设备重置成本}}\times 100\%$$

$$\text{成新率}=1-\text{实体有形损耗率}$$

大多数情况下，机器设备的可修复性损耗与不可修复性损耗是并存的，需分别计算它们的贬值。

提示：修复金额法在机器设备评估中被广泛使用，特别是对定期需更换易损配件的机器设备，如纺织机械、生产线等设备成新率的计算更为适用。

【做中学 5－17】　某公司一台数控机床已使用 3 年，因其电机质量存在问题，导致设备不能正常使用。该机床重置成本为 200 万元，经济使用寿命约 20 年，现该机床电机损坏，估计修复费用约 20 万元，其他部分工作正常。试确定该机床的实体性贬值额。

解：该设备同时存在可修复性损耗和不可修复性损耗。电机损坏是可修复性损耗，我们用修复金额法计算其贬值，贬值额等于机器的修复费用，约 20 万元；另外该机器已运行 3 年，我们用使用年限法来确定由此引起的实体性贬值。

所有实体性贬值的计算过程如下：

重置全价：200 万元

可修复性损耗引起的贬值：20 万元

不可修复性损耗引起的贬值：$(200-20)\times 3/20=27$（万元）

该机床的实体性贬值总额：$20+27=47$（万元）

在使用修复金额法时，应注意修复费用中是否包含机器设备更新改造的支出，以避免在功能性贬值计算中漏计或重计。

六、机器设备功能性贬值的估算

机器设备的功能性贬值主要是由于技术进步原因造成原有机器设备技术相对落后的价值贬值。主要表现为两种形式：第一种形式是由于新材料、新工艺、新设计、新技术等的运用，以及管理水平的提高，引起劳动生产率的提高，使得生产制造与原功能相同的设备相比成本降低，即原有机器设备中有一部分购建成本为超额投资，不被社会所承认，造成原有设备的价值贬值。第二种形式是由于技术进步出现了新的性能更好的设备，使原来的设备功能相对落后所引起的贬值。具体表现为在完成相同工作量的前提下，消耗的原材料、燃料、动力增加，形成了超额运营成本。

因此，设备的超额投资成本和超额运营成本是分析判断功能性贬值的基本依据。

（一）超额投资成本形成的功能性贬值的估算

设备的超额投资成本等于该设备的更新重置成本与其复原重置成本的差额，主要是由于新技术引起的布局、设计、材料、产品工艺、制造方法、设备规格和配置等方面的变化与改进，使购建新设备的成本比老设备的投资成本降低。其计算公式为：

功能性贬值＝设备复原重置成本－设备更新重置成本

在评估中，如果可以直接确定设备的更新重置成本，则不需要再计算设备的复原重置成本，超额投资成本引起的功能性贬值也不需要单独计算。对于大部分通用设备，重置成本一般根据现行市场价格确定，这个价格已经反映了第一种形式的功能性贬值。

（二）超额运营成本形成的功能性贬值的估算

由于被评估机器设备在以后的尚可使用年限中，每年都会产生较新型机器设备更多的营运性费用，这些超额的营运性费用的折现值总和可以视为功能性贬值的数额，主要是由于技术进步使原有设备与新式设备相比功能落后，运营成本增加。这些需考虑的营运性费用主要有原料、能源、其他物料耗费、操作员工的人工费、维修费和相关管理费等。

超额运营成本引起的功能性贬值一般按以下几个步骤测算：

(1)对被评估设备的运营报告和生产统计资料进行分析。这包括重点分析操作人员数量、维修保养人员数量，以及材料、能源、水电消耗和产量等方面，为估测评估对象未来的运营成本提供依据。

(2)估测被评估设备的剩余经济寿命。

(3)选择参照物，估测并分析在评估对象剩余经济寿命内，参照物与评估对象在产量、成本方面的差异，并将参照物的未来年运营成本与评估对象的未来年运营成本相比较，计算评估对象的年超额运营成本。其计算公式为：

年超额运营成本＝评估对象的未来年运营成本－参照物的未来年运营成本

(4)将年超额运营成本扣减采用新设备生产的新增利润应缴的所得税，得到被评估设备的年净超额运营成本。其计算公式为：

年净超额运营成本＝年超额运营成本×(1－所得税税率)

(5)选择合适的折现率，把整个剩余经济寿命内的各年度净超额运营成本折成现值，其现值额就是功能性贬值额。其计算公式为：

功能性贬值＝年净超额运营成本×年金现值系数

【做中学5－18】 某条待估生产线，正常生产时每年比新型生产线多耗电6 000度，每度电按0.5元计算。估计该生产线尚可使用5年，所得税税率为25%，折现率为8%。计算该生产线的功能性贬值。

(1)计算该生产线的年超额运营成本：

年超额运营成本＝6 000×0.5＝3 000(元)

(2)计算该生产线年净超额运营成本：

年净超额运营成本＝3 000×(1－25%)＝2 250(元)

(3)根据年净超额运营成本计算该生产线的功能性贬值：

功能性贬值＝2 250×(P/A,8%,5)＝2 250×3.992 7＝8 984(元)

功能性贬值是在采用重置成本法评估机器设备时必须考虑的一个因素，超额投资成本和超额运营成本形成的功能性贬值一般应分别计算。设备的功能性贬值一般多发生在新兴产业、高技术产业以及进口设备上，此情况在评估时应加以关注。

七、机器设备经济性贬值的估算

机器设备的经济性贬值是因为设备外部因素引起的设备价值贬值。这些因素包括：国家出台有关能源、环保等方面的法律法规，对高能耗的机电产品强制淘汰，缩短了设备的正常使用寿命；国家对能耗设备加价收费等原因引起机器设备营运性费用提高；市场竞争加剧导致产品销售数量减少，从而引起设备开工不足、生产能力相对过剩等。

(一)经济性贬值估算的范围

设备经济性贬值的估算主要是以在评估基准日以后是否闲置、停用或利用不足为估算依据。经济性贬值的计算对象包括生产线或机组、大型重要设备等，对小型单台设备、季节性使用设备、辅助生产设备通常不单独计算经济性贬值。对于评估基准日后不再继续使用或无法继续使用的设备，不专门估算其经济性贬值。

(二)经济性贬值估算的方法

1. 因设备利用率降低导致的经济性贬值

当机器设备因外部因素(如经济衰退、产业结构调整、国家环保政策限制等)影响出现开工不足，致使设备的实际生产能力显著低于其额定或设计能力时，它的价值也就低于能充分利用时的价值。这种差别可用经济性贬值率来表示：

$$经济性贬值率=\left[1-\left(\frac{设备预计可被利用的生产能力}{设备原设计生产能力}\right)^x\right]\times 100\%$$

公式中，x 为规模效益指数，它的取值范围为0.4—1.2。在机器设备评估中，x 的取值一般在0.6—0.7。

经济性贬值额＝(重置成本－实体性贬值额－功能性贬值额)×经济性贬值率

【做中学 5－19】 星海公司某待估生产线，设计生产能力为每天生产钢材 40 000 千克，由于开工不足，每天只生产 30 000 千克。该生产线的重置成本为 150 万元，成新率为 80%。试估测该生产线的经济性贬值额（规模效益指数为 0.7）。

经济性贬值率＝$[1-(30\ 000/40\ 000)^{0.7}]\times 100\%=18.2\%$

经济性贬值额＝100×80%×18.2%＝14.56（万元）

2. 因设备收益减少导致的经济性贬值

如果机器设备因外部因素变化所造成的纯收益的减少额能够计算的话，就可以直接将设备继续使用期间的每年纯收益的减少额（损失额）按一定的折现率进行折现，然后累加求得经济性贬值额。其计算公式为：

$$经济性贬值额＝设备年收益减少额\times(1-所得税税率)\times(P/A,r,n)$$

公式中，$(P/A,r,n)$为年金现值系数。

【做中学 5－20】 承【做中学 5－19】，如果星海公司生产的钢材按设计产量生产的话，为使产品全部销售出去，销售价格就需由 60 元/千克降为 50 元/千克。假设被评估生产线尚可继续使用 6 年，折现率为 10%，所得税税率为 25%，一年按 360 天算。计算待估生产线的经济性贬值额。

经济性贬值额＝40 000×(60－50)×360×(1－25%)×$(P/A,10\%,6)$

＝108 000 000×4.355 3

＝470 372 400（元）

实际评估工作中，机器设备的功能性贬值和经济性贬值有时可以单独计算，有时则不能单独计算，这要分析在设备的重置成本和成新率的测算中考虑了哪些因素。在评估过程中，要避免重评和漏评贬值因素。

任务三　市场法和收益法在机器设备评估中的应用

一、市场法

（一）市场法的概念

机器设备评估的市场法是根据市场上类似设备的交易价格资料，通过对评估对象和市场参照物各种因素的分析比较，找出差异因素，并调整差异对机器设备价值的影响，最终确定待估设备价值的方法。

（二）市场法的适用范围和前提条件

1. 市场法的适用范围

市场法主要适用于机器设备正常变现价值和非正常变现价值的估算，是一种非常简单、有效的方法。同时，市场法的运用与市场经济的建立和发展、资产的市场化程度密切相关。

2. 市场法的前提条件

运用市场法评估机器设备必须具备两个前提条件：

(1)需要一个充分发育、活跃的机器设备交易市场。充分发育、活跃的市场是运用市场法的基本前提。充分发育、活跃的设备交易市场应包括三种市场：①全新机器设备市场，它是常规性的生产资料市场；②二手设备市场，即设备的旧货市场；③设备的拍卖市场。

从地域角度来看，机器设备市场还可分为地区性市场、全国性市场和世界性市场，地域因素对机器设备的交易价格也会产生影响。

(2)与被评估设备相同或相类似的参照物设备能够找到。在设备市场中与评估对象完全相同的资产是很难找到的，一般是选择与被评估设备相类似的机器设备作为参照物。参照物与被评估机器设备之间不仅在用途、性能、规格、型号、新旧程度方面应具有可比性，而且在交易背景、交易时间、交易目的、交易数量、付款方式等方面也应具有可比性，这是决定市场途径是否可行及其方法能否运用的关键。

(三)市场法评估的基本步骤

用市场法评估机器设备的基本步骤包括以下方面：

1. 收集有关机器设备交易资料

运用市场法的首要工作就是在掌握被评估设备基本情况的基础上进行市场调查，收集与评估对象相同或类似的机器设备的交易实例资料。

所收集的资料一般包括设备的交易价格、交易日期、交易目的、交易方式、交易双方情况，以及机器设备的类型、功能、规格型号、已使用年限、设备的实际状态等。对所收集的资料还应进行核实，确保资料真实性和可靠性。

2. 选取市场参照物

评估人员在了解评估对象的基本情况以后，要进行市场调查，收集参照物市场交易资料，根据评估目的选择市场参照物。

3. 进行因素比较修正

尽管评估人员在选择市场参照物时尽量做到使待估对象与市场参照物比较接近，但是，评估对象与参照物在交易情况、品牌、功能、新旧程度、交易日期上总是存在一定的差异。评估人员还必须对这些价值影响因素进行分析、比较，然后量化并调整差异影响。

(1)量化和调整交易情况的差异。机器设备的交易价格会受到供求状况、交易双方情况、交易数量和付款方式的影响。当待估设备与参照物在上述方面存在差异时，要进行修正和调整。其计算公式为：

$$交易情况调整后价值=参照物交易价格\times\frac{正常交易情况值}{参照物交易情况值}$$

(2)量化和调整品牌方面的差异。同一类型的设备由于生产厂家和品牌的不同，产品质量和销售价格也有差别。名牌产品质量好，价格高；一般产品质量差一些，价格也低。当待估设备与参照物在上述方面存在差异时，要进行修正和调整。其计算公式为：

$$品牌差异调整后价值=参照物交易价格\times\frac{全新待估设备交易价格}{同型号全新参照物交易价格}$$

(3)量化和调整功能方面的差异。机器设备规格型号及结构上的差异会集中到不同设备之间的功能差异上，如生产能力、生产效率和运营成本等方面的差异。运用经济规模效益指数法可以将待估设备与参照物在规格型号、结构和功能等方面的差异量化与调整。其计算公式为：

$$功能差异调整后价值=参照物交易价格\times\left(\frac{评估对象设备生产能力}{参照物生产能力}\right)^x$$

公式中，x 为规模效益指数，取值通常在 0.6—0.8。

(4)量化和调整新旧程度方面的差异。评估时,待估设备与参照物在新旧程度上往往不一致,评估人员应对待估设备与参照物的使用年限、技术状态等情况进行分析,分别估测其成新率。然后,采用下列公式进行差异调整:

$$\text{新旧程度差异调整后价值}=\text{参照物交易价格}\times\frac{\text{待估设备成新率}}{\text{参照物成新率}}$$

(5)量化和调整交易日期的差异。如果参照物交易时的价格与评估基准日交易价格存在差异,可利用同类设备的价格指数进行调整。其计算公式为:

$$\text{交易日期调整后价值}=\text{参照物交易价格}\times\frac{\text{评估基准日同类设备价格指数}}{\text{参照物交易时同类设备价格指数}}$$

4. 确定被评估机器设备的评估值

对上述各差异量化和调整后,可得出初步评估结果,再对初步评估结果进行分析,采用算术平均法或加权平均法确定最终结果。如果所选择的参照物的交易地点与待估设备不在同一地区,并且设备价格地区差异很大,还应对区域因素进行修正。

【做中学 5-21】 对某企业一台 1515 纺织机进行评估,评估人员经过市场调查,选择当地近几个月已经成交的 1515 纺织机的 3 个交易实例作为比较参照物。评估对象及参照物的有关资料如表 5—6 所示。

表 5—6　　某企业 1515 纺织机及其评估参照物的有关资料

项　目	参照物 A	参照物 B	参照物 C	评估对象
交易价格	10 000 元	6 000 元	9 500 元	
交易状况	公开市场	公开市场	公开市场	公开市场
生产厂家	上海	济南	上海	沈阳
交易时间	6 个月前	5 个月前	1 个月前	
成新率	80%	60%	75%	70%

评估人员经过对市场信息进行分析得知,3 个交易实例都是在公开市场条件下销售的,不存在受交易状况影响使价格偏高或偏低现象,影响售价的因素主要是生产厂家(品牌)、交易时间和成新率。

(1)生产厂家(品牌)因素分析和修正。经分析,参照物 A 和参照物 C 是上海一家纺织机械厂生产的名牌产品,其价格与一般厂家生产的纺织机相比高 25%左右。则参照物 A、B、C 的修正系数分别为 100/125、100/100、100/125。

(2)交易时间因素分析和修正。经分析,评估时该类设备的价格水平与参照物 A、B、C 交易时相比,分别上涨了 18%、15%、3%。则参照物 A、B、C 的修正系数分别为 118/100、115/100、103/100。

(3)成新率因素分析和修正。根据公式"成新率修正系数=评估对象成新率/参照物成新率",参照物 A、B、C 的修正系数分别为 70/80、70/60、70/75。

(4)计算参照物 A、B、C 的因素修正后价格,得出初评结果。

参照物 A 修正后的价格为:$10\ 000\times\frac{100}{125}\times\frac{118}{100}\times\frac{70}{80}=8\ 260$(元)

参照物B修正后的价格为：$6\ 000\times\frac{100}{100}\times\frac{115}{100}\times\frac{70}{60}=8\ 050$（元）

参照物C修正后的价格为：$9\ 500\times\frac{100}{125}\times\frac{103}{100}\times\frac{70}{75}=7\ 306$（元）

(5)确定评估值。对参照物A、B、C修正后的价格进行简单算术平均，求得被评估设备的评估值为：

$(8\ 260+8\ 050+7\ 306)\div3=7\ 872$（元）

(四)市场法中的比较因素

在使用市场法评估的过程中，很关键的一项工作是将参照物与评估对象进行比较。在比较之前，评估人员首先要判断哪些因素能影响机器设备的价值。

一般来讲，设备的比较因素可分为四大类，即个别因素、交易因素、时间因素和地域因素。

1. 个别因素

机器设备是由零部件组成，并能够完成某种特定功能的实体组合。机器设备的个别因素一般应包括结构、形状、尺寸、性能、生产能力、安装方式、质量、经济性等。这些因素的差异导致机器设备价值的不同。在实际评估中，使用市场比较法的设备一般为标准设备，这些设备是按照标准化、系列化的原则设计生产的，设备名称、规格型号、制造厂家等决定了设备的唯一性，即相同名称、规格型号和制造厂家等的设备是相同的。

2. 交易因素

设备的交易因素包括市场状况、交易动机及背景、交易数量。不同的市场状况、交易动机及背景都会对设备的出售价格产生影响，如以清偿债务、破产清算为目的的出售，其售价往往低于正常的交易价格。另外，交易数量也是影响设备售价的一个重要因素，批量购买的价格一般低于单台购买。

(1)市场状况。它主要指市场供求关系。评估人员应了解被评估设备市场目前是买方市场还是卖方市场，并确定可能对设备价值的影响。

(2)交易动机及背景。不同交易动机及背景都会对设备的出售价格产生影响，如清偿债务和快速变现时，售价往往低于正常交易价格。

(3)交易数量。交易数量越多，越能享受到一定程度上的价格折扣。

3. 时间因素

不同交易时间的市场供求关系、物价水平等也会有不同，评估人员应选择与评估基准日最接近的交易实例，并对参照物的时间影响因素作出调整。

4. 地域因素

由于地区、市场供求条件等因素的不同，设备的交易价格也会受到一定的影响，参照物应尽可能与评估对象在同一地区。如评估对象与参照物存在地区差异，则需要作出调整。

评估师在评估时要根据评估对象的性质确定比较因素，因为每一台机器设备所反映的信息繁多，评估师在处理这些信息时要按对价值的影响程度进行筛选，不能漏掉任何可能对价值产生重要影响的信息，但要忽略一些对价值没有影响或影响较小的信息。

(五)直接比较法

这种方法是把委托评估机器设备和与之基本相同的市场参照物进行比较，进而确定委托评估机器设备的价值。直接比较法应用简单，也最能客观反映设备的市场价值。

这种方法可用以下公式表示：

评估价值＝参照物的市场价值＋差异调整

【做中学5－22】 某公司需要评估一辆红旗轿车。评估师从市场上获得的市场参照物在型号、购置时间、行驶里程、发动机、底盘及各主要系统的状况方面与被评估车辆基本相同。区别之处在于:(1)被评估车辆的前门有破损,需要维修,维修费用大约为1 000元;(2)被评估车辆加装音响一套,价值2 000元;(3)刚刚对参照物车内进行了装饰,费用为4 000元。若该参照物的市场售价为122 000元,求该辆红旗轿车的评估价值。

评估价值＝参照物的市场价值＋差异调整

＝122 000－1 000＋2 000－4 000

＝119 000(元)

使用直接比较法的前提是,评估对象与市场参照物基本相同,需要调整的项目较少,差异不大,并且差异对价值的影响可以直接确定,否则无法使用直接比较法。上例中,如果参照物的购置年代不同、型号有差异、行驶里程差别很大,则不能使用直接比较法。

(六)相似比较法

这种方法是将类似参照物的分析作为估值基础,比较的基础是它的效用,如尺寸、能力等。为了减少比较调整的工作量,减少调整时因主观因素产生的误差,所选择的参照物应尽可能与评估对象相似。在时间上,参照物的交易时间应尽可能接近评估基准日;在地域上,尽可能与评估对象在同一地区;在可比性上,评估对象与参照物应具有较强的可比性,实体状态方面比较接近。

【做中学5－23】 被评估机器设备为A反应炉,一次添加矿物量为8吨/天,反应温度为1 000℃。市场参照物为B反应炉,一次添加矿物量为10吨/天,反应温度为940℃,售价为605万元,使用年限及实体状况与评估对象相同,该类型反应炉的规模经济效益指数为0.96。试计算评估对象的评估价值。

评估价值＝(被评估设备的能力÷参照物的能力)×参照物市场价值

＝(8÷10)×605

＝484(万元)

(七)成本百分率比较法

这种方法是估算设备在销售时售价与当时重置成本的比值,也称为折扣率法。通过对大量市场信息的分析,得到同类型设备的使用年限与售价、重置成本之间存在的关系。即同一类型的机器设备,当使用年限相同时,它们的售价与重置成本之间的比率是很近似的。根据这个规律,评估人员可通过统计分析的方法来建立使用年限与售价、重置成本之间的关系,据此评估在市场上无法找到基本相同或者类似参照物的机器设备。

二、收益法

收益法是通过测算由于获取资产所有权而带来的未来收益的现值来评估资产价值的一种方法。

收益法要求评估对象应具有独立的、连续可计量的、可预期收益的能力。该评估思路对于单台机器设备评估通常是不适用的,因为要想分别确定各台设备的未来收益相当困难。如果把若干台机器设备组成生产线,作为一个整体生产出产品,它们就能为企业创造收益。在这种

情况下,可以用收益途径及其方法对这一组能产生收益的资产进行评估。其计算公式为:

$$P=\sum_{i=1}^{n}\frac{R_i}{(1+r)^i}$$

公式中,P 为评估值,R_i 为设备第 i 年产生的净收益,r 为折现率。

一般来讲,大部分单项设备不具有独立获利能力,所以,对单项设备通常不采用收益法评估。对于自成体系的成套设备、生产线和可以单独作业的车辆等设备,可以采用收益法进行评估。

【做中学 5－24】 对星海公司的一台机床进行评估。该机床使用寿命为 5 年,预计每年的净收益分别为 20 万元、50 万元、80 万元、70 万元和 60 万元。假定折现率为 10%,用收益法计算该机床的价值。

$$P=\sum_{i=1}^{n}\frac{R_i}{(1+r)^i}=\frac{20}{1+10\%}+\frac{50}{(1+10\%)^2}+\frac{80}{(1+10\%)^3}+\frac{70}{(1+10\%)^4}+\frac{60}{(1+10\%)^5}$$

$$=20\times0.9091+50\times0.8264+80\times0.7513+70\times0.6830+60\times0.6209$$

$$=204.67(\text{万元})$$

对于租赁的设备,其租金就是收益。为估测租金多少,可以进行市场调查,分析比较可比的租赁设备的租金,经调整后得到被评估设备的预期收益,调整的因素可能包括时间、地点、规格和役龄等。当设备的收益为等额时,其计算公式为:

$$P=\frac{A}{r}\left[1-\frac{1}{(1+r)^n}\right]$$

公式中,P 表示机器设备评估值,A 表示被评估机器设备的预测收益,r 表示折现率,n 表示机器设备的收益年限。

【做中学 5－25】 运用收益法评估租赁设备价值。有关资料如下:

(1)被评估设备为租赁公司的一台机床,评估基准日以前的年租金净收入为 19 500 元。评估人员根据市场调查,与被评估设备规格型号相同、地点相同、新旧程度大致相同的设备的平均年净租金为 20 000 元。

(2)评估人员根据被评估设备的现状,确定该租赁设备的收益期为 10 年,假设收益期后该设备的残值忽略不计。

(3)评估人员通过对类似设备交易市场和租赁市场的调查,得到的市场数据如表 5—7 所示。

表 5—7　　市场参照物有关数据

市场参照物	设备的使用寿命(年)	市场售价(元)	年净收益(元)	投资回报率(%)
A	10	84 610	21 000	24.82
B	10	83 700	20 000	23.89
C	8	76 500	19 000	24.84

根据 3 个市场参照物的投资回报率以及对 3 个参照物的分析,显示折现率在 23.89%—24.84%,平均值为 24.5%。

根据上述资料，该设备的评估值约为：

$$P=\frac{A}{r}\left[1-\frac{1}{(1+r)^n}\right]=\frac{20\ 000}{24.5\%}\times\left[1-\frac{1}{(1+24.5\%)^{10}}\right]\approx 72\ 509(\text{元})$$

提示：在采用成本法和市场法对机器设备评估时，往往不能测定经济性贬值的全部影响，因为采用这两种方法都是把机器设备作为企业整体的一个部分来看待，以单台、单件的机器设备作为评估的具体对象，而采用收益途径及其方法估价却是把机器设备作为一个具有获利能力的整体来看待，是以盈利能力为基础，反映的是经济有效地运用所有资产的结果。

资产价值的波动和差异反映了利率升降、通货膨胀、竞争、需求变化、市场热点转移、经营成本增加、利润率降低等因素，这些都是无法用成本法和市场法全面充分估测出来的。而要充分考虑到所有这些因素，就要利用收益途径及其方法进行评估。

应知考核

一、单项选择题

1. 运用修复金额法估测成新率适用于(　　)。

A. 所有机器设备

B. 具有特殊结构及可补偿性有形损耗的设备

C. 具有特殊结构及在技术上可修复的有形损耗的设备

D. 具有特殊结构及不可补偿性有形损耗的设备

2. 运用物价指数法估算设备的重置成本，只考虑了(　　)。

A. 时间因素　　B. 地域因素　　C. 功能因素　　D. 技术因素

3. 机器设备评估中，采用的物价指数首选(　　)。

A. 整个工业设备的物价指数　　B. 同一时期的定基物价指数

C. 同一大类设备的物价指数　　D. 同一厂家设备的物价指数

4. 设备的实体性贬值率等于(　　)。

A. 1－成新率　　B. 成新率－1　　C. 1＋成新率　　D. 1÷成新率

5. 学校、专用机器设备等资产的价值评估，一般适宜选用(　　)。

A. 成本法　　B. 收益法　　C. 市场比较法　　D. 残余法

二、多项选择题

1. 重置成本的估算方法有(　　)。

A. 物价指数法　　B. 市场询价法

C. 规模经济效益指数法　　D. 重置核算法

2. 运用市场法评估机器设备时，应对被评估机器设备与参照物进行比较，比较因素包括(　　)。

A. 个别因素　　B. 交易因素　　C. 地域因素　　D. 时间因素

3. 设备成新率的估测通常采用(　　)。

A. 使用年限法　　B. 修复金额法　　C. 观测分析法　　D. 功能价值法

4. 能采用收益法评估的设备主要有(　　)。

A. 单台设备　　B. 成套设备　　C. 通用设备　　D. 生产线

5. 用市场法评估机器设备的基本步骤包括(　　)。

A. 收集有关机器设备交易资料　　B. 选取市场参照物

C. 进行因素比较修正　　D. 确定被评估机器设备的评估值

三、判断题

1. 机器设备的已提折旧年限就是机器设备的已使用年限。(　　)
2. 寿命年限平均法适用于较新的机器设备尚可使用年限及成新率的确定。(　　)
3. 物价指数法能运用于更新重置成本。(　　)
4. 设备利用率小于1,表明设备名义已使用年限小于实际已使用年限。(　　)
5. 设备的重置成本是指在评估时点再获取全新设备的取得成本。(　　)

四、简述题

1. 简述机器设备评估的特征。
2. 简述影响机器设备评估价值的基本因素。
3. 简述机器设备评估的程序。
4. 简述机器设备功能性贬值和经济性贬值如何估算。
5. 简述机器设备有形损耗(实体性贬值)的估算方法。

应会考核

■ 观念应用

【背景资料】

被评估机组为5年前购置,账面价值为20万元人民币,评估时该类型机组已不再生产,已经被新型机组所取代。经调查和咨询了解到,在评估时点,其他企业购置新型机组的取得价格为30万元人民币,专家认定被评估机组与新型机组的功能比为0.8,被评估机组尚可使用8年。假定其他费用可以忽略不计。

【考核要求】

试根据所给条件,请分析:

(1)估测该机组的现时全新价格;

(2)估算该机组的成新率;

(3)估算该机组的评估值。

■ 技能应用

1. 拟对某企业的一台外圆磨床进行评估,其购建于2011年,原始购置成本为100万元,评估基准日为2020年11月11日,已知2011年与2020年该类设备定基物价指数分别为150%和195%。试估算该设备的重置成本。

2. 某被评估化工设备的生产能力为月产20吨。评估时,市场上已没有相同生产能力的化工设备,但有新型同类化工设备,市场售价为150万元,生产能力为月产30吨。经测算,该类设备的规模经济指数为0.65。求被评估化工设备的重置成本。

3. 欲评估某企业的一台万能车床,此车床按现行的市价每台为78 000元,运杂费为800元,安装调试费中原材料费为520元、人工费为400元。据统计,同类设备安装调试的间接费用为人工费的80%。试估算该车床的重置成本。

4. 某药品生产线原设计生产能力为5 000吨/年。目前,由于新产品出现,市场对老产品需求减少,造成设备开工不足,现在生产线实际年产量为3 000吨。统计数据表明,该类生产线的规模经济效益指数为0.6。试求该生产线的经济性贬值率。

【技能要求】

请对上述内容进行计算。

■ 案例分析

对星海公司一台通用机床进行评估,评估人员经过市场调查,选择本地区近几个月已经成交的3个交易实例作为参照物,评估对象及参照物的有关资料如表5—8所示。

表5—8　　评估对象及参照物的有关资料

经济技术参数		参照物A	参照物B	参照物C	评估对象
交易价格		186	155	168	
因素修正	交易状况	105	98	103	100
	品牌因素	102	100	102	100
	功能因素	99	101	98	100
	价格指数	110%	112%	108%	125%
	成新率	80%	70%	75%	70%

【分析要求】

根据上述条件,计算参照物A、B、C的因素修正后价格,得出初评结果,确定该机床的评估值。

项目实训

【实训项目】

机器设备评估。

【实训内容】

机器设备评估的基本程序及评估方法的应用。

【实训目的】

掌握不同的评估方法在机器设备评估中的应用,并加以区别。

【实训反思】

(1)掌握机器设备评估的基本程序以及评估过程中不同阶段应注意的问题。

(2)掌握成本法在机器设备评估中的应用,实践重置成本在不同情况下的不同计算方法。

(3)掌握机器设备的实体性贬值、功能性贬值和经济性贬值的区别与测算方法。

(4)掌握市场法在机器设备评估应用中应注意的问题。

(5)掌握收益法在机器设备评估应用中应注意的问题。

(6)将实训报告填写完整。

《机器设备评估》实训报告		
项目实训班级：	项目小组：	项目组成员：
实训时间：　　年　　月　　日	实训地点：	实训成绩：
实训目的：		
实训步骤：		
实训结果：		
实训感言：		
不足与今后改进：		
项目组长评定签字：		项目指导教师评定签字：

项目六

房地产评估

○ **知识目标：**

理解：房地产评估的概念和特点、房地产评估的各种方法。

熟知：在评估房地产时的基本思路及方法的适用范围、计算公式、操作步骤。

掌握：市场法、成本法、收益法在房地产评估中的应用。

○ **技能目标：**

在掌握房地产评估基本方法理论的基础上，能够学会用合理的方法对房地产进行评估，并灵活地运用各种方法。

○ **素质目标：**

通过对本项目的学习，加强对房地产评估的基本认识，明确房地产评估的基本内容和特点，充分地理解和认识成本法、市场法、收益法与其他方法在房地产评估中的应用。把学和做有机结合，做到学思用贯通、知信行统一，提高自己的职业道德素养。

○ **项目引例：**

不动产的资产评估分析应用

2020 年 11 月，评估人员对大连万达广场未名山房地产进行评估，可比实例房地产的交易价格为 20 000 元/平方米，经调查了解，其交易价格与正常交易价格相比偏高 5%，则修正后的正常交易价格为多少？如果可比实例房地产的交易价格比正常交易价格偏低 2%，则修正后的正常交易价格为多少？

引例导学：上述提到的是一个房地产评估案例。那么，什么是房地产评估？房地产评估有什么特点？房地产评估的方法如何应用？需要使用哪些数学公式？通过对本项目的学习，你将得到解答。

○ **知识精讲：**

任务一　房地产评估概述

一、房地产的概念及其特征

（一）房地产的概念

房地产是土地和房屋财产的合称，通常又称不动产。房地产的概念有狭义和广义两种。

狭义的房地产是指土地、建筑物及其他地上附着物，包括物质实体和依托于物质实体的权益。其中，土地是指地球表面及其上下一定范围的空间；建筑物是指人工建筑而成，由建筑材料、建筑构配件和设备等组成的整体物;其他地上附着物是指固定在土地或建筑物上,与土地、建筑物不能分离,或者能够分离,但是分离不经济,或者分离后会破坏土地、建筑物的完整性、使用价值或功能,或者使土地、建筑物的价值受到明显损害的植物或人工建筑等。

广义的房地产除上述内容外,还包括诸如水、矿藏、森林等自然资源。

(二)房地产的特征

1. 房地产的自然特征

房地产的自然特征源于土地的自然特性。土地是房屋的物质载体,土地的特性一定会通过房地产表现出来。房地产的自然特征表现如表 6—1 所示。

表 6—1　　房地产的自然特征

自然特征	说　明
位置固定性	房屋固着在土地上,相对位置固定不变
质量差异性	土地的位置不同,造成了土地之间的自然差异,同时也造成了房地产之间的效用差异
使用长期性	如果合理使用,土地可以永续利用,且建筑物的使用年限达数十年

2. 房地产的社会经济特征

房地产的社会经济特征表现如表 6—2 所示。

表 6—2　　房地产的社会经济特征

社会经济特征	说　明
供求区域性	土地位置的固定性决定了房地产具有区域性的特点
供给的相对垄断性	我国土地所有权和使用权的垄断性决定了房地产供给的相对垄断性
利用的多方向性	土地的用途是多样的,建筑物的用途在某种意义上也具有转换的可能性,因此,房地产利用的多方向性客观上要求在合法的前提下确定房地产的最佳用途
效益的级差性	土地质量的差异性使不同区位土地的生产力不同,房地产利用的多方向性使其在经济效益上具有级差性
政策限制性	房地产市场受国家和地区政策影响较大,城市规划、土地利用规划、土地用途管制、住房政策、房地产信贷政策、房地产税收政策等都会对房地产的价格产生直接或间接的影响

3. 房地产的价值特征

在我国,土地公有制使得国家在土地所有权和使用权上占据了垄断地位,进而房地产市场较其他国家也比较特殊,形成了土地和房产的两级市场,即一级市场和二级市场。

(1)土地的两级市场。土地使用权的一级市场是由政府主导的市场,政府的主导作用集中体现在一级土地市场上。我国国有土地使用权可以转让,因此,一级土地市场是政府土地使用权出让的市场。国有土地使用权出让是指国家以土地所有者的身份将国有土地使用权在一定年限内让与土地使用者,并由土地使用者向国家支付土地使用权出让金的行为。国有土地使用权出让可以采取协议、招标、拍卖和挂牌的方式。

土地使用权价格按照土地使用用途的不同和使用年限的长短区分为各种年限的使用权价格,其出让的最高年限由国务院按下列用途确定:居住用地 70 年(可以无限续展);工业用地 50 年;教育、科技、文化、卫生、体育用地 50 年;商业、旅游、娱乐用地 40 年;综合或者其他用地

50年。

土地使用权的二级市场是土地使用权的再转让市场，即已经从政府取得土地使用权的企业、单位和个人将土地使用权再转让的市场。

(2)房产的两级市场。房产也有两级市场，房产的一级市场是房产的建造市场，房产的二级市场是房产的交易市场。

既然房产存在着两级市场，房产的市场价格或价值就自然存在着两个级次：第一个级次包括一级土地市场价格或价值，以及房产建造价格或价值；第二个级次包括二级土地市场价格或价值，以及二级房产市场价格或价值。

由于房产评估立足于房产的二级市场，评估人员需要知晓存在一级土地市场价格或价值、一级房产建造价格或价值，不要混淆了房产的一级市场和二级市场，以及房产的一级市场价值和二级市场价值。

房产的二级市场是一个较为丰富的市场，它包括转让市场、租赁市场、抵押市场、拍卖市场等。房产二级市场的多样性决定了房产价值的多样性，房产价值具有以下基本特征：房产价值是房产的权益价值；房产价值与其用途和效用相关；房产价值具有个别性和区域性。

二、房地产评估的概念、特点和目的

(一)房地产评估的概念

房地产评估是指专业评估人员根据评估目的，遵循评估原则，按照评估程序，选用适宜的评估方法，在综合分析影响房地产价格因素的基础上，对房地产在评估时点的价值进行分析、估算并发表专业意见的行为和过程。

房地产评估即房地产估价，是对房地产价值的评估，不包含房地产质量、等级评估，也不包含房地产制度政策评估、房地产企业资信评估等。

对于房地产评估，不同领域、不同国家有不同的称谓：我国资产评估领域称房地产评估，房地产领域称房地产估价；美国称 real estate appraisal；英国称 property valuation；日本和韩国称不动产鉴定评价，简称不动产鉴定；我国台湾地区称不动产评估，也有称不动产鉴定或不动产鉴价；我国香港地区通常称物业评估。

为正确理解房地产评估，需要明确以下问题：(1)房地产评估是科学与艺术的有机结合；(2)房地产评估是房地产评估专业人员对客观存在的房地产价格的揭示和表达；(3)任何评估都是为一定的评估目的服务的；(4)价值类型必须与评估目的等相关条件符合；(5)科学的评估必须遵循一定的原则和程序；(6)必须选择科学而适当的评估方法；(7)充分占有与评估房地产相关的资料，深入分析影响房地产价格的因素；(8)评估结果是某一评估时点的结果。

(二)房地产评估的特点

房地产评估是专业评估人员根据评估目的和执业规范要求，对房地产在评估时点的价值进行估算和判定的活动。房地产自身的特点决定了房地产评估具有以下特点：

1. 房地合估

从房地产存在的形态来看，房地产是依托于一定的土地之上的，土地开发成本蕴含在房产价值中，土地使用价值通过房地产来反映。房地产的价格很大程度上受房产环境质量的影响，但决定环境质量的不仅仅是房产建筑本身，还与地产的不可位移性相关。因此，尽管房产和地产是可以加以区分的评估对象，而且土地使用权可以独立于房产而存在，但是由于两者在使用价值上的相互依存和价格形成中的内在联系，要求在评估中把两者作为相互联系的对象进行综合评估。我国现行的法律也规定，土地和房屋应同时转让或抵押。

2. 以房地产最佳使用为评估前提

在充分活跃的市场条件下，通过竞争可以使房地产达到最佳使用，包括房地产的最佳用途、最佳使用强度和最佳效益。站在房地产权利人的角度考虑，希望获得房地产最大收益或达到最佳使用效果是合理的要求。在房地产评估过程中，评估人员应充分考虑房地产现时的用途和利用方式，以及房地产是否具有最佳使用的可能性、实现的途径，并以房地产最佳使用作为评估前提。房地产的最佳使用必须是在法律、法规允许的范围内，以及在城市规划的约束条件下进行。

3. 建筑物产权受到土地使用权年限的制约

建筑物存续期虽然不能说是永续的，但是建筑物一经建成，其寿命一般可达几十年甚至上百年。我国城镇土地使用权是有期限的，并且政府规定土地使用权期满，土地使用权及其地上建筑物、其他附着物所有权由国家无偿取得。因此，在评估建筑物时，必须注意建筑物的年限与土地使用权的吻合程度，当建筑物的剩余年限大于土地使用权的剩余年限时，只能以土地使用权剩余年限为准来评估建筑物的价值。

（三）房地产评估的目的

房地产评估的目的是指房地产评估结果的期望用途。通常分为一般目的和特定目的。

1. 房地产评估的一般目的

房地产评估的一般目的，可以理解为房地产评估的基本目标。如果撇开房地产评估结果的具体用途或引起评估的具体经济行为，其共性就是对房地产的客观合理价值进行判断或评定估算。评定估算出房地产在各种条件下的公允价值（客观合理价值）是房地产评估的一般目的。

2. 房地产评估的特定目的

房地产评估的特定目的，即引起房地产评估的经济行为，或房地产评估结果的具体用途。房地产评估的特定目的是房地产评估一般目的的具体化。

房地产评估目的主要有以下几个方面：(1)房地产交易；(2)房地产抵押、典当；(3)房地产保险和损害赔偿；(4)房地产课税；(5)房地产征用、拆迁、补偿；(6)房地产纠纷、涉案中鉴定相关涉案金额；(7)企业合资、合作、合并、兼并、分立、买卖、租赁经营、承包经营、改制、上市、破产清算等；(8)房地产投资；(9)为政府进行房地产管理提供相关房地产的价格信息。

三、房地产评估的原则

（一）预期原则

应根据房地产未来的预期指标（如收益等），判定房地产现实状况（如价值等）。预期收益是对房地产将来所能产生收益的预期或对未来价格的预期。因此，房地产价格的评估需要的不是过去而是未来的收益。

（二）变动原则

影响房地产价格的因素是经常变动的，所以房地产的价格会伴随着价格形成因素的变化而不断变动。

对房地产价格变动的把握是否恰当，在很大程度上直接关系到对评估方法基本原理的理解，以及评估结果能否客观、准确地反映评估对象的市场价值。

（三）供需原则

房地产的价格最终是由市场上房地产的供给和需求状况决定的。房地产评估中，一定要充分注意房地产市场特别是土地市场的这种特殊供求关系及其发展趋势。

（四）替代原则

在市场上，往往会存在使用价值和质量相同的商品，由于它们的效用相近，在对消费者消费需要满足方面也存在相互替代性。在竞争规律的作用下，在同一市场上，它们的价格会趋向一致，效用有差异的商品也会形成相对稳定的比价关系。

房地产评估中，委估房地产的价格可以通过对市场上地域相近、类型相似、用途相同的交易实例价格进行比较修正后估定。

（五）竞争原则

对市场上供给和需求双方来说，每一方都有多个主体，各方主体之间为销售商品或购买商品在市场上展开竞争，价格是经过竞争后确定的。因此，竞争方式及其程度等对商品的价格形成有着较大的影响。

房地产供给市场是非完全竞争市场，房地产需求市场的竞争相对激烈，通过需求者之间的竞争，会使市场价格逐渐上升，最终达到均衡价格。

（六）贡献原则

房地产的某一部分对整体（如收益）的贡献程度，会对整体房地产的价值产生影响。

（七）均衡原则

该原则是以房地产内部构成要素的组合是否均衡，来判定房地产是否处于最高最佳使用状态。

（八）效用原则

能给消费者带来较高效用的房地产的价值高，相同效用的房地产价值也相同，房地产的价值与其所能带来的效用成正比。

（九）机会成本原则

房地产评估应选择其机会成本最小的使用方式，也就是选择其最高最佳的使用方式作为其评估时点的状态。

（十）外部影响原则

某一房地产的存在既可对其周围房地产的价值产生影响，同时其价值又受周围房地产或其他因素的影响。评估房地产不仅要考虑其自身的条件，还要考虑外部其他因素对其产生的影响，合理估算其价值。

（十一）合法原则

房地产评估应以评估对象的合法产权、合法使用、合法处分为前提。

（十二）最高最佳使用原则

最高最佳使用原则是指房地产评估应以评估对象的最高最佳使用为前提，评估的结果是被评估房地产在最高最佳使用状态下的价值。所谓最高最佳使用，是指法律上许可、技术上可能、经济上可行，经过充分合理论证，能使评估对象的价值达到最大的一种最可能的使用。

（十三）评估时点原则

房地产估价的时点原则就是指估价的结论具有很强的时效性，即同一宗房地产，其价格随市场的变化在不同的时段是不一样的。为了使估价的结果与市场的变化在不同的时段上相关并一致，评估房地产必须将其限定在某一时点上。因此，房地产的评估结果应该是评估对象在评估时点上的客观合理价值。

四、影响房地产价格和评估价值的因素

影响房地产价格和评估价值的因素有很多，错综复杂。各种因素对房地产价格的影响是不同的，有的有利于提高房地产的价格，有的则起相反的作用。影响房地产价格的因素，按照它们与房地产的关系，可以分为一般因素、区域因素和个别因素三个层次。

（一）一般因素

一般因素是指影响一定区域范围内所有房地产价格和评估价值的一般的、普遍的、共同的因素。这些因素通常会在较广泛的地区范围内，对各宗房地产的价格和评估价值产生全局性的影响。这类因素主要包括经济因素、社会因素和行政因素等。

（二）区域因素

区域因素是指某一特定区域内的自然条件与社会、经济、行政等因素相结合所产生的区域性特征。这些区域性特征具体表现为区域繁华程度、道路通达程度、交通便捷程度、基础设施和公共设施状况以及区域环境等。

（三）个别因素

个别因素分为土地的个别因素和建筑物的个别因素。其中，土地的个别因素也称宗地因素，是宗地自身的条件和特征对该地块价格的影响，具体包括区位、面积、临街深度、地质、地形、地势、土地使用年限等；建筑物的个别因素，主要表现为建筑物的面积、结构、材料、设计、设备、施工质量，以及与周围环境的协调等。

任务二　市场法在房地产估价中的应用

一、市场法的概念

市场法又称市场售价类比法、市场比较法、交易案例比较法，是将估价对象与在估价时点的近期发生过交易的类似房地产进行比较，对这些类似房地产的成交价格做适当的处理来求取估价对象价值的方法。市场法的本质是以房地产的市场交易价格为导向求取估价对象的价值。该方法既可以对房地产（房地合一）价值进行评估，也可以单独对土地价值进行评估。

二、市场法适用的条件和对象

（一）市场法适用的条件

市场法适用的条件是具备发育完善的房地产市场，并且在市场上能够搜集到大量与被评估房地产相类似的市场交易实例资料。如果房地产市场不发达或交易规模狭小，市场法就难以在房地产评估中应用。

（二）市场法适用的对象

市场法适用的对象是具有交易性的房地产，如房地产开发用地、普通商品住宅、高档公寓、别墅、写字楼、商场、标准工业厂房等。而对于那些很少发生交易的房地产，如特殊工业厂房、学校、古建筑、教堂、寺庙、纪念馆等，则难以采用市场法评估。

市场法依赖于活跃的房地产市场所提供的市场资料和交易实例，是以发育健全的房地产市场为基本条件，同时还应掌握充足的交易实例资料。具体来说，可选取的交易实例应数量充

足，一般要求理想的交易实例有10个以上，其中最基本、与待估房地产状况最接近的实例要有3—4个。如果已成交的实例太少，则难以反映市场的真实情况，易产生主观性错误；如果成交的实例与待估房地产差异较大，则会加大比较的难度，进而影响比较的精度和准确性。此外，采用市场比较法，交易实例资料应完整、准确，各种因素对价格的影响易量化。因此，市场法对交易实例资料的数量和质量都有较高的要求。

三、市场法的操作步骤

一般来说，运用市场法估价可以分为下列7个步骤进行：搜集交易实例→选取可比实例→建立价格可比基础→交易情况修正→交易日期修正→房地产状况修正→综合修正计算。

四、搜集交易实例

搜集大量的房地产市场交易实例资料，是运用市场比较法评估房地产价格的基础和前提条件，只有拥有了大量真实、可靠的交易实例，才能把握正常的市场价格行情，才能评估出客观合理的价格。作为一名专业估价人员，搜集交易实例不应等到采用市场比较法估价时才进行，而应注意在平时搜集和积累，这样才能保证在采用市场比较法估价时有足够的交易实例可供选用。

评估人员可以通过查阅政府有关部门的房地产交易资料、向房地产交易当事人了解有关交易情况、与房地产出售者洽谈、查阅报刊和网络资源上有关房地产交易信息、参加房地产交易展示会与同行之间相互交流等途径搜集交易实例。

搜集交易实例时，应注意内容的完整性和统一性，以及资料归档的规范性。因此，在搜集交易实例时，估价人员应针对不同类型的房地产，如居住房地产、商业房地产、工业房地产等，编制交易实例调查表，如表6—3所示。

表6—3　　交易实例调查表

房地产类型：

<table>
<tr><td colspan="2">名　称</td><td colspan="3"></td></tr>
<tr><td colspan="2">坐　落</td><td colspan="3"></td></tr>
<tr><td colspan="2">卖　方</td><td colspan="3"></td></tr>
<tr><td colspan="2">买　方</td><td colspan="3"></td></tr>
<tr><td colspan="2">成交价格</td><td></td><td>成交日期</td><td></td></tr>
<tr><td colspan="2">付款方式</td><td colspan="3"></td></tr>
<tr><td rowspan="3">房地产状况说明</td><td>区位状况说明</td><td colspan="3"></td></tr>
<tr><td>权益状况说明</td><td colspan="3"></td></tr>
<tr><td>实物状况说明</td><td colspan="3"></td></tr>
<tr><td colspan="2">交易情况说明</td><td colspan="3"></td></tr>
<tr><td colspan="2">坐落位置图</td><td></td><td>建筑平面图</td><td></td></tr>
</table>

调查人员：　　　　调查日期：　年　月　日

交易实例及其内容的真实性、可行性是提高估价准确性的可靠保证。因此，应注意查询每个交易实例的每项内容，确认其准确性并输入计算机，建立资料库，估价时可方便查找、调用。

五、选取可比实例

估价时用于参照比较的实例称为可比实例，可比实例的选取是针对具体的待估房地产而言的。对某一待估房地产而言，平时积累的交易实例中，只有少数在估价目的、估价时点、房地产状况等方面与待估房地产相吻合或相近，才能作为可比实例。可比实例选择的合适与否，是运用市场比较法成功与否的重要因素。实际工作中，一般要求选取 3 个以上（含 3 个）10 个以下（含 10 个）的可比实例，以保证估价结果的客观性、准确性。一般来说，可比实例应符合下列基本要求：

（一）与估价对象类似的房地产

与估价对象类似的房地产具体是指：

1. 与估价对象房地产的用途应相同

主要是指房地产的具体利用方式应相同，可按大类和小类划分。大类用途如商店、办公楼（写字楼）、酒楼、旅馆、住宅、工业厂房、仓库等。小类用途是在大类用途的基础上再细分，如住宅可细分为普通住宅、高档公寓、豪华别墅等。

2. 与估价对象房地产的建筑结构应相同

主要是指大类建筑结构应相同，一般分为钢结构、钢筋混凝土结构、砖混结构、砖木结构、简易结构。如果能在大类建筑结构下再细分出小类建筑结构则更好，如砖木结构进一步分为砖木一等、二等。

3. 与估价对象房地产所处地段应相同

主要是指可比实例与估价对象房地产应处于有相同特征的同一区域或邻近地区，或处于同一供求圈内或同一等级土地内。

（二）成交日期与估价对象房地产的估价时点应相近

一般选取的可比实例房地产的成交日期距估价时点的间隔越短，进行交易日期修正后的准确性越高。因此，最好选择相近 1 年内成交的交易实例作为可比实例。如果房地产市场相对比较稳定，可适当延长间隔时间，但最长时间不宜超过 2 年。总之，选取哪一时点的交易实例作为可比实例，必须以可比实例的交易日期经修正后能反映估价时点的市场实际价格为前提。

（三）与估价对象房地产的价格类型应相同

这要求交易实例与待估房地产的价格类型相同。这种价格类型主要指大类价格类型，如果小类价格类型也相同则更好。房地产大类价格类型主要是指买卖价格、租赁价格、抵押价格、入股价格、征用价格、典当价格、课税价格、投保价格等。

（四）成交价格为正常价格，或可修正为正常价格

所谓正常价格，是指在公开的房地产市场上，交易双方均充分了解市场信息，以平等自愿的方式达成的交易实例价格。这类交易实例应当首选为可比实例。如果市场上正常交易实例较少，不得不选择非正常交易实例作为可比实例时，也应选取交易情况明了且可修正的实例作为可比实例。

现举例说明如何选取合适的可比实例。

【做中学 6－1】 有一幢砖混结构的住宅，建筑层数为 7 层，地区级别为 7 级，现空置。要求用市场比较法评估其出售价格，请从表 6－4 所给资料中选取合适的可比实例。

表 6－4　　交易实例表

房屋性质	是否空置	估价时间、目的	地区级别	市场价格
A 钢混结构 7 层综合楼	空置	近期/出售	7 级	17 000 元/平方米
B 砖混结构 7 层住宅	空置	3 年前/出售	10 级	9 600 元/平方米
C 砖混结构 7 层住宅	空置	近期/出租	6 级	6 900 元/平方米
D 砖混结构 7 层住宅	空置	1 年前/抵押	7 级	抵押价值 1 100 元/平方米
E 砖混结构 7 层住宅	空置	近期/出售	7 级	15 000 元/平方米

解：确定可比实例如下：

实例 A，不适合作为可比实例。因其为钢混结构综合楼，房屋结构和使用性质与待估房地产不同。

实例 B，不适合作为可比实例。因为其出售时间是在 3 年前，距今相差太远，并且其地区级别为 10 级，与待估房地产的地区级别相差太大。

实例 C，不适合作为可比实例。因为其交易目的是出租而不是出售，在房地产的价格类型上与待估房地产不同。

实例 D，不适合作为可比实例。因为其评估目的是为了抵押而不是出售，抵押价值不能作为买卖价格充当评估的比较依据。

实例 E，适合作为可比实例。其房地产使用性质、结构类型、地区等级、估价时间和价格类型等均与待估房地产的条件基本相符，是较为理想的评估实例。

结论：通过分析比较各实例情况，最后选取实例 E 作为待估房地产的可比实例之一。

六、建立价格可比基础

在对可比实例进行修正前，应先把各可比实例的成交价格调整为在可比实例之间、可比实例与待估房地产之间具有可比基础的价格。所谓具有可比基础，是指单价的概念统一、面积的内容统一、货币的单位统一。因为已选取的若干个可比实例之间及其与估价对象之间，可能在付款方式、成交单价、货币种类、货币单位、面积内涵和面积单位等方面存在不一致，无法进行直接的比较修正，所以需要对它们进行统一换算处理，使其表述口径一致，以便进行比较修正，为后面进行交易情况、交易日期和房地产状况修正打下基础。

建立价格可比基础具体包括以下四个方面：

（一）统一付款方式

房地产具有价值高的特点，因此，房地产价格往往采用按揭贷款方式支付，由此出现了名义价格和实际价格的不同。同一名义价格，付款期限的长短不同，付款金额在付款期限内的分布不同，实际价格也不同，所以要将按揭贷款可比实例的成交价格修正为在其成交日时一次付清的价格。

【做中学 6－2】　星海公司一套建筑面积 100 平方米、每平方米 3 000 元的住房，成交价为 30 万元。双方约定，从成交日起分期付清，首付 10 万元，余款 1 年内分两期付清，每隔半年支付 10 万元。假设年利率为 10%，则在其成交日一次付清的价格为：

$$10+10/(1+10\%)^{0.5}+10/(1+10\%)=28.626\text{(万元)}$$

另外，在进行价格换算时，应注意利率要与对应的周期相一致。

（二）统一成交单价

土地除了单价外，还可表示为楼面地价（楼面地价＝土地单价/容积率），特殊房地产如保龄球馆通常按球道为比较单位，停车场通常按车位为比较单位。

（三）统一货币种类和货币单位

不同币种间价格的换算，应采用该价格所对应日期的市场汇价。在通常情况下，是采用成交日的市场汇价，但如果先按原币种进行交易日期修正，则应对进行了交易日期修正后的价格采用估价时点的市场汇价。在货币单位方面，按使用习惯，人民币、美元、港币等，通常采用"元"。

（四）统一面积内涵和面积单位

面积内涵包括使用面积和建筑面积，进行价格换算的计算公式为：

$$建筑面积的价格=使用面积的价格\times\frac{使用面积}{建筑面积}$$

$$使用面积的价格=建筑面积的价格\times\frac{建筑面积}{使用面积}$$

【做中学 6－3】 现有甲、乙两宗交易实例。甲交易实例的建筑面积为 200 平方米，成交总价为 80 万元人民币，分三期付款，首期付 16 万元人民币，第二期于半年后付 32 万元人民币，余款 32 万元人民币于一年后付清。乙交易实例的使用面积为 2 500 平方英尺，成交总价为 15 万美元，于成交时一次付清。如果选取此两宗交易实例为可比实例，则一般在进行有关的修正之前应先做如下处理：

(1)统一付款方式

如果以在成交日一次付清为基准，假设当时人民币的年利率为 8%，则：

$$甲总价=16+\frac{32}{(1+8\%)^{0.5}}+\frac{32}{1+8\%}=76.422(万元人民币)$$

乙总价＝15（万美元）

(2)统一成交单价

$$甲单价=\frac{764\ 220}{200}=3\ 821.1(元人民币/平方米\cdot建筑面积)$$

$$乙单价=\frac{150\ 000}{2\ 500}=60(美元/平方英尺\cdot使用面积)$$

(3)统一货币种类和货币单位

如果以人民币元为基准，则需要将乙交易实例的美元换算为人民币。假设乙交易实例成交当时人民币与美元的市场汇价为 1 美元＝8.3 元人民币，则：

甲单价＝3 821.1（元人民币/平方米·建筑面积）

乙单价＝60×8.3＝498（元人民币/平方英尺·使用面积）

(4)统一面积内涵

如果以建筑面积为基准，另通过调查得知该类房地产的建筑面积与使用面积的关系为 1 平方米建筑面积＝0.75 平方米使用面积，则：

甲单价＝3 821.1（元人民币/平方米·建筑面积）

乙单价＝498×0.75＝373.5（元人民币/平方英尺·建筑面积）

(5)统一面积单位

如果以平方米为基准,由于1平方米=10.764平方英尺,则:

甲单价=3 821.1(元人民币/平方米·建筑面积)

乙单价=373.5×10.764=4 020.4(元人民币/平方米·建筑面积)

七、交易情况修正

(一)交易情况修正的概念

交易情况修正是指排除交易行为中的特殊因素所造成的可比实例成交价格偏差,将可比实例的成交价格调整为正常价格。

能够造成成交价格偏离正常价格的特殊因素包括有特殊利害关系人之间的交易、急于出售或急于购买的交易、受债权债务关系影响的交易、交易双方或一方对房地产市场信息了解不充分的交易、交易双方或者一方有特别动机或者偏好的交易、相邻房地产的合并交易、拍卖和招标等特殊方式的交易、交易税费非正常负担的交易等。

在选取比较参照交易实例时,一般对非正常交易实例已予以剔除。但由于与估价对象类似的交易实例较少,或者有特殊原因必须保留时,迫使相关人员不得不选用一些特殊情况下的交易实例。这样就需要对实例交易情况进行修正。

(二)交易情况修正的方法

在进行交易情况修正时,首先要测定每个特殊因素对房地产交易价格的影响程度,即分别分析在正常情况下和特殊情况下,房地产交易价格可能产生偏差的大小。测定方法可以根据已掌握的同类型房地产交易资料分析计算,确定修正比例或系数,也可以由估价人员根据长期的经验积累,判断确定修正比例或系数,然后利用百分率法和差额法进行交易情况修正,求得可比实例的正常价格。实际估价中,常采用百分率法进行交易情况修正,其公式为:

正常价格=可比实例的成交价格×交易情况修正系数

特别需要强调的是,交易情况修正系数应是以正常价格为基准来确定的。假设可比实例的成交价格比其正常市场价格高或低的百分率为$\pm S\%$(当可比实例的成交价格比正常市场价格高时为$+S\%$,反之为$-S\%$),则:

$$正常价格=可比实例的成交价格\times\frac{1}{1\pm S\%}$$

或

$$正常价格=可比实例的成交价格\times\frac{100}{100\pm S}$$

公式中,$\frac{1}{1\pm S\%}$或$\frac{100}{100\pm S}$为交易情况修正系数。

对于交易税费非正常负担的交易,修正时应将交易税费非正常负担情况下的价格,调整为依照政府有关规定(无规定的依照当地习惯)交易双方各自应负担的税费下的价格,关键应把握以下几个公式:

卖方实际得到的价格=正常成交价格-应由卖方负担的税费

买方实际付出的价格=正常成交价格+应由买方负担的税费

其中:

应由买方负担的税费=正常成交价格×应由买方缴纳的税费比率

应由卖方负担的税费＝正常成交价格×应由卖方缴纳的税费比率

【做中学 6－4】 一宗房地产的正常成交价格为 2 500 元/平方米，卖方应缴纳的税费为正常成交价格的 7%，买方应缴纳的税费为正常成交价格的 5%，则：

卖方实际得到的价格＝2 500－2 500×7%＝2 325(元/平方米)

买方实际付出的价格＝2 500＋2 500×5%＝2 625(元/平方米)

【做中学 6－5】 某宗房地产交易，买卖双方在合同中写明，买方付给卖方 2 325 元/平方米，买卖中涉及的税费均由买方负担。据悉，该地区房地产买卖中应由卖方缴纳的税费为正常成交价格的 7%，应由买方缴纳的税费为正常成交价格的 5%。则该宗房地产交易的正常成交价格为：

正常成交价格＝卖方实际得到的价格＋应由卖方负担的税费

其中：

应由卖方负担的税费＝正常成交价格×应由卖方缴纳的税费比率

因此，

正常成交价格＝卖方实际得到的价格÷(1－应由卖方缴纳的税费比率)

＝2 325÷(1－7%)

＝2 500(元/平方米)

【做中学 6－6】 某宗房地产交易，买卖双方在合同中写明，买方付给卖方 2 625 元/平方米，买卖中涉及的税费均由卖方负担。据悉，该地区房地产买卖中应由卖方缴纳的税费为正常成交价格的 7%，应由买方缴纳的税费为正常成交价格的 5%。则该宗房地产交易的正常成交价格为：

正常成交价格＝买方实际付出的价格－应由买方负担的税费

其中：

应由买方负担的税费＝正常成交价格×应由买方缴纳的税费比率

因此，

正常成交价格＝买方实际付出的价格÷(1＋应由买方缴纳的税费比率)

＝2 625÷(1＋5%)

＝2 500(元/平方米)

八、交易日期修正

(一)交易日期修正的概念

房地产市场的状况决定了不同时期房地产的价格水平，评估要求的是估价对象在估价时点的价格，可比实例的交易时期与估价对象房地产的估价日期(估价时点)往往有一定的差异。因此，应将可比实例在其成交日的价格调整为在估价时点的价格，以符合估价时的市场行情，这种调整称为交易日期修正。经过交易日期修正，就能将可比实例在其成交日的价格变成在估价时点的价格。

(二)交易日期修正的方法

实际估价中，常采用百分率法进行交易日期修正，其公式为：

$$在估价时点的价格=可比实例在成交日的价格\times交易日期修正系数$$

特别强调的是，交易日期修正系数应以成交日的价格为基础来确定。假设从成交日期到估价时点，可比实例价格涨跌的百分率为$\pm T\%$（从成交日期到估价时点，可比实例价格上涨时为$+T\%$，下跌时为$-T\%$），则：

$$可比实例在成交日的价格\times(1\pm T\%)=在估价时点的价格$$

或

$$可比实例在成交日的价格\times\frac{100\pm T}{100}=在估价时点的价格$$

上式中，$(1\pm T\%)$或$\frac{100\pm T}{100}$是交易日期修正系数。

交易日期修正的关键是，要把握估价对象及类似房地产的价格随时间的变动规律，通过价格指数或价格变动率进行调整。在没有类似房地产的价格变动率或指数的情况下，可根据当地房地产价格的变动情况和趋势作出判断，并给予调整。另外，也可以由估价人员根据市场情况及自己的经验积累进行判断修正。

1. 房地产价格指数

房地产价格指数有定基价格指数和环比价格指数，在编制价格指数时，需要选择某个时期作为基期。如果是以某个固定时期作为基期的，称为定基价格指数；如果是以上一个时期作为基期的，称为环比价格指数。编制原理如表6—5所示。

表6—5　　房地产价格指数的编制原理

时　间	价　格	定基价格指数	环比价格指数
1	P_1	$P_1/P_1=100$	P_1/P_0
2	P_2	P_2/P_1	P_2/P_1
3	P_3	P_3/P_1	P_3/P_2
⋮	⋮	⋮	⋮
n	P_n	P_n/P_1	P_n/P_{n-1}

(1)运用定基价格指数进行交易日期修正。如果能够获得本地区同类房地产的定基价格指数或定基价格变动指数，则房地产交易日期修正的公式为：

$$\begin{array}{c}交易日期修正后\\的房地产价格\end{array}=参照物交易价格\times\frac{评估基准日同类房地产定基价格指数}{参照物交易日期同类房地产定基价格指数}$$

或

$$\begin{array}{c}交易日期修正后的\\房地产价格\end{array}=参照物交易价格\times\frac{1+评估基准日同类房地产定基价格变动指数}{1+参照物交易日期同类房地产定基价格变动指数}$$

$$在估价时点价格=可比实例在成交日期价格\times\frac{估价时点的价格指数}{成交日的价格指数}$$

【做中学6－7】 大连地区某类房地产2020年4月至10月的价格指数分别为103.5%、105.4%、105.8%、107.6%、109.3%、110.5%、114.7%（以2020年1月为100%）。某宗房地产在2020年5月的价格为3 500元/平方米，对其进行交易日期修正，修正到2020年10月的价格为：

$$3\ 500\times\frac{114.7\%}{105.4\%}=3\ 809(\text{元/平方米})$$

【做中学6－8】 某地区某类房地产2020年上半年各月的价格同2019年底相比，分别上涨了2.5％、5.7％、6.8％、7.3％、9.6％、10.5％。某宗房地产在2020年3月的价格为3 800元/平方米，对其进行交易日期修正，修正到2020年6月的价格为：

$$3\ 800\times\frac{1+10.5\%}{1+6.8\%}=3\ 932(\text{元/平方米})$$

(2)运用环比价格指数修正。如果能够获得本地区同类房地产的环比价格指数或环比价格变动指数，房地产交易日期修正的公式为：

$$\begin{array}{c}\text{交易日期修正后}\\\text{的房地产价格}\end{array}=\text{参照物交易价格}\times\text{参照物交易日至评估基准日各期(年或月)环比价格指数}$$

或

$$\begin{array}{c}\text{交易日期修正后}\\\text{的房地产价格}\end{array}=\begin{array}{c}\text{参照物}\\\text{交易价格}\end{array}\times\left[1+\begin{array}{c}\text{参照物交易日至评估基准日各期}\\\text{(年或月)环比价格变动指数}\end{array}\right]$$

【做中学6－9】 某宗房地产在2020年6月的价格为3 000元/平方米，该地区同类房地产2020年7月至10月的环比价格指数分别为103.6％、98.3％、103.5％、104.7％。对其进行交易日期修正，修正到2020年10月的价格为：

$$3\ 000\times103.6\%\times98.3\%\times103.5\%\times104.7\%=3\ 311(\text{元/平方米})$$

【做中学6－10】 某宗房地产在2020年5月的价格为3 600元/平方米，该地区同类房地产2020年6月至10月的价格与上月相比的变动率分别为1.6％、2.3％、－1.5％、1.7％、2.1％。对其进行交易日期修正，修正到2020年10月的价格为：

$$3\ 600\times(1+1.6\%)\times(1+2.3\%)\times(1-1.5\%)\times(1+1.7\%)\times(1+2.1\%)$$
$$=3\ 827(\text{元/平方米})$$

2. 房地产价格变动率

房地产价格变动率有逐期递增或递减的价格变动率和期内平均上升或下降的价格变动率两种。

(1)采用逐期递增或递减的价格变动率进行交易日期修正的公式为：

$$\text{在估价时点的价格}=\text{可比实例在成交日的价格}\times(1\pm\text{价格变动率})^{\text{期数}}$$

(2)采用期内平均上升或下降的价格变动率进行交易日期修正的公式为：

$$\text{在估价时点的价格}=\text{可比实例在成交日的价格}\times(1\pm\text{价格变动率}\times\text{期数})$$

【做中学6－11】 大连某类房地产2020年4月至10月的价格指数分别为79.6、74.7、76.7、85.0、89.2、92.5、98.1(以2020年1月为100)。某宗房地产在2020年6月的价格为1 800元/平方米，对其进行交易日期修正，修正到2020年10月的价格为：

$$1\ 800\times\frac{98.1}{76.7}=2\ 302.2(\text{元/平方米})$$

【做中学 6－12】 大连某类房地产 2020 年 4 月至 10 月的价格指数分别为 99.6、94.7、96.7、105.0、109.2、112.5、118.1（均以上个月为 100）。某宗房地产在 2020 年 6 月的价格为 2 000 元/平方米，对其进行交易日期修正，修正到 2020 年 10 月的价格为：

$$2\ 000 \times 1.05 \times 1.092 \times 1.125 \times 1.181 = 3\ 046.8(\text{元/平方米})$$

【做中学 6－13】 评估某宗房地产 2020 年 9 月末的价格，选取了下列可比实例：成交价格为 3 000 元/平方米，成交日期为 2019 年 10 月末。另外，调查获知该类房地产价格自 2019 年 10 月末至 2020 年 2 月末平均每月比上月上涨 1.5%，2020 年 2 月末至 2020 年 9 月末平均每月比上月上涨 2%。对该可比实例进行交易日期修正，修正到 2020 年 9 月末的价格为：

$$3\ 000 \times (1+1.5\%)^4 \times (1+2\%)^7 = 3\ 658(\text{元/平方米})$$

【做中学 6－14】 某个可比实例房地产 2020 年 2 月 1 日的价格为 1 000 美元/平方米，该类房地产以人民币为基准的价格变动为平均每月比上月上涨 0.2%。假设人民币与美元的市场汇率报价 2020 年 2 月 1 日为 1 美元＝7.12 元人民币，2020 年 10 月 1 日为 1 美元＝7.12 元人民币。对该可比实例进行交易日期修正，修正到 2020 年 10 月 1 日的价格为：

$$1\ 000 \times 7.12 \times (1+0.2\%)^8 = 7\ 120 \times 1.016\ 1 = 7\ 235(\text{元人民币/平方米})$$

九、房地产状况修正

（一）房地产状况修正的概念

房地产状况修正，是将可比实例在其房地产状况下的价格调整为在估价对象房地产状况下的价格。经过房地产状况修正后，就将可比实例在其房地产状况下的价格变成了在估价对象房地产状况下的价格。

（二）房地产状况修正的内容

房地产状况修正包括区位状况修正、个别因素修正、权益状况修正和实物状况修正。

1. 区位状况修正

区位状况修正是将可比实例房地产在其区位状况下的价格调整为在估价对象房地产区位状况下的价格。区位状况比较修正的内容包括繁华程度、交通便捷程度、环境景观、公共设施配套完备程度（指估价对象以外的部分）、临街状况、经济区位等。修正时，应根据不同类型房地产分别选择有关因素。

进行区位因素修正的一般公式为：

评估对象房地产区位状态下的价格＝参照物交易价格×区位因素修正系数

公式中，区位因素修正系数主要是将参照物房地产与评估对象房地产直接比较，通过评分的办法确定，即直接比较修正。首先，以评估对象房地产区位状况为基准（通常定为 100 分），将所选择的参照物房地产的各区位因素与其逐项比较打分。如果参照物房地产区位状况好于评估对象房地产状况，打的分数就高于 100；相反，打的分数就低于 100。其次，根据各区位因素对房地产价格的影响程度，分别给出不同的权重，再将各参照物对应的各具体区位因素的实际得分分别乘以对应的权重，得到各参照物的综合得分。最后，将评估对象区位因素值（100）比上各参照物区位因素的综合得分，得出各参照物的区位因素修正系数。

2. 个别因素修正

个别因素修正的主要内容包括参照物房地产与评估对象房地产在土地面积、土地形状、临街状态、基础设施状况、位置、地势、地形、土地使用年限、土地容积率等方面的差异，以及建筑物新旧程度、建筑规模、建筑结构、建筑式样、朝向、楼层、设备、装修、平面布置、工程质量等方面的差异。

个别因素修正的方法与区位因素修正的方法基本相同，通常也采用直接比较和打分的方法确定个别因素修正系数，然后通过计算将参照物房地产价格修正为评估对象房地产自身状态下的价格。

进行个别因素修正的一般公式为：

$$\text{评估对象房地产自身状态下的价格}=\text{参照物交易价格}\times\text{个别因素修正系数}$$

$$\text{个别因素修正系数}=\frac{100}{(\quad)}$$

公式中，括号内为填写的数字。

如果单独评估土地价值，在土地使用年限、容积率（建筑总面积与土地总面积的比值）等因素对地价影响较大的情况下，可单独进行土地使用权年限和容积率修正。

土地使用权年限修正系数的数学表达式为：

$$y=\left[1-\frac{1}{(1+r)^n}\right]\div\left[1-\frac{1}{(1+r)^N}\right]$$

公式中，y 表示年限修正系数，N 表示参照物土地使用权剩余年限，n 表示评估对象土地使用权剩余年限，r 表示折现率。

【做中学 6－15】 评估对象土地使用权剩余年限为 30 年，参照物土地使用权剩余年限为 20 年，假设折现率为 8%，则土地使用权年限修正系数为：

$$y=\left[1-\frac{1}{(1+8\%)^{30}}\right]\div\left[1-\frac{1}{(1+8\%)^{20}}\right]=1.1466$$

容积率修正系数的数学表达式为：

$$y'=\frac{\text{评估对象土地容积率地价指数}}{\text{参照物土地容积率地价指数}}$$

公式中，y'表示容积率修正系数。

【做中学 6－16】 评估对象土地的容积率为 2，参照物土地的容积率为 4，根据容积率地价指数表（见表 6—6），试求土地容积率的修正系数。

表 6—6　　容积率地价指数表

容积率	1	2	3	4	5
地价指数（%）	100	105	115	125	140

$$y'=\frac{105\%}{125\%}=84\%$$

3. 权益状况修正

权益状况是指对房地产价格有影响的房地产权益因素的状况。进行权益状况修正，是将可比实例房地产在其权益状况下的价格调整为在估价对象房地产权益状况下的价格。

权益状况比较修正的内容主要包括土地使用权年限、城市规划限制条件(如建筑容积率)等。在实际估价中,遇到最多的是土地使用权年限修正。

4. 实物状况修正

实物状况修正,是将可比实例房地产在其实物状况下的价格调整为在估价对象房地产实物状况下的价格。实物状况修正的内容,对土地来说,主要包括面积大小、形状、基础设施完备程度(属于估价对象以内的部分)、土地平整程度、地势、地质水文状况等;对建筑物来说,主要包括新旧程度、建筑规模、建筑结构、设备、装修、平面布置、工程质量等影响房地产价格的因素。

(三)房地产状况修正的方法

房地产状况修正的方法,有直接比较修正和间接比较修正两种。

1. 直接比较修正

直接比较修正一般是采用评分的办法,以估价对象的房地产状况为基准(通常定为 100 分),将可比实例的房地产状况与它逐项比较打分。如果可比实例的房地产状况劣于估价对象的房地产状况,打的分数就低于 100;相反,打的分数就高于 100。然后,将所得的分数转化为修正价格的比率,如表 6—7 所示。

表 6—7　　房地产状况直接比较表

房地产状况	权重	估价对象	可比实例 A	可比实例 B	可比实例 C
因素 1	F_1	100			
因素 2	F_2	100			
因素 3	F_3	100			
⋮	⋮	⋮			
因素 n	F_n	100			
综合	1	100			

采用直接比较进行房地产状况修正,则:

$$\text{在估价对象房地产状况下的价格}=\text{可比实例在其房地产状况下的价格}\times\frac{100}{(\quad)}$$

上式括号内应填写的数字,为可比实例房地产相对于估价对象房地产的得分。

2. 间接比较修正

间接比较修正是先设想一个标准的房地产状况,以此标准的房地产状况为基准,将可比实例及估价对象的房地产状况均与它逐项比较打分,然后将所得的分数转化为修正价格的比率,如表 6—8 所示。

表 6—8　　房地产状况间接比较表

房地产状况	权重	标准状况	估价对象	实例 A	实例 B	实例 C
因素 1	F_1	100				
因素 2	F_2	100				
因素 3	F_3	100				

续表

房地产状况	权重	标准状况	估价对象	实例 A	实例 B	实例 C
⋮	⋮	⋮				
因素 n	F_n	100				
综合	1	100				

采用间接比较进行房地产状况修正，则：

$$\text{可比实例在其房地产状况下的价格}\times\underbrace{\frac{100}{(\quad)}}_{\text{标准化修正}}\times\underbrace{\frac{(\quad)}{100}}_{\text{房地产状况修正}}=\text{在估价对象房地产状况下的价格}$$

上式位于分母的括号内应填写的数字，为可比实例房地产相对于标准房地产的得分；位于分子的括号内应填写的数字，为估价对象房地产相对于标准房地产的得分。

（四）房地产状况修正应注意的问题

估价对象房地产状况，必须是估价时点的房地产状况；可比实例房地产状况，必须是可比实例房地产在其成交日的状况，而不是在估价时点或其他时候可能发生了变化后的状况。

由于不同用途的房地产，影响其价格的区位因素和实物因素不同，因此，在进行区位状况和实物状况的比较修正时，具体比较修正的内容及权重应有所不同。例如，居住房地产讲究宁静、安全、舒适；商业房地产注重区域繁华程度、交通条件；工业房地产强调对外交通运输条件；农业房地产则重视土壤、排水和灌溉条件等。即使某些因素相同，但对价格的影响程度也不一定相同。

十、综合修正计算

（一）综合计算修正公式

运用市场比较法时，需要进行交易情况、交易日期、房地产状况三方面的修正。经过修正，就把可比实例房地产的实际成交价格变成了估价对象房地产在估价时点的客观合理价格。如果把这三大方面的修正综合起来，其计算公式如下：

估价对象价格＝可比实例价格×交易情况修正系数×交易日期修正系数×房地产状况修正系数

根据房地产状况修正方法的不同，综合修正公式分为直接比较修正公式和间接比较修正公式。

1. 直接比较修正公式

$$\begin{aligned}\text{估价对象价格}&=\text{可比实例价格}\times\underbrace{\frac{100}{(\quad)}}_{\text{交易情况修正}}\times\underbrace{\frac{(\quad)}{100}}_{\text{交易日期修正}}\times\underbrace{\frac{100}{(\quad)}}_{\text{房地产状况修正}}\\&=\text{可比实例价格}\times\frac{\text{正常市场价格}}{\text{实际成交价格}}\times\frac{\text{估价时点价格}}{\text{成交日期价格}}\times\frac{\text{对象状况价格}}{\text{实例状况价格}}\end{aligned}$$

上式中，交易情况修正以正常市场价格为基准，交易日期修正以成交日期价格为基准，房地产状况修正以估价对象的房地产状况为基准。

2. 间接比较修正公式

$$\text{估价对象价格}=\text{可比实例价格}\times\overset{\text{交易情况修正}}{\frac{100}{(\quad)}}\times\overset{\text{交易日期修正}}{\frac{(\quad)}{100}}\times\overset{\text{标准化修正}}{\frac{100}{(\quad)}}\times\overset{\text{房地产状况修正}}{\frac{(\quad)}{100}}$$

$$=\text{可比实例价格}\times\frac{\text{正常市场价格}}{\text{实际成交价格}}\times\frac{\text{估价时点价格}}{\text{成交日期价格}}\times\frac{\text{标准状况价格}}{\text{实例状况价格}}\times\frac{\text{对象状况价格}}{\text{实例状况价格}}$$

上式中，标准化修正分子为100，表示以标准房地产的状况为基准，分母是可比实例房地产相对于标准房地产所得的分数；房地产状况修正的分母为100，表示以标准房地产的状况为基准，分子是估价对象房地产状况相对于标准房地产所得的分数。

（二）求取综合结果的方法

所选取的若干个可比实例价格经过比较修正后，可选用下列方法之一计算综合结果：

1. 简单算术平均法

此方法是将多个参照物交易实例修正后的初步评估结果简单地算术平均后，作为评估对象房地产的最终评估价值。简单算术平均法的计算公式如下：

$$P=\frac{\sum_{i=1}^{n}P_i}{n}$$

公式中，P 表示评估对象房地产的评估价值，P_i 表示第 i 个参照物房地产的比准价值，n 表示参照物房地产实例个数。

【做中学6－17】 对4个参照物房地产交易价格修正后得出的4个比准价值分别为4 500元/平方米、4 800元/平方米、4 200元/平方米、4 300元/平方米，则用简单算术平均法计算得出的评估对象房地产的评估值为：

(4 500＋4 800＋4 200＋4 300)÷4＝4 450(元/平方米)

2. 加权算术平均法

此方法是先判定各个初步评估结果（比准价值）与评估对象房地产的接近程度，并根据接近程度赋予每个初步评估结果以相应的权重，然后将加权平均后的比准价值作为评估对象房地产的评估价值。加权算术平均法的计算公式如下：

$$P=\sum_{i}^{n}P_i f_i\,(f_1+f_2+\cdots+f_n=1)$$

公式中，P 表示评估对象房地产的评估价值，P_i 表示第 i 个参照物房地产的比准价值，f_i 表示第 i 个参照物房地产比准价值 P_i 的权重，n 表示参照物房地产实例个数。

【做中学6－18】 承【做中学6－17】，如果赋予4个比准价值的权重分别为0.4、0.1、0.2、0.3，则用加权算术平均法计算得出的评估对象房地产的评估值为：

4 500×0.4＋4 800×0.1＋4 200×0.2＋4 300×0.3＝4 410(元/平方米)

3. 中位数法

中位数法是指将多个可比实例经修正后的价格数额按大小顺序排列：当项数为奇数时，位于正中间位置的那个价格为综合价格；当项数为偶数时，位于正中间位置的那两个价格的简单算术平均数为综合价格。

4. 众数法

众数与中位数一样是一种位置平均数，是指将各总体单位按某一标准排序后整理成分布数列，如果其中有某一个值出现的次数最多，即为众数值。在房地产估价中，需要选择10个以上的可比实例，才可以用这个方法确定综合结果，目前较少采用。

5. 其他方法

除以上方法外，还可以采用其他方法将修正后的多个价格综合成一个价格，如分别去掉一个最高价格和一个最低价格，求余下价格的简单算术平均数作为综合价格。

十一、市场比较法的运用

【做中学6－19】 为评估某写字楼2020年10月1日的正常市场价格，在该写字楼附近地区调查选取了A、B、C三宗类似写字楼的交易实例作为可比实例，有关资料如表6—9所示。

表6—9 **可比实例情况表**

	可比实例A	可比实例B	可比实例C
成交价格	5 000(元人民币/平方米)	600(美元/平方米)	5 500(元人民币/平方米)
成交日期	2020年1月1日	2020年3月1日	2020年7月1日
交易情况	+2%	+5%	−3%
房地产状况	−8%	−4%	−6%

在表6—9的交易情况中，正(负)值表示可比实例的成交价格高(低)于其正常价格的幅度；房地产状况中，正(负)值表示可比实例的房地产状况优(劣)于估价对象的房地产状况导致的价格差异幅度。另假设人民币与美元的市场汇价2020年3月1日为1∶7.21，2020年10月1日为1∶7.21。该类写字楼以人民币为基准的市场价格2020年1月1日至2月1日基本保持不变，2020年2月1日至5月1日平均每月比上月下降1%，以后平均每月比上月上升0.5%。试利用上述资料估算该写字楼2020年10月1日的正常市场价格。

解：估算该写字楼2020年10月1日的正常市场价格如下：

(1)计算公式：

比准价格＝可比实例价格×交易情况修正系数×交易日期修正系数×房地产状况修正系数

(2)比准价格A $=5\ 000\times\frac{100}{100+2}\times(1-1\%)^3\times(1+0.5\%)^5\times\frac{100}{100-8}$

$=5\ 301$(元人民币/平方米)

(3)比准价格B $=600\times7.21\times\frac{100}{100+5}\times(1-1\%)^2\times(1+0.5\%)^5\times\frac{100}{100-4}$

$=4\ 294$(元人民币/平方米)

(4)比准价格C $=5\ 500\times\frac{100}{100-3}\times(1+0.5\%)^3\times\frac{100}{100-6}$

$=6\ 123$(元人民币/平方米)

(5)将上述每个比准价格的简单算术平均数作为比较法的估算结果，则：

估价对象价格(单价)＝(5 301＋4 294＋6 123)÷3＝15 718÷3＝5 239(元人民币/平方米)

【做中学 6－20】 为评估某商品住宅 2020 年 10 月 24 日的正常市场价格，在该商品住宅附近地区调查选取了 A、B、C 三宗类似商品住宅的交易实例作为可比实例，有关资料如表 6—10、表 6—11、表 6—12 和表 6—13 所示。表 6—11 中，交易情况的分析判断是以正常价格为基准，正值表示可比实例的成交价格高于其正常价格的幅度，负值表示低于其正常价格的幅度。表 6—12 中的价格指数为定基价格指数。

表 6—10　可比实例的成交价格

	可比实例 A	可比实例 B	可比实例 C
成交价格(元/平方米)	3 700	4 200	3 900
成交日期	2020 年 5 月 24 日	2020 年 8 月 24 日	2020 年 9 月 24 日

表 6—11　交易情况的分析判断结果

	可比实例 A	可比实例 B	可比实例 C
交易情况	－2%	0	＋1%

表 6—12　该类商品住宅 2020 年 4 月至 10 月的价格变动情况

月份	4	5	6	7	8	9	10
价格指数	100	92.4	98.3	98.6	100.3	109.0	106.8

表 6—13　房地产状况的比较判断结果

房地产状况	权　重	估价对象	可比实例 A	可比实例 B	可比实例 C
因素 1	0.5	100	90	100	80
因素 2	0.3	100	100	110	120
因素 3	0.2	100	125	100	100

试利用上述资料估算该商品住宅 2020 年 10 月 24 日的正常市场价格。

解：估算该商品住宅 2020 年 10 月 24 日的正常市场价格如下：

(1)计算公式：

比准价格＝可比实例价格×交易情况修正系数×交易日期修正系数×房地产状况修正系数

(2)交易情况修正系数：

可比实例 A：$\dfrac{100}{100-2}=\dfrac{100}{98}$

可比实例 B：$\dfrac{100}{100-0}=\dfrac{100}{100}$

可比实例 C：$\dfrac{100}{100+1}=\dfrac{100}{101}$

(3)交易日期修正系数：

可比实例 A：$\dfrac{106.8}{92.4}$

可比实例 B：$\frac{106.8}{100.3}$

可比实例 C：$\frac{106.8}{109.0}$

(4)房地产状况修正系数：

可比实例 A：$\frac{100}{90\times0.5+100\times0.3+125\times0.2}=\frac{100}{100}$

可比实例 B：$\frac{100}{100\times0.5+110\times0.3+100\times0.2}=\frac{100}{103}$

可比实例 C：$\frac{100}{80\times0.5+120\times0.3+100\times0.2}=\frac{100}{96}$

(5)计算比准价格(单价)：

比准价格 $A=3\,700\times\frac{100}{98}\times\frac{106.8}{92.4}\times\frac{100}{100}=4\,364$(元/平方米)

比准价格 $B=4\,200\times\frac{100}{100}\times\frac{106.8}{100.3}\times\frac{100}{103}=4\,342$(元/平方米)

比准价格 $C=3\,900\times\frac{100}{101}\times\frac{106.8}{109.0}\times\frac{100}{96}=3\,941$(元/平方米)

(6)将上述三个比准价格的简单算术平均数作为市场比较法的估算结果，则：

估价对象价格(单价)$=(4\,364+4\,342+3\,941)\div3=12\,647\div3=4\,216$(元/平方米)

任务三　成本法在房地产估价中的应用

一、成本法的概念

成本法是先求取估价对象房地产在估价时点的重新购建价格(重置价格或重建价格)，再扣除折旧，以此估算估价对象房地产的客观合理价格或价值的方法。它实际上是以房地产价格构成部分的累加来估算房地产价格的方法。采用成本法求得的价格，称为积算价格。

二、成本法适用的对象和条件

(一)成本法适用的对象

成本法一般用于既无收益又很少发生交易的房地产的评估，如住宅、学校、图书馆、医院、政府办公楼、军队营房、公园等公用或公益房地产，以及特殊工业厂房、油库、发电站、码头、油田等有独特设计或只针对个别用户的特殊服务体系而建的房地产。单纯的建筑物的估价基本上也是采用成本法。另外，成本法也适用于市场不完善或狭小市场上无法运用比较法进行估价的房地产。此外，由于成本法应用简便，也广泛应用于一些特殊目的的估价，如在房地产的征税工作中，法庭为解决房地产权益纠纷，经常采用成本法估价。在房地产保险及赔偿中通常也采用成本法估价，因为涉及的往往是局部损毁，从而必须使其恢复到原有的设计、布置或者完全重置。

(二)成本法适用的条件

运用成本法估价，一是要区分实际成本和客观成本，估价中采用的应是客观成本，而不是实际成本；二是要结合供求分析确定最终的房地产价格，即当市场供大于求时，价格低于成本，当供不应求时，价格高于成本。

成本法估价比较费时费力，估算重新购建价格和折旧也有相当的难度，尤其是那些较老的建筑物，往往需要估价人员针对建筑物进行实地勘察，依靠其主观判断。因此，成本法估价要求估价人员有丰富的经验，特别是要具有良好的建筑、材料和设备等方面的知识。

三、成本法估价的程序

运用成本法估价一般分为下列步骤：搜集有关成本、税费、开发利润等资料→估算重新购建价格→估算折旧→求取积算价格。

四、成本法的基本公式

（一）最基本的公式

成本法最基本的公式为：

积算价格＝重新购建价格－折旧

上述公式可针对下列三类估价对象而具体化：(1)新开发的土地；(2)新建的房地产（此处指房地、建筑物两种情况）；(3)旧的房地产（此处指房地、建筑物两种情况）。

新开发的土地和新建的房地产采用成本法估价一般不扣除折旧，但应考虑其工程质量、规划设计、周围环境、房地产市场状况等方面对价格的影响而给予适当的增减修正。

求取新开发土地的价格、新建房地产的价格和旧有房地产的重新购建价格的基本步骤是：(1)清楚房地产价格构成；(2)估算各构成部分的金额；(3)将各构成部分的金额累加。

（二）适用于新开发土地的基本公式

新开发土地包括填海造地、开山造地、征用农地后进行“三通一平”[①]、“五通一平”[②]、“七通一平”[③]等开发的土地，以及在旧城区中拆除旧建筑物等开发的土地。在这些情况下，成本法的基本公式为：

新开发土地价格＝取得待开发土地的成本＋土地开发成本＋管理费用＋投资利息＋销售税费＋开发利润

其中，取得待开发土地的成本是指取得开发用地所需的费用、税金等。土地开发成本是指在取得开发用地后进行土地开发和房屋建设所需的直接费用、税金等。管理费用是指开发商的人员工资、办公费、差旅费等。投资利息是指土地取得成本、开发成本和管理费用的利息，无论它们的来源是借贷资金还是自有资金，都应计算利息。销售税费是指销售开发完成后的房地产应由开发商缴纳的税费。开发利润是指由销售收入减去各种成本、费用和税金后的余额。

【做中学6－21】 某成片荒地面积为2平方公里，取得该荒地的代价为1.2亿元，将其开发成“五通一平”熟地的开发成本和管理费用为2.5亿元，开发期为3年，贷款年利率为10%，销售税费和开发利润分别为可转让熟地价格的5.5%和9.5%，开发完成后可转让土地面积的比例为60%。试求该荒地开发完成后可转让熟地的平均单价。

解：该荒地开发完成后可转让熟地的总价

---

① 通水、通电、通路、平整土地。
② 通水、通电、通路、通气、通信、平整土地。
③ 通水、通电、通路、通邮、通信、通暖气、通天然气或煤气、平整土地。

=取得该荒地的总成本+土地开发总成本+总管理费用+总投资利息+总销售税费+总开发利润

=取得该荒地的总成本+土地开发总成本+总管理费用+总投资利息+可转让熟地的总价×(销售税费率+开发利润率)

得出：

该荒地开发完成后可转让熟地的总价

=(取得该荒地的总成本+土地开发总成本+总管理费用+总投资利息)÷[1-(销售税费率+开发利润率)]

该荒地开发完成后可转让熟地的平均单价

=(取得该荒地的总成本+土地开发总成本+总管理费用+总投资利息)÷[1-(销售税费率+开发利润率)]÷可转让熟地总面积

=(取得该荒地的总成本+土地开发总成本+总管理费用+总投资利息)÷[1-(销售税费率+开发利润率)]÷(该荒地总面积×可转让土地面积的比例)

$=[120\ 000\ 000\times(1+10\%)^{3}+250\ 000\ 000\times(1+10\%)^{1.5}]\div[1-(5.5\%+9.5\%)]\div(2\ 000\ 000\times60\%)$

=439.4(元/平方米)

(三)适用于新建房地产的基本公式

在新建房地的情况下,成本法的基本公式为：

新建房地价格=土地取得成本+土地开发成本+建筑物建造成本+管理费用+投资利息+销售税费+开发利润

在新建建筑物的情况下,上述公式中不含土地取得成本、土地开发成本以及应归属于土地的管理费用、投资利息、销售税费和开发利润,即：

新建建筑物价格=建筑物建造成本+管理费用+投资利息+销售税费+开发利润

在实际估价中,应根据估价对象和当地的实际情况,对上述公式进行具体化。

(四)适用于旧有房地产的基本公式

旧有房地估价的成本法基本公式为：

旧有房地价格=土地的重新取得价格+建筑物的重新购建价格-建筑物的折旧

其中：

土地的重新取得价格=重新取得土地的费用+重新开发土地的费用+正常利税

建筑物的重新购建价格=重新建造建筑物的直接费用+重新建造建筑物的间接费用+正常利税

必要时,还应扣除由于旧有建筑物的存在而导致的土地价值损失。

对于旧有建筑物,成本法基本公式为：

旧有建筑物价格=建筑物的重新购建价格-建筑物的折旧

旧有房地产运用成本法估价是一种典型情况。

五、重新购建价格

(一)重新购建价格的概念

重新购建价格是假设在估价时点重新取得、重新开发或重新建造全新状况的估价对象所需的一切合理、必要的费用、税金与应得利润之和。

（二）重新购建价格的特点

1. 重新购建价格是估价时点的价格

估价时点并非总是“现在”，也可能为“过去”。如房地产纠纷案件，通常是以过去为估价时点。

2. 重新购建价格是客观的

重新购建价格不是个别企业或个人的实际耗费，而是社会一般的公平耗费，即客观成本，而不是实际成本。如果超出了社会一般的平均耗费，超出的部分不仅不能形成价格，而且造成一种浪费；而低于社会一般平均耗费的部分，不会降低价格，只会形成个别企业或个人的超额利润。

3. 建筑物和土地的重新购建价格不同

建筑物的重新购建价格是全新状况下的价格，未扣除折旧；土地的重新购建价格（重新取得价格或重新开发成本）是在估价时点的价格。

（三）重新购建价格的构成

下面以取得土地、建成房屋销售这种典型的房地产开发类型为例，来划分房地产重新购建价格的构成：

1. 土地取得费用

土地取得费用是取得开发地所需的费用、税费等。在完善的市场经济下，土地取得费用一般是由购置土地的价款和在购置时应由开发商（买方）缴纳的税费构成。在目前情况下，土地取得费用的构成，根据房地产开发取得土地的途径分为下列3种：

(1)通过征用农地取得的，土地取得费用包括农地征用费和土地使用权出让金等。

(2)通过在城市中进行房屋拆迁取得的，土地取得费用包括城市房屋拆迁补偿安置费和土地使用权出让金等。

(3)通过在市场上“购买”取得的，如购买政府出让或其他开发商转让的已完成征用拆迁的熟地，土地取得费用包括购买土地的价款和在购买时应由买方缴纳的税金（如交易手续费、契税等）。

2. 开发成本

开发成本是在取得开发用地后进行土地开发和房屋建设所需用的直接费用、税金等。在实践中，主要包括以下几项：(1)勘察设计和前期工程费；(2)基础设施建设费；(3)房屋建筑安装工程费；(4)公共配套设施建设费；(5)开发过程的税费。

3. 管理费用

管理费用是为管理和组织房地产开发经营活动所发生的各种费用，包括开发商的人员工资及福利费、办公费、差旅费等。在估价时，管理费用通常可按土地取得成本与开发成本之和乘以一定比率来测算。

4. 销售费用

销售费用是指开发完成后销售房地产所必需的费用，包括广告宣传费、销售代理费等。销售费用通常按照售价乘以一定比率来测算。

5. 投资利息

此处的投资利息包括土地取得费用、开发成本、管理费用和销售费用的利息，无论它们的来源是借贷资金还是自有资金，都应计算利息，这显然与会计上的财务费用不同。

6. 销售税费

销售税费是指销售完成后针对房地产应由房地产开发商(此时作为卖方)缴纳的税费,可分为下列两类:销售税金及附加,包括增值税(低税率9%)、城市维护建设税(7%)和教育费附加(3%)(通常简称为"两税一费");其他销售税费,包括应由卖方负担的交易手续费等。

销售税费通常可由售价的一定比率得到,因此,在估价时通常按照售价乘以这一比率来测算。

7. 开发利润

开发利润的计算基数和相应的利润率有下列几种:

(1)计算基数=土地取得成本+开发成本,相应的利润率可称为直接成本利润率。

直接成本利润率=开发利润/(土地取得成本+开发成本)

(2)计算基数=土地取得成本+开发成本+管理费用+销售费用,相应的利润率可称为投资利润率。

投资利润率=开发利润/(土地取得成本+开发成本+管理费用+销售费用)

(3)计算基数=土地取得成本+开发成本+管理费用+投资利息+销售费用,相应的利润率可称为成本利润率。

成本利润率=开发利润/(土地取得成本+开发成本+管理费用+投资利息+销售费用)

(4)计算基数=开发完成后的房地产价值(售价),相应的利润率可称为销售利润率。

销售利润率=开发利润/开发完成后的房地产价值

在测算开发利润时,要注意计算基数与利润率的匹配,即采用不同的计算基数时,应选用相对应的利润率;反之,选用不同的利润率,应采用相对应的计算基数,不能混淆。从理论上讲,同一个房地产开发项目的开发利润,无论是采用哪种计算基数与其相对应的利润率来测算,所得的结果都是相同的。

测算开发利润应掌握下列几点:(1)开发利润是所得税前的;(2)开发利润是在正常条件下开发商所能获得的平均利润,而不是个别开发商最终获得的实际利润,也不是个别开发商所期望获得的利润;(3)开发利润是按一定基数乘以同一市场上类似房地产开发项目所要求的相应平均利润率来计算的。

(四)重新购建价格的求取

1. 土地重置价格的求取

求取土地的重置价格,应直接求取其在估价时点的重置价格。评估土地的重置价格,要特别注意估价对象在估价时点的状况,便于准确确定其价格构成。当不便采用成本法时,可以酌情选用市场比较法、基准地价修正法等方法评估土地的价格。

以成本法求取土地的重置价格时,还应当注意土地的剩余使用年限,并进行年限修正。例如,以有偿出让方式取得的土地使用权,在以成本法得出重置价格后,还应当扣除至估价时点已使用年限的价格,得出剩余年限的土地使用权价格。

2. 建筑物重新购建价格的求取

求取建筑物的重新购建价格,是假设建筑承包商根据发包人的要求完成新的建筑工程后,发包人支付的全部费用,该费用就是建筑物的重新购建价格。如果建筑物是自己建造的,也应假设全部费用与支付给承包商的相同。

若从投资的角度出发,建筑物的重新购建价格还应在上述费用的基础上加上合理的投资利润;若从市场的角度出发,还应加上正常的销售税费。

建筑物的重新购建价格可采用成本法、市场比较法求取,或通过政府公布确定的房屋重新购建价格扣除土地价格后的比较修正法来求取，也可按工程造价估算的方法具体计算。

采用成本法、市场比较法求取建筑物重新购建价格的具体方法有：

(1)单位比较法，包括单位面积法和单位体积法。

①单位面积法：根据近期建成的类似建筑物的单位面积成本(造价)来估算。即用近期建成的类似建筑物的单位面积成本乘以估价对象建筑物的总面积来估算。这是一种最常用、最简便迅速的方法，但比较粗略。

②单位体积法：与单位面积法相似，是根据近期建成的类似建筑物的单位体积成本来估算。即用近期建成的类似建筑物的单位体积成本乘以估价对象建筑物的总体积来估算。这种方法适用于成本与体积关系较密切的建筑物。

(2)分步分项法，是基于建筑物的各个独立构件或工程的单位成本来估算，即先估算各个独立构件或工程的单位成本，再乘以相应数量，然后相加。值得注意的是，要结合各个构件或工程的特点使用计量单位，有的要用面积，有的要用体积，有的要用特定单位(如千瓦、千伏安)。

(3)工料测量法，是先估算建筑物所需各种材料、设备的数量和人工时数，然后逐一乘以估价时点各同样材料、设备的单价和人工费标准，再将其加总。这种方法与编制建筑概算或预算的方法相似，即先估算工程量，再配上概(预)算定额的单价和取费标准来估算。工料测量法的优点是内容翔实，缺点是费时费力并需委托专家参与办理。工料测量法主要用于具有历史价值的建筑物的估价。

(4)指数调整法，是运用建筑成本(造价)指数或变动率，将估价对象建筑物的原始成本调整到估价时点的现行成本。指数调整法主要用于检验其他方法的估算结果。

六、建筑物折旧

(一)建筑物折旧的概念

建筑物折旧是指建筑物的价值减损。建筑物的价值减损是由物质因素、功能因素和经济因素共同造成的。因此，在实际估价中，考虑建筑物的折旧时，必须同时考虑：

1. 物质折旧

物质折旧又称物质磨损、有形损耗，是建筑物在实体方面的损耗所造成的价值损失。进一步可以归纳为4个方面：(1)自然经过的老朽；(2)正常使用的磨损；(3)意外的破坏损毁；(4)延迟维修的损坏残存。

2. 功能折旧

功能折旧又称精神磨损、无形损耗，是指由于消费观念变更、规划设计更新、技术进步等原因导致建筑物在功能方面的相对残缺、落后或不适用所造成的价值损失。

3. 经济折旧

经济折旧是指建筑物以外的各种不利因素所造成的建筑物价值的损失。如在一栋高级住宅的附近建造一家工厂，该建筑物价值就会降低。

(二)建筑物折旧的求取方法

建筑物折旧的求取方法有多种，主要有耐用年限法、实际观察法、成新折扣法和综合法。

1. 耐用年限法

耐用年限法是把建筑物的折旧建立在建筑物的寿命、经过年数或剩余寿命之间关系的基础上。建筑物的寿命有自然寿命和经济寿命之分。前者是指建筑物从建成之日起到不堪使用时所经历的年数，后者是指建筑物从建成之日起预期产生的收入大于运营费用的持续年数。建筑物的经济寿命短于其自然寿命。

建筑物的经过年数分为实际经过年数和有效经过年数。实际经过年数是指建筑物从建成之日起到估价时点的日历年数。有效经过年数可能短于也可能长于实际经过年数。当建筑物的维修保养属于正常时，有效经过年数与实际经过年数相当；当建筑物的维修保养比正常维修保养好或经过了更新改造时，有效经过年数短于实际经过年数，剩余经济寿命相应较长；当建筑物的维修保养比正常维修保养差时，有效经过年数长于实际经过年数，剩余经济寿命相应较短。

在运用成本法求取折旧中，建筑物的寿命应为经济寿命，经过年数应为有效经过年数，剩余寿命应为剩余经济寿命。

运用耐用年限法求取建筑物折旧的方法有直线折旧法、余额递减折旧法、年金法、年数合计法和偿债基金法等。下面简单介绍直线折旧法和年金法。

(1)直线折旧法是最简单的和应用最普遍的一种折旧方法，简称直线法。它以建筑物的经济寿命期间每年的折旧额相等为基础。直线折旧法的年折旧额的计算公式为：

$$D_i=D=\frac{C-S}{N}=\frac{C(1-R)}{N}$$

公式中，D_i 表示第 i 年的折旧额，或称作第 i 年的折旧，在直线法情况下，每年的折旧额 D_i 是一个常数 D；C 表示建筑物的重新购建价格；S 表示预计的建筑物的净残值，简称残值，是预计的建筑物达到经济寿命，不宜继续使用，经拆除后可以收回的残余价值减去拆除清理费用后的数额；N 表示建筑物的经济寿命；R 表示预计的建筑物的残值率，是净残值与重新购建价格的比率，即：

$$R=\frac{S}{C}\times 100\%$$

另外，$C-S$ 称为折旧基数。每年的折旧额与重新购建价格的比率称为折旧率，如果用 d 来表示，即：

$$\begin{aligned}d&=\frac{D}{C}\times 100\%\\&=\frac{C-S}{C\times N}\times 100\%\\&=\frac{1-R}{N}\times 100\%\end{aligned}$$

有效经过年数为 t 年的建筑物折旧总额的计算公式为：

$$\begin{aligned}E_t&=D\times t\\&=(C-S)\frac{t}{N}\\&=C(1-R)\frac{t}{N}\end{aligned}$$

公式中，E_t 表示建筑物的折旧总额。

采用直线法折旧的建筑物现值的计算公式为：

$$V=C-E_t$$
$$=C-(C-S)\frac{t}{N}$$
$$=C\left[1-(1-R)\frac{t}{N}\right]$$

公式中,V 表示建筑物的现值。

【做中学 6-22】 有一建筑物的建筑总面积为 500 平方米,已使用 10 年,重置价格为 600 元/平方米,耐用年限为 40 年,残值率为 5%。试用直线折旧法计算其年折旧额、折旧总额,并估计其现值。

解:已知 $t=10$(年),$N=40$(年),则 $n=40-10=30$(年),$R=5\%$,$C=600\times500=300\ 000$(元),$S=C\times R=15\ 000$(元),则:

(1)年折旧额 $D=\frac{C-S}{N}=\frac{300\ 000-300\ 000\times5\%}{40}=7\ 125$(元)

(2)折旧总额 $E_{10}=D\times t=7\ 125\times10=71\ 250$(元)

(3)现值 $V=C-E_{10}=300\ 000-71\ 250=228\ 750$(元)

(2)年金法是指应用资金等值中的年金现值公式来确定建筑物的年折旧额的方法。虽然使用这种方法每年的折旧额相同,但它与直线折旧法并不相同。直线折旧法不考虑资金的时间价值,而年金法则考虑资金的时间价值。因此,在年金法中,各年数值相等的折旧额对于分摊建筑物的重新建造成本的意义是不同的。

根据资金等值的概念,年折旧额的现值之和应等于建筑物的重新建造成本减去残值。因此,有如下等式成立:

$$C-S=D\ \frac{(1+i)^N-1}{i(1+i)^N}$$

经变换即可得出年折旧额 D 的计算公式:

$$D=(C-S)\frac{i(1+i)^N}{(1+i)^N-1}$$

建筑物的现值应等于成本 C 减去 t 年的折旧额现值,即:

$$V=C-D\ \frac{(1+i)^t-1}{i(1+i)^t}$$

【做中学 6-23】 承【做中学 6-22】,若按年金法折旧,则其年折旧额、折旧总额以及建筑物的现值为多少?(假设折现率 $i=10\%$)

解:已知 $t=10$(年),$N=40$(年),$R=5\%$,$C=600\times500=300\ 000$(元),$S=C\times R=15\ 000$(元),则:

(1)年折旧额 $D=(C-S)\times\frac{i(1+i)^N}{(1+i)^N-1}=(300\ 000-15\ 000)\times\frac{10\%\times(1+10\%)^{40}}{(1+10\%)^{40}-1}=29\ 144$(元)

(2)折旧总额 $=D\times\frac{(1+i)^t-1}{i(1+i)^t}=29\ 144\times\frac{(1+10\%)^{10}-1}{10\%\times(1+10\%)^{10}}=179\ 077$(元)

(3)建筑物的现值 $=300\ 000-179\ 077=120\ 923$(元)

2. 实际观察法

实际观察法不是直接以建筑物的有关年限(特别是实际经过年数)来求取建筑物的折旧，而是注重建筑物的实际损耗程度。因为早建成的建筑物未必损坏严重，从而价值未必低；而新近建造的建筑物未必维护良好，特别是施工质量、设计等方面可能存在缺陷，从而价值未必高。这样，实际观察法是由估价人员亲临现场，直接观察并估算建筑物在物质、功能及经济等方面的折旧因素所造成的折旧总额。

利用实际观察法也可判定建筑物的成新率，或推测其有效经过年数、剩余经济寿命；在此基础上，再利用其他方法计算建筑物的折旧或直接计算建筑物的现值。

3. 成新折扣法

成新折扣法是根据建筑物的建成年代、新旧程度等，确定建筑物的成新率，直接求取建筑物的现值。其计算公式为：

$$V=C\times q$$

公式中，q 表示建筑物的成新率(%)。

成新折扣法适用于同时需要对大量建筑物进行估价的情形，尤其是进行建筑物现值调查统计，但比较粗略。在实际估价中，成新率是一个综合指标，其求取可以采用“先定量，后定性，再定量”的方式按下列 3 个步骤进行：

(1)用年限法计算成新率。其计算公式为：

$$q=\left[1-(1-R)\frac{t}{N}\right]\times 100\%=\left[1-(1-R)\frac{N-n}{N}\right]\times 100\%=\left[1-(1-R)\frac{t}{t+n}\right]\times 100\%$$

当 $R=0$ 时，

$$q=\left(1-\frac{t}{N}\right)\times 100\%=\frac{n}{N}\times 100\%=\frac{n}{t+n}\times 100\%$$

【做中学 6-24】 10 年前建成交付使用的建筑物，经估价人员实地观察判定其剩余经济寿命为 30 年，该建筑物的残值率为零。试用直线法计算该建筑物的成新率。

解：已知 $t=10$(年)，$n=30$(年)，$R=0$，则：

建筑物的成新率 $q=\frac{n}{t+n}\times 100\%=\frac{30}{10+30}\times 100\%=75\%$

(2)根据建筑物的建成年代对上述计算结果作初步判断，看其是否吻合。

(3)采用实际观察法对上述结果作进一步的调整修正，并说明调整修正的理由。当建筑物的维修保养属于正常时，实际成新率与直线法计算出的成新率相当；当建筑物的维修保养比正常维修保养好或经过了更新改造时，实际成新率应大于直线法计算出的成新率；当建筑物的维修保养比正常维修保养差时，实际成新率应小于直线法计算出的成新率。

4. 综合法

针对以上各种折旧方法所存在的优缺点，估价人员有时同时采用几种折旧方法确定建筑物的折旧额。对于采用不同方法所得出的折旧结果，通过简单算术平均或加权算术平均等综合出一个统筹兼顾的结果，并以此作为陈旧贬值的最后判定，这就是综合法。

在估价实务中往往采用综合法，即先以耐用年限为基准计算折旧额，然后再按实际观察法进行修正，从而确定折旧额。通过这样的综合方法，能有效地克服各种方法所存在的缺点，并使其优点得以发挥。

【做中学 6－25】 某建筑物的重置价格为 180 万元，经济寿命为 50 年，有效经过年数为 10 年。门窗等损坏的修复费用为 2 万元；装修的重置价格为 30 万元，平均寿命为 5 年，已使用 3 年；设备的重置价格为 60 万元，平均寿命为 15 年，已使用 10 年。残值率假设为 0。试求其折旧总额。

解：(1)门窗等损坏的折旧额＝其修复费用＝2(万元)

(2)装修的折旧额＝$30\times\frac{1}{5}\times3=18$(万元)

(3)设备的折旧额＝$60\times\frac{1}{15}\times10=40$(万元)

(4)长寿命项目的折旧额＝$(180-2-30-60)\times\frac{1}{50}\times10=17.6$(万元)

(5)该建筑物的折旧总额＝$2+18+40+17.6=77.6$(万元)

(三)求取建筑物折旧应注意的事项

1. 估价折旧与会计折旧的区别

(1)估价折旧注重的是市场价值的真实减损，科学地说，不是折旧，而是"减价修正"；会计折旧注重的是原始价值的分摊、补偿或回收。

(2)在会计上，C 为资产原值，不随时间的变化而变化；在估价上，C 为重新购建价格，而且是估价时点的价格，因此，估价时点不同，C 的值也不同。

(3)在房地产估价中，并非所有的建筑物折旧总量都是估价折旧，如在收益法中，需要扣除的建筑物折旧费和土地摊提费(土地取得费用的摊销)就属于会计折旧。

2. 土地使用年限对建筑物经济寿命的影响

(1)建筑物的经济寿命应从建筑物竣工验收合格之日起计，建造期不应计入。

(2)建筑物的经济寿命早于土地使用年限而结束的，应按建筑物的经济寿命计算折旧。

(3)建筑物的经济寿命晚于土地使用年限而结束的，应按建筑物的实际经过年数加上土地使用权的剩余年限计算折旧。

七、房屋完损等级评定标准与建筑物的耐用年限及残值率

(一) 房屋完损等级评定标准

房屋完损等级是用来检查房屋维修保养情况的一个标准，是确定房屋实际新旧程度和估算陈旧贬值额的重要依据。房屋完损等级是根据房屋的结构、设备、装修三个组成部分的完好、损坏程度来划分的。我国现行的房屋完损等级分为如下 5 类：

1. 完好房

结构构件完好，基础未出现不均匀沉降；装修和设备齐全、完好，使用正常；或虽个别分项有轻微损坏，但经过小修就能修复。

2. 基本完好房

结构基本完好，少量构部件有轻微损坏，基础出现不均匀沉降但已稳定；装修基本完好，油漆缺乏保养；设备、管道现状基本良好，能正常使用。

3. 一般损坏房

结构一般性损坏，部分构件有损坏或变形，屋面局部漏雨；装修局部破损、油漆老化；设备、管道不够畅通，水卫、电照管线、器具和零件有部分老化、损坏或残缺。这类房屋需要进行中修

或局部大修、更换部件。

4. 严重损坏房

房屋年久失修，结构有明显变形或损坏，屋面严重漏雨；装修严重破损、油漆老化见底；设备陈旧不全，管道严重堵塞，水卫、电照管线、器具和零部件残缺及严重损坏。这种房屋需进行大修或翻修、改建。

5. 危险房

承重构件已属危险构件，结构丧失稳定及承载能力，随时有倒塌的可能。这类房屋不能确保住用安全。

房屋的完损等级对应着成新率：完好房的成新率为十、九、八成；基本完好房的成新率为七、六成；一般损坏房的成新率为五、四成；严重损坏房及危险房的成新率为三成及以下。

（二）建筑物的耐用年限及残值率

建筑物的耐用年限有自然耐用年限与经济耐用年限之分。在房地产估价中，所采用的耐用年限应为经济耐用年限。

建筑物残值是指建筑物达到使用年限，不能继续使用，经拆除后的旧料价值；该价值减去拆除清理费用即为净残值；净残值与建筑物重新购建价格的比率称为残值率。现将评估中经常遇到的构筑物的耐用年限以及房屋的耐用年限和残值率分列成表，如表6—14和表6—15所示。

表6—14　部分构筑物的耐用年限

名　称	耐用年限（年）	名　称	耐用年限（年）
管道	30	露天库	20
冷却塔	30	冷藏库	30
蓄水池	30	储油缸	20
污水池	20	大坝	60
水井	30	其他	30

表6—15　房屋的耐用年限与残值率

类别等级	使用情况	耐用年限（年）	残值率（%）
钢筋混凝土	非生产用房 生产用房 一般腐蚀性生产用房 强腐蚀性生产用房	60 50 35 15	0
砖混一等	非生产用房 生产用房 一般腐蚀性生产用房 强腐蚀性生产用房	50 40 30 15	2
砖混二等	非生产用房 生产用房 一般腐蚀性生产用房 强腐蚀性生产用房	50 40 30 15	2

续表

类别等级	使用情况	耐用年限(年)	残值率(%)
砖木一等	非生产用房 生产用房 一般腐蚀性生产用房 强腐蚀性生产用房	40 30 20 5	6
砖木二等	非生产用房 生产用房 一般腐蚀性生产用房 强腐蚀性生产用房	40 30 20 5	4
砖木三等	非生产用房 生产用房 一般腐蚀性生产用房 强腐蚀性生产用房	40 30 20 5	3
简易结构		10	0

任务四　收益法在房地产估价中的应用

一、收益法的概念

收益法是预计估价对象未来的正常净收益，选用适当的资本化率将其折现到估价时点后累加，以此估算估价对象的客观合理价格或价值的方法。采用收益法估价求得的价格称为收益价格。

二、收益法的适用范围

收益法适用于评估有收益或有潜在收益，并且收益和风险都能够量化的房地产，如旅馆、餐饮、写字楼、公寓、游乐场、厂房、农地等房地产；而对于收益或潜在收益难以量化的房地产价格的评估则不适用，如政府办公楼、学校、公园、图书馆、博物馆等公用或公益房地产的估价。

三、收益法的操作步骤

运用收益法估价一般分为下列7个步骤进行：搜集有关房地产收入和费用的资料→估算潜在毛收入→估算有效毛收入→估算运营费用→估算净收益→选用适当的资本化率→选用适宜的计算公式求出收益价格。其中，潜在毛收入、有效毛收入、运营费用、净收益均以年度计。

四、收益法的计算公式

(一)基本计算公式

$$V=\sum_{i=1}^{n}\frac{a_i}{(1+r)^i}=\frac{a_1}{1+r}+\frac{a_2}{(1+r)^2}+\frac{a_3}{(1+r)^3}+\cdots+\frac{a_{n-1}}{(1+r)^{n-1}}+\frac{a_n}{(1+r)^n}$$

公式中，V 表示房地产收益价格，a_i 表示房地产第 i 年净收益，r 表示房地产的资本化率，n 表示房地产自估价时点起至未来可获收益时的年限。

使用现金流量图的方法将公式形象化，如图 6－1 所示。

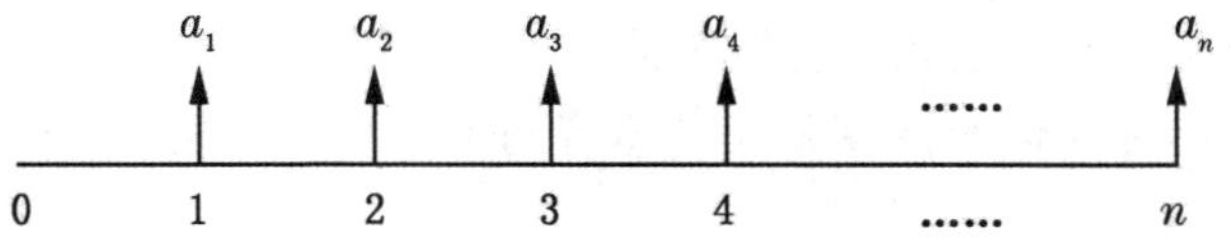

图 6－1

因未来各年度的净收益无法准确预测，因此，该公式只有理论上的意义，在现实中难以操作。根据房地产未来获取净收益流量的类型，我们可以推导出下述各种公式。

（二）净收益及其他因素不变的计算公式

净收益及其他因素不变的计算公式有无限年期和有限年期两种。

1. 无限年期的公式

$$V=\frac{a}{r}$$

此公式的假设条件是：(1)净收益每年不变，为 a；(2)资本化率 r 每年不变且大于 0；(3)收益年限 n 为无限年。

该公式可直接用于评估土地的收益价格，因为土地的收益是无限期的；对于“房地合一”的房地产，当对建筑物提取折旧时，其收益价格也可运用该公式。

【做中学 6－26】 某房地产正常情况下的年纯收益为 20 万元，资本化率为 10%，其经济耐用年限为无限年。则该房地产的收益价格为：

$$V=\frac{a}{r}=\frac{20}{10\%}=200(\text{万元})$$

2. 有限年期的公式

$$V=\frac{a}{r}\left[1-\frac{1}{(1+r)^n}\right]$$

该公式的假设和限制条件为：(1)房地产的收益年限为 n 年；(2)资本化率 r 每年不变且大于 0(当 $r=0$ 时，$V=a\times n$)；(3)待估房地产的净收益为 a，每年均相等。

使用现金流量图的方法将公式形象化，如图 6－2 所示。

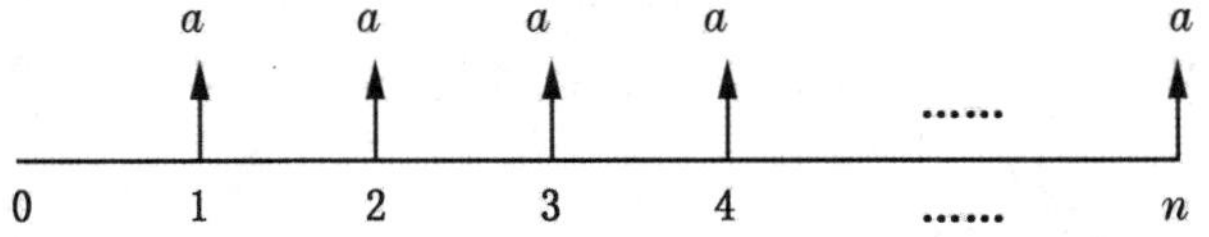

图 6－2

【做中学 6－27】 某房地产是在政府有偿出让的土地上开发建造的，土地出让年限为 50 年，现已使用了 10 年；该房地产正常情况下的年净收益为 20 万元，资本化率为 10%。则该房地产的收益价格为：

$$V=\frac{a}{r}\left[1-\frac{1}{(1+r)^{n}}\right]=\frac{20}{10\%}\times\left[1-\frac{1}{(1+10\%)^{50-10}}\right]=195.58(\text{万元})$$

(三)净收益在前若干年有变化的计算公式

净收益在前若干年有变化的计算公式具体有两种情况：一是无限年期；二是有限年期。

1. 无限年期的公式

$$V=\sum_{i=1}^{t}\frac{a_i}{(1+r)^{i}}+\frac{a}{r(1+r)^{t}}$$

公式中，i 表示年份，a_i 表示未来第 i 年的净收益，t 表示净收益有变化的年限。

该公式的假设前提是：(1)净收益在前 t 年(含第 t 年)有变化，在 t 年以后无变化，为 a；(2)资本化率 r 大于 0；(3)收益年限 n 为无限年。

2. 有限年期的公式

$$V=\sum_{i=1}^{t}\frac{a_i}{(1+r)^{i}}+\frac{a}{r}\left[1-\frac{1}{(1+r)^{n-t}}\right]\times\frac{1}{(1+r)^{t}}$$

公式中，i 表示年份，a_i 表示未来第 i 年的净收益，t 表示净收益有变化的年限。

该公式的假设前提是：(1)净收益在未来前 t 年(含第 t 年)有变化，在 t 年以后无变化，为 a；(2)资本化率不等于 0，为 r；(3)收益年限 n 为有限年。

使用现金流量图的方法将公式形象化，如图 6—3 所示。

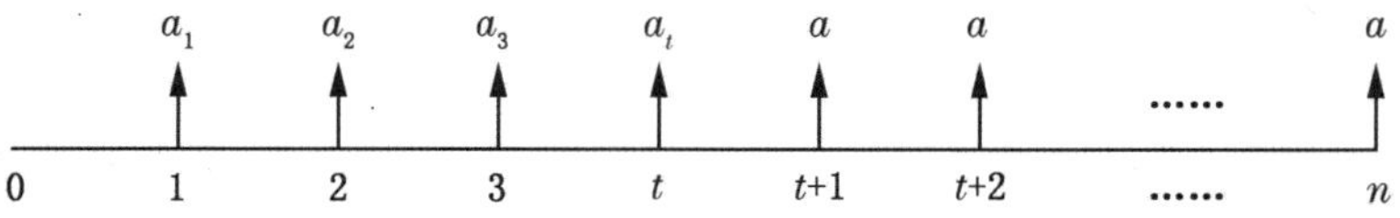

图 6—3

该公式有重要的实用价值，在实际估价中，一般很难准确预测在房地产的整个使用周期内每年的净收益，但可以根据估价对象的经营状况和市场环境，对其在未来 3—5 年或更长时期的净收益作出估计，并且假设从此以后的净收益将不变，然后对这两部分净收益进行折现处理，计算出房地产的价格。

【做中学 6—28】 某宗房地产通过预测得到其未来 5 年的净收益分别为 20 万元、22 万元、25 万元、28 万元、30 万元，从第 6 年到未来无限期，每年的净收益将稳定在 35 万元，该类房地产的资本化率为 10%。则该宗房地产的收益价格为：

$$\begin{aligned}V&=\sum_{i=1}^{t}\frac{a_i}{(1+r)^{i}}+\frac{a}{r(1+r)^{t}}\\&=\frac{20}{1+10\%}+\frac{22}{(1+10\%)^{2}}+\frac{25}{(1+10\%)^{3}}+\frac{28}{(1+10\%)^{4}}+\frac{30}{(1+10\%)^{5}}\\&\quad+\frac{35}{10\%\times(1+10\%)^{5}}\\&=310.2(\text{万元})\end{aligned}$$

(四)预测未来若干年后房地产价格的计算公式

预测房地产未来 t 年的净收益为 $a_1, a_2, a_3, \cdots, a_t$；第 t 年末的价格为 V_t，则其现值的计算公式为：

$$V=\sum_{i=1}^{t}\frac{a_i}{(1+r)^i}+\frac{V_t}{(1+r)^t}$$

此公式的假设前提是：(1)已知房地产在未来第 t 年末的价格为 V_t；(2)房地产在未来前 t 年(含第 t 年)的净收益有变化且已知。

使用现金流量图的方法将公式形象化，如图 6－4 所示。

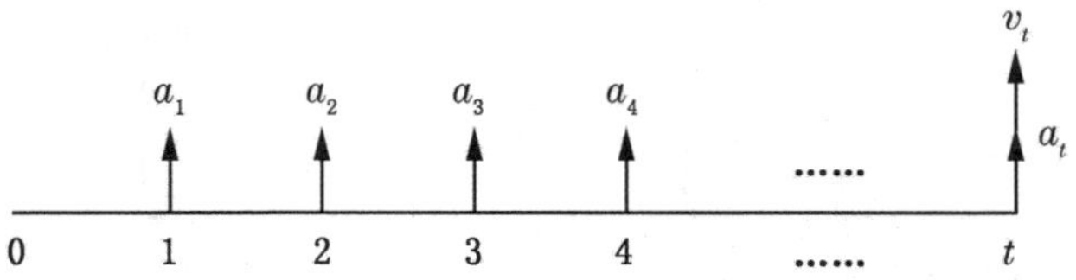

图 6－4

如果 a_i 每年相同且均为 a，则公式简化为：

$$V=\frac{a}{r}\left[1-\frac{1}{(1+r)^t}\right]+\frac{V_t}{(1+r)^t}$$

实际估价中，对于待估房地产目前的价格难以确定，但根据城市规划的发展前景，或由于社会经济地理位置的改变，能够比较容易地预测待估房地产未来某一时期的价格水平的，适宜采用该公式，特别是在某地区若干年后将会出现可以预见的较大改观的情况下。

【做中学 6－29】 目前的房地产市场不景气，但预测 3 年后会回升，现有一幢用于出租的写字楼需要估价。该写字楼现行市场租金较低，年出租净收益为 500 万元，预计未来 3 年内仍然维持在该水平，但等到 3 年后市场回暖时，将其转卖的售价会高达 7 950 万元，销售税费为售价的 6%。如果投资者要求该类投资的收益率为 10%，则该写字楼目前的价值为：

$$V=\frac{a}{r}\left[1-\frac{1}{(1+r)^t}\right]+\frac{V_t}{(1+r)^t}=\frac{500}{10\%}\times\left[1-\frac{1}{(1+10\%)^3}\right]+\frac{7\,950\times(1-6\%)}{(1+10\%)^3}=6\,858(\text{万元})$$

(五)净收益按等差级数递增的计算公式

净收益按等差级数递增的计算公式具体有两种情况：一是无限年期；二是有限年期。

1. 无限年期的公式

$$V=\frac{a}{r}+\frac{b}{r^2}$$

公式中，b 表示净收益逐年递增的数额，如净收益第一年为 a，则第二年为 $a+b$，第三年为 $a+2b$，第 n 年为 $a+(n-1)b$。

此公式的假设前提是：(1)净收益按等差级数递增；(2)资本化率大于 0，为 r；(3)收益年限 n 为无限年。

【做中学 6－30】 某宗房地产预计未来第一年的净收益为 16 万元，此后每年的净收益会在上一年的基础上增加 2 万元，收益年限可视为无限年，该类房地产的资本化率为 10%。则该宗房地产的收益价格为：

$$V=\frac{a}{r}+\frac{b}{r^2}=\frac{16}{10\%}+\frac{2}{10\%^2}=360(\text{万元})$$

2. 有限年期的公式

$$V=\left(\frac{a}{r}+\frac{b}{r^2}\right)\left[1-\frac{1}{(1+r)^n}\right]-\frac{b}{r}\times\frac{n}{(1+r)^n}$$

此公式的假设前提是:(1)净收益按等差级数递增;(2)资本化率不等于 0,为 r;(3)收益年限 n 为有限年。

使用现金流量图的方法将公式形象化,如图 6—5 所示。

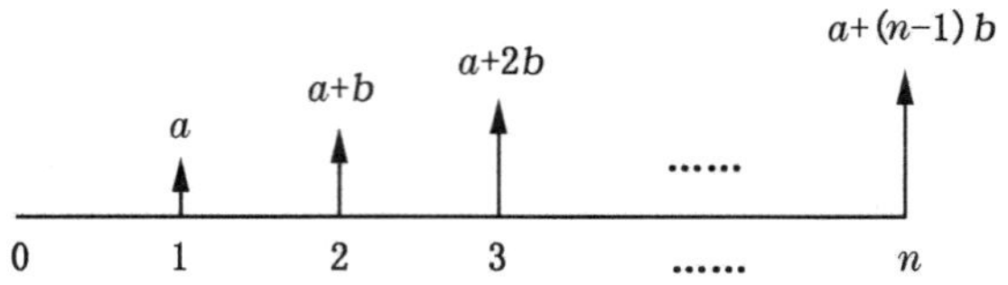

图 6—5

(六)净收益按等差级数递减的计算公式

净收益按等差级数递减的计算公式只有收益年限为有限年期一种,公式为:

$$V=\left(\frac{a}{r}-\frac{b}{r^2}\right)\left[1-\frac{1}{(1+r)^n}\right]+\frac{b}{r}\times\frac{n}{(1+r)^n}$$

公式中,b 表示净收益逐年递减的数额,如净收益第一年为 a,则第二年为 $a-b$,第三年为 $a-2b$,第 n 年为 $a-(n-1)b$。

此公式的假设前提是:(1)净收益按等差级数递减;(2)资本化率不等于 0,为 r;(3)收益年限 n 为有限年,且 $n\leqslant a/b$(当 $n=a/b$ 时,第 $n+1$ 年的净收益为 0,以后各年的净收益均为负值,任何一个"理性经营者"在 a/b 年后都不会再经营)。

使用现金流量图的方法将公式形象化,如图 6—6 所示。

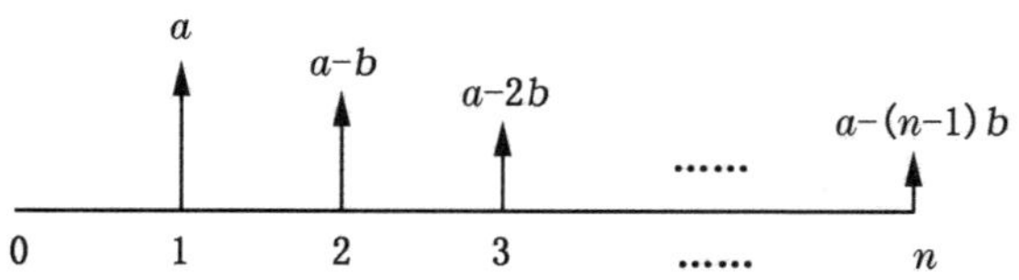

图 6—6

(七)净收益按等比级数递增的计算公式

净收益按等比级数递增的计算公式有两种情况:一是无限年期;二是有限年期。

1. 无限年期的公式

$$V=\frac{a}{r-g}$$

公式中,g 表示净收益逐年递增的比率,如净收益第一年为 a,则第二年为 $a(1+g)$,第三年为 $a(1+g)^2$,第 n 年为 $a(1+g)^{n-1}$。

使用现金流量图的方法将公式形象化,如图 6—7 所示。

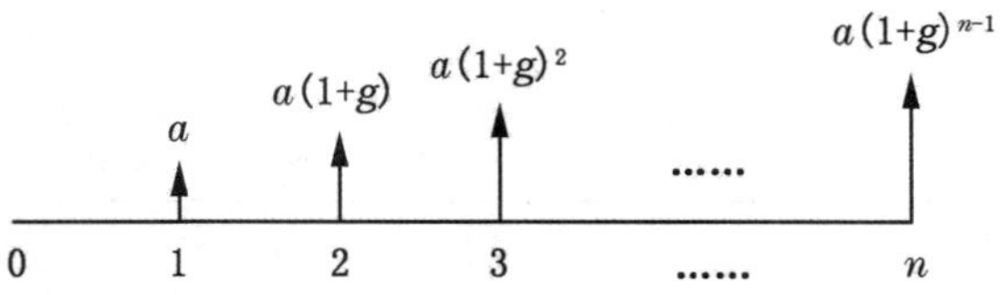

图 6—7

此公式的假设前提是:(1)净收益按等比级数递增;(2)资本化率 r 大于净收益逐年递增的比率 g;(3)收益年限 n 为无限年。

【做中学 6－31】 某宗房地产预计未来第一年的净收益为 16 万元,此后每年的净收益会在上一年的基础上增长 2%,收益年限可视为无限年,该类房地产的资本化率为 10%。则该宗房地产的收益价格为:

$$V=\frac{a}{r-g}=\frac{16}{10\%-2\%}=200(\text{万元})$$

2. 有限年期的公式

$$V=\begin{cases}\dfrac{a}{r-g}\left[1-\left(\dfrac{1+g}{1+r}\right)^n\right] & r\neq g\\ \dfrac{a\times n}{1+r} & r=g\end{cases}$$

此公式的假设前提是:(1)净收益按等比级数递增;(2)收益年限 n 为有限年。

【做中学 6－32】 某宗房地产是在政府有偿出让的土地上建造的,土地使用权的剩余年限为 50 年;预计该房地产未来第一年的净收益为 16 万元,此后每年的净收益会在上一年的基础上增长 2%;该类房地产的资本化率为 10%。则该宗房地产的收益价格为:

$$V=\frac{a}{r-g}\left[1-\left(\frac{1+g}{1+r}\right)^n\right]=\frac{16}{10\%-2\%}\times\left[1-\left(\frac{1+2\%}{1+10\%}\right)^{50}\right]=195.41(\text{万元})$$

(八)净收益按一定比率递减的计算公式

净收益按一定比率递减的计算公式有两种情况:一是无限年期;二是有限年期。

1. 无限年期的公式

$$V=\frac{a}{r+g}$$

公式中,g 表示净收益逐年递减的比率,如净收益第一年为 a,则第二年为 $a(1-g)$,第三年为 $a(1-g)^2$,第 n 年为 $a(1-g)^{n-1}$。

此公式的假设前提是:(1)净收益按等比级数递减;(2)资本化率大于 0,为 r;(3)收益年限 n 为无限年。

使用现金流量图的方法将公式形象化,如图 6—8 所示。

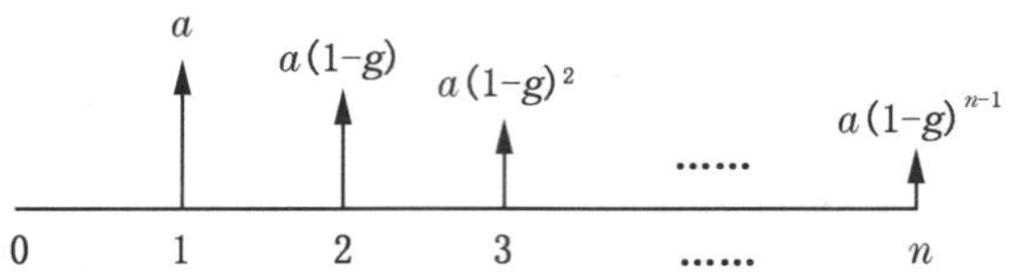

图 6—8

2. 有限年期的公式

$$V=\frac{a}{r+g}\left[1-\left(\frac{1-g}{1+r}\right)^{n}\right]$$

此公式的假设前提是:(1)净收益按等比级数递减;(2)资本化率不等于 0,为 r;(3)收益年限 n 为有限年。

五、净收益的求取

净收益是由有效毛收入扣除运营费用后得到的归属于房地产的纯收益。净收益的大小是决定房地产价格的一个重要因素。在实际估价中,只有全面了解有关收益性房地产的各种收益情况,才能客观地求取房地产的净收益,准确地估价房地产。

(一)净收益的计算公式

计算净收益的基本公式为:

净收益=潜在毛收入—空置等造成的收入损失—运营费用=有效毛收入—运营费用

根据公式,净收益是指由有效毛收入扣除合理运营费用后得到的归属于房地产的收益。潜在毛收入是指假定房地产在充分利用、无空置状态下可获得的收入。有效毛收入是指由潜在毛收入扣除正常的空置、拖欠租金以及其他原因造成的收入损失后所得到的收入。运营费用是指维持房地产正常生产、经营或使用必须支出的费用及归属于其他资本或经营的收益,运营费用与有效毛收入之比称为运营费用率。

潜在毛收入、有效毛收入、运营费用、净收益通常以年度计算。

(二)不同类型房地产净收益的求取

净收益应根据估价对象的具体情况,按下列规定求取:

1. 出租型房地产

出租型房地产净收益的求取,应根据租赁资料计算净收益,净收益为租赁收入扣除维修费、管理费、保险费和税金后的纯收益。

租赁收入包括有效毛租金收入和租赁保证金、押金等的利息收入。

维修费、管理费、保险费和税金应根据租赁契约规定的租金含义决定取舍。若保证合法、安全、正常使用所需的费用都由出租方承担,应将四项费用全部扣除;若维修、管理等费用全部或部分由承租方承担,应对四项费用中的部分项目作相应调整。

2. 商业经营型房地产

商业经营型房地产净收益的求取,应根据经营资料计算净收益,净收益为商品销售收入扣除商品销售成本、经营费用、商品销售税金及附加、管理费用、财务费用和商业利润后的纯收益。

3. 生产型房地产

生产型房地产净收益的求取，应根据产品市场价格以及原材料、人工费用等资料计算净收益，净收益为产品销售收入扣除生产成本、产品销售费用、产品销售税金及附加、管理费用、财务费用和厂商利润后的纯收益。

4. 尚未使用或自用的房地产

尚未使用或自用的房地产净收益的求取，可比照有收益的类似房地产的有关资料，按上述相应的方式计算净收益，或直接比较得出净收益。

5. 混合型房地产

对于现实中包含上述多种类型的房地产净收益的求取，可以把它看作各种单一类型房地产的组合，先分别求取，然后进行综合。

（三）求取净收益应注意的事项

在实际估价中，由于经营管理水平等原因，某一具体估价对象的实际毛收入和运营费用具有个别性；而估价要求评估的是客观合理价格，因而应该参照市场上类似房地产的一般收入和费用水平，对估价对象的实际收入和费用进行调整，得出具有代表性的客观收入和客观费用作为估价依据。因此，在实际估价中，净收益的求取应注意以下几点：

（1）房地产的净收益是指房地产本身所带来的净收益，包括有形收益和无形收益。

（2）运营费用包括两部分内容：①维持房地产正常生产、经营或使用所必须支出的费用，如维修费、管理费等；②归属于其他资本的收益，或非房地产本身所创造的收益，如货币资金的利息和利润等。

（3）由有效毛收入扣除合理运营费用，实际上是在有效毛收入中扣除非房地产本身所创造的收益，剩余的就是房地产本身所带来的收益，也即房地产的净收益。

【做中学 6－33】　有一建筑面积为 1 000 平方米的写字楼，其每月毛租金水平为 100 元/平方米，空置率为 13%，租金损失为毛租金收入的 2%，合理运营费用为有效租金收入的 30%。则该写字楼：

潜在毛收入＝1 000×100×12＝120（万元）

有效毛收入＝120×（1－13%）×（1－2%）＝102.3（万元）

合理运营费用＝102.3×30%＝30.7（万元）

净收益＝102.3－30.7＝71.6（万元）

（4）实际估价中的潜在毛收入、有效毛收入和合理运营费用都应采用正常客观的数据，如果利用估价对象本身的资料推算出的潜在毛收入、有效毛收入、合理运营费用或净收益与正常客观的情况不符，则应将其调整为正常客观的数据。

（5）房地产有租约限制的，必须考虑租约对房地产价格的影响。租约期内的租金宜采用租约所确定的租金，租约期外的租金应采用正常客观的租金。

【做中学 6－34】　某商店的土地使用年限为 40 年，从 2016 年 10 月 1 日起计。该商店共有两层，每层出租面积为 200 平方米。一层于 2017 年 10 月 1 日出租，租期为 5 年，可出租面积的月租金为 180 元/平方米，且每年不变；二层现暂空置。附近类似商场一、二层可出租面积的正常月租金分别为 200 元/平方米和 120 元/平方米，运营费用率为 25%。该类房地产的资本化率为 9%。试估算该商场 2020 年 10 月 1 日带租约出售时的正常价格。

解：商店一层价格的估算：

租约期内年净收益＝200×180×(1－25%)×12＝32.40(万元)

租约期外年净收益＝200×200×(1－25%)×12＝36.00(万元)

$$V=\frac{32.40}{1+9\%}+\frac{32.40}{(1+9\%)^2}+\frac{36.00}{9\%\times(1+9\%)^2}\times\left[1-\frac{1}{(1+9\%)^{40-4-2}}\right]$$

$$=375.69(\text{万元})$$

商店二层价格的估算：

年净收益＝200×120×(1－25%)×12＝21.60(万元)

$$V=\frac{21.60}{9\%}\times\left[1-\frac{1}{(1+9\%)^{40-4}}\right]=229.21(\text{万元})$$

该商店的正常价格＝商店一层的价格＋商店二层的价格＝375.69＋229.21＝604.90(万元)

(四)净收益流量的类型

求取净收益时，应根据净收益过去、现在、未来的变动情况及可获净收益的年限，确定未来净收益流量，并判断该未来净收益流量属于下列哪种类型：每年基本上固定不变；每年基本上按某个固定的数额递增或递减；每年基本上按某个固定的比率递增或递减；其他有规则的变动情形。

六、收益年限的确定

对于单独土地和单独建筑物的估价，应分别根据土地使用权年限和建筑物经济寿命确定未来可获收益的年限，并选用对应的有限年期的收益法计算公式，净收益中不扣除建筑物折旧费和土地摊提费。

对于土地与建筑物合成体的估价对象，如果是建筑物的经济寿命晚于或与土地使用权年限一起结束的，则根据土地使用权年限确定未来可获收益的年限，并选用对应的有限年期的收益法计算公式，净收益中不扣除建筑物折旧费和土地摊提费。

对于土地与建筑物合成体的估价对象，如果是建筑物的经济寿命早于土地使用权年限结束的，可采用下列方式之一处理：(1)先根据建筑物的经济寿命确定未来可获收益的年限，并选用对应的有限年期的收益法计算公式，净收益中不扣除建筑物折旧费和土地摊提费；然后再加上土地使用权年限超出建筑物经济寿命的土地剩余使用年限价值的折现值。(2)将未来可获收益的年限设定为无限年，选用无限年期的收益法计算公式，净收益中应扣除建筑物折旧费和土地摊提费，即：

$$V=\frac{a-D_B-D_L}{r}$$

或

$$V=\frac{a}{r+d_B+d_L}$$

公式中，D_B 表示建筑物折旧费，D_L 表示土地摊提费，d_B 表示建筑物折旧率，d_L 表示土地摊提率。

扣除建筑物折旧费和土地摊提费，相当于在每次建筑物经济寿命结束和土地使用权年限到期时，能分别累积一笔资金，利用该资金可对建筑物和土地不断进行“复制”，最终使房地产的收益年限延展为无限年。

七、资本化率的确定

(一)资本化率的概念

资本化率是将房地产的净收益转换成价值的比率。

如果将购买房地产看作一种投资行为,这种投资所需投入的资本额就是房地产的价格,这笔投资在将来获得的收益就是房地产每年产生的净收益,因此,资本化率的本质是投资的收益率。简单来说,资本化率就是前述各种收益还原法公式中的 r。例如,当净收益每年不变且收益年限为无限年时,公式为"$V=a/r$";当净收益每年不变而收益年限为有限年 n 时,公式为"$V=\frac{a}{r}\left[1-\frac{1}{(1+r)^n}\right]$";当净收益每年按等比级数递增且收益年限为无限年时,公式为"$V=\frac{a}{r-g}$"。

从市场投资和统计角度而论,资本投资收益率的大小与项目投资的风险大小直接相关。即某类项目投资风险越大,其收益率越高;风险越小,其收益率越低。因此,选用资本化率时,应将其等同于与估价对象的净收益具有同等风险的收益率。

由于房地产具有位置固定性等特点,其风险因不同地区而异,而且与房地产的类型或用途、投资者进入房地产市场的时机等因素相关。因此,不同地区、不同时期、不同用途的房地产,投资的风险不同,其资本化率也不相同。选用资本化率时,这一点应特别注意。

(二)资本化率求取的基本方法

合理确定资本化率是科学、准确地确定估价结果的关键,在房地产估价实践中,主要运用下列方法确定资本化率。

1. 市场提取法

市场提取法又称实例法,是利用收益还原法公式,通过搜集市场上类似房地产的净收益、价格等资料,推导出资本化率的方法。如果房地产市场比较发达,容易获得可靠的房地产交易资料,则市场提取法是一种有效而实用的方法。运用市场提取法求取资本化率时,所选取的实例必须是与待估房地产相类似的实例;为了避免偶然性所带来的误差,需要抽取多宗类似房地产交易实例来求取。具体要求是,选择近期发生的三宗以上与估价对象房地产相似的交易实例,通过搜集的类似房地产的价格、净收益等资料,分析净收益的现金流量,并选用相应的收益法计算公式,求出资本化率。

(1)在 $V=a/r$ 的情况下,通过 $r=a/V$ 直接求取,如表 6－16 所示。

表 6－16　　选取的可比实例及相关资料

可比实例	净收益(万元/年)	价格(万元)	资本化率(%)
1	12	102	11.8
2	23	190	12.1
3	10	88	11.4
4	65	542	12.0
5	90	720	12.5

表 6－16 中 5 个可比实例的资本化率的简单算术平均数为:(11.8%＋12.1%＋11.4%＋

12.0%+12.5%)÷5=11.96%

(2)在$V=\frac{a}{r}\left[1-\frac{1}{(1+r)^n}\right]$的情况下，通过$V-\frac{a}{r}\left[1-\frac{1}{(1+r)^n}\right]=0$来求取$r$。

具体是采用试错法，计算到一定精度后，再采用线性内插法来求取，即r是通过试错法与线性内插法相结合的方法来求取，可通过计算机来完成。

(3)在$V=\frac{a}{r-g}$的情况下，通过$r=\frac{a}{V}+g$来求取。

2. 安全利率加风险调整值法

安全利率加风险调整值法又称累加法，是以安全利率加上风险调整值作为资本化率的方法。其基本公式为：

资本化率=安全利率+投资风险补偿+管理负担补偿+缺乏流动性补偿−投资带来的优惠

该方法主要是从投资者获取期望目标收益的角度考虑，其技术关键是风险调整值的确定。风险调整值是根据估价对象所在地区的经济现状与未来预测，以及估价对象的用途及新旧程度等各种风险因素，确定增大或减小的风险利率。在不考虑时间和地域范围差异的情况下，风险调整值主要与房地产的类型相关。通常情况下，商业零售用房、写字楼、住宅和工业用房的投资风险依次降低，风险调整值也相应下降。

该方法的具体操作过程是：首先，找出安全利率。安全利率又称无风险投资的收益率，通常可选用同一时期的一年期国债利率或中国人民银行公布的一年期定期存款利率。其次，确定在安全利率基础上对投资风险、管理负担和投入资金缺乏流动性的各项补偿。

3. 复合投资收益率法

复合投资收益率法是将购买房地产的抵押贷款收益率与自有资本收益率的加权平均数作为资本化率。其计算公式为：

$$R=M\times R_M+(1-M)\times R_E$$

公式中，R表示资本化率；M表示贷款价值比率，即抵押贷款额与房地产价值的比率；R_M表示抵押贷款资本化率，即第一年还本付息额与抵押贷款额的比率；R_E表示自有资本要求的正常收益率。

下列几点有助于理解上述公式：

(1)可以把购买房地产视作一种投资行为：房地产价格为投资额，房地产净收益为投资收益。

(2)购买房地产的资金来源可分为抵押贷款和自有资金两部分，特别是在房地产与金融紧密联系的现代社会，所以有：

房地产价格=抵押贷款额+自有资金额

(3)房地产的收益相应地也由这两部分来分享，即：

房地产净收益=抵押贷款收益+自有资金收益

于是有：

房地产价格×资本化率=抵押贷款额×抵押贷款利率+自有资金额×自有资金收益率

于是有：

$$\text{资本化率}=\frac{\text{抵押贷款额}}{\text{房地产价格}}\times\text{抵押贷款利率}+\frac{\text{自有资金额}}{\text{房地产价格}}\times\text{自有资金收益率}$$

$$=\text{贷款价值比率}\times\text{抵押贷款利率}+(1-\text{贷款价值比率})\times\text{自有资金收益率}$$

【做中学 6－35】 某类房地产在其销售中通常抵押贷款占七成，抵押贷款的年利率为8%，自有资金要求的年收益率为15%。则该类房地产的资本化率为：

$$R = M \times R_M + (1-M) \times R_E$$
$$= 70\% \times 8\% + (1-70\%) \times 15\%$$
$$= 10.1\%$$

4. 投资收益率排序插入法

投资收益率排序插入法是指先找出相关投资类型及其收益率、风险程度，按风险大小排序，然后将估价对象与投资的风险程度进行比较判断来确定资本化率。具体步骤如下：

(1)调查、搜集估价对象所在地区的房地产投资、相关投资及其收益率和风险程度的资料，如各种类型的银行存款、贷款、政府债券、保险、企业债券、股票以及有关领域的投资收益率等。

(2)将所搜集到的不同类型投资的收益率按由低到高的顺序排列(见图 6－9)。

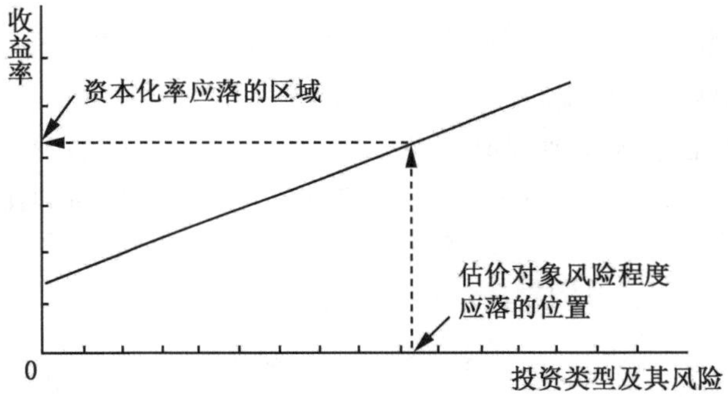

图 6－9

(3)将估价对象与这些投资类型的风险程度进行分析比较，考虑投资的流动性、管理的难易程度以及作为资产的安全性等，判断出同等风险的投资，确定估价对象风险程度应落的位置。

(4)根据估价对象风险程度所落的位置，在图中找出对应的收益率，从而就确定出了所要求的资本化率。

(三)资本化率的种类

在房地产估价中应用最广泛的三种资本化率是综合资本化率、建筑物资本化率和土地资本化率，这是与房地产估价对象的三种实物存在形态相对应的。

1. 综合资本化率

综合资本化率是评估复合房地产时所采用的资本化率。采用综合资本化率估算复合房地产的收益价格时，所对应的净收益也是复合房地产的净收益，即土地和建筑物产生的年净收益之和。

2. 建筑物资本化率

建筑物资本化率是运用收益还原法评估建筑物时所采用的资本化率。采用建筑物资本化率估算建筑物的收益价格时，所对应的净收益也是建筑物的年净收益，即从房地产的总年净收益中分离出建筑物的收益。

3. 土地资本化率

土地资本化率是运用收益还原法评估土地时所采用的资本化率。采用土地资本化率估算土地的收益价格时，所对应的净收益是土地的年净收益，这个净收益不应包括其他方面带来的部分。如果在求取土地的价值时选用的资本化率不是土地资本化率，即使得出了一个结果，这个结果也难以说是土地价值。

综合资本化率、建筑物资本化率、土地资本化率三者既有区别，也有联系。

如果知道了其中的两种资本化率，便可求出另外一种资本化率。此三种资本化率相联系的公式如下：

$$R_L=\frac{R_O(V_L+V_B)-R_BV_B}{V_L}$$

$$R_O=\frac{R_LV_L+R_BV_B}{V_B+V_L}$$

$$R_B=\frac{R_O(V_L+V_B)-R_LV_L}{V_B}$$

公式中，R_B 表示建筑物资本化率，R_O 表示综合资本化率，V_L 表示土地价值，V_B 表示建筑物价值，R_L 表示土地资本化率。

运用上述公式时，必须确切地知道土地价值和建筑物价值是多少，这有时难以做到。但如果知道了土地价值占房地产价值的比例、建筑物价值占房地产价值的比例，就可以找出综合资本化率、建筑物资本化率和土地资本化率三者的关系。其公式如下：

$$\begin{aligned}R_O&=L\cdot R_L+B\cdot R_B\\&=L\cdot R_L+(1-L)\cdot R_B\\&=(1-B)\cdot R_L+B\cdot R_B\end{aligned}$$

公式中，L 表示土地价值占房地产价值的比例，B 表示建筑物价值占房地产价值的比例；$L+B=100\%$。

【做中学 6－36】 某宗房地产土地价值占总价值的 40%，土地资本化率为 6%，建筑物资本化率为 8%。试求综合资本化率。

$$\begin{aligned}R_O&=L\times R_L+(1-L)\times R_B\\&=40\%\times6\%+(1-40\%)\times8\%\\&=7.2\%\end{aligned}$$

应知考核

一、单项选择题

1. 运用市场法评估房地产的对象是(　　)。

A. 高档公寓　B. 教堂　C. 纪念馆　D. 学校

2. 不属于房地产评估合法原则的是(　　)。

A. 合法产权　B. 合法使用　C. 合法处分　D. 合法竞争

3. 运用成本法评估房地产的对象是(　　)。

A. 写字楼　B. 商场　C. 别墅　D. 医院

4. 在房地产评估中，当无参照物和无法预测未来收益时，则运用(　　)进行评估较为合理。

A. 成本法　B. 市场比较法　C. 残余估价法　D. 收益法

5. 在运用市场法评估房地产价值时，通过交易日期修正，将可比交易实例价格修正为(　　)的价格。

A. 评估时间　B. 评估基准日　C. 过去时点　D. 未来时点

二、多项选择题

1. 引起建筑物功能性贬值的因素主要有(　　)。

A. 政策变化　B. 建筑物使用强度不够

C. 建筑物用途不合理　D. 建筑物设计不合理

2. 房地产评估目的主要有(　　)。

A. 房地产交易　B. 房地产抵押、典当

C. 房地产保险和损害赔偿　D. 房地产课税

3. 影响房地产价格的一般因素包括(　　)。

A. 房地产价格政策　B. 城市发展战略

C. 国民经济发展状况　D. 社会发展状况、物价水平

4. 房地产评估遵循的原则有(　　)。

A. 最有效使用原则　B. 合法原则　C. 替代原则　D. 供需原则

5. 建筑物折旧的求取方法主要有(　　)。

A. 耐用年限法　B. 实际观察法　C. 成新折扣法　D. 综合法

三、判断题

1. 一个地区房地产价格总水平与该地区的经济发展状况成正比。(　　)

2. 贡献原则是房地产评估中收益法和剩余法的基础。(　　)

3. 最有效使用原则是房地产评估的最高原则。(　　)

4. 收益法适用于有收益的房地产评估，如商场、写字楼、公寓、学校、公园等。(　　)

5. 供需原则是房地产评估中市场法的理论基础。(　　)

四、简述题

1. 房地产评估应遵循哪些原则？

2. 简述市场法中如何选择可比实例、如何建立价格可比基础。

3. 简述不同类型房地产净收益如何求取。

4. 简述成本法评估中如何确定各项参数。

5. 资本化率求取的基本方法有哪些？

应会考核

■ 观念应用

【背景资料】

某商业用房地产，按国家规定其土地使用权最高年限为40年，现该房地产拟出租，出租期

为10年。按租赁双方的租赁合同规定，前5年租金是以第一年租金8万元为基础，每年按等比级数递增，每年递增比率为2%；后5年租金按每年15万元固定不变。假定资本化率(折现率)为10%。如按上述租赁合同条件为依据，该房地产10年租期内的收益现值是多少?

【考核要求】

(1)按分段法计算并写出公式，其中，后5年预期收益现值必须使用年金法计算；

(2)写出计算过程；

(3)写出正确结论。

■ 技能应用

1. 投资者面对甲、乙两幅土地。甲地容积率为5，单价为1 000元/平方米，乙地容积率为3，单价为800元/平方米，两幅土地其他条件相同。问投资者应选择哪一幅土地进行投资更为经济?

2. 某房屋建筑面积为1 200平方米，同类型房屋标准新建单价为970元/平方米，但该房屋刚装修好，调整增加1%；设备配置齐全，增加2%；地段、层次、朝向增加1.5%，其他情况同标准房屋。经现场评定，该房屋为七成新。根据上述情况，评估房屋价格。

3. 房地产的总使用面积为1万平方米，月租金为7元/平方米。预计年房租损失费为年预期租金总收入的5%，房产税为年预期租金总收入的12%，管理费、修缮费为年预期租金总收入的6%，房屋财产保险费为0.3万元/年。预计该房地产尚可以使用10年，折现率为12%。计算该房地产的评估值。

4. 某房地产2020年10月的年净收益为300万元，预测未来3年的年净收益仍然保持这一水平；2023年10月转售时的价格预计比2020年10月上涨10%，转售时卖方应缴纳的税费为售价的6%。若该类房地产的投资收益率为9%，试测算该房地产2020年10月的价格。

【技能要求】

请对上述内容进行计算。

■ 案例分析

假定某市政府将于2020年8月1日公开拍卖一宗土地，规划用途为住宅，土地面积为5 000平方米，容积率限定为4，土地使用权70年。某开发商欲购买此地，准备取得土地后即投资开发，施工期为2年，建筑投资均匀投入。建筑成本为1 500元/平方米，专业费为建筑成本的6%，开发商的目标利润为成本的15%，有关税费为楼价的5%，折现率为10%，工程完工后每平方米售价5 500元，估计1年内售完。

【分析要求】

开发商委托你评估该宗土地价格，试计算分析。

项目实训

【实训项目】

房地产评估。

【实训内容】

房地产评估的基本程序及评估方法的应用。

【实训目的】

掌握不同的评估方法在房地产评估中的应用，并加以区别。

【实训反思】

(1)掌握房地产评估的基本程序以及评估过程中不同阶段应注意的问题。

(2)掌握房地产评估的收益法的思路、适用范围和应用。

(3)掌握市场法在房地产评估中的应用,掌握其适用范围。

(4)掌握新建房地产和旧建筑物采用成本法评估的区别和测算方法。

(5)将实训报告填写完整。

《房地产评估》实训报告		
项目实训班级:	项目小组:	项目组成员:
实训时间:　　年　　月　　日	实训地点:	实训成绩:
实训目的:		
实训步骤:		
实训结果:		
实训感言:		
不足与今后改进:		
项目组长评定签字:	项目指导教师评定签字:	

项目七

无形资产评估

○ **知识目标：**

理解：无形资产的概念及其特征、无形资产评估的概念以及影响无形资产评估价值的因素。

熟知：专利权、商标权、著作权和商誉的评估。

掌握：收益法、市场法和成本法在无形资产评估中的应用。

○ **技能目标：**

在掌握无形资产评估基本方法理论的基础上，能够学会使用合理的方法对无形资产进行评估，并灵活地运用各种方法。

○ **素质目标：**

通过对本项目的学习，加强对无形资产评估的认识，能够用适当的方法评估无形资产的价值。把学和做有机结合，做到学思用贯通、知信行统一，提高自己的职业道德素养。

○ **项目引例：**

无形资产评估程序分析

甲企业将一项专利使用权转让给乙企业，拟采用对利润分成的方法。该专利3年前从外部购入，账面成本80万元，3年间物价累计上升25%。该专利法律保护期10年，已过4年，尚可保护6年。经专业人员测算，该专利成本利润率为400%。乙企业资产重置成本为4 000万元，成本利润率为12.5%，通过对该专利的技术论证和发展趋势分析，技术人员认为该专利剩余使用寿命为5年。另外，通过对市场供求状况及有关会计资料分析得知，乙企业实际生产能力为年产某型号产品20万台，成本费用每台约为400元，未来5年间产量与成本费用变动不大。该产品由于采用了专利技术，性能有较大幅度提高，未来第1、第2年每台售价可达500元，在竞争的作用下，为维护市场占有率，第3、第4年售价将降为每台450元，第5年降为每台430元，折现率确定为10%。要求：根据上述资料确定该专利评估值(不考虑流转税因素)。

引例导学：上述提到的是一个无形资产的评估案例。那么，什么是无形资产评估？无形资产评估的程序是怎样的？通过对本项目的学习，你将得到解答。

○ **知识精讲：**

任务一　无形资产评估概述

一、无形资产的概念、特性和分类

(一)无形资产的概念

我国2001年颁布的《资产评估准则——无形资产》指出，无形资产是指特定主体所控制的，不具有实物形态、对生产经营长期发挥作用且能带来经济利益的资源。要把握无形资产的概念，应了解以下几个方面：

1. 非实体性

无形资产没有具体的物质实体形态，是隐形存在的资产，但是无形资产也有其一定的有形表现形式，如专利证书、商标标记、技术图纸、工艺文件等。无形资产与有形资产的根本区别在于：有形资产的价值取决于有形要素的贡献，无形资产的价值则取决于无形要素的贡献。

2. 排他性

排他性又称可控性。无形资产往往是由特定主体所控制、排他占有，凡不能排他或者不需要任何代价即能获得的，都不是无形资产。无形资产的这种排他性，有的是通过企业自身保护取得，有的则是以适当公开其内容作为代价来取得广泛而普遍的法律保护，还有的是借助法律保护并以长期生产经营服务中的信誉取得社会的公认。

3. 效益性

并非任何无形的事物都是无形资产，成为无形资产的前提是其必须能够以一定的方式，直接或间接地为其控制主体(所有者、使用者或投资者)创造效益，而且必须能够在较长时期内持续产生经济效益。

(二)无形资产的特性

无形资产发挥作用的方式明显区别于有形资产，因而在评估时需牢牢把握其固有的特性。

1. 附着性

附着性是指无形资产往往附着于有形资产而发挥其固有功能。例如，制造某产品的专有技术要体现在专用机械生产线、工艺设计上。各种知识性的资产一般要物化在一定的实体之中。

2. 共益性

无形资产区别于有形资产的一个重要特点是，它可以作为共同财富，由不同的主体同时共享。通过合法的程序，一项无形资产可以为不同的权利主体所共同享用，也可以在其所有者继续使用的前提下，多次转让其使用权。例如，一项先进技术可以使一系列企业提高产品质量、降低产品成本；一项技术专利在一个企业使用的同时，并不影响转让给其他企业使用。

3. 积累性

无形资产的积累性体现在两个方面：一是无形资产的形成基于其他无形资产的发展；二是无形资产自身的发展也是一个不断积累和演进的过程。

4. 替代性

在承认无形资产具有积累性的同时，还要考虑其替代性。例如，一种技术取代另一种技术、一种工艺替代另一种工艺等，其特性不是共存或积累，而是替代或更新。

(三)无形资产的分类

无形资产种类有很多，可以按不同标准进行分类。

1. 按企业取得无形资产的方式分类

按企业取得无形资产的方式分类，无形资产可以分为企业自创的无形资产和外购的无形资产。前者是由企业自己研制创造获得的以及由于客观原因形成的，如自创专利、非专利技术、商标权、商誉等；后者则是企业以一定代价从其他单位购入的，如外购专利权、商标权等。

2. 按无形资产有无专门法律保护分类

按有无专门法律保护分类，无形资产可以分为有专门法律保护的无形资产和无专门法律保护的无形资产。专利权、商标权等均受到国家专门法律保护，无专门法律保护的无形资产有非专利技术等。

3. 按无形资产能否独立存在分类

按能否独立存在分类，无形资产可以分为可确指的无形资产和不可确指的无形资产。那些具有专门名称，可单独取得、转让或出售的无形资产，称为可确指的无形资产，如专利权、商标权等；那些不可辨认、不可单独取得，离开企业整体就不复存在的无形资产，称为不可确指的无形资产，如商誉。国际评估准则委员会在其颁布的《无形资产评估指南》中，将无形资产分为权利型无形资产（如租赁权）、关系型无形资产（如顾客关系、客户名单等）、组合型无形资产（如商誉）和知识产权（包括专利权、商标权和版权等）。

二、无形资产评估的概念及影响无形资产评估价值的因素

（一）无形资产评估的概念

无形资产评估是以无形资产价值形成理论为基础，考虑影响无形资产价值变动的各种因素，选用适当的评估方法，对无形资产在一定时点上的价值进行量化的过程。

（二）影响无形资产评估价值的因素

进行无形资产评估，首先要明确影响无形资产评估价值的因素。一般来说，影响无形资产评估价值的因素主要有以下方面：

1. 无形资产的取得成本

无形资产与有形资产一样，其取得也有成本。只是相对于有形资产而言，其成本的确定不是十分明晰和易于计量的。对企业无形资产来说，外购无形资产较易确定成本，自创无形资产的成本计量较为困难。同时，无形资产的创造与对其的投入、研发失败等密切相关，但这部分成本的确定是很困难的。一般来说，这些成本项目包括创造发明成本、法律保护成本、发行推广成本等。

2. 机会成本

无形资产的机会成本是指因将无形资产用于某一确定用途后，所导致的将无形资产用于其他用途所获收益的最大损失。

3. 效益因素

成本是从对无形资产补偿角度考虑的，但无形资产更重要的特征是其创造收益的能力。一项无形资产在环境、制度允许的条件下，获利能力越强，其评估值越高；获利能力越弱，评估值越低。有的无形资产尽管其创造成本很高，但不为市场所需求，或收益能力低微，其评估值就很低。

4. 使用期限

每一项无形资产，一般有一定的使用期限。无形资产的使用期限，除了应考虑法律保护期限外，更主要的是考虑其具有实际超额收益的期限。比如，某项发明专利保护期 20 年，但由于无形损耗较大，拥有该项专利实际能获超额收益期限为 10 年，则这 10 年即为评估该项专利时所应考虑的期限。

5. 技术成熟程度

一般科技成果有一个发展—成熟—衰退的过程，这是竞争规律作用的结果。科技成果的成熟程度如何，直接影响到评估值高低。其开发程度越高，技术越成熟，运用该技术成果的风险性就越小，评估值就会越高。

6. 转让内容因素

从转让内容看，无形资产转让有完全产权转让和部分产权转让。在转让过程中，有关条款的规定会直接影响其评估值。同一无形资产的完全产权转让的评估值高于部分产权转让的评估值。

7. 国内外该种无形资产的发展趋势、更新换代情况和速度

无形资产的更新换代越快，无形损耗越大，其评估值就越低。无形资产价值的损耗和贬值，不取决于自身的使用损耗，而取决于本身以外同类或替代无形资产变化的情况。

8. 市场供需状况

市场供需状况一般反映在两个方面：一是无形资产市场需求情况；二是无形资产的适用程度。对于可出售、转让的无形资产，其价值随市场需求的变动而变动。市场需求大，价值就高；市场需求小，且有同类无形资产替代，则其价值就低。同样，无形资产的适用范围越广，适用程度越高，需求量越大，价值就越高。

9. 同行业同类无形资产的价格水平

无形资产评估值的高低，取决于无形资产交易、转让的价款支付方式，以及各种支付方式的提成基数、提成比例等。在评估无形资产时应综合考虑。

三、无形资产评估的程序

无形资产评估程序是评估无形资产的操作规程。评估程序既是评估工作规律的体现，也是提高评估工作效率、确保评估结果科学有效的保证。无形资产评估一般按下列程序进行：

（一）明确评估目的

无形资产因其评估目的不同，其评估的价值类型和选择的方法也不一样，评估结果也会不同。评估目的由发生的经济行为决定，一般来说，无形资产评估以产权利益主体变动为前提。从目前所发生的情况看，以下述资产业务居多：无形资产的转让、无形资产的投资、股份制改造中无形资产的作价、合资与合作中无形资产的计价、法律诉讼、其他目的。

提示：在明确目的的同时，还需了解被评估无形资产的转让内容及转让过程中的有关条款，这样评估人员才能正确确定无形资产的评估范围、基础数据及参数的选取。

（二）鉴定无形资产

对无形资产进行评估时，评估人员首先应对被评估无形资产进行鉴定。这是进行无形资产评估的基础工作，会直接影响到评估范围和评估价值的科学性。通过对无形资产的鉴定，可以解决以下问题：一是确认无形资产存在；二是鉴别无形资产种类；三是确定无形资产有效期限。

1. 确认无形资产存在

主要是验证无形资产来源是否合法，产权是否明确，经济行为是否合法、有效。可以从以下几方面进行：

第一，查询被评估无形资产的内容、国家有关规定、专业人员评价情况、法律文书（如专利证书、技术鉴定书等），核实有关资料的真实性、可靠性和权威性。

第二，分析无形资产使用所要求的与之相适应的特定技术条件和经济条件，鉴定其应用能力。

第三，确定无形资产的归属是否为委托者所拥有，要考虑其存在的条件和要求，对于剽窃、仿造的无形资产要加以鉴别，对于部分特殊的无形资产要分析其历史渊源，看其是否符合国家

的有关规定。

2. 鉴别无形资产种类

主要是确定无形资产的种类、具体名称、存在形式。有些无形资产是由若干项无形资产综合构成的，应加以确认和分离，避免重复评估和遗漏评估。

3. 确定无形资产有效期限

无形资产有效期限是其存在的前提。某项专利权，如超过法律保护期限，就不能作为专利权评估。有效期限对无形资产评估值具有很大影响。比如，有的商标历史越悠久，价值越高；有的商标历史并不悠久，但也可能具有较高价值。

（三）搜集相关资料

无形资产评估所需的相关资料一般通过委托人提供和评估人员调查获得。这些资料主要包括以下内容：

（1）无形资产的法律文件或其他证明材料，如专利证书、商标注册证、有关机构和专家的鉴定材料等。

（2）无形资产的研发成本和外购成本的费用与价格资料。

（3）无形资产的技术资料，如反映技术先进性、可靠性、成熟度和适用性等方面的资料。

（4）无形资产转让的内容和条件。转让内容主要应考虑无形资产转让的是所有权还是使用权，以及使用权的不同方式等；转让条件包括转让方式、已转让次数、已转让地区与范围、转让时的附带条件及转让费支付方式等。

（5）无形资产盈利能力资料，包括运用无形资产的生产能力、产品的销售状况、市场占有率、价格水平、行业盈利水平及风险等。

（6）使用期限。使用期限主要考虑无形资产的存续期、法定期限、收益年限、合同约定期限、技术寿命期等。

（7）无形资产的市场供求状况。主要考虑评估对象及同类无形资产的供给、需求、范围、活跃程度、变动情况等。

（8）其他所需资料。无形资产评估的前期基础工作还应包括与委托方签订委托合同和制订评估计划等事项，完成这些工作后，就可以选择适当的方法对无形资产进行评估。

（四）确定评估方法

应根据被评估无形资产的具体类型、特点、评估目的及外部市场环境等具体情况，选用合适的评估方法。无形资产的评估方法主要包括市场法、收益法和成本法。

采用市场法评估无形资产，特别要注意被评估无形资产必须确实符合运用市场法的前提，确定具有合理比较基础的类似无形资产交易参照对象，搜集类似无形资产交易的市场信息和被评估无形资产以往的交易信息。当类似无形资产之间具有可比性时，根据宏观经济、行业和无形资产变化情况，考虑交易条件、时间因素和影响价值的各种因素的差异，调整确定评估值。

（五）整理并撰写报告，做出评估结论

无形资产评估报告，是对无形资产评估过程的总结，也是评估者承担法律责任的依据。评估报告要简洁、明确，避免误导。

无形资产评估报告基本要求应符合《资产评估准则——无形资产》的要求。应当强调的是，无形资产评估报告中要注重评估推理过程的陈述，明确阐释评估结论产生的前提、假设及限定条件，各种参数的选用依据，评估方法使用的理由及逻辑推理方式。一般要根据评估对象进行三个方面的陈述：（1）描述性陈述；（2）分析性陈述；（3）综合性陈述。

四、无形资产评估的前提及对象

（一）无形资产评估一般应以产权变动为前提

《资产评估准则——无形资产》中指出：当出现无形资产转让和投资、企业整体或部分资产收购处置及类似经济活动时，注册资产评估师可以接受委托，执行无形资产评估业务。这里要强调无形资产评估业务发生的两种常态：一是无形资产的拥有者或控制者以无形资产的完全产权或部分产权进行转让交易或对外投资，需要对无形资产进行评估，这种情况一般表现为对单项无形资产的评估；二是在企业整体或部分发生变动时，如企业股份制改革、合作、兼并等，对企业资产中包括的无形资产进行评估，这种情况可能复杂一些。对于以无形资产进行成本核算摊销为目的的评估，因受到现行财务会计制度和税收制度的限制与约束，除非得到有关部门的批准，通常不能开展。因此，无形资产评估应主要以产权变动为前提。

（二）无形资产评估是以其获利能力为对象的评估

无形资产的价值从本质上来说，是为特定持有主体带来经济利益的能力，即无形资产的获利能力。在通常情况下，这种获利能力表现为企业的超常收益能力，或者表现为能够给企业带来超额收益。因此，无形资产评估就是对获利能力的评估。无形资产只有能给购买者带来新增收益，才能根据带来的新增收益确定无形资产的价值。

任务二　收益法在无形资产评估中的应用

一、收益法在无形资产评估中的应用形式

根据无形资产转让计价方式不同，收益法在应用上可以表示为下面两种方式：

$$\text{无形资产评估值}=\sum_{t=1}^{n}\frac{K\cdot R_t}{(1+r)^t} \qquad (7-1)$$

$$\text{无形资产评估值}=Y+\sum_{t=1}^{n}\frac{K\cdot R_t}{(1+r)^t} \qquad (7-2)$$

其中，K 表示无形资产分成率，R_t 表示第 t 年分成基数（超额收益），t 表示收益期限，r 表示折现率，Y 表示最低收费额。

上述两个公式不同之处在于，式（7—2）多一项最低收费额，然而在后一项计算无形资产的分成率时，是按扣除最低收费额后测算的，本质上与式（7—1）是一致的。

通常称式（7—1）为收益模式，式（7—2）为成本—收益模式。

式（7—2）中的最低收费额，是指在无形资产转让中，视购买方实际生产和销售情况收取的“旱涝保收”收入，并在确定比例收费时预先扣除，有时称之为“入门费”。在某些无形资产转让中，转让方按固定额收费时把最低收费规定为转让最低价，也可作为无形资产竞卖的底价。

二、最低收费额的确定

由于无形资产具有垄断性，当该项无形资产是购买方必不可少的生产经营条件，或者购买方运用无形资产所增加的效益具有足够的支付能力时，无形资产转让的最低收费额由以下因素决定：

(一)重置成本净值

购买方使用无形资产,就应由购买方补偿成本费用。当购买方与转让方共同使用该项无形资产时,则由双方按运用规模、受益范围等来分摊。

(二)机会成本

由于无形资产的转让,可能会因停业而使由该项无形资产支撑的营业收益减少,也可能会因为企业自己制造了竞争对手而减少利润或是增加开发支出。这些构成无形资产转让的机会成本,应由无形资产购买方来补偿。

综合考虑以上两大因素评估最低收费额,可得到如下一组公式:

无形资产最低收费额=重置成本净值×转让成本分摊率+无形资产转让的机会成本

其中:

$$\text{转让成本分摊率}=\frac{\text{购买方运用无形资产的设计能力}}{\text{运用无形资产的总设计能力}}\times 100\%$$

无形资产转让的机会成本=无形资产转出的净减收益+无形资产再开发的净增费用

公式中,"购买方运用无形资产的设计能力"可根据设计产量或按设计产量计算的销售收入确定。"运用无形资产的总设计能力"是指运用无形资产的各方汇总的设计能力,由于是分摊无形资产的重置成本净值,因而不是按照实际运用无形资产的规模,而是按照设计规模来确定权重。当购买方独家使用该无形资产时,转让成本分摊率为1。"无形资产转出的净减收益"和"无形资产再开发的净增费用"是运用边际分析的方法测算的。"无形资产转出的净减收益"一般指在无形资产尚能发挥作用期间减少的净现金流量。"无形资产再开发的净增费用"包括为了保护和维持该无形资产而追加的科研费用与其他费用、员工培训费用等。以上各项经过认真细致的分析测算是可以确定的。

【做中学7-1】 星海公司转让浮法玻璃生产全套技术,经收集和初步测算已知如下资料:

(1)该公司与购买企业共同享用浮法玻璃生产技术,双方设计能力分别为600万和400万标箱。

(2)浮法玻璃生产全套技术系国外引进,账面价格为200万元,已使用2年,尚可使用8年,2年通货膨胀率累计为10%。

(3)该项技术转出对该企业生产经营有较大影响。由于市场竞争加剧,产品价格下降,在以后8年减少销售收入按折现值计算为80万元,增加开发费用以提高质量、保住市场的追加成本按折现值计算为20万元。试评估该项无形资产转让的最低收费额。

解:(1)2年通货膨胀率为10%,对外购无形资产的重置成本可按物价指数法调整,并根据成新率确定净值,可得浮法玻璃生产全套技术的重置成本净值为:

$$200\times(1+10\%)\times\frac{8}{2+8}=176(\text{万元})$$

(2)因转让双方共同使用该无形资产,设计能力分别为600万和400万标箱,评估重置成本净值分摊率为:

$$\frac{400}{600+400}\times 100\%=40\%$$

(3)由于无形资产转让后加剧了市场竞争,在该无形资产的寿命期间,销售收入减少和费用增加的折现值是转让无形资产的机会成本，根据以上所给资料为：

80＋20＝100(万元)

故该无形资产转让的最低收费额评估值为：

176×40％＋100＝170.4(万元)

三、收益法应用中各项参数指标的确定

(一)无形资产评估中超额收益的确定

1. 直接估算法

通过未使用无形资产与使用无形资产的前后收益情况对比分析，可确定无形资产带来的收益额。在许多情况下，从无形资产为特定持有主体带来的经济利益来看，可以划分为收入增长型无形资产和费用节约型无形资产。

(1)收入增长型无形资产，是指无形资产应用于生产经营过程，能够使得产品的销售收入大幅度增加。增加的原因在于：

第一，无形资产应用于生产经营过程，使生产的产品能够以高出同类产品的价格出售，从而获得超额收益。假设在销售量和单位成本不变、不考虑销售税金的情况下，无形资产形成的超额收益的计算公式为：

$$R=(P_2-P_1)\times Q\times(1-T) \tag{7—3}$$

公式中，R 表示超额收益，P_2 表示使用无形资产后单位产品的价格，P_1 表示未使用无形资产时单位产品的价格，Q 表示产品销售量(此处假定销售量不变)，T 表示所得税税率。

第二，生产的产品在与同类产品相同价格的情况下，销售数量大幅度增加，市场占有率扩大，从而获得超额收益。假设在单位价格和单位成本不变、不考虑销售税金的情况下，无形资产形成的超额收益的计算公式为：

$$R=(Q_2-Q_1)\times(P-C)\times(1-T) \tag{7—4}$$

公式中，R 表示超额收益，Q_2 表示使用无形资产后产品的销售量，Q_1 表示未使用无形资产时产品的销售量，P 表示产品价格(此处假定价格不变)，C 表示产品的单位成本，T 表示所得税税率。

(2)费用节约型无形资产，是指无形资产的应用，使得生产产品中的成本费用降低，从而形成超额收益。可用下列公式计算为投资者带来的超额收益：

$$R=(C_1-C_2)\times Q\times(1-T) \tag{7—5}$$

公式中，R 表示超额收益，C_1 表示未使用无形资产时产品的单位成本，C_2 表示使用无形资产后产品的单位成本，Q 表示产品销售量(此处假定销售量不变)，T 表示所得税税率。

2. 差额法

当无法将使用了无形资产和没有使用无形资产的收益情况进行对比时，采用无形资产和其他类型资产在经济活动中的综合收益与行业平均水平进行比较，可得到无形资产获利能力，即超额收益。

(1)收集有关使用无形资产的产品生产经营活动财务资料，进行盈利分析，得到经营利润和销售利润率等基本数据。

(2)对上述生产经营活动中的资金占用情况(固定资产、流动资产和已有账面价值的其他无形资产)进行统计。

(3)收集行业平均资金利润率等指标。

(4)计算无形资产带来的超额收益。

无形资产带来的超额收益＝经营利润－资产总额×行业平均资金利润率

或

$$\text{无形资产带来的超额收益}=\frac{\text{销售}}{\text{收入}}\times\frac{\text{销售}}{\text{利润率}}-\frac{\text{销售}}{\text{收入}}\times\frac{\text{每元销售收入}}{\text{平均占用资金}}\times\frac{\text{行业平均}}{\text{资金利润率}}$$

注意：使用这种方法，应注意这样计算出来的超额收益有时不完全由被评估无形资产带来（除非能够认定只有这种无形资产存在），往往是一种无形资产组合超额收益，还需进行分解处理。

3. 分成率法

评估无形资产转让的利润分成率有多种方法，这里主要介绍如下几种：

(1)边际分析法。该方法是选择两种不同的生产经营方式进行比较：一种是运用普通生产技术或企业原有技术进行经营；另一种是运用转让得到的无形资产进行经营。后者利润大于前者利润的差额，就是投资无形资产所带来的追加利润。然后，测算各年度追加利润占总利润的比重，并按各年度利润现值的权重，求出无形资产经济寿命期间追加利润占总利润的比重，即评估的利润分成率。这种方法的关键是，科学分析追加无形资产投入可以带来的净追加利润，这也是购买无形资产所必须进行决策分析的内容。

边际分析法的步骤是：

首先，对无形资产的边际贡献因素进行分析，包括销售量提高（新市场的开辟）、成本费用节省（消耗量的降低）、产品质量改进、功能增加、价格提高等。

其次，测算使用无形资产后受让方可以实现的总利润和无形资产带来的新增利润。

再次，根据无形资产的剩余经济寿命或设定年限，将各年的新增利润和利润总额分别折现累加，得到剩余经济寿命或设定年限内的新增利润现值之和与利润总额现值之和。

最后，用新增利润现值之和（追加利润现值）与利润总额现值之和的比率作为无形资产销售利润分成率。其数学表达式为：

$$K=\sum_{i}^{n}\frac{R'_i}{(1+r)^n}\div\sum_{i}^{n}\frac{R_i}{(1+r)^n}$$

公式中，K 表示销售利润分成率，R'_i表示第i 年无形资产带来的新增利润，R_i 表示第i 年受让方运用无形资产后的利润总额，r 表示折现率，n 表示无形资产的剩余经济寿命。

利润分成率＝∑追加利润现值÷∑利润总额现值

【做中学7－2】 企业转让彩电显像管新技术，购买方用于改造彩电显像管生产线。经对无形资产边际贡献因素的分析，测算在其寿命期间各年度分别可带来追加利润100万元、120万元、90万元、70万元，分别占当年利润总额的40%、30%、20%、15%。试评估无形资产利润分成率。

解：本题所给条件已经完成了边际分析法第一步的工作。只需计算出各年限的利润总额，并与追加利润一同折现，即可得出利润分成率。

各年度利润总额现值之和（折现率为10%）为：

$$\frac{100\div40\%}{1+10\%}+\frac{120\div30\%}{(1+10\%)^2}+\frac{90\div20\%}{(1+10\%)^3}+\frac{70\div15\%}{(1+10\%)^4}$$

$=250\times0.909\,1+400\times0.826\,4+450\times0.751\,3+467\times0.683\,0$

$=227.275+330.56+338.085+318.961$

$=1\ 214.881$(万元)

追加利润现值之和为：

$$\frac{100}{1+10\%}+\frac{120}{(1+10\%)^2}+\frac{90}{(1+10\%)^3}+\frac{70}{(1+10\%)^4}$$

$=100\times0.909\ 1+120\times0.826\ 4+90\times0.751\ 3+70\times0.683\ 0$

$=90.91+99.168+67.617+47.81$

$=305.505$(万元)

$$无形资产利润分成率=\frac{305.505}{1\ 214.881}\times100\%=25\%$$

(2)约当投资分成法。边际分析法是根据各种生产要素对提高生产率的贡献来计算的，道理明了，易于接受。但是，由于无形资产与有形资产的作用往往互为条件，在许多场合下较难确定购置的无形资产贡献率，因此，还需寻求其他途径。由于利润往往是无形资产与其他资产共同作用的结果，而无形资产通常具有较高的成本利润率，因此可以考虑采取在成本的基础上附加相应的成本利润率，转换成约当投资的办法，按无形资产的折合约当投资与购买方投入资产的约当投资的比例确定利润分成率。其计算公式为：

$$无形资产利润分成率=\frac{无形资产约当投资量}{购买方约当投资量+无形资产约当投资量}\times100\%$$

其中：

无形资产约当投资量＝无形资产的重置成本×(1＋适用的成本利润率)

购买方约当投资量＝购买方投入总资产的重置成本×(1＋适用的成本利润率)

在确定无形资产约当投资量时，适用的成本利润率按转让方无形资产带来的利润与其成本之比计算。没有企业的实际数时，按社会平均水平确定。在确定购买方约当投资量时，适用的成本利润率按购买方的现有水平测算。

【做中学 7－3】 甲企业以制造四轮驱动汽车的技术向乙企业投资，该技术的重置成本为 100 万元，乙企业拟投入合营的资产重置成本为 8 000 万元。甲企业无形资产成本利润率为 500%，乙企业拟合作的资产原利润率为 12.5%。试评估无形资产投资的利润分成率。

解：如果按投资双方的投资品的成本价格折算利润分成率，就不能体现无形资产作为知识密集型资产的较高生产率。因此，应采用约当投资分成法评估利润分成率。

(1)无形资产约当投资量为：

$100\times(1+500\%)=600$(万元)

(2)乙企业约当投资量为：

$8\ 000\times(1+12.5\%)=9\ 000$(万元)

(3)无形资产投资的利润分成率为：

$600/(9\ 000+600)\times100\%=6.25\%$

应该指出的是，在国内外技术交易中，提成率不是一个固定值，它会随着受让与使用无形资产生产的产品产量的增加而递减，表 7－1 就是提成率递减的一个例子。

表7-1　　我国某技术转让规定的提成递减率

年产量(万套)	占规定提成率(%)
1—10	100
10—20	75
20—50	25

评估人员在利用提成率法确定无形资产收益额时，要根据实际情况分析，合理确定提成收益。

(3)分成率换算法。该方法是通过对已知的销售收入分成率和销售利润率指标的计算，求得销售利润分成率。其计算公式为：

销售利润分成率＝销售收入分成率÷销售利润率

【做中学7-4】 如果社会平均销售利润率为10%，当技术转让费为销售收入的3%时，则无形资产转让的销售利润分成率为：

3%÷10%＝30%

4. 要素贡献法

有些无形资产已经成为生产经营的必要条件，由于某些原因不可能或很难确定其带来的超额收益，这时可以根据构成生产经营的要素在生产经营活动中的贡献，从正常利润中粗略估计出无形资产带来的收益。我国资产评估理论界通常采用"三分法"，即主要考虑生产经营活动中的三大要素：资金、技术和管理。这三种要素的贡献在不同行业是不一样的。

(二)无形资产评估中折现率的确定

折现率是将无形资产带来的超额收益换算成现值的比率。它本质上是从无形资产受让方的角度考虑投资无形资产的投资报酬率。折现率的高低取决于无形资产投资的风险和社会正常的投资收益率。

从理论上讲，无形资产评估中的折现率是社会正常投资报酬率与无形资产投资风险报酬率之和。其计算公式为：

无形资产评估中的折现率＝无风险报酬率＋无形资产投资风险报酬率

关于无风险报酬率，在市场经济比较发达的国家，无风险报酬率大多选择政府债券利率。无风险报酬率突出了投资回报的安全性和可靠性。无形资产投资风险报酬率的选择和量化，主要取决于无形资产本身的状况，以及运用和实施无形资产的外部环境。

(三)无形资产评估中收益期限的确定

无形资产收益期限又称有效期限，是指无形资产发挥作用并具有超额获利能力的时间。资产评估实践中，预计和确定无形资产的有效期限，可依照下列方法确定：

(1)法律或企业合同、申请书分别规定有法定有效期限和受益年限的，可按照法定有效期限与受益年限中的短者确定。

(2)法律未规定有效期限，企业合同或企业申请书中规定有受益年限的，可按照规定的受益年限确定。

(3)法律和企业合同或申请书均未规定有效期限和受益年限的，按预计受益期限确定。预计受益期限可以采用统计分析或与同类资产比较得出。

四、无形资产价值的估测

在确定了无形资产的超额收益、折现率和收益期限后，便可按照“将利求本”的思路，运用收益折现法将无形资产在其发挥效用的年限内的超额收益折现累加求得评估值。其计算公式为：

$$P=\sum_{i}^{n}\frac{R_i}{(1+r)^i}$$

其中，P 表示评估值，R_i 表示第 i 年无形资产带来的预期超额收益，r 表示折现率，n 表示收益持续的年限数。

【做中学 7－5】 甲啤酒厂将该厂知名的注册商标使用权通过许可使用合同允许乙啤酒厂使用，使用期限为 5 年。双方约定，由乙啤酒厂每年按使用该商标新增利润的 25％支付给甲啤酒厂，作为商标使用费。经预测，在未来 5 年中，乙啤酒厂使用甲啤酒厂的商标后每年新增净利润分别为 300 万元、320 万元、350 万元、370 万元和 390 万元。假设折现率为 12％，则该商标使用权的价值为：

$$\frac{300\times25\%}{1+12\%}+\frac{320\times25\%}{(1+12\%)^2}+\frac{350\times25\%}{(1+12\%)^3}+\frac{370\times25\%}{(1+12\%)^4}+\frac{390\times25\%}{(1+12\%)^5}$$

$=66.964+63.776+62.281+58.785+55.324$

$=307.13$（万元）

任务三　成本法在无形资产评估中的应用

一、无形资产的成本特性

无形资产成本包括研制或取得、持有期间的全部物化劳动和活劳动的费用支出。其成本特性，尤其就研制、形成费用而言，明显区别于有形资产。具体来说，包括以下方面：

（一）不完整性

与购买、创建无形资产相对应的各项费用是否计入无形资产的成本，是以费用支出资本化为条件的。在企业生产经营过程中，科研费用一般是比较均衡地发生的，并且比较稳定地为生产经营服务，因而我国现行财务制度一般把科研费用从当期生产经营费用中列支，而不是先对科研成果进行费用资本化处理，再按无形资产折旧或摊销的办法从生产经营费用中补偿。这种办法简便易行，大体上符合实际，并不影响无形资产的再生产。但这样一来，企业账簿上反映的无形资产成本就是不完整的，大量账外无形资产的存在是不可忽视的客观事实。同时，即便是按国家规定进行费用支出资本化的无形资产的成本核算一般也是不完整的。

无形资产的创建具有特殊性，有大量的前期费用，如培训、基础开发或相关试验等往往不计入该无形资产的成本，而是通过其他途径进行补偿。

（二）弱对应性

无形资产的创建要经历基础研究、应用研究和工艺生产开发等漫长过程，成果的出现带有较大的随机性和偶然性，其价值并不与其开发费用和时间产生某种既定的关系。如果在一系列的研究失败后偶尔出现一些成果，由这些成果承担所有的研究费用显然不够合理。在大量的先行研究（无论是成功还是失败）成果的积累之上，往往可能产生一系列无形资产，然而，继起的这些研究成果是否应该以及如何承担先行研究的费用也很难明断。

（三）虚拟性

既然无形资产的成本具有不完整性、弱对应性的特点，因而无形资产的成本往往是相对的。特别是一些无形资产的内涵已经远远超出了其外在形式的含义，这种无形资产的成本只具有象征意义。例如商标，其成本核算的是商标设计费、登记注册费、广告费等，而商标的内涵是标示商品内在质量信誉。这种无形资产实际上包括该商品使用的特种技术、配方和多年的经验积累，而商标形式本身所花费的成本只具有象征性或称虚拟性。

二、成本法在无形资产评估中的应用

（一）自创无形资产重置成本的估算

自创无形资产的成本是由创制该资产所消耗的物化劳动和活劳动费用构成的，自创无形资产如果已有账面价格，由于它在全部资产中的比重一般不大，可以按照定基物价指数作相应调整，即得到重置成本。在实务上，自创无形资产往往无账面价格，需要进行评估。其方法主要有两种：

1. 核算法

核算法，是指将以现行价格水平和费用标准计算的无形资产研发过程中的全部成本费用（包括直接成本和间接成本）加上合理的利润、税费，确定无形资产的重置成本。

核算法的基本计算公式为：

$$\text{无形资产重置成本}=\text{直接成本}+\text{间接成本}+\text{资金成本}+\text{合理利润}$$

直接成本按无形资产创制过程中实际发生的材料、工时消耗量，结合现行价格和费用标准进行估算。即：

$$\begin{matrix}\text{无形资产}\\\text{直接成本}\end{matrix}=\sum\left(\begin{matrix}\text{物质资料}\\\text{实际耗费量}\end{matrix}\times\begin{matrix}\text{现行}\\\text{价格}\end{matrix}\right)+\sum\left(\begin{matrix}\text{实耗}\\\text{工时}\end{matrix}\times\begin{matrix}\text{现行费}\\\text{用标准}\end{matrix}\right)$$

这里，评估无形资产直接成本不是按现行消耗量而是按实际消耗量来计算的。究其原因有二：一是因为无形资产是创造性的成果，一般不能原样复制，从而不能模拟在现有生产条件下再生产的消耗量；二是无形资产生产过程是创造性智力劳动过程，技术进步的作用最为明显，如果按模拟现有条件下的复制消耗量来估算重置成本，必然影响到对无形资产的价值形态的补偿，从而影响到无形资产的创制。从评估实务来说，由于无形资产开发的各项支出均有原始会计记录，只要按国家规定的范围计算消耗量，并按现行价格和费用标准计价就可以了。

2. 倍加系数法

对于投入智力比较多的技术型无形资产，考虑到科研劳动的复杂性和风险，可用以下公式估算无形资产重置成本：

$$\text{无形资产重置成本}=\frac{C+\beta_1 V}{1-\beta_2}\times(1+L)$$

式中，C 表示无形资产研制开发中的物化劳动消耗，V 表示无形资产研制开发中的活劳动消耗，β_1 表示科研人员创造性劳动倍加系数，β_2 表示科研的平均风险系数，L 表示无形资产投资报酬率。

（二）外购无形资产重置成本的估算

外购无形资产一般有购置费用的原始记录，也可能有可以参照的现行交易价格，评估相对比较容易。外购无形资产的重置成本包括购买价和购置费用两部分，一般可以采用以下两种方法：

1. 市价类比法

在无形资产交易市场中先选择类似的参照物，再根据功能和技术先进性、适用性对其进行调整，从而确定其现行购买价格，购置费用可根据现行标准和实际情况核定。

2. 物价指数法

它是以无形资产的账面历史成本为依据，用物价指数进行调整，进而估算其重置成本。其计算公式为：

$$无形资产重置成本=无形资产账面成本\times\frac{评估时物价指数}{购置时物价指数}$$

【做中学 7－6】 某企业 2018 年外购的一项无形资产账面价值为 80 万元，2020 年进行评估，试按物价指数法估算其重置成本。

解：经鉴定，该无形资产系运用现代先进的实验仪器经反复试验研制而成，物化劳动耗费的比重较大，可运用生产资料物价指数。根据资料，此项无形资产购置时物价指数和评估时物价指数分别为 120％和 150％，故该项无形资产的重置成本为：

$$80\times\frac{150\%}{120\%}=100（万元）$$

（三）无形资产贬值的估算

无形资产本身没有有形损耗，它的贬值主要体现在其功能性和经济性贬值方面，而无形资产的功能性和经济性贬值又会通过其经济寿命的减少与缩短体现出来。

评估时，可以把无形资产的贬值以其剩余经济寿命的减少来表示。这样，利用使用年限法就能较为客观地反映无形资产的贬值。其计算公式为：

$$贬值率=\frac{已使用年限}{已使用年限+尚可使用年限}\times100\%$$

运用使用年限法确定无形资产的贬值率，关键的问题是如何确定无形资产的尚可使用年限。无形资产尚可使用年限可以根据无形资产法律保护期限或合同期限减去已使用年限确定，或通过有关专家对无形资产的先进性、适用性、同类无形资产的状况以及国家有关政策等方面的综合分析，判定其剩余经济寿命。

此外，还应注意分析无形资产的使用效用与无形资产的使用年限是否呈线性关系，以此来确定上述公式的适用性。

（四）无形资产成新率的估算

通常，无形资产成新率的确定，可以采用专家鉴定法和剩余经济寿命预测法进行。

1. 专家鉴定法

专家鉴定法是指邀请有关技术领域的专家，对被评估无形资产的先进性、适用性作出判断，从而确定其成新率的方法。

2. 剩余经济寿命预测法

剩余经济寿命预测法是由评估人员通过对无形资产剩余经济寿命的预测和判断，从而确定其成新率的方法。其计算公式为：

$$成新率=\frac{剩余使用年限}{已使用年限+剩余使用年限}\times100\%$$

公式中，已使用年限比较容易确定，剩余使用年限应由评估人员根据无形资产的特征分析判断获得。

任务四 市场法在无形资产评估中的应用

虽然无形资产具有的非标准性和唯一性特征限制了市场法在无形资产评估中的使用，但这并不排除在评估实践中仍有应用市场法的必要性和可能性。如果有充分的源于市场的交易案例，可以从中取得用于比较分析的参照物，并能对评估对象与可比参照物之间的差异作出合适的调整，就可应用市场法。在使用市场法评估无形资产时，评估人员应注意以下事项：

第一，具有合理比较基础的类似的无形资产。作为参照物的无形资产与被评估无形资产至少要满足形式相似、功能相似、载体相似及交易条件相似的要求。所谓形式相似，是指参照物与被评估资产按照无形资产分类原则，可以归并为同一类。所谓功能相似，是指尽管参照物与被评估资产的设计和结构不可避免地存在差异，但它们的功能和效用应该相同与近似。所谓载体相似，是指参照物与被评估资产所依附的产品或服务应满足同质性要求，所依附的企业则应满足同行业与同规模的要求。所谓交易条件相似，是指参照物的成交条件与被评估资产模拟的成交条件在宏观、中观和微观层面上应大体接近。关于上述要求，国际资产评估准则委员会颁布的《无形资产评估指南》中指出："使用市场法必须具备合理的比较依据和可进行比较的类似的无形资产。参照物与被评估无形资产必须处于同一行业，或处于对相同经济变量有类似反应的行业。这种比较必须具有意义，并且不能引起误解。"

第二，收集类似的无形资产交易的市场信息是为横向比较提供依据，而收集被评估无形资产以往的交易信息则是为纵向比较提供依据。关于横向比较，评估人员在参照物与被评估无形资产在形式、功能和载体方面满足可比性的基础上，应尽量收集促使交易达成的市场信息，即要涉及供求关系、产业政策、市场结构、企业行为和市场绩效方面的内容。其中，对市场结构的分析尤为重要，即需要分析卖方之间、买方之间、买卖双方之间、市场内已有的买方和卖方与正在进入或可能进入市场的买方和卖方之间的关系。评估人员应熟悉经济学中对市场结构作出的完全竞争、完全垄断、垄断竞争和寡头垄断的分类。对于纵向比较，评估人员既要看到无形资产具有依法实施多元和多次授权经营的特征，使得过去交易的案例成为未来交易的参照依据；同时也应看到，时间、地点、交易主体和条件的变化也会影响被评估无形资产的未来交易价格。

第三，作为市场法应用基础的价格信息应满足相关、合理、可靠和有效的要求。在这里，相关是指所收集的价格信息与需要作出判断的被评估无形资产的价值有较强的关联性；合理是指所收集的价格信息能反映被评估无形资产载体结构和市场结构特征，不能简单地用行业或社会平均价格信息推理具有明显结构异质特征的被评估无形资产的价值；可靠是指所收集的价格信息经过对信息来源和收集过程的质量控制，具有较高的置信度；有效是指所收集的价格信息能够有效地反映评估基准日被评估资产在模拟条件下的可能的价格水平。

第四，根据具体差异作出调整。无论是横向比较还是纵向比较，参照物与被评估无形资产会因时间、空间和条件的变化而产生差异，评估人员应对此作出言之有理、持之有据的调整。国际评估准则委员会颁布的《无形资产评估指南》中强调指出："当以被评估无形资产以往的交易记录作为评估的参照依据时，则可能需要根据时间的推移，经济、行业和无形资产的环境变化进行调整。"

任务五　专利权和非专利技术的评估

一、专利权的特点及转让

（一）专利权的特点

专利权是国家专利机关依法批准的发明人或其权利受让人对其发明成果，在一定期间内享有的独占权或专有权，任何人如果要利用该项专利进行生产经营活动或出售使用该项专利制造的产品，需事先征得专利权所有者的许可，并付给报酬。专利权具有以下特点：

1. 独占性

独占性也称排他性，是指对于同一内容的技术发明只授予一次专利，对于已取得专利权的技术，任何人未经许可不得进行营利性实施。

2. 地域性

任何一项专利只在其授权范围内才具有法律效力，在其他地域范围内不具有法律效力。

3. 时间性

依法取得的专利权在法定期限内有效，受法律保护。期满后，专利权人的权利自行终止。我国《专利法》规定，发明专利的保护期限为 20 年，实用新型和外观设计的保护期限为 10 年。

4. 可转让性

专利权可以转让，由当事人订立合同，并经原专利登记机关或相应机构登记和公告后生效，专利权一经转让，原发明者不再拥有专利权，购入者继承专利权。

（二）专利权的转让

专利权的转让形式有多种，但总的来说，可以分为全权转让和使用权转让。使用权转让往往通过技术许可贸易形式进行，这种使用权的权限、地域范围、时间期限、法律和仲裁程序都是在许可证合同中加以确认的。

1. 使用权限

按技术使用权限的大小，可分为：

（1）独家使用权，是指在许可证合同所规定的时间和地域范围内，卖方只把技术转让给某一特定买主，买方不得卖给第二家买主；同时，卖主自己也不得在合同规定范围内使用该技术和销售使用该技术生产的产品。显然，这种转让的卖方索价会比较高。

（2）排他使用权，是指卖方在合同规定的时间和地域范围内只把技术授予买方使用；同时，卖方自己保留使用权和产品销售权，不再将该技术转让给第三者。

（3）普通使用权，是指卖方在合同规定的时间和地域范围内可以向多家买主转让技术；同时，卖方自己也保留技术使用权和产品销售权。

（4）回馈转让权，是指卖方要求买方在使用过程中将对转让技术的改进和发展反馈给卖方的权利。

2. 地域范围

技术许可证大多明确规定地域范围，如某个国家或地区，买方的使用权不得超过这个地域范围。

3. 时间期限

技术许可证合同一般规定有效期限，时间的长短因技术而异。一项专利技术的许可期限一般要与该专利的法律保护期相适应。

4. 法律和仲裁程序

技术许可证合同是法律文件，是依照参与双方所在国的法律来制定的，因此受法律保护。当一方违约时，另一方可遵循法律程序追回损失的权益。

二、专利权的评估程序

资产评估机构接受委托者委托之后，一般按下列程序进行评估：

（一）证明和鉴定专利权的存在

一般应搜集的证明专利权存在的资料有专利说明书、权利要求书、专利证书、有关法律性文件、当年度缴费证明等。另外，应由有关专家鉴定该项专利的有效性和可用性。专利检索是实施鉴定的重要部分。

（二）确定评估方法，搜集相关资料，常用收益法

收益法的运算过程在前面已经详述，重要的任务是搜集相关资料，分析并确定应用中的各项技术参数和指标。这些分析包括：

1. 技术状况分析

技术状况分析包括技术先进性分析、技术成熟程度与寿命周期分析等。

2. 收益能力分析

收益能力分析包括是否具有获利能力、获利表现为收入增长型或费用降低型等分析。

3. 市场分析

市场分析包括应用该专利技术的产品市场需求总量分析、市场占有率分析、风险分析等。

4. 投资可行性分析

通过分析确定各有关技术参数和指标，最后进行评定估算，确定评估值。

（三）完成评估报告，并加以详尽说明

评估报告是专利权评估结果的最终反映，但这种结果是建立在各种分析、假设基础上的，为了说明评估结果的有效性和适用性，评估报告中应详尽说明评估中的各有关内容。这些内容包括：

1. 专利技术成熟度

如该专利技术已经付诸实施，应说明其实施运用情况、技术本身先进程度、有无转让记录等；如该专利尚未实施，应说明评估值测定中的依托条件，包括技术本身、受让方条件、市场预测等。

2. 接受方可受度的分析

成熟的专利技术对接受方的要求，即可受度，包括对接受方基础设施、技术素质、投资规模、资金需求等方面的要求。

这些分析不仅有助于说明评估结果的有效性和适用性，还可以说明报告者承担法律责任和义务的区间，同时也为买卖双方提供分析的依据。

三、专利权的评估方法

专利权评估主要采用收益法，一些特殊情况下也可以采用成本法。

（一）收益法

专利权的收益额是指直接由专利权带来的预期收益。对于收益额的测算，通常可以通过直接测算超额收益或通过利润分成率测算获得。由于专利权收益的来源不同，我们可以将专利权划分为收入增长型专利和费用节约型专利来测算，也可以用分成率方法来测算。

采用利润分成率测算专利技术收益额，即以专利技术投资产生的收益为基础，按一定比例(利润分成率)分成确定专利技术的收益。利润分成率反映专利技术对整个利润额的贡献程度。利润分成率确定为多少合适，据联合国工业发展组织对印度等发展中国家引进技术价格的分析，认为利润分成率在16%—27%是合理的；1972年在挪威召开的许可贸易执行协会上，多数代表提出利润分成率为25%左右较为合理；我国理论工作者和评估人员通常认为利润分成率在25%—33%较合适。这些基本分析在实际评估业务过程中具有参考价值，但更重要的是对被评估专利技术进行符合实际的分析，确定合理的、准确的利润分成率。

下面通过案例说明专利权评估过程。

【做中学7—7】　北京某科技发展公司5年前自行开发了一项大功率电热转换器及其处理技术，并获得发明专利证书，专利保护期20年。现在，该公司准备将该专利技术出售给北京郊区某乡镇企业，现需要对该项专利技术进行评估。

评估分析和计算过程如下：

(1)评估对象和评估目的。由于北京某科技发展公司系出售该项专利，因此，转让的是专利技术的所有权。

(2)专利技术鉴定。该项技术已申请专利，该技术所具备的基本功能可以从专利说明书以及有关专家鉴定书中得到。此外，该项技术已在北京某科技发展公司使用了5年，产品已进入市场，并深受消费者欢迎，市场潜力较大。因此，该项专利技术的有效功能较好。

(3)评估方法选择。该项专利技术具有较强的获利能力，而且同类型技术在市场上被授权使用情况较多，分成率容易获得，从而为测算收益额提供了保证。因此，决定采用收益法进行评估。

(4)判断确定评估参数。根据对该类专利技术的更新周期以及市场上产品更新周期的分析，确定该专利技术的剩余使用期限为4年。根据对该类技术的交易实例的分析，以及该技术对产品生产的贡献性分析，确定其对销售收入的分成率为3%。

根据过去经营绩效以及对未来市场需求的分析，评估人员对未来4年的销售收入进行预测，结果见表7—2。

表7—2　　预期销售收入测算结果

年　份	销售收入(万元)
2017	600
2018	750
2019	900
2020	900

根据当期的市场投资收益率，确定该专利技术评估中采用的折现率为15%。

(5)计算评估值。得出的结论见表7—3。

表7—3 评估值计算表 单位:万元

年 份	销售收入①	分成额②=①×3%	税后净额 ③=②×(1−25%)	复利现值系数	收益总额 (r=15%)
2017	600	18	13.5	0.869 6	11.739 6
2018	750	22.5	16.875	0.756 1	12.759 2
2019	900	27	20.25	0.657 5	13.314 4
2020	900	27	20.25	0.571 8	11.579 0
合 计					49.392 2

因此,该专利技术的评估值为49.392 2万元。

(二)成本法

将成本法应用于专利技术的评估,重要之处在于分析计算其重置完全成本构成、数额以及相应的成新率。专利分为外购和自创两种,外购专利技术的重置成本确定比较容易。自创专利技术的成本一般由下列因素组成:

1. 研制成本

研制成本包括直接成本和间接成本两大类。直接成本是指研制过程中直接投入发生的费用,间接成本是指与研制开发有关的费用。

(1)直接成本。直接成本一般包括:材料费用,即为完成技术研制所耗费的各种材料费用;工资费用,即参与研制技术的科研人员和相关人员的费用;专用设备费,即为研制开发技术所购置的专用设备的摊销;资料费,即研制开发技术所需的图书、资料、文献、印刷等费用;咨询鉴定费,即为完成该项目所发生的技术咨询、技术鉴定费用;协作费,即项目研制开发过程中某些零部件的外加工费以及使用外单位资源的费用;培训费,即为完成本项目,委派有关人员接受技术培训的各项费用;差旅费,即为完成本项目发生的差旅费用;其他费用。

(2)间接成本。间接成本主要包括:管理费,即为管理、组织本项目开发所负担的管理费用;非专用设备折旧费,即采用通用设备、其他设备所负担的折旧费;应分摊的公共费用及能源费用。

2. 交易成本

交易成本是指发生在交易过程中的费用支出,主要包括:技术服务费,即卖方为买方提供的专家指导、技术培训、设备仪器安装调试及市场开拓费;交易过程中的差旅费及管理费,即谈判人员和管理人员参加技术洽谈会及在交易过程中发生的食宿和交通费等;手续费,即有关的公证费、审查注册费、法律咨询费等;税金,即无形资产交易、转让过程中应缴纳的增值税。由于评估目的不同,其成本构成内涵也不一样,在评估时应视不同情形考虑以上成本的全部或一部分。

专利技术评估中成新率的估算方法,详见本项目任务三的内容。下面举例说明成本法用于专利技术评估的过程。

【做中学7—8】 星海公司由于经营管理不善,经济效益不佳,亏损严重,将要被同行业的大华公司兼并,需要对星海公司全部资产进行评估。星海公司有一项专利技术(实用新型),两年前自行研制开发并获得专利证书。现需要对该专利技术进行评估。

评估分析和计算过程如下：

(1)确定评估对象。该项专利技术系星海公司自行研制开发并申请了专利权。被兼并企业资产中包括该项专利技术，因此，确定的评估对象是专利技术的完全产权。

(2)技术功能鉴定。该专利技术的专利权证书、技术检验报告书均齐全。根据专家鉴定和现场勘察，该项专利技术在应用中对于提高产品质量、降低产品成本有很大作用，效果良好，与同行业同类技术相比较，处于领先水平。经分析，企业经济效益不佳、产品滞销为企业管理人员素质较低、管理混乱所致。

(3)评估方法选择。由于星海公司经济效益欠佳，很难确切地预计该项专利技术的超额收益，且同类技术在市场上尚未发现有交易案例，因此，决定选用成本法。

(4)各项评估参数的估算。首先，分析测算其重置完全成本。该项专利技术系自创形成，其开发形成过程中的成本资料可从企业中获得。具体如下：

材料费用	45 000 元
工资费用	10 000 元
专用设备费	6 000 元
资料费	1 000 元
咨询鉴定费	5 000 元
专利申请费	3 600 元
培训费	2 500 元
差旅费	3 100 元
管理费分摊	2 000 元
非专用设备折旧费分摊	9 600 元
合　计	87 800 元

由于专利技术难以复制，各类消耗仍按过去实际发生定额计算，对其价格可按现行价格计算。根据考察、分析和测算，近两年生产资料价格上涨指数分别为 5%和 8%。由于生活资料物价指数难以获得，该专利技术开发中工资费用所占份额很少，因此，可以将全部成本按生产资料价格指数调整，即可估算出重置完全成本。

重置完全成本＝87 800×(1＋5%)×(1＋8%)＝99 565(元)

其次，确定该项专利技术的贬值率。该项实用新型专利技术的法律保护期限为 10 年，尽管还有 8 年保护期限，但根据专家鉴定分析和预测，该项专利技术的剩余使用期限仅为 6 年，由此可以计算出贬值率为：

贬值率＝(8－6)/8×100%＝25%

(5)计算评估值，得出结论。

评估值：99 565×(1－25%)＝74 673.75(元)

最后，确定该项专利技术的评估值为 74 674 元。

四、非专利技术的概念与特性

(一)非专利技术的概念

非专利技术又称专有技术、技术秘密，是指未经公开、未申请专利的知识和技巧，主要包括设计资料、技术规范、工艺流程、材料配方、经营诀窍和图纸、数据等技术资料。非专利技术与专利权不同，从法律角度讲，它不是一种法定的权利，而仅仅是一种自然的权利，是一项收益性无形资产。从这一角度来说，进行非专利技术的评估，首先应该鉴定非专利技术，分析、判断其存在的客观性。这一判断要比专利权的判断略显复杂些。

（二）非专利技术的特性

一般来说，企业中的某些设计资料、技术规范、工艺流程、材料配方等之所以能作为非专利技术存在，是根据以下特性：

1. 实用性

非专利技术的价值取决于其是否能够在生产实践过程中操作，不能应用的技术不能称为非专利技术。

2. 新颖性

非专利技术所要求的新颖性并非要具备独一无二的特性，但它也绝不能是任何人都可以随意得到的东西。

3. 获利性

非专利技术必须有价值，表现在它能为企业带来超额利润。有价值是非专利技术能够转让的基础。

4. 保密性

保密性是非专利技术的最主要特性。如前所述，非专利技术不是一种法定的权利，其自我保护是通过保密性进行的。

五、非专利技术评估值的影响因素及其评估方法

（一）非专利技术评估值的影响因素

在非专利技术评估中，应注意研究影响非专利技术评估值的各项因素。这些因素包括：

1. 非专利技术的使用期限

非专利技术依靠保密手段进行自我保护，没有法定保护期限。但是，非专利技术作为一种知识和技巧，会因技术进步、市场变化等原因被先进技术所替代。作为非专利技术本身，一旦成为一项公认的使用技术，它就不存在价值了。因此，非专利技术的使用期限应由评估者根据本领域的技术发展情况、市场需求情况及技术保密情况进行估算，也可以根据双方合同的规定期限、协议情况估算。

2. 非专利技术的预期获利能力

非专利技术具有使用价值和价值，使用价值是非专利技术本身应具有的，而非专利技术的价值则在于非专利技术的使用所能产生的超额获利能力。因此，评估时应充分研究分析非专利技术的直接和间接获利能力，这是确定非专利技术评估值的关键，也是评估过程中的困难所在。

3. 非专利技术的市场情况

技术商品的价格取决于市场供求情况。市场需求越大，其价格越高；反之，则越低。从非专利技术本身来说，一项非专利技术的价值高低取决于其技术水平在同类技术中的领先程度。在科学技术高速发展的情况下，技术更新换代的速度加快，无形损耗加大，一项非专利技术很难持久处于领先水平。另外，非专利技术的成熟程度和可靠程度对其价值量也有很大的影响。技术越成熟、可靠，其获利能力越强，风险越小，卖价就越高。

4. 非专利技术的开发成本

非专利技术取得的成本也是影响非专利技术价值的因素。评估中应根据不同的技术特

点，研究开发成本与其获利能力的关系。

（二）非专利技术的评估方法

非专利技术的评估方法与专利技术的评估方法基本相同，下面分别介绍非专利技术评估中几种方法的应用。

1. 运用成本法对非专利技术进行评估

【做中学 7－9】 某企业现有不同类型的设计工艺图纸 8 万张，需进行评估，以确定该设计工艺图纸的价值。估算过程如下：

第一步，分析鉴定图纸的使用状况。评估人员根据这些图纸的尺寸和所涉及产品的种类、产品的周期进行分析整理。根据分析，将这些图纸分成以下 4 种类型（这也是一般用于确定图纸类型的标准）：

（1）活跃/当前型：6.2 万张。是指现正在生产、可随时订货的产品零部件、组合件的工程图纸及其他工艺文件。

（2）半活跃/当前型：0.9 万张。是指目前已不再成批生产但仍可订货的产品零部件、组合件的工程图纸及其他工艺文件。

（3）活跃/陈旧型：0.7 万张。是指计划停止生产但目前仍可供销售的产品零部件、组合件的工程图纸及其他工艺文件。

（4）停止生产而且不再销售的产品零部件、组合件的工程图纸及其他工艺文件，计 0.2 万张。

根据分析确定，继续有效使用的图纸计 7.1 万张。

第二步，估算图纸的重置完全成本。根据图纸设计、制作耗费及其现行价格分析确定，这批图纸每张的重置成本为 120 元。由此可以计算出这批图纸的重置完全成本为：

图纸的重置完全成本＝71 000×120＝8 520 000（元）

第三步，估算图纸的贬值。对重置完全成本总额还需按其产品的剩余使用年限与总使用年限的比较百分比（也称条件百分比）进行调整，即：

条件百分比＝（剩余使用年限/总使用年限）×100％

假如由活跃/当前型图纸控制产品的剩余使用年限为 5 年，总使用年限为 12 年，则其条件百分比为：

条件百分比＝（5/12）×100％＝41.67％

由此确定的贬值率则为 58.33％。依这种做法，可以分别计算每种类型图纸的条件百分比。为了简化估算，假定估算出综合条件百分比为 40％。

第四步，估算这些图纸的价值。即：

8 520 000×40％＝3 408 000（元）

2. 运用收益法对非专利技术进行评估

【做中学 7－10】 某评估公司对星海公司准备投入中外合资企业的一项非专利技术进行评估。根据双方协议，确定该非专利技术收益期限为 5 年，试根据有关资料确定该非专利技术评估值。

评估过程如下：

（1）预测、计算未来 5 年的收益（假定评估基准日为 20××年 12 月 31 日）。预测结果如

表7—4所示。

表7—4 未来5年非专利技术收益预测

项 目	第1年	第2年	第3年	第4年	第5年	合 计
销售量(件)	35	45	45	45	45	215
销售单价(万元)	2.2	2.2	2.2	2.2	2.2	—
销售收入(万元)	77	99	99	99	99	473
减:成本、费用(万元)	21.84	27.935	27.935	27.935	27.935	133.58
利润总额(万元)	55.16	71.065	71.065	71.065	71.065	339.42
减:所得税(万元)	0	0	0	12.442 5	12.442 5	24.885
税后利润(万元)	55.16	71.065	71.065	58.622 5	58.622 5	314.535
非专利技术分成率(%)	40	40	40	40	40	—
非专利技术收益(万元)	22.064	28.426	28.426	23.449	23.449	125.814

(2)确定折现率。根据银行利率确定安全利率为6%,再根据技术所属行业及市场表现确定风险率为14%,由此确定折现率为20%(即6%+14%)。

(3)计算确定评估值。

$$\text{非专利技术评估值}=\sum_{t=1}^{5}\text{各年非专利技术收益}/(1+r)^t$$
$$=22.064\times0.833\,3+28.426\times0.694\,4+28.426\times0.578\,7+23.449\times0.482\,3+23.449\times0.401\,9$$
$$=75.308\,6(\text{万元})$$

任务六 商标权评估

一、商标和商标权

(一)商标的概念、作用和种类

1. 商标的概念

商标是商品的标记,是商品生产者或经营者为了把自己的商品区别于他人的同类商品,在商品上使用的一种特殊标记。这种标记一般由文字、图案或两者组合而成。

2. 商标的作用

商标的作用表现在:商标表明商品或劳务的来源,说明该商品或劳务来自何企业;商标能把一个企业提供的商品或劳务与其他企业的同一类商品或劳务相区别;商标标志着一定的商品或劳务的质量;商标反映向市场提供某种商品或劳务的特定企业的声誉。消费者通过商标可以了解相关企业的形象,企业也可以通过商标宣传自己的商品,提高企业的知名度。

从经济学角度,商标的这些作用最终能为企业带来超额收益。从法律角度,保护商标也就是保护企业获取超额收益的权利。

3. 商标的种类

商标的种类有很多，可以依照不同标准予以分类。

(1)按商标是否具有法律保护的专用权，可以分为注册商标和未注册商标。我国《商标法》规定："经商标局核准注册的商标为注册商标，包括商品商标、服务商标和集体商标、证明商标；商标注册人享有商标专用权，受法律保护。"我们所说的商标权评估，指的是注册商标专用权的评估。

(2)按商标的构成，可以分为文字商标、图形商标、符号商标、文字图形组合商标、色彩商标、三维标志商标等。

(3)按商标的不同作用，可以分为商品商标、服务商标、集体商标和证明商标等。其中，集体商标是指以团体、协会或者其他组织名义注册，供该组织成员在商事活动中使用，以表明使用者在该组织中的成员资格的标志。证明商标是指由对某种商品或者服务具有监督能力的组织所控制，而由该组织以外的单位或者个人用于其商品或者服务，用以证明该商品或者服务的原产地、原料、制造方法、质量或者其他特定品质的标志。

(二)商标权

商标权是商标注册后，商标所有者依法享有的权益，它受到法律保护，未注册商标不受法律保护。商标权是以申请注册的时间先后为审批依据，而不以使用时间先后为审批依据。商标权一般包括排他专用权(或独占权)、转让权、许可使用权、继承权等。排他专用权是指注册商标的所有者享有禁止他人未经其许可而在同一种商品或服务或者类似商品或服务上使用其商标的权利。转让权是指商标所有者作为商标权人，享有将其拥有的商标转让给他人的权利。我国《商标法》规定，"转让注册商标的，转让人和受让人应当签订转让协议，并共同向商标局提出申请。受让人应当保证使用该注册商标的商品质量"，"转让注册商标经核准后，予以公告"。许可使用权是指商标权人依法通过商标使用许可合同允许他人使用其注册商标的权利。商标权人通过使用许可合同转让的是注册商标的使用权。继承权是指商标权人将自己的注册商标交给指定的继承人继承的权利，但这种继承必须依法办理有关手续。

二、商标权评估的程序

(一)明确评估目的

商标权评估目的即商标权发生的经济行为。从商标权转让方式来说，可以分为商标权转让和商标权许可使用。商标权转让是指转让方放弃商标权，转给受让方所有，实际上是商标所有权出售。商标权许可使用则是指拥有商标权的商标权人在不放弃商标所有权的前提下，特许他人按照许可合同规定的条款使用商标。商标权转让方式不同，评估价值也不一样。一般来说，商标所有权转让的评估值高于商标权许可使用的评估值。从股份制企业商标权评估情况来说，一般包括以商标权投资入股、商标权许可使用、商标权转让等。在股份制改造或股份公司上市时，出于股本结构、出资要求等原因，往往将商标权许可使用，这样做既可以保证股份制企业正常生产经营，又不影响其股权结构和出资规定。在这种情况下，不仅要对商标权进行评估，还应评估出年许可使用费标准，作为签订许可使用合同的依据。

(二)向委托方收集有关资料

收集的资料如下：

(1)委托方概况。包括经营历史、现状以及经营业绩(如前3—5年财务报表)。

(2)商标概况。包括商标注册有关的法律性证件、注册时间、注册地点、注册证书号、保护内容、商标的适用范围、商标的种类、商标的法律诉讼情况、商标的知名度、商标有无其他协议等。

(3)商标产品的历史、现状与展望。包括市场环境、同行业情况、商标产品的信誉、市场占有率情况等。

(4)商标的广告宣传等情况。

(5)委托方未来经营规划。

(6)未来财务数据预测。包括生产和销售预测、成本费用预测、损益预测。

(7)相关产业政策、财税政策等宏观经济政策对其的影响。

(三)市场调研和分析

主要内容包括:产品市场需求量的调研和分析;商标现状和前景的分析;商标产品在客户中的信誉、竞争情况的分析;商标产品市场占有率的分析;财务状况分析(主要分析判断商标产品现有获利能力,为未来收益发展趋势预测提供依据);市场环境变化的风险分析;其他相关信息资料的分析。

(四)确定评估方法,收集确定有关指标

商标权评估较多采用收益法,但也不排斥采用市场法和成本法。由于商标的单一性,同类商标价格获取有难度,使得市场法应用受到限制。商标权的投入与产出具有弱对应性:有时设计创造商标的成本费用较低,其带来的收益却很大;而有时为设计创造某种商标的成本费用较高,比如为宣传商标投入了巨额的广告费,但带来的收益却不高。因此,采用成本法评估商标权时必须慎重。

运用收益法评估商标权主要是分析测算收益额、折现率和收益期限三项指标。收益额、折现率的分析测算前面已经述及,此处不再赘述。收益期限的确定是商标权评估时十分重要的问题。按照《商标法》的规定,商标权法律保护期限(注册)是 10 年,到期后可以续展。

(五)计算、分析、得出结论,完成评估报告

这是最后一步,标志着整个商标权评估程序的结束。

三、商标权评估的方法

商标权评估采用的方法一般为收益法,下面主要介绍说明收益法在商标权评估中的应用。

【做中学 7－11】 星海公司将一种已经使用了 50 年的注册商标转让。根据历史资料,该公司近 5 年使用这一商标的产品比同类产品的价格每件高 0.7 元,该公司每年生产 100 万件。该商标目前在市场上有良好的口碑,产品基本上供不应求。根据预测估计,如果在生产能力足够的情况下,这种商标产品每年生产 150 万件,每件可获超额利润 0.5 元,预计该商标能够继续获取超额利润的时间是 10 年。前 5 年保持目前超额利润水平,后 5 年每年可获取的超额利润为 32 万元,请评估该项商标权的价值。

(1)首先计算其预测期内前 5 年中每年的超额利润:

$150\times0.5=75$(万元)

(2)根据公司的资金成本率及相应的风险率,确定其折现率为 10%。

(3)确定该项商标权价值:

$$75\times[(1+10\%)^5-1]\div[10\%\times(1+10\%)^5]+32\times[(1+10\%)^5-1]$$

$$\div[10\%\times(1+10\%)^5]\times1\div(1+10\%)^5$$

$$=75\times3.790\,7+32\times3.790\,7\times0.620\,9$$

=284.3+75.316 7

=359.616 7(万元)

由此确定商标权转让评估值为 359.616 7 万元。

【做中学 7－12】 甲自行车厂将红鸟牌自行车的注册商标使用权通过许可使用合同允许给乙厂使用，使用时间为 5 年。双方约定，由乙厂每年按使用该商标新增利润的 27%支付给甲厂，作为商标使用费。试评估该商标使用权价值。

评估过程如下：

首先，使用期限内新增利润总额取决于每辆车的新增利润和预计产量。对于产量的预测，应根据许可合同的有关规定及市场情况进行。如果许可合同中规定有地域界限，在预测时必须予以考虑，否则就可能导致预测量过大，引致评估值失实。根据评估人员预测，每辆车可新增净利润 5 元，第 1 年至第 5 年生产的自行车分别为 40 万辆、45 万辆、55 万辆、60 万辆、65 万辆。

由此确定每年新增净利润为：

第 1 年：40×5=200(万元)

第 2 年：45×5=225(万元)

第 3 年：55×5=275(万元)

第 4 年：60×5=300(万元)

第 5 年：65×5=325(万元)

其次，确定分成率。按许可合同中确定的 27%作为分成率。

再次，确定折现率。假设折现率为 14%。

由此可以计算出每年新增净利润的折现值(见表 7—5)。

表 7—5　　　　每年新增净利润的折现值

年　份	新增净利润额(万元)	折现系数	折现值(万元)
1	200	0.877 2	175.44
2	225	0.769 5	173.14
3	275	0.675 0	185.63
4	300	0.592 1	177.63
5	325	0.519 4	168.81
合　计			880.65

最后，按 27%的分成率计算确定商标使用权的评估值为：

880.65×27%×(1－25%)≈178(万元)

任务七　著作权评估

一、著作权资产

(一)著作权的概念

著作权也称版权，是指著作权人对自己的著述和创作的作品所享有的权利。作品是指文学、艺术和科学领域内具有独创性，并能够以某种有形形式复制的智力创作成果。这种作品一般通过某种物质载体的形式来体现，如书籍、照片、录音带、录像带、光盘等。我国《著作权法》所称的作品包括：文字作品；口述作品；音乐、戏剧、曲艺、舞蹈作品；美术、摄影作品；电影、电视、录像作品；工程设计、产品设计图纸及其说明；地图、示意图等图形作品；计算机软件；民间文学艺术作品；法律、行政法规规定的其他作品。

著作权人享有的著作权包括人身权和财产权，具体划分为：(1)发表权，即决定作品是否公之于众的权利；(2)署名权，即表明作者身份、在作品上署名的权利；(3)修改权，即修改或授权他人修改作品的权利；(4)保护作品完整权，即保护作品不受歪曲、篡改的权利；(5)使用权和获得报酬权，即以复制、表演、播放、展览、发行、摄制电影、电视、录像，或者改编、翻译、注释、编辑等方式使用作品的权利，以及许可他人以上述方式使用作品并由此获得报酬的权利。

署名权、修改权、保护作品完整权的保护期不受法律限制；公民作品的发表权、使用权和获得报酬权的保护期为作者终生及其死亡后50年；其他作品的发表权、使用权和获得报酬权的保护期为首次发表后50年，但作品在创作完成后50年内未发表的，著作权不再受到保护。

《中华人民共和国著作权法实施条例》中对著作权相关联作品的形式做了界定，其通常包括以下几种：文字作品、口述作品、音乐作品、戏剧作品、曲艺作品、舞蹈作品、杂技艺术作品、建筑作品、美术作品、摄影作品、电影作品和以类似摄制电影的方法创作的作品、图形作品、模型作品。

（二）著作权资产

1. 著作权资产的概念

著作权资产是指权利人所拥有或者控制的、能够持续发挥作用并且预期能带来经济利益的著作权的财产权益和与著作权有关权利的财产权益。并非所有的著作权都能成为资产评估中的著作权资产，著作权中能够持续发挥作用并且预期能为权利人带来经济利益的著作权才能够成为资产评估中的著作权资产。

2. 著作权资产的特征

(1)形式特征

著作权资产与相关有形资产以及其他无形资产共同发挥作用。对于一些特殊著作权资产，其不但与一些有形贡献资产共同发挥作用，甚至还可能与一些无形贡献资产共同发挥作用。例如同样的计算机软件著作权，由于编制软件的公司不同，这些公司拥有不同的商标、品牌，必然反映在该公司产出的产品中，使得软件著作权产品的销售价格存在较大差异，这个差异可能有部分是由商标、品牌等无形资产产生的，商标的作用与软件著作权的作用是结合在一起的。

著作权资产与演绎作品共同发挥作用。我国《著作权法》规定，演绎作品著作权人行使自身作品著作权时，不能侵犯原创作品著作权人的权益。当演绎作品著作权人授权电视台播放改编的电视剧作品时，将会为著作权人带来收益，该收益从实质上说应该属于演绎作品著作权中的"放映权"与原创作品著作权中的"改编权"、"摄制权"结合在一起共同发挥作用所产生的收益。演绎作品著作权人通常需要通过以下两种方式将收益进行分割：一是采用一次性支付的方式，一次支付原创作品著作权人，"购买"许可将原创作品改编为电视剧的权利；二是以收益分账的方式将电视剧播放的收益在原创作品著作权人与演绎作品著作权人之间进行分割。

著作权和与著作权有关权利共同发挥作用。例如剧场演出的话剧，一台话剧节目的剧本是享有著作权的，演出不能没有演员，并且一般情况下，演员具有十分重要的作用。对于这台话剧演出的收益来说，不但有剧本作品著作权的贡献，还包括演员的贡献，演员享有的权利属于邻接权范畴，没有演员邻接权的贡献，演出收益无法实现。因此，上述演出收益应该理解为剧本著作权与演员邻接权共同发挥作用的结果。

(2)法律特征

著作权资产具有时效性。一般情况下，著作权的发表权、使用权和获得报酬权受法律保护的年限是有限制的，不同著作权具有不同的法律保护期限。例如，《伯尔尼公约》规定，一般作品的保护期不少于作者有生之年加上死后 50 年，摄影作品和实用艺术作品不少于作品完成后 25 年，电影作品不少于公映后 50 年等。一旦有关的经济权利超过法律保护的期限，其权利自动失效。但是，著作权的精神权利，如署名权、修改权、保护作品完整权等往往不受保护期的限制。我国《著作权法》规定："作者的署名权、修改权、保护作品完整权的保护期不受限制。"此外，法人或者其他组织的作品、著作权(署名权除外)由法人或者其他组织享有的职务作品以及电影作品和以类似摄制电影的方法创作的作品、摄影作品，其发表权及财产权利的保护期为 50 年，截止于作品首次发表后第 50 年的 12 月 31 日，但作品自创作完成后 50 年内未发表的，本法不再保护。另外，合作作品的保护期限为最后一个死亡的作者死亡后 50 年，作者身份不明的作品的保护期限为作品首次发表后的 50 年。我国《计算机软件保护条例》规定："软件著作权自软件开发完成之日起产生。自然人的软件著作权，保护期为自然人终生及其死亡后 50 年，截止于自然人死亡后第 50 年的 12 月 31 日。法人或者其他组织的软件著作权，保护期为 50 年，截止于软件首次发表后第 50 年的 12 月 31 日，但软件自开发完成之日起 50 年内未发表的，本条例不再保护。"

著作权资产具有地域性。由于各国对著作权进行保护的法律不尽相同，可能在一个国家或地区受保护的某种项目，在另外一个国家或地区则不受保护，这主要取决于该国家或地区的法律规定。需要注意的是，同一个国家或地区的法律也是在不断调整和变化中的。比如，我国刚刚颁布《著作权法》的时候，还没参加著作权的国际公约，这就意味着中国作品在国外不受保护，国外作品在中国也不受保护，除非是外国人的作品在中国首先发表或者出版，才受中华人民共和国法律的保护。但在我国加入了《伯尔尼公约》及《世界著作权公约》，并且成为世界贸易组织的成员之后，根据这些国际公约的条款，使著作权受到保护的地域已经超出了一个国家的范围，国内法变成了区域性法律。特别是目前世界上大多数国家或地区是世界贸易组织的成员，如果在一个成员国家或地区享有著作权，则可以在其他成员国家或地区得到相应的保护。

二、著作权资产价值影响因素

(一)宏观经济状况

1. 著作权使用区域的社会环境

一个社会的著作权意识和政策导向对著作权价值有重要影响。只有在"政府软件正版化"背景下，通过实施诸如"著作权干部工程"、"著作权孩子工程"、"著作权人才工程"，构建出政府引导、社会广泛参与的著作权保护大联盟、大格局，著作权才能有更高的价值。

2. 著作权使用区域的经济环境

著作权产业的发展与区域经济发展密切相关，著作权交易发生在经济发达区域，其价值会高于经济落后区域。但是，文化消费又不同于实物消费，在满足消费者物质需求的同时，还可以满足消费者心理的需求，因此其消费对外部经济环境的反应相对具有弹性，尤其是在经济增长缓慢的时期，著作权产业可能会出现逆增长。

（二）市场需求状况

著作权作为一项特殊的资产，在参与市场交易时，其价值同样受到市场活跃程度及供求规律的影响。在著作权交易活跃的市场中，著作权价值就容易实现，一些畅销出版物、音像制品等，发生市场交易比较常见。当市场对某项著作权的供应大于需求时，其价值会降低；反之，价值会得到提升。市场相关作品的价值以及新版本作品也会影响到所估作品著作权的价值。市场竞争程度会影响到著作权价值的大小，同类作品的竞争激烈，作品的著作权价值实现也会受到影响。

（三）著作权所依托的作品

1. 作品所处的产业及相关政策

文学、艺术作品作为文化产品的一部分，其受产业政策影响尤其明显。一方面，国家对文化产业大力扶持和发展，出台了一系列相关产业发展政策；另一方面，国家对文化产品的导向作用也有明确的要求，倡导文化企业提供精神产品、传播思想信息、担负文化传承使命，必须始终把社会效益放在首位，实现社会效益和经济效益相统一。

2. 作品的类型

不同类型作品的著作权，其价值影响因素可能差别很大，例如同样是录音制品，流行音乐和经典音乐就有很大差别。不同类型作品的著作权，其法律规定也有不同，例如原创作品和演绎作品的差异。不同作品的传播方式不同，因此会影响其传播范围、传播效果及传播收益，例如文字作品可以通过广播方式进行传播，但美术、摄影作品就很难通过同样的方式传播，所以文字作品的广播权价值就比美术作品的广播权价值要大。

3. 作品的内容

(1)艺术性。著作权艺术上的独特性是其获得法律保护的依据，也是形成其价值的重要因素。作品的艺术性是指作品对读者产生的一种艺术感染力，是作品的创作投入、艺术形式、艺术技巧、作者的艺术素养和审美情趣的综合表现。艺术性强的作品，其使用价值相对艺术性弱的作品要高，因此其著作权资产的价值也就比较高。

(2)时代性。作品的时代性主要是指作品与时代相呼应，顺应时代的要求，能较大程度地满足人们某方面的需求。时代性强的作品相对来说使用价值要大，著作权资产的价值也相对较高。

(3)技术水平。著作权的创造难度大，复制风险也大，技术上的保密性和反侵权能力是衡量其价值的重要标准。

4. 作品作者的知名度

有些著作权的价值与创作者的知名度有很大关系，例如文字、摄影、动漫等创意设计作品，创作者知名度高，其作品更受欢迎，市场对其需求更大，未来取得收益多，价值也就更高。

5. 作品的生产制作能力

作品是著作权资产的载体，这些作品的生产制作能力决定了其供给量的大小。不同类型作品在创作人员、配套资源要求、创作流程等方面都存在差异。在著作权资产价值评估时，需要关注实施或运用著作权资产的企业供给能力的限制。

6. 作品的发表状态

在进行著作权评估过程中，必须考虑作品的发表状态，其对资产的价值有较大影响。首先，发表状态影响资产的剩余经济寿命；其次，发表状态还会影响作品的影响力和经济利益。

发表是作品扩大受众范围的途径，作品通过这种方式能够被更多的受众接触，扩大其影响力，影响著作权能够带来的经济利益，从而影响其价值。

7. 作品的已传播情况

一般来讲，作品的已传播情况是指作品被人观看或者阅读的次数及其范围。随着网络技术的发展，优秀作品的传播速度会进一步加快，对于家喻户晓的作品，其社会影响力大，从而其著作权资产的价值相对较高。

（四）著作权的运营模式

1. 不同的著作权运营模式对著作权价值的实现具有较大影响

作品著作权涉及的财产权利类型众多，而一种作品可以衍生出更多类型的作品，且这些衍生作品著作权的财产权利又以原始著作权权利为基础，从价值上来说，原始作品与衍生作品互相影响、互为基础。因此，最优的著作权运营模式就是寻求实现从原始作品到全部衍生作品的全作品链的、各种财产权利价值最大化的模式。

2. 不同的运营模式对著作权价值评估有不同的影响

对于产业链较长、作品著作权开发比较深入的模式，企业运作比较成熟，使得作品著作权各类权利的充分利用成为可能，同时原始作品转化为新作品也成为可能。这种情况下，如果涉及著作权的全部财产权利价值，就需要结合企业运营模式，充分考虑各类权利收益的实现途径和金额，并且需要考虑衍生收益的价值。

（五）著作权的法律状态

我国《著作权法》对作品的保护采用自动保护原则，即作品一旦产生，作者便享有著作权，不论登记与否都受法律保护。随着著作权纠纷越来越多，许多作者要求将自己的作品交著作权管理部门登记备案。作品办理登记后，则有了一个法律的初步证据。一旦发生侵权纠纷或权利归属纠纷，登记记录可以作为其是真实权利人的有力证明，降低著作权人在维护合法权益或对抗诉讼中的成本，从而间接影响著作权的价值。在著作权的评估过程中，作品登记证书可以作为该著作权稳定性、可靠性的依据。

三、著作权资产评估的技术方法

著作权资产评估实质上也就是对与著作有关的经济权利的评估。著作权的种类有很多，下面以图书及计算机软件为例，说明著作权资产评估的技术方法。

（一）图书著作权资产评估的技术方法

1. 市场法

著作权由于具有不可复制性，在参照物的选择上比较困难，所以市场法的选择也受到了限制。按图书出版的惯例，一般有两种稿酬支付方式：一种是按照千字稿酬的方式支付；另一种则是按照版税的方式支付。而按照千字稿酬的方式支付就是市场法的应用。

【做中学 7－13】 教师甲编写了一本资产评估方面的专业教材，共 30 万字。教师甲在和出版社商谈报酬时，双方约定采用千字稿酬的方式付酬，由出版社一次性买断出版权。此时，著作权价值由字数和每千字的单价决定。参照该作者以前的著作和市场类似著作的价格，双方商定为每千字 100 元，则该著作权的价值为：

300 000÷1 000×100＝30 000（元）

这种方法主要适用于销售量不是很大的图书，此时所有的风险一律由出版社来承担。

2. 收益法

采用收益法评估著作权时，主要考虑收益额、折现率和折现期三个指标。最难确定的是收益额，收益额取决于销售量、销售单价和版税，而销售单价、销售量和版税是相互影响的。一般情况下，图书的定价取决于图书的印刷成本、版税成本、发行成本和印刷数量的大小。此外，对于畅销的书籍，还要考虑国家法律对盗版的打击力度以及读者对盗版的态度。为了保障作者利益，有时候也可以采用千字稿酬加版税的方式，即出版社先按照千字稿酬的方式支付作者稿酬，当出版社加印时，再按照加印数量的销售额的一定比例支付作者版税。

对大多数图书而言，其发行量和销售量都有一个过程，此时就要严格按照收益法公式进行计算。

【做中学 7－14】　预计某图书定价为 24 元/册，在著作使用权合同 10 年期内的总发行量估计能够达到 50 000 册，前 5 年的年销售量为 7 000 册，后 5 年的年销售量为 3 000 册，版税率(即收入提成率)为 10%，稿酬的所得税税率为 20%(按应纳税额减征 30%)，折现率为 10%。该著作使用权的价值评估过程为：

(1)前 5 年与后 5 年的年版税收入分别为：

7 000×24×10%＝16 800(元)

3 000×24×10%＝7 200(元)

(2)前 5 年与后 5 年的年所得税后版权收入分别为：

16 800－16 800×(1－20%)×20%×(1－30%)＝16 800－1 882＝14 918(元)

7 200－7 200×(1－20%)×20%×(1－30%)＝7 200－806＝6 394(元)

(3)该著作使用权价值为：

14 918×$(P/A,10\%,5)$＋6 394×$(P/A,10\%,5)$×$(P/F,10\%,5)$＝71 601(元)

(二)计算机软件著作权资产评估的技术方法

计算机软件是作者将其思想通过计算机语言呈现出来的一种结果，属于著作权的一种，受知识产权的保护。随着计算机技术的迅猛发展和应用领域的极大拓展，计算机软件的重要性日益凸显，保护知识产权的呼声日益高涨，计算机软件的价值也越来越为人们所重视。对计算机软件进行估价是美国 IBM 公司于 1968 年首先提出来的，IBM 提出了计算机软件的单独估价以及硬件与软件价格分离的政策。在此之后，其他一些国家也开始了计算机软硬件价格的分离，进行计算机软件的评估。我国关于计算机软件的评估要晚于西方发达国家，由于我国现阶段正处于软件等高新技术起步建设阶段，面临着与西方发达国家不同的评估背景，因此，在考虑评估方法时，应使评估标准、评估方法的选择与评估目的相匹配，从而使计算机软件的评估更切合实际。

在评估计算机软件价值时，应通过对软件类型、软件规模、软件所处生存阶段以及相应技术文档的确认与读取等过程，选择软件评估方法、评估公式中的参数，以确定软件价值构成。

1. 成本法

对于大型系统软件，一般采用成本法进行评估。当需要对计算机软件产品定价，或者以计算机软件合资入股确定计算机软件价值时，也可以考虑采用成本法。

用成本法评估计算机软件价值时，具体可采用代码行成本估算法及参数成本法。

(1)代码行成本估算法。代码行成本估算法是把研制费用与有效源代码行数的估算联系起来，用以下两个公式来计算软件成本和工作量：

$$C=L\times a$$
$$E=L\div P$$

式中，C 为计算机软件的成本，E 为工作量，a 为每代码行成本，L 为该软件有效代码行总数，P 为生产率(行/人・月)。

估算代码行可以采用经验估算和历史数据估算两种方法。所谓经验估算，即将所要估算的软件与一个类似的已完成的程序进行比较，再对其统计行数进行适当调整以反映两者的不同之处。当类似项目的历史数据有效时，采用这种方法的效率最高。采用历史数据估算代码行，还需要采取某些传统的编码工作才能完成实际的程序规模，费时费钱，一般情况下，在对非常重要的程序估算时才使用。

(2)参数成本法。在计算机软件价值评估实务中，通常还可以使用参数成本法，其基本公式为：

$$P=C_1+C_2$$

式中，P 为软件成本估算，C_1 为软件开发成本，C_2 为软件维护成本。

软件的开发成本 C_1 由软件的工作量 M 和单位工作量成本 W 所决定：

$$C_1=M\times W$$

工作量 M 为在现有条件下重新开发此软件所需要的工作量，可采用 Doty 模型来确定。该模型将软件产品按应用领域分为四类，代码分成两类，通过大量的统计调查，将样本数据用最小二乘法建立模型，不同的情况采用不同的估算方式，从而得出不同软件所需要的开发时间。估算公式见表 7—6。

表 7—6　　Doty 模型估算公式

应用领域	估算公式	
	目标代码	源代码
综合	$M=4.790\times K0.991$	$M=5.258\times K1.057$
控制	$M=4.573\times K1.228$	$M=4.089\times K1.263$
科学	$M=4.495\times K1.068$	$M=7.054\times K1.109$
商业	$M=2.895\times K0.784$	$M=4.495\times K0.781$

注：K 为千行源程序代码条数或目标代码条数。

单位工作量成本 W 由直接成本、间接成本和期间费用构成，包括硬件购置费、软件购置费、人工费、培训费、通信费、基本建设费、财务费用、管理费用及其他费用。软件的维护成本主要由技术人员的工资以及软硬件的投入构成。

【做中学 7－15】　财务软件 AMT 由宏发公司开发，现欲将该软件转让给 A 公司。经评估专业人员调查了解，A 公司购买该软件的目的主要是节省开发时间，因此本次拟选用成本法进行评估，选用 Doty 模型。评估过程如下：

评估专业人员通过与宏发公司的开发人员、财务人员和管理人员沟通，对该软件的内部文件进行查阅审核，并通过对该软件开发期间的财务数据进行考察，得到如下信息：

该软件的源程序有效代码行数 K 为 40 千行，经管理人员统计，开发该软件的实际工作量为 72.5，开发该软件的直接费用、间接费用与期间费用之和为 25 000 元。根据 Doty 模型的估算公式，该软件的开发工作量 M 为：

$M=4.495\times K0.781=4.495\times 400.781=1\ 801.5$

目前，该系统由于不断地维护更新，能够在较高水平的硬件和软件环境下运行，维护成本大约等于开发成本的 25%，因此总的开发工作量 C 为：

$C=M\times(1+25\%)=1\ 801.5\times 1.25=2\ 251.88$

单位开发工作成本 W 为：

$W=25\ 000\div 72.5=344.83$(元)

总的软件评估值 P 为：

$P=2\ 251.88\times 344.83=776\ 515.78$(元)

2. 市场法

对计算机软件市场、技术市场和资本市场较发达的国家和地区来说，市场法是一种常用的评估计算机软件价值的方法。这种评估方法是通过在计算机软件市场、技术市场或资本市场上选择相同或近似的资产作为参照物，针对各种价值影响因素，主要是计算机软件的功能类比，将被评估计算机软件与参照物计算机软件进行价格差异的比较调整，分析各项调整结果，以确定被评估计算机软件的价值。

(1)直接比较法。当被评估软件在功能、外观、用途、系统条件以及成交时间与评估基准日等方面有相同的参照物时，可以采用直接比较法进行评估。

被评估软件的价值＝参照物的交易价格×被评估资产的成新率

(2)类比调整法。当市场上只能找到与被评估软件的功能、外观、用途、系统条件以及成交时间等方面相似的参照物时，可以采用类比调整法进行评估。

被评估软件的价值＝参照物的交易价格×综合调整系数×被评估资产的成新率

任务八　商誉评估

一、商誉的概念和特性

(一)商誉的概念

商誉通常是指企业在一定条件下，能获取高于正常投资报酬率的收益所形成的价值。企业由于所处地理位置的优势，或由于经营效率高、管理基础好、生产历史悠久、人员素质高等多种原因，与同行业企业相比较，可获得超额利润。

从历史渊源考察，20 世纪 60 年代以前所称的无形资产是一个综合体，商誉则是这个综合体的总称。20 世纪 70 年代以后，随着对无形资产确认、计量的需要，无形资产以不同的划分标准，形成各项独立的无形资产。现在所称的商誉，是指企业所有无形资产扣除各单项可确指无形资产以后的剩余部分。因此，商誉是不可确指的无形资产。

(二)商誉的特性

商誉具有如下特性：首先，商誉不能离开企业而单独存在，不能与企业可确指的资产分开出售。其次，商誉是多项因素作用形成的结果，但形成商誉的个别因素不能以任何方法单独计价。再次，商誉本身不是一项单独的、能产生收益的无形资产，而只是超过企业可确指的各单项资产价值之和的价值。最后，商誉是企业长期积累起来的一项价值。

二、商誉评估的方法

（一）割差法

割差法是将企业整体评估价值与各单项资产评估值之和进行比较，确定商誉评估值的方法。其基本公式为：

$$\text{企业商誉评估值}=\text{企业整体资产评估值}-\text{企业各单项资产评估值之和(含可确指无形资产)}$$

企业整体资产评估值可以通过预测企业未来预期收益并进行折现或资本化获取。对于上市公司，也可以按股票市价总额确定。采取上述评估方法的理论依据是，企业价值与企业可确指的各单项资产价值之和是两个不同的概念。如果有两个企业，企业可确指的各单项资产价值之和大体相当，但由于经营业绩悬殊、预期收益悬殊，其企业价值自然相去甚远。企业中的各项资产，包括有形资产和可确指的无形资产，由于其可以独立存在和转让，评估价值在不同企业中趋同；但它们由于不同的组合、不同的使用情况和管理方式，使得运行效果不同，导致其组合的企业价值不同，会使各类资产组合后产生超过各单项资产价值之和的价值，即为商誉。商誉的评估值可能是正值，也可能是负值。当商誉为负值时，有两种可能：一种是亏损企业；另一种是收益水平低于行业或社会平均收益水平的企业。

【做中学 7－16】 星海公司进行股份制改组，根据公司过去经营情况和未来市场形势，预测其未来 5 年的净利润分别是 13 万元、14 万元、11 万元、12 万元和 15 万元，并假定从第 6 年开始，以后各年净利润均为 15 万元。根据银行利率及企业经营风险情况确定的折现率和本金化率均为 10%，并且采用单项资产评估方法评估确定该公司各单项资产评估价值之和（包括有形资产和可确指的无形资产）为 90 万元。试确定该公司的商誉评估值。

首先，采用收益法确定该公司整体评估值。

$$\begin{aligned}\text{企业整体评估值}&=13\times0.909\ 1+14\times0.826\ 4+11\times0.751\ 3+12\times0.683\ 0+15\times0.620\ 9\\&\quad+15\div10\%\times0.620\ 9\\&=49.161\ 7+93.135\\&=142.296\ 7(\text{万元})\end{aligned}$$

其次，因为该公司各单项资产评估值之和为 90 万元，由此可以确定商誉评估值，即：

商誉评估值＝142.296 7－90＝52.296 7（万元）

（二）超额收益法

商誉评估值指的是企业超额收益的本金化价格。把企业超额收益作为评估对象进行商誉评估的方法称为超额收益法。超额收益法视被评估企业的不同，又可分为超额收益本金化价格法和超额收益折现法两种方法。

1. 超额收益本金化价格法

超额收益本金化价格法是把被评估企业的超额收益经本金化还原来确定该企业商誉价值的一种方法。其计算公式为：

$$\text{商誉的价值}=\frac{\text{企业预期年收益额}-\text{行业平均收益率}\times\text{该企业的单项资产评估价值之和}}{\text{适用本金化率}}$$

或

$$\text{商誉的价值}=\frac{\text{被评估企业单项资产评估价值之和}\times(\text{被评估企业预期收益率}-\text{行业平均收益率})}{\text{适用本金化率}}$$

$$被评估企业预期收益率=\frac{企业预期年收益额}{企业单项资产评估价值之和}\times 100\%$$

【做中学 7－17】 星海公司的预期年收益额为 20 万元，该公司的各单项资产评估价值之和为 80 万元，公司所在行业的平均收益率为 20%，并以此作为适用资产收益率。试求其商誉的价值。

商誉的价值＝(200 000－800 000×20%)÷20%
＝40 000÷20%
＝200 000(元)

或

商誉的价值＝800 000×(200 000/800 000－20%)÷20%
＝800 000×(25%－20%)÷20%
＝200 000(元)

超额收益本金化价格法主要适用于经营状况一直较好、超额收益比较稳定的企业。如果在预测企业预期收益时，发现企业的超额收益能维持若干年，这类企业的商誉评估就不宜采用超额收益本金化价格法，而应改按超额收益折现法进行评估。

2. 超额收益折现法

超额收益折现法是把企业可预测的若干年预期超额收益进行折现，并将其折现值确定为企业商誉价值的一种方法。其计算公式为：

$$商誉的价值=\sum_{t=1}^{n}R_t(1+r)^{-t}$$

公式中，R_t 表示第 t 年企业预期超额收益，r 表示折现率，n 表示收益年限，$(1+r)^{-t}$ 表示折现系数。

【做中学 7－18】 星海公司预计将在今后 5 年内保持其具有超额收益的经营态势。估计预期年超额收益保持在 22 500 元的水平上，该公司所在行业的平均收益率为 12%，则：

商誉的价值＝22 500×0.892 9＋22 500×0.797 2＋22 500×0.711 8＋22 500×0.635 5
＋22 500×0.567 4
＝81 108(元)

或

商誉的价值＝22 500×3.604 8＝81 108(元)

应知考核

一、单项选择题

1. 无形资产可以分为有专门法律保护的无形资产和无专门法律保护的无形资产，这种分类是按(　　)标准进行的。

A. 可辨识程度　　B. 取得渠道　　C. 有无法律保护　　D. 内容构成

2. 在下列无形资产中，不可确指的无形资产是(　　)。

A. 商标权　　B. 土地使用权　　C. 专营权　　D. 商誉

3. 对大型系统软件一般采用(　　)进行评估。

A. 成本法　　B. 市场法　　C. 收益法　　D. 以上都可

4.(　　)是商标权评估较多使用的方法。

A. 成本法　　B. 市场法　　C. 收益法　　D. 市场法和成本法

5. 下列选项中,不属于无形资产的是(　　)。

A. 债权性质的应收及预付账款　　B. 土地使用权

C. 计算机软件　　D. 非专利技术

二、多项选择题

1. 非专利技术的特点有(　　)。

A. 新颖性　　B. 实用性　　C. 获利性　　D. 保密性

2. 自创无形资产重置成本的估算方法有(　　)。

A. 核算法　　B. 倍加系数法　　C. 物价指数法　　D. 剩余经济寿命预测法

3. 适用于无形资产评估的方法有(　　)。

A. 市场法　　B. 成本法　　C. 收益法　　D. 路线价法

4. 无形资产的特性有(　　)。

A. 不完整性　　B. 共益性　　C. 积累性　　D. 替代性

5. 影响无形资产评估价值的因素有(　　)。

A. 效益因素　　B. 机会成本　　C. 技术成熟因素　　D. 市场供需状况

三、判断题

1. 无形资产只存在无形损耗,不存在有形损耗。(　　)

2. 采用成本法评估无形资产时,不需要扣除其功能性贬值和经济性贬值。(　　)

3. 无形资产的共益性是区别有形资产的一个重要特点。(　　)

4. 无形资产的使用期限,更主要是考虑其实际超额收益的期限。(　　)

5. 无形资产评估一般只能采用收益法,这是由无形资产的特征决定的。(　　)

四、简述题

1. 简述影响无形资产评估价值的因素。

2. 简述无形资产评估的程序。

3. 简述无形资产评估的前提及对象。

4. 运用成本法评估无形资产时,如何选择无形资产重置成本的估算方法?

5. 运用成本法评估无形资产时,如何选择无形资产超额收益的估算方法?

应会考核

■ 观念应用

【背景资料】

某企业转让制药生产技术,经收集和初步测算已知下列资料:

(1)该企业与购买企业共同享有该制药生产技术,双方设计能力分别为600万箱和400

万箱；

(2)该制药生产技术系国外引进，账面价值为500万元，已使用3年，尚可使用9年，3年通货膨胀率累计为10%；

(3)该项技术转让对该企业生产经营有较大影响，由于市场竞争，产品价格下降，在以后9年中减少的销售收入按现值计算为100万元，增加开发费以保住市场的追加成本按现值计算为30万元。

【考核要求】

根据上述资料，计算确定：

(1)该制药生产全套技术的重置成本净值；

(2)该无形资产转让的最低收费额评估值。

■ 技能应用

1. A企业转让显像管新技术，购买方用于改造年产30万个显像管的生产线。经对无形资产边际贡献因素的分析，测算在其寿命期间各年度分别可带来追加利润100万元、110万元、90万元、80万元，分别占当年利润总额的35%、30%、25%、20%。若折现率为10%，试评估该无形资产的利润分成率。

2. 某企业拟转让其拥有的某产品的商标使用权，该商标产品单位市场售价为1 000元/台，比普通商标同类产品单位售价高100元/台。拟购买商标企业年生产能力为100 000台，双方商定商标使用许可期为3年，被许可方按使用该商标的产品年销售利润的30%作为商标特许权使用费，每年支付一次，3年支付完价款。被许可方的正常销售利润率为10%，折现率按10%计算。根据上述条件计算该商标使用权的价格。

【技能要求】

请对上述内容进行计算。

■ 案例分析

由于产品结构调整，甲企业准备将其饮料生产的专有配方转让给A公司。根据双方协商，该专有技术的收益期限为4年，且按销售收入的4%分成。评估人员经测算，未来4年饮料的销售量分别是80吨、90吨、95吨、95吨，每吨售价10万元。根据技术所属行业和市场情况，评估人员确定的风险报酬率为6%，企业适用的所得税税率为25%，银行存款利率为4%。

【分析要求】

请帮助评估人员计算确定：

(1)专有技术的折现率；

(2)专有技术各年的净收益；

(3)专有技术的评估价值(计算结果以万元为单位，小数点后保留两位)。

项目实训

【实训项目】

无形资产评估。

【实训内容】

无形资产评估的基本程序及评估方法的应用。

【实训目的】

掌握不同的评估方法在无形资产评估中的应用，并加以区别。

【实训反思】

(1)掌握无形资产以及无形资产评估的特点。

(2)掌握无形资产评估的基本程序以及评估过程中不同阶段应注意的问题。

(3)掌握无形资产评估的收益法的思路、适用范围和应用。

(4)掌握专利权和非专利技术、商标权、商誉的评估方法与评估过程。

(5)将实训报告填写完整。

<table>
<tr><th colspan="3">《无形资产评估》实训报告</th></tr>
<tr><td>项目实训班级：</td><td>项目小组：</td><td>项目组成员：</td></tr>
<tr><td>实训时间：　年　月　日</td><td>实训地点：</td><td>实训成绩：</td></tr>
<tr><td colspan="3">实训目的：</td></tr>
<tr><td colspan="3">实训步骤：</td></tr>
<tr><td colspan="3">实训结果：</td></tr>
<tr><td colspan="3">实训感言：</td></tr>
<tr><td colspan="3">不足与今后改进：</td></tr>
<tr><td colspan="2">项目组长评定签字：</td><td>项目指导教师评定签字：</td></tr>
</table>

项目八

长期投资性资产评估

○ **知识目标**:

理解:长期投资性资产的概念、长期投资性资产评估的特点及程序。

熟知:其他长期投资和递延资产的评估。

掌握:债券投资评估和股票投资评估的方法及应用。

○ **技能目标**:

在掌握长期投资性资产评估基本理论方法的基础上,能够学会用合理的方法对债券、股票进行评估,并灵活地运用各种方法。

○ **素质目标**:

通过对本项目的学习,加强对长期投资性资产评估的认识,能够用适当的方法评估债券、股票的价值。把学和做有机结合,做到学思用贯通、知信行统一,提高自己的职业道德素养。

○ **项目引例**:

长期投资性资产评估方法的选用

被评估企业大华公司拥有A公司面值共90万元的非上市股票,从持股期间来看,每年股利分派相当于股票面值的10%。评估人员通过调查了解到,A公司只把税后利润的80%用于股利分配,另外20%用于公司扩大再生产。公司有很强的发展后劲,公司的股本利润率能保持在15%的水平上,折现率设定为12%。试运用红利增长模型评估大华公司拥有的A公司股票。

引例导学:上述提到的只是一项长期投资性资产中的一个评估案例。那么,什么是长期投资性资产?债券投资和股票投资的评估方法有哪些?通过对本项目的学习,你将得到解答。

○ **知识精讲**:

任务一　长期投资性资产评估概述

一、长期投资性资产的概念

《国际会计准则第25号》指出:“投资是指企业为了通过分配(如利息、使用费、股利和租金等)增加财富,为了资本增值,或者为了给投资企业带来诸如通过贸易关系所能获得的其他利益而持有资产。”

长期投资性资产是指不准备随时变现、持有时间超过1年以上的投资性资产。长期投资性资产按其投资的性质,可分为长期股权性投资(股票)、持有至到期投资(债券)和混合性投资

(优先股、可转换公司债)。长期股权性投资是指为了获取其他企业的权益或净资产所进行的投资,如对其他企业的股票投资、为了获取其他企业股权的联营投资。持有至到期投资是指企业的长期债权,如购买其他企业的债券、购买国库券、购买金融债券等。混合性投资是指兼有股权和债权双重性质的投资,如购买优先股股票、购买可转换公司债券等。

二、长期投资性资产的分类

(一)按长期投资性资产的性质分类

长期投资性资产按投资的性质,可以分为权益性投资、债权性投资和混合性投资。

(1)权益性投资,是指为了获取其他企业的权益或净资产而进行的投资,如对其他企业的股票投资、联营投资等。

(2)债权性投资,是指为了取得债权而进行的投资,如购买国库券、购买公司债券等。

(3)混合性投资,这种投资通常兼有权益性投资和债权性投资的性质,如企业购买优先股股票、购买可转换公司债券等。

(二)按长期投资性资产的形式分类

长期投资性资产按投资的形式,可以分为实物资产投资、无形资产投资和证券资产投资。

(1)实物资产投资,是指投资方以厂房、机器设备、材料等作为资本金进行的投资。

(2)无形资产投资,是指企业以专利权、专有技术、土地使用权等作为资本金进行的投资。

(3)证券资产投资,是指通过证券市场购买其他企业的股票和债券等进行的投资。

三、长期投资性资产评估的特点

长期投资性资产是以对其他企业享有的权益而存在的,所以长期投资性资产评估主要是对长期投资性资产所代表的权益进行评估。它的特点主要有以下几点:

(一)长期投资性资产评估是对投资资本的评估

从长期投资中的股权投资来看,尽管出资可能是实物资产、无形资产或货币资金,但是,如果将这些资产作为长期投资投入其他企业,相对于被投资者来讲,它们将不再被当作实物资产、无形资产或货币资金来看待,而是被作为资本来看待,发挥资本的作用。从这点来讲,对长期投资的评估实际上是对资本的评估。

(二)长期投资性资产评估是对被投资企业获利能力的评估

长期投资性资产中的长期股权性投资是投资者不准备随时变现、持有时间超过1年的对外投资,其根本目的是为了获取投资收益和实现投资增值。因此,被投资企业的获利能力就成为长期股权性投资评估的决定因素。

(三)长期投资性资产评估是对被投资企业偿债能力的评估

由于长期投资性资产中的持有至到期投资到期要收回本息,被投资企业偿债能力的大小直接影响着投资企业债权到期收回本息的可能性。因此,被投资企业的偿债能力就成为持有至到期投资评估的决定因素。

四、长期投资性资产评估的程序

长期投资性资产评估一般按以下程序进行:

首先,明确长期投资性资产项目的有关详细内容。如投资种类、原始投资额、评估基准日余额、投资收益计算方法和历史收益额,长期投资性资产占被投资企业实收资本的比例和所有者权益的比例,以及相关会计核算方法等。

其次,判断长期投资性资产投入和收回金额计算的正确性与合理性,判断被投资企业资产负债表的准确性。

再次,根据长期投资性资产的特点选择合适的评估方法。可上市交易的债券和股票一般采用现行市价法进行评估,按评估基准日的收盘价确定评估值;非上市交易及不能采用现行市价法评估的债券和股票一般采用收益现值法,根据综合因素选择适宜的折现率,确定评估值。

最后,评定测算长期投资性资产的价值,得出评估结论。根据长期投资性资产不同的种类,选择相应的评估方法,得出相应的评估结论并分析其合理性。

任务二　债券投资评估

一、债券的概念和特点

(一)债券的概念

债券是指政府、企业、银行等债务人为了筹集资金,按照法定程序发行,并向债权人承诺于指定日期还本付息的有价证券。

(二)债券的特点

债券投资和股票投资相比,具有以下特点:

1. 投资风险小

与股票投资相比,债券投资的风险比较小,安全性较高。因为无论是政府、企业还是银行等发行债券主体,都对其进行了严格的规定。如政府发行的债券由国家财政担保;银行发行债券要以其信誉及实力作保证;企业发行债券也有严格的条件,企业实力及发展前景一般较好。而且即使债券发行者出现财务困难,或者出现企业破产,在破产清算时债券持有者也拥有优先受偿权,比股票投资的安全性高。

2. 收益稳定

债券的收益主要是由债券的面值和债券的票面利率决定的,对两者在发行时就进行了约定,以后不随市场的变化而变化。一般情况下,为了吸引投资者,债券的票面利率比同期的银行存款利率高。所以,只要债券发行主体不发生较大的变故,债券的收益是比较稳定的。

3. 流动性强

我国目前发行的债券中,有相当部分是可流通债券,这种债券随时可以在证券市场上变现,变现能力较好,流动性较强。

二、债券投资的评估

债券作为有价证券的一种,从理论上讲,它的价格是收益现值的市场体现。当债券可以在市场上自由买卖、贴现时,债券的现行市价就是债券的评估值。当债券不能在市场上自由交易时,其价值就需要通过一定的途径和方法进行评估。下面就按债券能否上市流通分别叙述。

(一)上市交易债券的评估

上市交易的债券是指可以在市场上流通交易、自由买卖的债券,一般用现行市价法进行评估,按照评估基准日的收盘价确定评估值。如果在特殊情况下市场价格严重扭曲,不能代表实际价格,就应该按非上市债券进行评估。

采用现行市价法进行评估，应在评估报告中说明所用评估方法和结论与评估基准日的关系，并申明该评估结果应随市场价格变化而予以调整。

市场法下债券评估值的计算公式如下：

债券评估价值＝债券数量×评估基准日债券的市价(收盘价)

【做中学8－1】 评估公司对某企业的持有至到期投资进行评估，该持有至到期投资是5年期的国库券1 000张，每张面值100元，年利率为8%。该债券已上市交易，评估基准日的收盘价为120元/张。评估人员经分析调查认为该价格比较合理，则：

持有至到期投资价值＝1 000×120＝120 000(元)

(二)非上市交易债券的评估

根据债券付息方式的不同，分为到期一次性还本付息债券和分次付息、到期一次性还本债券，评估时要采用不同的方法计算。

1. 到期一次性还本付息债券的评估

到期一次性还本付息债券是指平时不支付利息、到期后连本带利一次性返还的债券。该类债券评估值的计算可以采用下列公式：

$$P=F/(1+r)^n$$

公式中，P 表示债券的评估值，F 表示债券到期时本利和，r 表示折现率，n 表示从评估基准日到债券到期日的时间间隔(以年或月为单位)。

债券到期时本利和的计算要分单利计息和复利计息两种情况。

(1)债券本利和 F 用单利计算，其计算公式为：

$$F=A\times(1+m\times i)$$

(2)债券本利和 F 用复利计算，其计算公式为：

$$F=A\times(1+i)^m$$

公式中，A 表示债券面值，i 表示债券利率，m 表示计息期限。

【做中学8－2】 评估人员对某企业持有的作为可供出售金融资产入账的东丰化工厂发行的4年期债券进行价值评估。该债券是一次性还本付息的债券，面值100 000元，年利率8%，不计复利，评估时债券持有已满3年，当时的国库券利率为5%。评估人员经对东丰化工厂调查了解，认为该债券投资风险不大，取2%作为风险报酬率。以国库券的利率作为无风险报酬率，折现率定为7%。则债券的评估值为：

$$F=A\times(1+m\times i)=100\ 000\times(1+4\times 8\%)=132\ 000(元)$$

$$P=F/(1+r)^n=\frac{132\ 000}{1+7\%}=123\ 364.49(元)$$

2. 分次付息、到期一次性还本债券的评估

$$P=\sum_{t=1}^{n}\frac{R_t}{(1+r)^t}+\frac{A}{(1+r)^n}$$

公式中，P 表示债券的评估值，t 表示评估基准日距收到利息日期限，n 表示评估基准日距到期还本日期限，R_t 表示债券第 t 年的预期利息收益，r 表示折现率，A 表示债券面值。

【做中学8－3】 承【做中学8－2】，若该债券每年付一次利息，则债券的评估值为：

$$P=\sum_{t=1}^{n}\frac{R_t}{(1+r)^t}+\frac{A}{(1+r)^n}=\frac{100\ 000\times 8\%}{1+7\%}+\frac{100\ 000}{1+7\%}$$
$$=7\ 476.64+93\ 457.94$$
$$=100\ 934.58(元)$$

任务三　股票投资评估

一、股票投资的评估

(一)股票投资的概念、股票的种类和价格形式

1. 股票投资的概念

股票投资是指企业通过购买等方式取得被投资企业的股票而实现的投资行为。股票是由股份公司发行的,用以证明投资者股东身份及权益,并据以获得股息和红利的有价证券。股票表明股东与公司的约定关系,它其实是一种特殊的信用工具,所以股票投资虽然收益较高,但风险也大,如果被投资企业破产,投资人可能血本无归。

2. 股票的种类

股票的种类有很多,按不同的分类标准,有以下几类:按股票有无票面金额,分为有面值股票和无面值股票;按票面是否记名,分为记名股票和非记名股票;按股票所得权益的不同,分为普通股和优先股;按股票是否上市,分为上市股票和非上市股票。

3. 股票的价格形式

股票的价格有很多种表现形式,包括:

(1)票面价格,是指股份有限公司在发行股票时标明的每股股票的票面金额。

(2)发行价格,是指股份有限公司在发行股票时的出售价格,一般同一股票只能有一种发行价格。

(3)账面价格,是指股东持有的每一股股票在公司账面上所表现出来的净值。

(4)清算价格,是指公司清算时,每股股票所代表的真实价格。它是公司净资产与公司股票总数的比值。

(5)内在价值,是指一种理论价值或模拟市场价值。它是根据评估人员对股票未来收益的预测经过折现后得到的股票价格。股票的内在价值主要取决于公司的经营状况和发展前景等因素。

(6)市场价格,是指股票在证券市场上买卖的价格。在市场比较完善的情况下,股票的市场价格基本上能反映其内在价值;但在市场发育不健全的情况下,股票的市场价格与其内在价值会部分脱离。

在以上几种股票价格中,与股票的价值评估有密切联系的是股票的清算价格、内在价值、市场价格,而另外三种价格与评估的联系并不大。

(二)上市股票投资的评估

上市股票是企业公开发行的、可以在证券交易所上市、自由交易的股票。

正常交易的股票随时都有市场价格。对上市股票的评估,在正常情况下一般可以采用现行市价法,按照评估基准日的收盘价确定评估值。所谓正常情况,是指股市发育正常,股票自由交易,没有非法炒作现象,这样市场价格就可以代表评估时点的股票价值;否则,市场价格就

不能作为评估的依据，而应与非上市股票相同，以股票的内在价值为依据，通过股票发行企业的经营业绩、财务状况及获利能力，综合判断股票内在价值。另外，以控股为目的持有的上市公司股票，一般采用收益现值法进行评估。

上市股票评估值＝股票股数×评估基准日该股票市场收盘价

【做中学8－4】 评估人员对某企业持有的作为可供出售金融资产入账的东丰化工厂发行并已上市的10 000股股票进行价值评估，评估基准日股票收盘价为16元。则：

股票评估值＝10 000×16＝160 000(元)

依据市场价格得出的评估值，应在评估报告中说明所用方法，并申明该评估结果应随市场价格变化而予以调整。

(三)非上市股票投资的评估

非上市交易的股票，一般采用收益现值法评估，即综合分析股票发行主体的经营状况及风险、历史利润水平和分红情况、行业收益等因素，合理预测股票投资的未来收益，并选择合理的折现率确定评估值。

非上市股票按股东权利的不同，可分为普通股和优先股。普通股是在股东权利上没有任何限制的标准性股票，它没有固定的股利，完全取决于企业的经营状况和盈利水平；优先股是在股利分配和剩余财产分配上优先于普通股的股票。优先股的股利是固定的，一般情况下，要按事先确定的股利率支付股利，这一点与债券很相似。两者的区别是：债券的利息是在所得税前支付，而优先股的股利是在所得税后支付。所以，普通股的投资风险要大于优先股。

1. 普通股的评估

对非上市普通股的评估，主要是预测普通股的预期收益并折算到评估基准日，所以最重要的是确定普通股的预期收益和折现率。为此，要对股票发行企业有一个客观、全面、准确的了解与分析。具体包括：第一，股票发行企业的经营历史，包括盈利水平、收益分配情况等；第二，股票发行企业的发展前景，包括资产负债结构状况、资产质量、创利能力、市场竞争力、管理人员素质和创新能力等；第三，股票发行企业所在行业和宏观经济的现状、前景、经营风险，这有助于折现率的确定；第四，股票发行企业的股利分配政策。

股票发行企业的股利分配政策通常划分为固定红利型、红利增长型和分段型三种，股利分配政策直接影响着被评估股票的价值，不同类型的分配政策的具体评估方法也不相同。

(1)固定红利模型。该模型是假定股票发行企业每年分配的股利是固定的，并且在今后也能保持原有水平。在这种假设前提下，普通股股票评估值的计算公式为：

$$P=R/i$$

公式中，P 表示股票的评估值，R 表示股票下一年的红利额，i 表示折现率。

【做中学8－5】 被评估企业拥有非上市普通股20 000股，每股面值1元。在持股期间，每年红利一直很稳定，收益率保持在20%左右。经评估人员了解分析，股票发行企业经营比较稳定，管理人员素质及能力较强，对今后收益预测，保持15%的红利收益是有把握的。对折现率的确定，评估人员根据发行企业行业特点及宏观经济情况，确定无风险利率为8%(国库券利率)，风险利率为4%，则折现率为12%。根据上述资料，计算非上市股票评估值为：

$P=R/i=20\ 000\times1\times15\%/12\%=25\ 000$(元)

(2)红利增长模型。该模型适用于成长型企业股票评估。成长型企业发展潜力大，收益逐步提高。该模型的假设条件是发行企业并未将剩余收益分配给股东，而是追加投资扩大再生产，因此，红利呈增长趋势。在这种假设前提下，普通股股票评估值的计算公式为：

$$P=\frac{R}{r-g}$$

公式中，P 表示股票的评估值，R 表示股票未来收益额，r 表示折现率，g 表示股利增长率。

股利增长率 g 的计算方法：一是历史数据分析法，它是在对历年红利分析的基础上，利用统计学方法计算出的历史平均增长速度，以此确定股利增长率；二是发展趋势分析法，主要依据发行企业股利分配政策，以企业剩余收益中用于再投资的比例与企业净资产利润率相乘确定股利增长率。

【做中学 8－6】 某企业进行评估，其拥有非上市普通股 30 万股，每股面值 1 元。持有股票期间，每年股票收益率均在 15%左右。据调查了解，股票发行单位每年以净利润的 60%发放股利，其他 40%用于追加投资。根据评估人员对企业经营状况的调查分析，认为该行业具有发展前途，该企业具有进一步发展的潜力。经发展趋势分析，评估人员认为其将保持每年 3%的发展速度，净资产利润率将保持在 18%的水平上，无风险报酬率为 10%（国库券利率），风险报酬率为 4%。则该股票评估值为：

$$P=\frac{R}{r-g}=\frac{300\ 000\times 1\times 15\%}{10\%+4\%-40\%\times 18\%}\approx 661\ 765(\text{元})$$

(3)分段模型。前两种模型中，一种是股利固定，另一种是增长率固定，过于模式化，很难适用于所有的股票评估。针对实际情况，采用分段模型就比较客观。其计算方法是：第一段为能客观预测的股票收益期间或股票发行企业某一经营周期；第二段是以不易预测收益的时间为起点，将两段收益现值相加，得出评估值。实际计算时，第一段以预测收益直接折现，第二段可以采用固定红利模型或红利增长模型，收益额采用趋势分析法或客观假定。

【做中学 8－7】 某公司进行评估，其拥有另一股份公司非上市普通股 20 万股，每股面值 1 元。在持有期间，每年股票收益率均在 15%左右。评估人员对该股份公司进行调查分析，认为前 3 年保持 15%收益率是有把握的；第 4 年将进行技术改造，可使收益率提高 5 个百分点，并将持续下去。评估时国库券利率为 10%，因为该股份公司是公用事业单位，所以风险利率确定为 2%，折现率为 12%。则该股票评估值为：

$$P=\text{前 3 年折现值}+\text{第 4 年起折现值}$$

$$=\frac{200\ 000\times 1\times 15\%}{12\%}\times\left[1-\frac{1}{(1+12\%)^{3}}\right]+\frac{200\ 000\times 1\times 20\%}{12\%\times(1+12\%)^{3}}=309\ 315(\text{元})$$

2. 优先股的评估

在正常情况下，优先股在发行时就已规定了股息率。评估优先股主要是判断股票发行主体是否有足够税后利润用于优先股的股息分配。这种判断是建立在对股票发行企业的全面了解和分析的基础上，包括股票发行企业生产经营情况、利润实现情况、股本构成中优先股所占的比重、股息率的高低以及股票发行企业负债情况等。如果股票发行企业资本构成合理、实现利润可观、具有很强的支付能力，那么优先股就基本上具备了“准企业债券”的性质，优先股的评估就变得不复杂了。评估人员可以事先确定股息率，计算出优先股的年收益额，然后进行折现或资本化处理，即可得出评估值。其计算公式为：

$$P=\sum_{t=1}^{\infty}\left[\frac{R_t}{(1+r)^t}\right]=\frac{A}{r}$$

公式中，P 表示优先股的评估值，R_t 表示第 t 年的优先股收益，r 表示折现率，A 表示优先股的年等额股息收益。

【做中学 8－8】 甲企业拥有乙企业 1 000 股优先股，每股面值 100 元，股息率为年息 17%。评估时，国库券利率为 10%。评估人员在对乙企业进行调查过程中，了解到乙企业的资本构成不尽合理，负债率较高，可能会对优先股股息的分配产生消极影响。因此，评估人员对甲企业拥有的乙企业优先股的风险报酬率定为 5%，加上无风险报酬率 10%，该优先股的折现率（资本化率）为 15%。根据上述数据，该优先股评估值如下：

$$P=\frac{A}{r}=\frac{1\ 000\times100\times17\%}{15}=113\ 333（元）$$

如果非上市优先股有上市的可能，持有人又有转售的意向，这类优先股可参照下列公式评估：

$$P=\sum_{t=1}^{n}\left[\frac{R_t}{(1+r)^t}\right]+\frac{F}{(1+r)^n}$$

公式中，F 表示优先股的预期变现价格，n 表示优先股的持有年限，其他变量的概念同前。

二、股权投资的评估

股权投资是投资主体以现金、实物资产或无形资产等直接投入被投资企业，取得被投资企业的股权，投资方不仅享有收益分配权，同时享有对经营管理的一定参与权，乃至控制权。投资双方的权利和义务，特别是投资方投资收益的分配形式和投资本金的处理方式都是由投资协议明确规定的。

股权投资按投资期限，可分为有限期股权投资和无限期股权投资两大类。

（一）有限期股权投资的评估

有限期股权投资，一般在有关协议、合同或章程中规定了投资期限。在投资期限内，投资方按投资收益的分配方式获取收益、分担风险；投资期满，按协议约定的方式处理所投入的本金。

对有限期股权投资的评估，要了解具体投资形式、收益获取方式及投资期满后投入资产的处置方式，用收益法进行评估。

1. 投资收益的分配形式

比较常见的分配形式有：(1)按投资方投资额占被投资企业实收资本的比例，参与被投资企业净利润的分配；(2)按被投资企业销售收入或利润的一定比例提成；(3)按投资方出资额的一定比例支付资金使用报酬等。

2. 投资期满时投入资本的处理方式

比较常见的方式有：(1)按投资时的作价金额以现金返还；(2)返还实际投入资产；(3)按期满时实投资产的变现价格或续用价格作价以现金返还。

3. 评估方法

对于有限期股权投资的评估，一般采用收益法，其计算公式为：

$$P=\sum_{t=1}^{n}\left[\frac{R_t}{(1+r)^t}\right]+\frac{M}{(1+r)^n}$$

公式中，P 表示股权投资的评估值，R_t 表示第 t 年的投资收益，M 表示收回的投资额，r 表示折现率，n 表示投资期限。

【做中学 8－9】 甲企业以 10 万元的现金、20 万元的厂房向乙企业投资，占乙企业总资本的 20%，协议约定投资期 8 年，按投资比例分配利润，期满时返还厂房，房屋年折旧率为 5%，估计厂房收回时的价值为 10.5 万元。目前，乙企业生产已经稳定，有把握每年实现利润 30 万元，经分析，折现率定为 15%。则甲企业长期股权投资的评估值为：

$$P=300\ 000\times 20\%\times(P/A,15\%,8)+\frac{105\ 000}{(1+15\%)^8}=303\ 562.5(\text{元})$$

(二)无限期股权投资的评估

无限期股权投资是指没有约定投资期限的股权投资。对这类投资的评估，就是对投资者在被投资企业的股权价值的评估，其股权价值的高低取决于被投资企业的净资产余额和获利能力。

对于无限期股权投资，可以按非控股和控股两种类型分别处理：一是对于非控股股权投资的评估，基本上采用收益现值法，即根据历史上收益情况和被投资企业的未来经营情况及风险，预测未来收益，再用适当折现率折算为现值得出评估值。二是对于控股股权投资的评估，应对被投资企业进行整体评估，将通过整体评估确定的企业价值按照投资方股权份额计算该投资的评估值。整体评估以收益法为主，对被投资企业整体评估，基准日与投资方的评估基准日相同。

【做中学 8－10】 甲企业以 600 万元厂房向乙公司投资，占乙公司股权份额的 70%。现对甲企业的这笔长期股权投资进行评估。由于对乙公司的投资占控股地位，所以评估人员先对乙公司进行了整体评估，评估值为 6 000 万元。则甲企业股权投资的评估值为：

股权投资的评估值＝6 000×70%＝4 200(万元)

任务四　其他长期投资性资产和递延资产的评估

一、其他长期投资性资产的评估

其他长期投资性资产是指不能包括在流动资产、长期股权投资、持有至到期投资、固定资产、无形资产等内的资产，主要包括具有长期性质的待摊费用和其他长期资产。

其他长期投资性资产评估，首先需了解具体投资形式、收益获取方式和投资额占被投资单位资本的比重，再根据不同情况进行评估。对于合同、协议明确约定了投资报酬的长期投资，可将按规定获得的收益折为现值作为评估值。对到期收回资产的实物投资，可按约定或预测的收益折为现值再加上到期收回资产价值的现值计算评估值。对于不是直接获取资金收入，而是取得某种权利或其他间接经济利益的，可尝试测算相应的经济收益折现计算评估值，或根据剩余的权利或利益所对应的重置价值确定评估值。明显没有经济利益也不能形成任何经济权利的，应按零值计算评估值。

对于控股的长期投资，应对被投资企业进行整体评估，评估人员到现场实地核查其资产和负债，全面进行评估。评估方法以收益现值法为主，特殊情况下也可以单独采用加和法或现行市价法。

对于非控股的长期投资，一般应采用收益现值法进行评估，即根据历史上的投资收益情况和被投资企业的未来经营情况及风险，预测长期投资的未来收益，再用适当折现率折算为现值得出评估值。在未来收益难以确定的情况下，也可以采用重置成本法进行评估，即通过对被投资企业进行整体评估，确定净资产数额，再根据投资方应占的份额确定长期投资的评估值。如果该项投资发生时间不长，被投资企业资产账实基本相符，则可根据核实后的被投资企业资产负债表上净资产数额，按投资方应占的份额确定评估值。

二、递延资产的评估

递延资产在会计核算上是指不能全部计入当年损益、应在以后年度内分期摊销的各项费用，包括开办费、经营性租入固定资产的改良支出及其他递延资产（如固定资产大修理费）等。递延资产本质上是一种费用，这些费用的效益要期待于将来实现，而且这些费用支出的金额较大。递延资产一般没有物质实体，因而也不能单独对外交易转让，只有当企业发生整体产权变动时，才可能涉及递延资产的评估。递延资产的发生形成了某些新的资产或权利，其中对于评估目的实现后仍然存在的部分资产和权利就是评估对象，这部分尚存资产和权利的价值就是评估值。

在评估递延资产时，要了解其合法性、合理性、真实性和准确性，了解费用支出和摊余情况，了解形成的新资产和权利及尚存情况。递延资产评估价值要根据评估目的实现后还存在的且与其他评估对象没有重复的资产和权利的价值确定。按此原则，对于尚存资产或权利的价值难以准确计算的某些预付性质和性质特殊的开办费、租入固定资产的改良支出等，可按其账面余额计算评估值；对于没有尚存资产或权利对应的递延资产，不计算评估值；对于在其他类型资产中已计算过的，也不计算评估值，如固定资产的大修理支出，其对固定资产成新率的影响已在固定资产评估价值中得到体现，因此不能重复评估。由于递延资产涉及的期限较长，有时会涉及货币的时间价值问题，对此一般取决于新的产权主体在未来受益时间的长短，并结合递延资产的内容、市场行情的变化情况等具体处理。

应知考核

一、单项选择题

1. 股票的内在价值属于股票的（　　）。

A. 账面价值　　B. 理论价格　　C. 无面额价值　　D. 发行价格

2. 适用于成长型企业股票评估的是（　　）。

A. 固定红利模型　　B. 红利增长模型　　C. 分段模型　　D. 以上都可

3. 对到期一次性还本付息债券的评估，其评估的标的是（　　）。

A. 债券本金　　B. 债券本金加利息　　C. 债券利息　　D. 债券本金减利息

4. 股票的内在价值是由（　　）决定的。

A. 股票的净资产额　　B. 股票的总资产额

C. 股票未来收益折现值　　D. 股票的利润总额

5. 上市公司股票的清算价格是(　　)。

A. 资产总额与总股数的比值　　B. 资产总额与流通股数的比值

C. 净资产与总股数的比值　　D. 净资产与上市流通股数的比值

二、多项选择题

1. 按股票所得权益的不同,可分为(　　)。

A. 无面额股票　　B. 面额股票　　C. 优先股　　D. 普通股

2. 债权投资与股权投资相比较,其特点有(　　)。

A. 收益相对稳定　　B. 收益相对较高

C. 具有较强的流动性　　D. 投资风险较小、安全性较强

3. 非上市交易债券的评估类型有(　　)。

A. 固定红利模型　　B. 红利增长模型

C. 到期一次性还本付息型　　D. 分次付息、到期一次性还本型

4. 下列(　　)因素会影响到债券的评估价值。

A. 票面价值　　B. 票面利率　　C. 折现率　　D. 付息方式

5. 股票评估与股票的(　　)有关。

A. 内在价值　　B. 账面价值　　C. 市场价值　　D. 清算价格

三、判断题

1. 债券评估是对被投资企业偿债能力的评估。(　　)

2. 在市场利率高于票面利率时,债券的发行价格大于其面值。(　　)

3. 由于优先股在分配公司盈利、剩余财产权等方面有优先权,所以一般来说,其收益要高于普通股。(　　)

4. 收益法是评估非上市股票和债券的主要评估方法。(　　)

5. 普通股的投资风险小于优先股。(　　)

四、简述题

1. 简述长期投资性资产评估的特点。

2. 简述长期投资性资产评估的程序。

3. 简述上市交易债券评估和非上市交易债券评估的区别。

4. 简述上市股票评估和非上市股票评估的区别。

5. 简述有限期股权投资评估和无限期股权投资评估的区别。

应会考核

■ 观念应用

【背景资料】

甲企业持有乙企业发行的优先股200股,每股面值500元,股息率为12%。当前的国库券市场利率为8%,乙企业的风险报酬率为2%。甲企业打算3年后将这些优先股出售,预计出售时市场利率将上升2个百分点。

【考核要求】

试评估该批优先股的价值。

■ 技能应用

1. 被评估债券为2018年发行，面值100元，年利率为10%，3年期。2020年评估时，债券市场上面值为100元的同种同期债券交易价为110元。试问该债券的评估值应为多少？

2. 被评估债券为4年期一次性还本付息债券10 000元，年利率18%，不计复利，评估时债券的购入时间已满3年，当年的国库券利率为10%，评估人员通过对债券发行企业了解后认为应该考虑2%的风险报酬率。试计算该债券的评估值。

3. 假设被评估企业拥有C公司的非上市普通股10 000股，每股面值1元。在持有期间，每年的收益率一直保持在20%左右。经评估人员了解分析，股票发行企业经营比较稳定，管理人员素质高、管理能力强。在预测该公司以后的收益能力时，按稳健估计，今后若干年内，其最低的收益率仍然可以保持在16%左右。评估人员根据该企业的行业特点及当时宏观经济运行情况，确定无风险报酬率为4%(国库券利率)，风险报酬率为4%，则确定的折现率为8%。根据上述资料，计算评估值。

4. 某评估公司受托对D企业进行资产评估。D企业拥有某非上市公司的普通股20万股，每股面值1元。在持有股票期间，每年股票收益率(每股股利/每股面值)在12%左右。股票发行企业每年以净利润的60%用于发放股利，其余40%用于追加投资。根据评估人员对企业经营状况的调查分析，认为该行业具有发展前途，该企业具有较强的发展潜力。经过分析后认为，股票发行企业至少可保持3%的发展速度，净资产收益率将保持在16%的水平，无风险报酬率为4%，风险报酬率为4%，则确定的折现率为8%。计算该股票评估值。

【技能要求】

请对上述内容进行计算。

■ 案例分析

评估机构于2020年1月1日对某公司进行评估，该公司拥有甲企业发行的非上市普通股100万股，每股面值1元。经调查，由于甲企业产品老化，评估基准日以前的几年内，该股票的收益率每年都在前一年的基础上下降2%，2019年度的收益率为10%，如果甲企业没有新产品投放市场，预计该股票的收益率仍将保持每年在前一年的基础上下降2%。已知甲企业正在研制一种新产品，预计2年后新产品即可投放市场，并从投产当年起可使收益率提高并保持在15%左右，而且从投产后第3年起，甲企业将以净利润的75%发放股利，其余的25%用于企业追加投资，净资产利润率将保持在20%的水平。假设折现率为15%。

【分析要求】

计算被评估公司所持甲企业股票2020年1月1日的评估值。

项目实训

【实训项目】

长期投资性资产评估。

【实训内容】

长期投资性资产评估的基本程序及评估方法的应用。

【实训目的】

掌握不同的评估方法在长期投资性资产评估中的应用，并加以区别。

【实训反思】

(1)掌握长期投资性资产以及长期投资性资产评估的特点。

(2)掌握长期投资性资产评估的基本程序。

(3)掌握股票投资的评估、债券投资的评估、股票投资评估的应用。

(4)将实训报告填写完整。

《长期投资性资产评估》实训报告		
项目实训班级：	项目小组：	项目组成员：
实训时间：　年　月　日	实训地点：	实训成绩：
实训目的：		
实训步骤：		
实训结果：		
实训感言：		
不足与今后改进：		
项目组长评定签字：		项目指导教师评定签字：

项目九

流动资产评估

○ **知识目标：**

理解：流动资产的概念及特点、流动资产评估的特点。

熟知：其他流动资产的评估。

掌握：实物类流动资产的评估。

○ **技能目标：**

在掌握流动资产评估基本方法理论的基础上，能够学会用合理的方法对实物类、其他流动资产进行评估，并灵活地运用各种方法。

○ **素质目标：**

通过对本项目的学习，加强对流动资产评估的认识，能够用适当的方法评估各类流动资产的价值。把学和做有机结合，做到学思用贯通、知信行统一，提高自己的职业道德素养。

○ **项目引例：**

流动资产如何评估

星海公司产成品实有数量80台，每台实际成本为94元，该产品的材料费与工资、其他费用的比例为70∶30。根据目前有关资料，得出材料费用综合调整系数为1.20，工资、其他费用综合调整系数为1.08。该产品的评估值应为多少？

引例导学：上述提到的是一个流动资产的评估案例。那么，什么是流动资产？流动资产如何进行分类？企业如何进行流动资产评估？通过对本项目的学习，你将得到解答。

○ **知识精讲：**

任务一　流动资产评估概述

一、流动资产的概念、类型和特点

（一）流动资产的概念

流动资产是指企业在生产经营活动中，可以在1年或超过1年的一个经营周期内变现或者耗用的资产。它是企业资产的重要组成部分，在企业资产评估中占有重要的地位。

（二）流动资产的类型

流动资产有多种分类方法，在实际评估工作中，一般将流动资产分为以下3种类型：

1. 实物类流动资产

实物类流动资产是指企业在生产经营过程中为销售或耗用而储备的具有实物形态的资

产，主要包括各种材料、在产品、半成品、低值易耗品、包装物等。实物类流动资产评估是流动资产评估的重要内容。

2. 货币类流动资产

货币类流动资产是指现金和各项存款等具有现金等价物性质的流动资产，主要包括现金、银行存款和短期内准备变现的短期投资。

3. 债权类流动资产

债权类流动资产是指没有一定的实物形态的、具有债权性质的流动资产，主要包括各种应收款项、预付款项、待摊费用等。

（三）流动资产的特点

与固定资产相比，流动资产的特点主要表现在以下几个方面：

1. 周转速度快

周转速度快是流动资产最主要的特点，流动资产在使用中只经历一个生产经营周期就改变其实物形态，并将其全部价值转移到所形成的产品中去，构成成本费用的一个组成部分，然后从营业收入中得到补偿。判断一项资产是否是流动资产，关键看其周转情况。

2. 变现能力强

变现能力强是流动资产的一个显著特点。各种形态的流动资产都可以在较短的时间内出售或变卖，具有较强的变现能力，是企业对外支付和偿还债务的物质基础。当然，不同形态的流动资产，其变现速度是有区别的，按变现能力强弱排序，首先是货币资产，其次是短期投资，然后是较易变现的应收账款，最后是存货。

3. 形态多样性

流动资产存在的形态呈现多样性的特点。不同行业流动资产的存在形态千差万别，即使在同一行业的不同部门，流动资产的存在形态也有很大的差别。但总的来说，流动资产总是处于储备形态、生产形态、成品形态、货币资金形态及结算资金形态。流动资产按其存在形态，可以归结为四种类型：货币类流动资产，包括现金、各项存款及短期投资等；债权类流动资产，包括各种应收款项、预付款项；实物类流动资产，包括各种材料、产成品、在产品、商品等；其他流动资产。

二、流动资产评估的特点

（一）流动资产评估是单项评估

流动资产评估是以单项资产为评估对象，根据其自身的特点进行评估，不需要以其综合获利能力进行综合价值评估。

（二）流动资产评估要合理确定评估基准日

资产评估是确定资产在某一时点上的价值，而流动资产由于其流动性，使得不同形态的流动资产随时都在变化，不可能人为地停止流动资产的运转。因此，流动资产评估对时点的要求比较严格，所选评估基准日应尽可能在会计期末，或尽可能与资产评估结论利用的时间相一致，并在规定的时间进行盘点和清查，确定流动资产的数量和账面价值，防止重复和遗漏。

（三）评估要分清主次，遵循重要性原则

在流动资产评估之前必须认真进行资产清查，这直接影响着评估质量的好坏。由于流动资产往往数量较大、种类较多，清查工作量很大，因此，需要同时考虑评估的时间要求和评估成本。流动资产评估往往需要根据不同企业的生产经营特点和流动资产分布的特点，对其分清主次轻重，选择不同的方法进行清查和评估。清查采用的方法可以是抽查、重点清查和全面盘点。当在抽查核实中发现原始资料或清查盘点工作可靠性较差时，要扩大抽查范围，直至核查全部流动资产。

(四)流动资产的账面价值基本上可以反映其现值

由于流动资产周转速度快、变现能力强，无需考虑资产的功能性贬值因素(资产的实体性损耗的计算也只适用于低值易耗品、包装物以及滞留、积压物资的评估)，在价格变化不大的情况下，资产的账面价值基本上可以反映流动资产的现值。因此，在特定的情况下，对流动资产较适合采用历史成本法评估。这就必然会使流动资产的评估对企业会计核算资料的依赖性比较强。

任务二　实物类流动资产的评估

实物类流动资产主要包括各种材料、在产品、产成品和低值易耗品。

一、材料的评估

(一)材料评估的内容

企业中的材料按其存放地点，可以分为库存材料和在用材料。在用材料在生产过程中已经形成产品或半成品，不再作为单独的材料存在，因此这里所说的材料评估是对库存材料的评估。库存材料包括各种主要材料、辅助材料、燃料、修理用备件、包装物等。

(二)库存材料的评估

对库存材料进行评估时，可以根据材料购进情况的不同，选择合适的评估方法。

1. 近期购进库存材料的评估

近期购进库存材料的库存时间较短，在市场价格变化不大的情况下，其账面价值与现行市价基本接近，评估时可以采用市场法或成本法，这两种评估方法得出的评估结果相差不大。

【做中学 9-1】 被评估企业中 A 材料系两个月前从外地购进，材料明细账的记载为：数量 6 000 千克，单价 500 元/千克，运杂费为 600 元。根据材料消耗的原始记录和清查盘点，评估时库存尚有 1 000 千克。根据以上资料，可以确定材料的评估值为：

$$材料评估值=1\ 000\times500+600\times\frac{1\ 000}{6\ 000}=500\ 100(元)$$

2. 购进批次间隔时间长、价格变化较大的库存材料的评估

这种库存材料的评估可以采用以下两种方法：一种是以最接近市场价格的那批材料的价格作为评估的计价基础；另一种是直接以评估基准日的市场价格作为评估的计价基础。

【做中学 9-2】 要对被评估企业的库存 B 材料进行评估，评估基准日为 2020 年 12 月 31 日。该材料分两批购进，第一批购进时间为 2019 年 1 月，购进 1 500 吨，单价为 450 元/吨；第二批购进时间为 2020 年 11 月，购进 2 000 吨，单价为 300 元/吨。截至评估基准日，2019 年购入的还剩 100 吨，2020 年购入的还没有使用。因此，尚需评估的材料数量为 2 100 吨，应按照现行的市场价格 300 元/吨计算评估值如下：

$$材料评估值=300\times(100+2\ 000)=630\ 000(元)$$

3. 购进时间较早、市场上已脱销、没有现行市价的库存材料的评估

这类库存材料无法直接从市场上找到它的现行价格，只能采用其他方法来确定：通过寻找替代品的价格变动资料来修正该材料的价格；通过分析该材料在市场上的供需情况的变化来修正该材料的价格；通过市场上同类材料的平均物价指数来修正该材料的价格。

4. 滞留材料价值的评估

滞留材料是指企业从库存材料中清理出来需要进行处理的材料。这部分材料由于长期积压或保管不善等问题导致使用价值下降。对这类材料的评估，首先是对其数量和质量进行核查与鉴定，然后区别不同情况进行评估。

5. 盘盈、盘亏材料的评估

一是盘盈材料的评估。因为盘盈材料并没有历史成本资料，应采用现行市价法或重置成本法进行评估。二是盘亏材料的评估。盘亏材料并无实物，不存在评估的问题，应直接从待估材料申报中剔除。

二、在产品的评估

企业的在产品包括产品生产过程中尚未加工完毕的在制品和已加工完毕但不能单独对外销售的半成品。在此，外购的半成品视同材料评估，可直接对外销售的自制半成品视同产成品评估。由于在产品的数量不太容易核查清楚，而且对其进行评估还需要估计其完工程度，所以对在产品的评估应结合其特点，采用成本法或市场法。

（一）成本法

成本法是指根据清查核实、技术鉴定和质量检测的结果，按评估时的相关市场价格及费用水平重置同等级在产品所需要的合理的料、工、费来确定在产品的评估值。成本法中的具体方法有以下三种：

1. 价格变动系数调整法

对生产经营正常、会计核算水平较高的企业的在产品的评估，可参照实际发生的原始成本，根据到评估日的市场价格变动情况，调整成重置成本。评估的过程是：

(1)对被评估在产品进行技术鉴定，将其中超出正常范围的不合格在产品成本从总成本中剔除；

(2)分析原始成本，将非正常的不合理费用从总成本中剔除；

(3)分析原始成本中材料从其生产准备开始到评估日止市场价格变动情况，并测算出价格变动系数；

(4)分析原始成本中的工资薪酬、燃料、动力等制造费用从开始生产到评估日有无大的变动，是否做了调整，并测算出调整系数；

(5)根据技术鉴定、原始成本分析及价格变动系数的测算，调整成本，确定评估值，必要时还要从变现的角度修正评估值。

计算公式如下：

$$\text{在产品的评估值}=\text{原合理材料成本}\times(1+\text{价格变动系数})+\text{原合理工资和费用}\times(1+\text{合理工资和费用变动系数})$$

公式中，工资虽为直接费用，但在实际计算中较难确定，所以把它和费用等合并作为费用来计算。

2. 社会平均消耗定额和现行市价法

这种方法是指按照重置同类资产的社会平均成本来确定被评估资产的价值。在用此方法之前，先要掌握以下几点：被评估在产品的完工程度、被评估在产品有关工序的工艺定额、被评估在产品耗用材料的近期市场价格、被评估在产品的合理工时费用标准。

此方法的基本计算公式如下：

在产品的评估值＝在产品实有数量×（该工序单件材料工艺定额×单位材料现行市价＋该工序单件工时定额×正常工资费用）

对于工艺定额的选取，首先考虑行业统一标准，没有行业统一标准的，按照企业的现行标准。

【做中学 9－3】 某企业处于某一生产阶段的在产品有 300 件，已知每件的铝材消耗 50 千克，每千克市场单价 5 元；在产品累计单位工时定额 20 小时，每定额小时的燃料和动力费用定额 0.45 元、工资及附加费定额 10 元、车间经费定额 2 元、企业管理费用定额 4 元，该在产品不存在变现风险。则该在产品的评估值计算如下：

原材料成本＝300×50×5＝75 000（元）

工资成本＝300×20×10＝60 000（元）

费用成本＝300×20×（2＋4）＝36 000（元）

燃料和动力成本＝300×20×0.45＝2 700（元）

该在产品评估值＝75 000＋60 000＋36 000＋2 700＝173 700（元）

3. 约当产量法

约当产量法是指将在产品的数量，按其完工程度折算为相当于完工产品的数量（即约当产量），然后根据产成品的重置成本和约当产量计算在产品评估值的方法。其计算公式为：

在产品评估值＝产成品重置成本×在产品约当产量

在产品约当产量＝在产品数量×在产品完工程度

其中，在产品的完工程度有多种确定方法，可以根据已完成工序（工时）占全部工序（工时）的比例来确定，也可以根据生产完成时间占生产周期的比例来确定。

【做中学 9－4】 某工厂在评估时，有在产品 20 件，材料随生产过程陆续投入。已知这批在产品的材料投入量为 75%，完工程度为 60%。该产品的单位定额成本为：材料定额 3 800 元、工资定额 400 元、费用定额 620 元。现确定该批在产品的评估值如下：

在产品材料约当产量＝20×75%＝15（件）

在产品工资、费用约当产量＝20×60%＝12（件）

在产品评估值＝15×3 800＋12×（400＋620）＝69 240（元）

（二）市场法

市场法是用同类在产品的市场销售价格，扣除销售过程中预计发生的费用后，确定在产品评估值的方法。这种方法适用于因产品下线，在产品不能进一步加工，只能对外销售情况的评估。一般来说，在产品的通用性强，能用于产品配件更换或用于维修等情况，其评估价值也较高；若在产品属于很难通过市场出售或调剂出去的专用配件等，则只能按废料回收价格进行评估。其基本计算公式如下：

在产品评估值＝在产品数量×市场可接受的不含税价格－预计销售过程中发生的税费

报废在产品的评估值＝可回收废料的数量×废料的单位现行回收价格

三、产成品的评估

产成品包括企业已经完工入库和已经完工并经过质量检验但尚未办理入库手续的产成品以及商品流通企业的库存商品。产成品可以直接对外销售，依据其变现的可能和市场接受的价格，通常可采用成本法和市场法进行评估。

(一)成本法

用成本法进行评估，主要根据生产、制造该项产成品全过程中发生的成本费用来确定产成品的评估值。具体可分为以下两种情况进行：

1. 评估基准日与产成品完工时间较接近，且物价变动不大时

这时可以直接按产成品账面成本确定。其计算公式为：

产成品评估值＝产成品数量×产成品账面单位成本

2. 评估基准日与产成品完工时间相距较长，成本费用变化较大时

这时的产成品评估值可按下面两种方法计算：

产成品评估值＝产成品实有数量×(合理材料工艺定额×材料单位现行价格＋合理工时定额×单位工时合理工资及费用开支)

产成品评估值＝产成品实际成本×(材料成本比率×材料综合调整系数＋工资费用成本比率×工资费用综合调整系数)

【做中学 9－5】 某企业在评估时产成品实有数量为 100 台，每台实际成本 500 元。根据会计核算资料，该产品生产成本中材料与工资、其他费用的比例为 3∶2。根据目前价格变动情况和其他相关资料，确定材料综合调整系数为 1.20，工资、费用综合调整系数为 1.10，由此可以确定该产品评估值为：

产成品评估值＝100×500×(60％×1.2＋40％×1.1)＝58 000(元)

(二)市场法

市场法是指按不含税的可接受市场价格，扣除相关费用后确定产成品评估价值的方法。在应用市场法时，应注意以下几点：

首先，产成品的使用价值。评估人员要对产品本身的技术水平和内在质量进行鉴定，明确产品的使用价值及技术等级，进而确定合理的市场价格。

其次，分析产品的市场供求关系和市场前景。这样有利于产品的合理市场价格的确定。

再次，市场价格的选择应以公开市场上形成的产品近期交易价格为准，非正常交易情况下的交易价格不能作为评估的依据。

最后，对于产成品的实体性损耗，如表面的残缺等，可以根据其损坏程度，确定适当的调整系数来进行调整。

采用市场法进行评估时，市场价格中包含成本、税金、利润因素，对这部分利润和税金的处理，应视产成品评估的不同目的和评估性质而定。如果产成品的评估是为了销售，应直接以现行的市场价格作为评估值，不需要考虑销售费用和税金的问题；如果产成品的评估是为了投资等，这时税金要流出企业，销售费用也可以得到补偿，应从市价中扣除各种税金作为产成品的评估值。

【做中学 9－6】 某产品在评估基准日的账面价值为 392 500.54 元，评估中，根据厂方提供的年度会计报表及评估人员的清查得知，评估基准日该产品的库存数量为 50 000 件，单

位成本 50 元/件，出厂价 60 元/件(含增值税)，该产品的销售费用率为 3%，销售税金及附加占销售收入的 2%，利润率为 15%，该厂的增值税税率为 13%。计算过程如下：

产品的评估值＝50 000×(60/1.13)×(1－3%－2%－15%)

＝50 000×53.10×0.8

＝2 124 000(元)

四、低值易耗品的评估

(一)低值易耗品评估的内容

低值易耗品是指虽不构成固定资产，但能多次使用而基本保持其实物形态的劳动资料。一方面，低值易耗品能多次使用并基本保持其实物形态，在使用过程中需要进行维修，报废时也有一定的残值，这与固定资产相类似；另一方面，因为低值易耗品的价值较低，常作为材料进行管理。可见，低值易耗品是一种特殊的劳动资料。不同行业对固定资产和低值易耗品的划分标准是不完全相同的，在评估过程中，判断劳动资料是否是低值易耗品，应视其在企业中的作用来定。

(二)低值易耗品的评估方法

1. 在库低值易耗品的评估

在库低值易耗品的评估可以根据具体情况，采用与库存材料评估相同的方法。库存材料评估的方法前面已进行了介绍，这里不再赘述。

2. 在用低值易耗品的评估

在用低值易耗品的评估，可以采用成本法。其计算公式为：

在用低值易耗品评估值＝全新低值易耗品的成本价值×成新率

全新低值易耗品的成本价值可按以下方法进行确定：在物价变动很小的情况下，直接采用低值易耗品的账面价值；在物价变动较大的情况下，可以直接用评估基准日的市场价格，还可以用账面价值乘以物价变动指数来确定。

由于低值易耗品的使用期限比较短，一般不考虑其功能性损耗和经济性损耗。在确定成新率时，应根据其实际损耗确定，一般不能按照其摊销方法(一次摊销或分次摊销)确定。成新率的计算公式为：

成新率＝(1－实际已使用月份/可使用月份)×100%

【做中学 9－7】 某企业的某项低值易耗品原价为 800 元，预计使用期限为 1 年，截至评估基准日已使用了 9 个月，该低值易耗品的现行市场价格为 1 000 元。则该项低值易耗品的评估值为：

低值易耗品的评估值＝1 000×(1－9/12)＝250(元)

任务三　其他流动资产的评估

其他流动资产的评估主要包括货币性资产、应收款项、待摊及预付款项的评估。

一、货币性资产的评估

货币性资产是指以货币形态存在的资产，包括现金、银行存款和短期内准备变现的短期投资。

(一)现金、银行存款的评估

资产评估主要是对非货币性资产而言,货币性资产由于不会因时间的变化而产生差异,因此对货币资金的评估,尤其是对现金、银行存款的评估,主要是对数额的清查确认。要对现金进行盘点,并与现金日记账和现金总账核对,实现账实相符;对银行存款要进行函证,核实其实有数额。评估时要以核实后的实有值作为评估值,如有外汇存款,应按评估基准日的国家外汇牌价折算成人民币计算。

(二)短期内准备变现的短期投资的评估

短期投资主要是企业为了利用正常营运中暂时多余的资金,购入一些可随时变现的有价证券。这样做可以在一定程度上提高资金的使用效益。对于在证券市场上公开交易的有价证券,可按评估基准日的收盘价计算确定评估值;对于不能公开交易的有价证券,可按其本金加持有期利息计算评估值。

二、应收款项的评估

应收款项主要包括应收账款、预付账款、应收票据等。由于预付账款也是企业的一项资产,这里与应收账款合并进行介绍。

(一)应收账款和预付账款的评估

应收账款和预付账款是指企业在经营过程中,由于赊销等原因形成的尚未收回的款项及根据合同规定预付给供货单位的货款等。由于应收账款存在回收风险,因此评估时需要判断估计坏账损失,然后确定应收账款的评估值。其基本计算公式为:

应收账款评估值=评估时应收账款额－已确认坏账损失－预计坏账损失

1. 应收账款额的确定

对应收账款进行评估时,要进行清查核实,确定应收账款的数额。评估人员要进行账证核对、账表核对,还要尽可能地按客户名单发询证函,查明每项应收账款的发生时间和金额、债务人单位的基本情况等,为预计坏账损失提供依据。对机构内部独立核算单位间的往来账款要进行双向核对,以避免重记、漏记。

2. 已确认坏账损失的确定

已确认坏账损失是指在评估时可以确认不能收回的应收账款。按照我国有关规定,符合下列条件之一的,应确认为坏账损失:

(1)债务人死亡,以其遗产清偿后仍无法收回的应收账款。

(2)债务人破产,以其破产财产清偿后仍无法收回的应收账款。

(3)债务人在较长时间内未履行其偿债义务,并有足够证据表明应收账款无法收回或收回的可能性极小。

对于已确认的坏账损失,在评估其价值时,必须从应收账款价值中扣除。

3. 预计坏账损失的确定

确定预计坏账损失,即判断应收账款回收的可能性。影响其回收可能性的因素主要有业务往来的密切程度及依存关系、债务人的偿债能力及其信用、被评估单位的索债能力及相互拖欠"三角债"的影响等。

对预计坏账损失的估计方法主要有:

(1)坏账比例法。是指根据被评估企业评估前若干年(一般为3－5年)的实际坏账损失额和应收账款发生额确定坏账的发生比例，然后根据这一比例和全部应收账款的数额来确定其预计坏账损失。

坏账比例的计算公式为：

坏账比例＝评估前若干年发生的坏账数额/评估前若干年应收账款余额

【做中学 9－8】 对某企业的应收账款进行评估时，根据账面的记载，截至评估基准日应收账款的账面余额为 500 万元，前 4 年的应收账款发生情况及坏账损失情况如表 9－1 所示。

表 9－1　　前 4 年的应收账款发生情况及坏账损失情况　　单位：万元

	应收账款余额	处理坏账金额
第 1 年	150	20
第 2 年	245	7.2
第 3 年	250	12
第 4 年	355	10.8
合　计	1 000	50

计算前 4 年坏账比例为：

坏账比例＝(50/1 000)×100％＝5％

预计坏账损失额＝500×5％＝25(万元)

当然，如果企业的应收账款多年未清理，账面上找不到坏账的处理金额，这时坏账比例法就不适用了，要寻求其他的方法。

(2)账龄分析法。是指按应收账款拖欠时间的长短，分析应收账款预计可收回的金额及产生坏账的可能性。应收账款能否顺利收回，与应收账款拖欠的时间长短有很大关系。一般来说，应收账款的账龄越长，产生坏账的可能性越大，可收回的金额就越低。因此，这种方法主要是将应收账款按账龄分类，对各类应收账款分别估计其坏账损失的可能性，从而估计坏账损失的金额。

【做中学 9－9】 星海公司以 2020 年 12 月 31 日为评估基准日，经核实其应收账款的实有数额为 35 000 元。具体情况如表 9－2 所示。

表 9－2　　应收账款及坏账情况　　单位：元

应收账款账龄	余　额	估计坏账损失率	坏账损失额
未到期	18 000	1％	180
过期 1 个月	10 000	3％	300
过期 2 个月	4 350	10％	435
过期 3 个月	1 000	20％	200
过期 3 个月以上	1 650	50％	825
合　计	35 000		1 940

应收账款评估值＝35 000－1 940＝33 060(元)

对应收账款评估以后，账面上的“坏账准备”科目按零值计。因为“坏账准备”科目是应收账款的备抵账户，其金额是按会计制度规定的一定比例计提的，而对应收账款进行评估时，是按照应收账款实际可收回的可能性进行的，这时已经考虑了坏账损失的因素，所以，应收账款评估值就不应再包括坏账准备数额。

预付账款评估可参照应收账款的评估方法进行。

(二)应收票据的评估

应收票据是由付款人或收款人签发的、由付款人承诺到期无条件付款的一种书面凭证。我国的应收票据主要指商业汇票。商业汇票既可以依法背书转让，也可以向银行申请贴现。应收票据按承兑人的不同，分为商业承兑汇票和银行承兑汇票；按其是否带息，分为带息商业汇票和不带息商业汇票。

应收票据的评估可采用下列两种方法进行：

1. 按票据的本利和计算

商业汇票有带息和不带息之分，对于不带息的商业汇票，其票面金额即为评估值；对于带息商业汇票的评估值，则是本金与利息的和。其计算公式为：

无息票据评估值＝票面金额

有息票据评估值＝票面金额×(1＋利息率×时间)

【做中学 9－10】 星海公司拥有一张期限为 1 年的票据，票面金额为 6 万元，月利息率为 10‰，截至评估基准日离付款期尚差 3 个月的时间，由此确定票据的评估值为：

评估值＝6×(1＋10‰×9)＝6.54(万元)

2. 按票据的贴现值计算

这种方法下应收票据的评估值，即为评估基准日到银行贴现可获得的贴现额。其计算公式为：

应收票据评估值＝票据到期价值－贴现息

其中，不带息票据的到期价值为票据的面值；带息票据的到期价值则为票据到期时的本利和金额。

贴现息＝票据到期价值×贴现率×贴现期

【做中学 9－11】 承【做中学 9－10】的数据，假定银行的贴现率为月息 12‰，则应收票据的评估值为：

贴现息＝6×(1＋10‰×12)×12‰×3＝0.24(万元)

应收票据评估值＝6×(1＋10‰×12)－0.24＝6.48(万元)

三、待摊及预付款项的评估

(一)待摊费用的评估

待摊费用是指企业已经支付或发生，但是应由本月和以后各个月份负担的费用。待摊费用本身不是资产，它是已耗用资产的反映，但是它的支出可以形成一定形态的资产。所以，对待摊费用的评估，应按其形成的具体资产的价值来确定。

(二)预付款项的评估

预付费用是在评估日之前企业已经支出,但在评估日之后才能产生效益的特殊资产,如预付租金、预付保险费等。它是一种未来可取得服务的权利,所以预付费用的评估也就是对未来可取得服务的权利价值进行评估,其依据主要是未来可产生效益的时间。如果预付费用的效益已在评估日前全部实现,只因发生的数额过大而采取分期摊销的方法,这种预付费用不应在评估中作价,只有那些在评估日之后仍将发挥作用的预付费用,才是评估的真正对象。

【做中学 9－12】 星海公司评估基准日为 2020 年 6 月 30 日,经核实发现评估基准日待摊和预付费用情况如下:预付 1 年的保险金 60 万元;尚待摊销的低值易耗品余额为 15.9 万元;预付的房租为 45 万元,租期 5 年,尚有 3 年的使用权。评估过程如下:

(1)预付保险金的评估。根据保险金全年支付金额计算每月的分摊数额为:

分摊数额＝60/12＝5(万元)

保险金评估值＝6×5＝30(万元)

(2)低值易耗品的评估。低值易耗品根据实有数量和现行市场价格,确定其评估值为 13 万元。

(3)房屋租金的评估。按总租金数额和合约规定的租期计算得出每年的租金为 9 万元,房屋的租期还有 3 年。

房租评估值＝9×3＝27(万元)

该企业在评估基准日的待摊和预付费用的评估值＝30＋13＋27＝70(万元)

应知考核

一、单项选择题

1. 企业的应收账款评估值的一般计算公式为(　　)。

A. 应收账款账面值－已确定坏账损失－预计坏账损失

B. 应收账款账面值

C. 应收账款账面值－已确定坏账损失

D. 应收账款账面值－预计坏账损失

2. 与其他长期资产不同的是,评估流动资产时无需考虑资产的(　　)因素。

A. 功能性贬值　　B. 经济性贬值

C. 实体性贬值　　D. 功能性贬值和实体性贬值

3. 企业中 A 材料为一个月前从外地购进,数量为 5 000 千克,单价为 200 元,当时付运杂费 500 元。评估时清查盘点尚有 1 500 千克 A 材料。则该材料评估值为(　　)元。

A. 30 000　　B. 300 150　　C. 300 500　　D. 以上都不对

4. 某低值易耗品原价 700 元,预计可使用 1 年,现已使用 6 个月。据调查,该低值易耗品的现行市价为 1 100 元。则其评估值为(　　)元。

A. 1 100　　B. 1 000　　C. 800　　D. 550

5. 某企业前三年发生的坏账损失分别为 120 万元、110 万元、120 万元;前三年的应收账款余额分别为 2 000 万元、2 200 万元、2 200 万元。则该企业的坏账比例为(　　)。

A. 5.00%　　B. 5.38%　　C. 5.47%　　D. 5.25%

二、多项选择题

1. 产成品及库存商品的评估一般可采用(　　)。

A. 年金法　　B. 成本法　　C. 市场法　　D. 分段法

2. 评估应收账款时,其坏账的确定方法有(　　)。

A. 坏账比例法　　B. 账龄分析法

C. 财务制度规定的3‰—5‰　　D. 账面分析法

3. 在产品的评估一般可以采用(　　)。

A. 成本法　　B. 市场法　　C. 收益法　　D. 清算价格法

4. 流动资产具有的特点包括(　　)。

A. 周转速度快　　B. 变现能力强　　C. 形态多样化　　D. 占用数量固定

5. 适用于按债权类流动资产进行评估的具体内容包括(　　)。

A. 应收账款　　B. 预收账款　　C. 各项存款　　D. 待摊费用

三、判断题

1. 流动资产是指企业在生产经营活动中,必须在1年内变现或耗用的资产。(　　)
2. 对流动资产评估要考虑其综合获利能力,进行综合性价值评估。(　　)
3. 对近期购进的库存材料进行评估时,既可以采用成本法,也可以采用市场法。(　　)
4. 评估时采用的市场法主要适用于价格基本保持不变的某类存货。(　　)
5. 评估时采用的成本法主要适用于价格基本保持不变的某类存货。(　　)

四、简述题

1. 流动资产评估有何特点?
2. 成本法对在用低值易耗品如何评估?
3. 应收账款的评估方法有哪些?
4. 简述坏账损失估计方法中的坏账比例法和账龄分析法。
5. 如何进行库存材料、在产品、产成品等实物类流动资产的评估?

应会考核

■ 观念应用

【背景资料】

某评估公司对甲公司进行评估。在评估基准日,甲公司应收账款余额合计为256万元,坏账准备余额为12.8万元。应收账款总金额中包括未到期的应收账款60万元、1年以上的应收账款75万元、2年以上的应收账款80万元、3年以上的应收账款41万元。根据相关资料分析,预计未到期的应收账款的坏账损失率为2%,1年以上的坏账损失率为13%,2年以上的坏账损失率为18%,3年以上的坏账损失率为51%。

【考核要求】

该应收账款的评估值为多少?

■ 技能应用

1. A公司因销售货物,于2020年2月5日收到甲公司开出的一张带息商业汇票,面值为

120 万元，期限为 6 个月，票面利率为 8%，贴现率为 9%。2020 年 5 月 10 日，某评估公司接受委托对 A 公司进行评估(每月按 30 天算)。试估算该商业汇票的评估值。

2. 评估某企业化工类库存材料，经核实材料库存量为 100 吨，原始购入成本为 200 万元。根据进货情况，材料的平均库存期为 3 个月。经技术鉴定，其中一种材料已全部报废，数量为 2.5 吨，购进单价为 2 万元，无回收价值。此外，根据该企业生产用该类材料的实际月耗量计算，库存的该材料有 25%为超额储存，这部分超储的材料比原材料多支付利息费用、占地租金费用及保管费用等平均每吨 400 元。根据有关权威部门公布的信息，该类材料每月价格上涨系数为 2%。试确定该类化工原料的评估值。

3. 评估某企业某项低值易耗品，原价 700 元，预计使用 1 年，现已使用 6 个月，会计账面上已摊销 300 元。经调查了解，该种低值易耗品全新状态下的现行市价为 1 100 元。试估算该低值易耗品的评估值。

【技能要求】

请对上述内容进行计算。

■ 案例分析

现有某企业的产成品、库存材料和低值易耗品资料如下：

(1)评估基准日前一个月从外地购进产成品材料 50 千克，单价 200 元，当时支付运杂费 500 元，根据原始记录和清查盘点，评估时库存材料尚存 15 千克。

(2)截至评估基准日，企业库存商品实有数 30 件，每件实际成本 200 元，该库存商品的材料费与工资、其他费用的比例为 80%和 20%。根据目前有关资料，材料费用的综合调整系数是 1.36，工资、其他费用的综合调整系数是 1.05。

(3)截至评估基准日，在用低值易耗品原价 1 300 元，预计使用 1 年，现已使用 4 个月，该低值易耗品现行市价 900 元。

【分析要求】

根据以上资料，评估该企业的产成品、库存材料和低值易耗品的价值。

项目实训

【实训项目】

流动资产评估。

【实训内容】

实物类和其他流动资产的评估方法和应用。

【实训目的】

掌握不同的评估方法在实物类和其他流动资产评估中的应用，并加以区别。

【实训反思】

(1)掌握各类流动资产评估的特点及评估具体方法。

(2)掌握实物类流动资产中在产品的评估。

(3)将实训报告填写完整。

《流动资产评估》实训报告		
项目实训班级：	项目小组：	项目组成员：
实训时间：　　年　　月　　日	实训地点：	实训成绩：
实训目的：		
实训步骤：		
实训结果：		
实训感言：		
不足与今后改进：		
项目组长评定签字：　　　　项目指导教师评定签字：		

项目十

特殊资产评估

○ **知识目标：**

理解：二手车资产评估的基本理论和评估技术方法。

熟知：森林资源资产评估、珠宝首饰资产评估、金融不良资产评估三种特殊类型资产评估技术方法。

掌握：森林资源资产评估、珠宝首饰资产评估、金融不良资产评估、二手车资产评估四种特殊类型资产的特点及评估程序。

○ **技能目标：**

在掌握森林资源资产评估、珠宝首饰资产评估、金融不良资产评估三种特殊类型资产评估技术方法的基础上，能够在具体的案例操作中，灵活地运用基本方法，对其进行科学、合理的估算。

○ **素质目标：**

通过对本项目的学习，加强对特殊资产评估的基本认识，明确特殊资产评估的相关内容。把学和做有机结合，做到学思用贯通、知信行统一，提高自己的职业道德素养。

○ **项目引例：**

森林资源资产评估的应用

假设某片森林的林木被采伐后市场销售总收入为1 800万元，木材经营成本总计为500万元，木材经营合理利润为200万元，该森林资源的再生价值为150万元，则该森林资源资产评估价值为多少？应该运用什么方法？

引例导学：上述提到的是特殊资源森林资源资产的评估案例。那么，什么是森林资源？森林资源如何进行评估？方法有哪些？通过对本项目的学习，你将得到解答。

○ **知识精讲：**

任务一　森林资源资产评估

一、森林资源和森林资源资产

（一）森林资源

森林资源是一种可再生的自然资源，包括森林、林木、林地以及依托森林、林木、林地生存的野生动物、植物和微生物。森林资源是陆地生态系统的主体，它具有生态效益、社会效益和经济效益。森林资源是人类生存的必要条件，也是人类社会极为重要的财富，更是林业企业赖以生存和发展的物质基础。

（二）**森林资源资产**

1. 森林资源资产的概念

森林资源资产是指由特定主体拥有或控制并能带来经济利益的，用于生产、提供商品和生态服务功能的森林资源，包括森林、林木、林地、森林景观资产以及与森林资源相关的其他资产。

森林资源资产是以森林资源为物质内涵的资产，但不是所有森林资源都能成为森林资源资产，资产必须是由特定主体所拥有或控制，并能够带来经济利益的经济资源。没有经济利用价值或在当今知识与技术条件下尚不能确定其有经济利用价值的森林资源不能成为资产，如没有依法认定的森林资源、完全没有经济利用价值的森林资源、在现有技术条件下不可计量的森林资源。

资源资产与一般资产的比较见表10—1。

表10—1　　资源资产与一般资产的比较

类　别	资源资产	一般资产
形成	主要天然形成，现在逐步演变为劳动参与与自然环境共同作用形成	形成渠道主要有三种：一是合法认定；二是人们通过自身劳动创造；三是由买卖、租赁等产权交易实现
价值	有使用价值、价值和生态价值	只有使用价值和价值
折旧	一些资源资产使用后无法补偿	价值在生产过程中消耗，并以折旧的方式得到补偿或更新
核算	核算历史较短，在国民经济账户中还没有地位，理论性较强，可操作性差	核算历史长，在国民经济账户中得到体现，可操作性强，理论成熟
市场化	市场化程度低，变现能力弱	市场化程度高，变现能力强
使用	目标多、用途广、涉及面广，必须顾及生态等多方面	用途比较单一、目标少
效益	同时具备经济效益、社会效益和生态效益，往往生态效益优先	具有经济效益、社会效益，生态效益弱化
公益性	许多资源资产具有公共产品特征，具有经济外部性	绝大多数资产不具有公共产品特征，不具有经济外部性

2. 森林资源资产的特点

(1)经营的永久性。森林资源资产属于可再生资源性资产，在没有受到自然灾害和人为破坏时，通过科学合理的森林经营，森林资源资产的消耗可以得到补偿，不存在折旧问题，可长期实现保值增值。

(2)再生的长期性。森林资源资产是可再生性资源资产，其具有生长期长的特点，投入森林资源资产经营的资金一般要几年、几十年，甚至上百年，等林木成熟并进行采伐时，才能收回投资。

(3)分布的辽阔性。森林是陆地生态的主体，分布极为广阔，南方的森林资源资产与北方的森林资源资产不同，山地的森林资源资产与平地的不同。不同地域的森林资源资产有着不同的经营属性，不能对其采用同一经营模式。分布的密集度也直接关系到森林资源资产的价值与功效。

(4)功能的多样性。森林资源资产具有生态、社会和经济三重效益。评估森林资源资产的经济价值，需要关注生态效益和社会效益对森林资源资产经济价值实现的限制性影响；反之，在特定目的与条件下，森林资源资产的部分生态价值需要纳入评估范围，评估其经济价值。

(5)管理的艰巨性。森林资源资产存在于广阔的林地上，既不能仓储，又难以封闭，大多地处偏远，使其管理十分困难，火灾、虫灾、盗伐等自然或人为的灾害很难控制，增加了风险损失的可能性。

3. 森林资源资产的分类

(1)按其形态划分

①森林生物资源资产，包括森林、林木及以森林为依托的动植物、微生物资源资产。林木资产是指林地上尚未被伐倒的树木，包括活立木和枯立木。

②森林土地资源资产，包括有林地、疏林地、宜林荒山荒地。

③森林环境资源资产，包括森林景观资源资产、森林生态资源资产等。森林景观资产是指通过经营能为其经营主体带来经济收益的森林景观资源，主要包括森林公园、森林游憩地、以森林为依托的野营地、森林浴场或具有森林环境特征的旅游地等。

(2)按经营管理的形式划分

①生态工艺林是以保护和改善人类生存环境、维持生态平衡、保存物种资源、科学实验、森林旅游、国土保安等需要为主要经营目的的森林、林木、林地，包括防护林和特种用途林。

②商品林是指以生产木材、竹材、薪材、干鲜果品或其他工业原料等为主要经营目的的森林、林木、林地，包括用材林、薪炭林和经济林。

二、森林资源资产评估的概念和特点

(一)森林资源资产评估的概念

森林资源资产评估是指评估机构及其评估专业人员根据委托，对具有资产属性的森林资源进行评定、估算，并出具评估报告的专业服务行为。

对森林资源资产的评估，需要掌握基本的林学知识，熟知林业行业法律法规对森林资源资产价值的影响，了解森林资源资产生长规律、经营技术及相关参数系数，通过资源调查或资产核查，准确取得资源资产的实物量数据资料，实现资源资产实物量向价值量科学合理的转化。

(二)森林资源资产评估的特点

1. 森林资源资产价值的关联性

森林的价值体现在林木、林地、森林景观资产以及与森林资源相关的其他资产之上，林地价值的体现同林木、森林景观以及与森林资源相关的其他资产密不可分，森林景观资产价值依托于森林、林地、林木等资源资产，森林生态价值的体现更要依托于森林系统整体。因此，评估森林资源资产要关注其资产的关联性，确定评估对象和评估范围，合理评估森林、林木、林地、景观、野生动植物、林下经济、森林生态等价值。

2. 森林资源资产的可再生性

森林资源资产具有可再生性，这是森林实现持续经营的基础，也是其资产的特点。在评估时应考虑再生产的投入，即森林更新、培育、保护费用的负担；考虑再生产的期限，即未来经营期的长短，包括产权变动对经营期的限制；考虑综合平衡森林资源培育、利用和保护的关系。

3. 森林经营的长周期性对资产评估结果有较大影响

森林资源资产经营的周期少则5－6年，长则几十年、上百年，这样长的经营周期对评估价值产生较大的影响:在供求关系对价格的影响方面表现为供给弹性小,且成本效应滞后;由于经营周期长,投入资金时间价值极为重要,投资收益率的微小变化将对评估结果产生重大影响;由于经营周期长,生产过程不易人为控制,对未来投入产出的预测较为困难,而收益法的评估是建立在对未来投入产出预测基础上的,故预测的准确性对评估的影响很大。

4. 森林资源资产效益的多样性

森林资源资产具有经济、生态和社会三重效益,效益的多样性给森林资源资产评估带来了重大的影响:在现实的生产中,生态效益和社会效益往往限制了经济效益的发挥,国家为了公众的利益制定了一系列法规对一些森林的经营进行限制,这些限制对森林资源资产价值的实现影响较大,在评估时必须给予关注;在生态文明建设的大背景下,森林的生态效益越来越被社会和市场认可,但有效进入市场还需时日,对其生态价值的评估要依据委托目的和市场环境具体分析确定。

5. 森林资源调查和资产核查的艰巨性

森林资源资产不同于其他资产,主要分布在偏远山区,山高路陡、交通不便、外业调查或核查专业技术性强、工作量大、风险高、工作条件艰苦。但这项工作是森林资源资产评估工作中不可或缺的重要环节,是森林资源资产评估风险控制的关键。通过森林资源资产现场核查或调查,核实森林资源的实物量是评定估算森林资源资产价值的基础。

6. 森林资源资产的地域性明显

森林生长于固定的地理位置,评估时除考虑森林的价值外,还要考虑森林地位级,如气候条件、土地肥沃程度、适地适树情况、交通条件等,尤其是交通条件,无论是对用材林、经济林的价值,还是对景观资产的价值,都有较大的影响。

(三)森林资源资产评估资料的收集

森林资源资产评估收集的资料通常包括:林权证书或相关权属证明文件;评估范围内的森林资源图面资料;森林资源资产清单;有特殊经济价值的林木种类、数量和质量资料;营林生产技术标准及有关成本费用资料;木材生产、销售等有关成本费用资料;当地森林培育、森林采伐和基本建设等方面的技术经济指标;森林培育的账面历史成本资料;评估基准日各种规格的木材、林副产品市场价格及其销售过程中的税费征收标准;当地及周边地区的林地使用权出让、转让和出租的价格资料;当地及周边地区的林业生产投资收益率;各树种的生长过程表、生长模型、收获预测等资料;使用的立木材积表、原木材积表、材种出材率表、立地指数表等测树和经营数表资料;其他与评估有关的资料。

三、森林资源资产评估的主要技术方法

森林资源资产评估的基本方法主要是市场法、收益法和成本法。由于森林资源资产的特殊性,根据具体的评估对象和资料情况,针对森林资产、林地资产和森林景观资产,又有相对应的评估方法。其中,林地资产评估主要是林地使用权评估,其评估方法与土地使用权的评估方法和评估原理相同,本章重点阐述森林资产评估的主要方法。

(一)市场成交价比较法

市场成交价比较法是将相同或类似的森林资源资产的现行市场成交价格作为比较基础,估算拟评估森林资源资产评估值的方法。对同一评估对象应选取三个以上参照交易案例,从评估资料、评估参数指标等的代表性、适宜性、准确性方面,客观分析参照交易案例。对各估算结果进行分析判断后,可采用简单算术平均法、加权算术平均法、中位数法、众数法、综合分析

法等方法确定评估结果，并在评估报告中披露所采用的方法和理由。其中，简单算术平均法计算公式为：

$$E=\frac{X}{N}\sum_{i=1}^{N}K_i \cdot K_{bi} \cdot G_i$$

式中，E 为评估值，X 为拟评估森林资产的实物量，K_i 为第 i 个参照交易案例林分质量综合调整系数，K_{bi} 为第 i 个参照交易案例物价调整系数，G_i 为第 i 个参照交易案例市场交易价格，N 为参照交易案例个数。

【做中学 10－1】 宝泉岭国有林场拟转让 8 公顷松木成熟林，要求对其林木资产进行评估。根据资产清查，该小班面积 8 公顷，蓄积量 1 200 立方米，地利系数为 0.95。

参照案例 A：A 公司 2 年前花费 200 000 元向邻村购买年龄、平均胸径、平均树高都与该小班相近的松木成熟林 7 公顷，蓄积量 950 立方米，地利系数为 1.05。目前，木材销售价格由 2 年前的 700 元/立方米上涨为现在的 800 元/立方米。

参照案例 B：附近林场 1 年前花费 160 000 元向邻村购买年龄、树高相近，平均胸径 20 厘米的松木成熟林 6 公顷，蓄积量 900 立方米，地利系数为 0.9。1 年前松木原木材销售价格为 750 元/立方米。

参照案例 C：某个体户近期花费 100 000 元购买年龄、平均胸径、树高都与该小班相近的成熟林 3 公顷，蓄积量 500 立方米，地利系数为 1.03。

根据上述指标，评估过程及结论如下：

参照案例 A 可得：

$K_1=0.95\div1.05=0.905$

$K_{b1}=800\div700=1.143$

$G_1=200\ 000\div950=210.52$

$E_1=K_1\times K_{b1}\times G_1=0.905\times1.143\times210.52=217.77$

参照案例 B 可得：

$K_2=0.95\div0.9=1.056$

$K_{b2}=800\div750=1.067$

$G_2=160\ 000\div900=177.78$

$E_2=K_2\times K_{b2}\times G_2=1.056\times1.067\times177.78=200.31$

参照案例 C 可得：

$K_3=0.95\div1.03=0.922$

$K_{b3}=800\div800=1$

$G_3=100\ 000\div500=200$

$E_3=K_3\times K_{b3}\times G_3=0.922\times1\times200=184.4$

用算术平均法得出单位蓄积林木评估值：

$E=(217.77+200.31+184.4)\div3=200.83$（元/立方米）

总评估值$=200.83\times1\ 200=240\ 996$（元）

（二）剩余价值法

剩余价值法又叫木材市场价倒算法，是将被评估林木资产皆伐后所得木材的市场销售总收入，扣除木材生产经营所消耗的成本和合理利润，剩余价值部分作为林木资产评估值。其计算公式为：

$$E_n = W - C - F$$

式中，E_n 为林木资产评估值，W 为销售总收入，C 为木材经营成本，F 为木材生产经营利润。

剩余价值法主要适用于成熟林、过熟林的林木资源资产评估，但在一般的收益现值法、林地期望现值法中，其林分主伐的预期收获的计算均是采用该法进行，它是森林资源资产评估中最基本的方法。

【做中学 10－2】 宝泉岭国有林场拟转让近期收购的 50 公顷乔木林，该林分经营类型为一般用材林，林龄为 28 年，已过主伐期，处于成熟林组，林分平均胸径为 16 厘米，平均树高为 15 米，平均蓄积为 160 立方米/公顷，请评估该小班价值。根据调查，相关技术经济指标为：

1. 木材价格

以委托评估资产附近林产品交易市场木材销售价为基础，结合待评估林木资产的实际平均胸径，综合确定木材的平均售价。

经调查分析，乔原木售价 800 元/立方米，乔综合材售价 650 元/立方米。

2. 木材经营成本

主要包含伐区设计费、检尺费、采造集装费、运费、销售管理费等，以出材量为计算基数，合计为 170 元/立方米。

3. 木材销售税费

主要包含增值税、城建税、维简费、不可预见费等，合计按销售收入的 18%征收。

4. 经营利润率

按木材经营成本的 16%计算。

5. 出材率

按委估资产地方标准，胸径 16 厘米的乔木出材率为 70%(其中原木 25%、综合材 45%)。

根据上述指标，评估过程及结论如下：

(1)主伐收入：

$W = 50 \times 160 \times 25\% \times 800 + 50 \times 160 \times 45\% \times 650 = 3\ 940\ 000$(元)

(2)主伐成本＝经营成本＋销售税费。

$C = (50 \times 160 \times 25\% + 50 \times 160 \times 45\%) \times 170 + 3\ 940\ 000 \times 18\% = 1\ 661\ 200$(元)

(3)木材经营利润：

$F = 1\ 661\ 200 \times 16\% = 265\ 792$(元)

该林分评估值＝3 940 000－1 661 200－265 792＝2 013 008(元)

(三)收获现值法

收获现值法是通过预测林分生长到主伐时可生产的木材的数量，利用木材市场价倒算法测算出其立木的价值并将其折成现值，然后再扣除评估基准日后到主伐前预计要进行各项经营措施成本(含地租)的折现值，将其剩余部分作为被评估林木资产的评估值。在森林资源资产评估中，收获现值法理论上可以用于任何年龄阶段的林木资产评估，但实际应用中一般用于中龄林和近熟林的林木资产评估。其计算公式为：

$$B_u = K \times \frac{A_u + D_a(1+P)^{u-a} + D_b(1+P)^{u-b} + \cdots}{(1+P)^{u-n+1}} - \sum_{i=n}^{u-1} \frac{C_i}{(1+P)^{i-n+1}}$$

式中，B_u 为林木资产评估值，K 为林分质量调整系数，A_u 为标准林分 u 年主伐时的净收益，D_a、D_b 为标准林分第 a、b 年的间伐和其他纯收益，C_i 为评估后至主伐期间的年营林生产成本，u 为经营周期，n 为林分年龄，P 为投资收益率。

【做中学 10－3】　宝泉岭国有林场拟转让一块面积为 100 亩的乔木中龄林，年龄 13 年，亩蓄积为 10 立方米，经营目标为中径材(其主伐年龄为 25 年)。标准参照林分主伐时平均亩蓄积为 18 立方米，林龄为 13 年的指标参照林分的平均亩蓄积为 9 立方米，假设该林分不需要间伐，有关技术经济指标如下：

(1)营林成本：每年管护费用 5 元/亩，地租 48 元/亩。

(2)乔木林主伐时林木单位蓄积纯收入为 400 元/立方米。

(3)投资收益率：8%。

请计算该林分的林木资产评估值。

根据上述指标，评估过程及结论如下：

预测主伐时亩蓄积量＝K×林分主伐标准蓄积＝10/9×18＝20(立方米)

由于该林木经营不存在间伐，且基准日至主伐时各年营林成本相同，故原收获现值法公式可简化为：

$$B_u=K\times\frac{A_u}{(1+P)^{u-n+1}}-C_i\times\frac{(1+P)^{u-n}-1}{P(1+P)^{u-n}}$$

林木评估值 $B_u=100\times20\times400/[(1+8\%)^{25-13+1}]-100\times(5+48)$
$\times[1-(1+8\%)^{-(25-13)}]/8\%$
$=254\ 217.01$(元)

(四)重置成本法

重置成本法是按现实的工价及生产水平，重新营造一块与被评估林木资产相类似的资产所需的成本费用，作为被评估林木资产的评估值的方法。在林木资源资产管理中，对于幼龄林未来的收获预测困难，收益法将难以采用，市场上很难找到交易案例。而作为营造不久的幼龄林，其各项营林成本较清晰，测算重置成本较为容易，因此重置成本法最适用于幼龄林林木资产的评估。

根据用材林的经营特点，重置成本法的计算公式为：

$$E_n=K\times\sum_{i=1}^{n}C_i(1+P)^{n-i+1}$$

式中，E_n 为林木资产评估值，K 为林分质量综合调整系数，C_i 为第 i 年以现时工价及生产水平为标准计算的生产成本，n 为林分年龄，P 为投资收益率。

鉴于我国对森林资产培育的营林标准要求，在实际操作中，林分生长状态的质量调整系数：在幼龄林中一般用株数调整系数和平均树高调整系数综合确定，在中龄以上的林分用平均胸径调整系数和蓄积调整系数综合确定。

1. 株数调整系数 K_1

依据株数保存率 r 与造林指标合格率 R 之间的比较确定：

株数保存率 r＝林地实有保存株数/造林设计株数

在幼龄林的评估中：$r\geqslant R$，$K_1=1$；$r<R$，$K_1=r/R$。

根据生产的实际情况，在未成林造林地中，如果株数保存率 r 少于 40%，一般认为造林失败，必须重造，而且重造的成本并不比初次造林成本低，因此，在未成林造林地中，当 $r\leqslant40\%$

时，如有需要，则 $K_1=0$。

2. 树高调整系数 K_2

$$K_2=\frac{\text{拟评估林分平均树高}}{\text{参照林分平均树高}}$$

确定树高调整系数的关键在于寻找合适的参照林分的平均树高。通常做法是，选择适合评估地区的各树种幼龄树平均生长过程表，拟合树高平均生长方程，测算评估年度的平均树高作为参照林分的指标平均树高。

【做中学 10－4】 某小班面积为 100 公顷，林分树龄为 3 年，树高调整系数为 0.9，株数保存率 r 为 91%，要求用重置成本法评估其价值。

前三年相同林分投入调查结果显示：该地区评估基准日第 1 年造林投资为 4 200 元/公顷，第 2 年、第 3 年投资均为 1 500 元/公顷，年投资收益率为 8%。每年的林地租金为 600 元/公顷，从第 1 年起每年管护费为 150 元/公顷。当地造林成活率要求为 85%。

评估过程及结论：

已知 $n=3$，$C_1=4\ 200+600+150$，$C_2=1\ 500+600+150$，$C_3=1\ 500+600+150$，该小班林木成活率为 91%>85%，故 $K_1=1$，$K_2=0.9$。

$$\begin{aligned}\text{该林分评估值}&=100\times1\times0.9\times(4\ 950\times1.08^3+2\ 250\times1.08^2+2\ 250\times1.08)\\&=1\ 016\ 098(\text{元})\end{aligned}$$

(五)假设开发法

假设开发法又称模拟开发法，该方法是森林景观资产评估中最常用的方法。假设开发法是假设景区在科学、合理、有效的开发建设条件下，预测未来开发建设的投资、经营成本、经营收益，并将其净收益的折现值之和作为森林景观资产评估值的一种方法。假设开发法的测算分为两个阶段：一是开发与发展阶段；二是稳定经营阶段。在开发与发展阶段，逐年计算其投资成本、经营成本及投资利润，并将其折为现值；在稳定经营阶段，利用年金资本化法公式将其超额利润折为现值。最后将两个阶段的折现值之和作为该景区森林景观资产的评估值。其计算公式为：

$$E=\sum_{i=1}^{n}\frac{A_i-C_i-F_i}{(1+P)^i}+\frac{AI}{P(1+P)^n}$$

式中，E 为评估值；A_i 为第 i 年的预期经营收入；C_i 为第 i 年的投资与经营成本；F_i 为投资利润；AI 为景区开发建设成熟后，收益稳定阶段年净收益；n 为景区开发建设和收益不稳定期；P 为投资收益率。

任务二　珠宝首饰资产评估

一、珠宝首饰的概念与评估规定

(一)珠宝首饰的概念

珠宝首饰是指珠宝玉石和贵金属的原料、半成品，以及用珠宝玉石和贵金属的原料、半成品制成的佩戴饰品、工艺装饰品和艺术收藏品。

珠宝玉石按其成因类型，分为天然珠宝玉石和人工宝石。天然珠宝玉石包括：(1)天然宝石，如钻石、红宝石、蓝宝石、祖母绿等；(2)天然玉石，如翡翠、软玉、岫玉等；(3)有机宝石，如珍珠(养殖珍珠)、珊瑚、琥珀等。人工宝石是完全或部分由人工生产或制造用作首饰及装饰品的材料,包括合成宝石、人造宝石、拼合宝石和再造宝石。

首饰按照佩戴方式不同,可分为:(1)头饰,主要是用在头发四周及耳、鼻等部位的装饰,如发簪、耳环等;(2)胸饰,主要是用在颈、胸、背、肩等处的装饰,如项链等;(3)佩戴饰,主要是用在服装上或随身携带的装饰,如胸针等;(4)手饰,主要是用在手指、手腕、手臂上的装饰,如戒指、手链等;(5)脚饰,主要是用在脚踝、大腿、小腿上的装饰,如脚链等。

珠宝首饰的价值主要取决于其品质特征,但也受人们的喜好和市场供给的影响,其价值包含有形价值及其所依附的无形价值。另外,珠宝首饰价值的高低离不开制作者的工艺水平,离不开它的天然性和稀缺性。

(二)珠宝首饰的评估规定

我国《资产评估准则——珠宝首饰》对珠宝首饰评估的定义为:“注册资产评估师(珠宝)依据相关法律、法规和资产评估准则,在对珠宝首饰进行鉴定分级分析的基础上,对珠宝首饰的价值进行分析、估算并发表专业意见的行为和过程。”根据准则,从事珠宝首饰评估业务的资产评估机构,应当具有财政部门颁发并在业务范围中标明“珠宝首饰艺术品评估”的资产评估资格证书;签署珠宝首饰评估报告的人员,应当具有中国注册资产评估师(珠宝)证书。资产评估师(珠宝)执行珠宝首饰评估业务,应当对珠宝首饰进行实物确认,明确珠宝首饰的存在状态;应当关注评估对象的权属,要求委托方或者相关当事方对珠宝首饰的权属做出承诺;应当对珠宝首饰的权属相关资料进行必要查验;应当对珠宝首饰进行鉴定和品质分级。准则同时规定,资产评估师(珠宝)执行珠宝首饰评估业务,应根据评估对象、价值类型、资料收集情况等相关条件,分析市场法、成本法和收益法三种资产评估基本方法的适用性,并恰当选择评估方法;应在履行必要的评估程序后,根据《资产评估准则——评估报告》编制评估报告,在评估报告中充分披露必要信息,使评估报告使用者能够合理理解评估结论。

二、珠宝首饰的加工程序

(一)切割

切割主要是根据宝石种类和形态的不同,将大块材料分割成特定的尺寸和形状,可能会用到下料机。

(二)预型

预型是把毛料修整成为初步的造型,可能会用到修整机。

(三)磨削

磨削主要是为了磨削出宝石的精准造型。根据磨削方式和磨具不同,磨削设备可以分为轮磨机、盘磨机、辊磨机等。

(四)抛光

抛光用于将宝石抛光。有些情况下,可以通过更换磨削设备的磨具、磨料来抛光,但大多使用专门的抛光机。

(五)钻孔

某些首饰(如挂件、珠子等)需要打孔,这就需要用到打孔机。

(六)起版

利用手工方法制造出首饰母版,并在其适当位置焊上能保证浇铸时引导金属液体顺利灌入的水口棒,作为浇铸用样板。

（七）压模

用橡胶片把首饰样板夹在其中，将橡胶片塞入一个预选的铝框中，并使被压制的样板填满橡胶片，利用热压机在橡胶中压制后，用手术刀按一定技术规则将胶片割开，取出首饰样板就制成了所谓的胶模。

（八）倒模

先将蜡树固定在铸笼内，放在真空机上抽真空，取出后灌入铸笼，再经过蒸蜡，放入烘箱内进行石膏的烘焙，逐步升温即可完成，制成石膏模。金属料及补口在熔金炉中加热，当合金完全熔化并搅匀后，把金水浇铸到真空机或离心铸造机的石膏中，冷却后就制成了首饰毛坯。

（九）执模

执模即对首饰毛坯进行修正修复，使其达到造型优美、表面平整的工艺。

（十）镶嵌、执边

镶嵌就是用钳子、锤子等工具，按款式的要求把配好的石料镶嵌到已炸色过的空托上。镶嵌的时候要按照石料的形状、大小进行定位，以合适的镶法把石料镶嵌得平、齐、稳。执边就是要使镶石后的工件表面恢复到光滑、柔顺的状态。

三、珠宝首饰的评估原则

珠宝首饰评估是与房地产评估、机器设备评估、企业价值评估、动产评估和无形资产评估并列的国际资产评估六大系列行业之一。与国外相比，我国珠宝首饰评估行业的发展还不够成熟。因此，为了保证评估的科学性和客观性，遵循一定的评估原则是十分必要的。

（一）公正性原则

珠宝首饰的评估是一项严肃的工作，有时候一些评估的结果可能还带有法律效力，会对当事人生命财产安全产生极大的影响，如为一些案件及财产纠纷中的珠宝首饰的价值所作的评估。因此，作为第三方的评估专业人员必须不受任何外来因素的影响，公正、独立地依据客观的情况进行科学判断，只有在公正的前提下，评估专业人员才有可能真实而科学地作出判断。

（二）客观性原则

所谓客观，就是实事求是，对珠宝首饰真假、质量、新旧程度等能否作出符合实际的判断，是影响珠宝首饰价值评估的重要方面。要对各种不同种类的珠宝首饰有全面的认识并不是一件容易的事情，评估专业人员除了要掌握较全面的珠宝首饰鉴定技术外，还必须对珠宝首饰的质量分级有丰富的实践经验，对不同市场条件下珠宝首饰的价值观念有足够的认识，对最新的市场资料有充分的了解。

（三）科学性原则

所谓科学的评估，是指在公正、客观的前提下，对所存在的现实条件作出明智的判断，依据评估目的和现实市场可获得资料的情况，选择正确的评估方法，依据科学的标准，对珠宝首饰进行评价的过程。科学性原则要求我们不能随意按照自己的喜好去选择标准，去对待各种市场资料，而只能是根据评估目的及珠宝首饰的情况，将现实性与可能性科学地统一起来作出判断。当遇到自己没有把握的情况时，则应该虚心请教有关方面的专家。科学性原则要求珠宝首饰评估专业人员除了掌握必要的珠宝首饰知识外，还必须具有多学科（如经济学、社会学、商品学等）的知识，在不同的情况下作出正确的判断。要做到科学评估，正确的工作方法、充分的市场调查和深入细致的分析研究是必不可少的。

四、珠宝首饰评估的程序

珠宝首饰评估专业人员执行评估业务，应当履行适当的评估程序，不得随意删减。珠宝首饰评估程序主要包括：

（一）明确珠宝首饰评估的基本事项

珠宝首饰评估专业人员在承接珠宝首饰评估业务前，应当与委托方进行沟通，明确下列事项：委托方基本状况；评估对象的基本状况；评估目的；与评估目的相适应的价值类型及其定义；评估基准日；有关限定条件。

（二）选择珠宝首饰评估的技术方法

签订了珠宝首饰评估业务委托合同后，珠宝首饰评估专业人员应根据待估珠宝首饰的价值类型、用途及评估目的，选择适宜的珠宝首饰评估技术方法。选择珠宝首饰评估技术方法，其目的是在收集资料时能做到有的放矢，避免重复劳动。因为不同的评估技术方法所需的资料不同，所以选择珠宝首饰评估技术方法和收集资料是互相补充的，在实际工作中，它们往往也是交叉进行的。

（三）收集珠宝首饰评估的相关资料

珠宝首饰评估专业人员执行珠宝首饰评估业务，应当收集、分析与评估对象相关的信息资料，具体包括：评估对象法律权属资料；评估对象目前和历史状况，如果来源或历史能够增加评估对象的价值，需收集相应的证明资料；评估对象以往的评估及交易情况，相同或类似珠宝首饰的评估及交易情况；可能影响珠宝首饰价值的宏观经济状况及前景；可能影响评估对象价值的特征，如类型、款式、规格、物理状况、组成材料、品质级别、设计制作者、制作工艺、产地、出处、制作年代、风格、替代性、恢复性、稀有性、流行性、实用性、流通性等；其他相关信息资料。

（四）查看分析珠宝首饰质量，评定估算，形成珠宝首饰评估报告

珠宝首饰评估专业人员在执行珠宝首饰评估业务时，应当根据珠宝首饰的特性，确定珠宝首饰价值的构成特征和独特之处；应当恰当描述评估对象，对评估对象的描述包括写实性描述和解释性描述，分别描述珠宝首饰的客观辨别特征和价值贡献特征，并根据评估对象的特点，突出描述重点；应当采用国家颁布的鉴定和品质分级标准，如果没有国家分级标准，可以采用国内外珠宝业常用的分级标准，并在评估报告中明确说明。另外，珠宝首饰评估专业人员在评估具有无形资产的珠宝首饰时，应当予以充分说明。

五、珠宝首饰评估技术方法

资产评估师（珠宝）执行珠宝首饰评估业务，应当根据评估对象、评估目的、价值类型、资料收集情况等相关条件，分析收益法、成本法和市场法三种资产评估基本方法的适用性，并恰当选择评估方法。

（一）收益法

从理论上说，这种方法非常适用于珠宝首饰价值的评估，但其实际应用则依赖于珠宝首饰租赁业务的开展，因为珠宝首饰是一种稀有的资源产品，其价值在未来应该是不断增加的，也就是说，珠宝首饰具有较长甚至近于无限期的资产使用期（如钻石，如果保存好的话）。并且，在使用期内，珠宝资产可能不断增值，带来利润或利益。所谓收益现值，是指我们要评估出这样一个货币量，拥有被评估的珠宝首饰，能与这个货币量被存入银行或购买政府债券一样，可获得相同的收益或财富。

因此，珠宝首饰资产每年的收益可以这样计算：假设我们把被评估的珠宝首饰租出去，每年能获得租金收入，如一件价值为 10 万元的钻石首饰，租出去每年可获 1 万元的租金收入。珠宝首饰的价值计算公式如下：

$$V=v\div r$$

式中，V 表示珠宝首饰的价值，v 表示每年的收益，r 表示资产的折现率。

事实上，这一公式是以下列假设为前提的，即资金每年的收益值相同，资产可无限期使用，资产的折现率相同。在实际情况下，在有限的年限内使用的资产，其现值的计算公式为：

$$\begin{aligned}V&=\frac{V_1}{1+r_1}+\frac{V_2}{(1+r_1)(1+r_2)}+\cdots+\frac{V_n}{(1+r_1)(1+r_2)\cdots(1+r_n)}\\&=\sum_{t=1}^{n}\frac{V_t}{(1+r_1)(1+r_2)\cdots(1+r_n)}\end{aligned}$$

式中，V_t 为在第 t 年资产的收益值。按数学的等比级数计算，则 $V=v/r$。在不存在人为的损坏或者人们的价值观念不发生较大改变的情况下，可以认为此简化形式的收益法公式是适用的。根据宏观经济学原理，从长期来看，只有当收益率和利率相等时，市场的供求关系才会趋于平衡，即 $r=i$（银行利率）。在实际计算中，有学者认为用实际利率代替银行利率将能使结果更符合实际。所谓实际利率，是指扣除物价因素及所得税因素影响后的银行利率。

实际利率＝(1 年期定期存款利率÷物价指数)×(1－所得税税率)

因此，如果能较准确地估计珠宝首饰的预期收益值，利用收益法就可以评估出珠宝首饰在评估基准日的价值。

【做中学 10－5】 一件珠宝首饰租出去每年能获得 1 万元的收入，而银行 1 年定期存款利率为 10%，所得税税率为 25%，物价指数为 80%。用收益法评估该珠宝首饰的价值。

该珠宝首饰的评估价值＝10 000÷[(0.10÷0.8)×(1－0.25)]

＝106 666.67(元)

目前在我国珠宝首饰评估中极少使用收益法，主要是因为这一方法的原理较难理解，需要有较全面的财务及经济知识，特别是在实际应用时，利率与折现率的确定较难把握。另外，目前珠宝首饰的实际租赁业务很少也是造成收益法得不到广泛应用的因素之一。

(二)**成本法**

珍贵宝石以及一些具有独特社会价值和特殊文化内涵的珠宝，因为既不可能再生，也无法在真正意义上复制重做，它们不但不会随时间的推移而贬值，反而会随着岁月流逝而不断增值，对于这样的情形无法使用成本法评估。但是，对于一般的商业性珠宝，例如一些已佩戴过的、一般质量和大小的钻石、黄金首饰等，仍然可以根据成本法进行评估，此时成本法体现出科学性、具体可操作性和易为人所接受的特点。

利用成本法对珠宝首饰进行评估，实际上是从生产的角度去确定珠宝首饰的生产成本，用待估珠宝首饰在评估基准日的生产成本减去该件珠宝首饰佩戴所产生的折旧，所获得的数据即为珠宝的重置成本价值。对珠宝首饰而言，功能性贬值可以忽略，折旧主要考虑有形的损耗。例如，宝石可能会在佩戴过程中受损而使其质量品级下降，价值减少；镶嵌金属因佩戴而磨损，重量减轻，从而导致价值下降。社会性的折旧主要是指由于款式过时或所镶嵌金属的种类不再流行等因素而产生的贬值。

利用成本法对珠宝首饰进行评估，应先通过三个步骤确定珠宝首饰的重置成本：第一，将首饰分成不同的部分进行成本核算，通常可分成宝石和贵金属两部分；第二，根据现时一般的生产力水平，确定珠宝首饰制造过程中的加工费及损耗；第三，根据现在的利率水平及税收情况等，确定珠宝首饰在加工过程中应有的支出费用。然后，根据珠宝首饰的佩戴情况确定其新旧程度及款式，结合镶嵌金属的折旧情况确定首饰的折旧额。

【做中学 10－6】 一枚蓝宝石戒指，蓝宝石是斯里兰卡浅色蓝宝石，重 1.2 克拉，18K（含 75%黄金）黄金托重 8 克。已知黄金价格为每克（足金）300 元，试利用成本法估算该件首饰的价值。

评估过程如下：

（1）将首饰分成宝石和黄金两个部分，分别计算两个部分的重置成本价值。根据了解，评估基准日 1.2 克拉左右斯里兰卡浅色蓝宝石的批发价为 500 元/克拉，则该件宝石全新时的成本为 600 元（500×1.2），而黄金的重置成本为 1 800 元（8×300×0.75）。

（2）根据一般生产力水平，珠宝首饰镶嵌厂镶嵌戒指的手工费为 50 元/件，而黄金损耗为 10%，则生产过程的重置成本为 230 元（50＋1 800×0.1）。

（3）根据评估时利息率为 10%，从生产到出厂大约要 1 个月，而黄金税收及宣传等费用平均为 30 元/件，则该过程的重置成本为 52 元［（600＋1 800＋230）×（10%÷12）＋30］。

三项相加，重置成本为：

600＋1 800＋230＋52＝2 682（元）

（4）戒指总体成新率为 80%，因此根据重置成本法评估折现价（含税价）为：

2 682×0.80＝2 146（元）

由上例可以发现，利用成本法对珠宝首饰进行评估的关键是，要对珠宝首饰不同组成部分的市场成本价格和珠宝首饰的制造过程有足够的了解。因为不同的公司买卖宝石、黄金的价格可能有一定的差异，在市场成本价格的选择上，应该尽可能选择正常经营状态下及具有代表性的公司的价格作为参考，而不应只选择个别公司的价格作为参考。

利用成本法对珠宝首饰进行评估，最主要的误差来自三个方面：一是珠宝首饰的价值有时与成本价格之间很难严格对应，不同厂商生产的珠宝首饰虽然成本价格一样，但其市场价格可能相差很大，用成本法评估的价值有时不能全面反映该件珠宝首饰的市场价格；二是由于宝石不可能完全重复，因而以评估基准日相近宝石的批发价作为参考也可能引起较大的误差；三是新旧程度的估计带有一定的主观性。

（三）市场法

市场法的应用依据是自由市场交易条件下的等效同价现象。所谓等效同价，是指在自由交易的条件下，任何经济主体在市场中的交易行为都是以最小代价获得最大利润为目的，选择的结果会使市场上的资产趋向于价格与效用一致，因此通过比较相同或类似物品的市场价格，就可以确定被评估物品的价值。使用市场法对珠宝首饰进行评估的主要步骤是：

1. 选准与待评估珠宝首饰相同或较为类似的参照物

事实上，这常常是市场法最困难的地方，要找到质量及款式完全相同的珠宝首饰并不是一件容易的事。当两件珠宝首饰质量、大小及款式等方面有差异时，就有必要进行权衡和校正。

2. 要根据评估的目的来选择参照市场体系

是选择零售市场的珠宝首饰作为参照还是选择批发市场的珠宝首饰作为参照，所获得的结果是截然不同的。

3. 所选的参照物最好位于同一区域市场内

因为不同区域市场(如美国市场与中国市场、广州市场与西藏市场)的珠宝首饰价值不具有可比性,所以应该选择经济发展水平相近、居民购买力相近的市场作为参考。

4. 选择相同交易时间成交的珠宝首饰作为参照物

事实上,由于受经济周期的影响,在不同时期,珠宝首饰的市场价格可能有很大的差别。因此,如果我们将不同时期珠宝首饰市场价格相互对照来参考,评估结果可能就缺乏科学性。

除此之外,在确定参照珠宝首饰的价格后,要准确确定被评估珠宝的价值,还必须进行更细致的校正。其中,交易环境的修正最为重要。就我国目前的市场划分而言,高级宾馆、大百货商店珠宝首饰部及专业珠宝首饰公司的珠宝首饰价格会有明显差异,我们认为以大百货公司的珠宝首饰价格作为零售参考是相对合理的。当参照物在其他环境中时,对参照物的价格进行修正是必要的。

(1)交易税收方面的修正。由于目前我国私人交易方式极为普遍,这种方式往往没有包含税收部分,因而以这种交易方式成交的珠宝首饰作为参照物时,应修正税收因素的影响。

(2)交易货币种类的修正。如果是以不同货币计价的珠宝首饰,就必须根据汇率进行必要的校正,特别是当交易时间与参照物的成交时间有差异时,更应考虑这一因素。例如,美元对日元汇率曾经从 1∶360 剧烈变化为 1∶84,日元大幅度升值,这样的变动对在这两个市场购买的珠宝首饰的价值将会有明显的影响。

(3)交易数量的修正。事实上,只卖一件珠宝首饰与一次卖几件珠宝首饰的成交价格可能会有明显的变化,前者为零售价,后者则可能接近批发价;经常光顾的熟客与偶然光顾的顾客在价格折让上也可能不同,这些因素都应考虑在内。

总的来说,运用市场法进行评估时应该考虑上述因素的影响,在公平交易、质量一致的前提下,尽量选择具有相同或相近交易时间、交易环境、交易数量、交易方式的珠宝首饰作为参照物,运用算术平均法或加权算术平均法来确定评价珠宝的价值。

上面介绍的资产评估方法虽然都可以在珠宝首饰评估时使用,但实际上它们各有不同的运用范围,其评估结果也有明显的差别。因此,为了使资产评估的结果能实事求是地反映珠宝首饰价值,选用时应区分不同的情况。一般而言,收益法的理论性强,其评估的价值既包含有形价值部分,也包含无形价值部分,比较适用于贵重珠宝首饰价值评估及以商业为目的、收藏为目的、馈赠为目的的珠宝首饰价值评估。成本法运用简便,其真实性也较容易理解,比较适用于旧的珠宝首饰价值评估及以确定珠宝企业资产规模和资产补偿为目的的珠宝首饰价值评估。市场法是目前珠宝行业使用较广的方法,优点是直观简便,缺点是人为因素多,其结果准确性主要依赖于市场数据的可靠性,比较适用于一般商业类珠宝首饰零售价值评估及以馈赠和纳税为目的的珠宝首饰价值评估。

任务三　金融不良资产评估

一、金融不良资产的概念

金融不良资产是指银行持有的次级、可疑及损失类贷款,金融资产管理公司收购或接管的金融不良债权,以及其他非银行金融机构持有的不良债权。金融不良资产评估业务包括资产评估师执行的以金融不良资产处置为目的的价值评估业务(以下简称价值评估业务)和以金融不良资产处置为目的的价值分析业务(以下简称价值分析业务)。

价值评估业务是指资产评估师根据委托方的要求,对金融不良资产在评估基准日的价值进行分析、估算并形成专业意见的行为或过程。价值分析业务是指资产评估师根据委托方的要求,对无法实施必要评估程序的金融不良资产在评估基准日的价值或价值可实现程度进行分析、估算并形成专业意见的行为或过程。

二、金融不良资产的评估对象

在金融不良资产评估业务中,根据项目具体情况和委托方的要求,评估对象可能是债权资产,也可能是用以实现债权清偿权利的实物类资产、股权类资产和其他资产。从事金融不良资产评估业务,应当关注评估对象的具体形态,充分考虑评估对象特点对评估业务的影响。金融不良资产评估业务的评估对象包括价值评估业务的评估对象和价值分析业务的价值分析对象。

价值评估业务的评估对象通常是用以实现债权清偿权利的实物类资产、股权类资产和其他资产,也包括资产评估师能够实施必要评估程序的债权资产。价值分析业务的价值分析对象通常是债权资产,也包括因受到限制、资产评估师无法实施必要评估程序的用以实现债权清偿权利的实物类资产、股权类资产和其他资产。

提示:由于金融不良资产的形成原因复杂,在进行金融不良资产处置评估业务时,正常的评估程序往往受到限制,所以评估方法的选取需综合考虑评估目的、资产处置方式、可获得的评估资料以及被评估资产的具体特点等因素,由模拟回收过程确定。

(一)债权类不良资产的评估

债权类不良资产主要是指不良贷款和不良债权。债权类不良资产在金融资产管理公司所管理的资产中占有较大比例,这类资产个性差异大、可比性不强,其内在风险性大和时效性强的特点使得评估难度系数大,对评估结果的客观性和及时性相对要求较高。由于债权资产本身的复杂性以及债务人没有足够偿还能力,在测算金融不良债权资产价值时会面临很多不确定性,无论是从直接途径还是间接途径测算债权回收价值,其途径和思路或多或少存在一些不够完善之处。因此,债权类资产主要适用于价值分析业务,即其价值分析对象通常是债权资产。

(二)物权类不良资产的评估

物权类资产主要包括收购的以物抵贷资产、资产处置中收回的以物抵债资产、受托管理的实物资产及其所产生的权益,以及其他能实现债权清偿权利的实物资产。物权类金融不良资产则包括抵债取得的房地产、机器设备等。该类资产通常存在产权瑕疵、功能或实体瑕疵,资产处置多采用拍卖方式,因此,评估师对该类资产进行评估时需着重考虑其市场状况,一般采用市场法进行评估,并充分考虑其产权瑕疵、功能或实体瑕疵对价值的影响。

(三)股权类不良资产的评估

股权类资产主要包括商业性债转股、抵债股权、质押股权等。股权类不良资产主要有抵债取得和债转股取得两个来源。所持有股权的被投资单位通常有两种,即持续经营企业和非持续经营企业。对持续经营企业的不良资产进行评估时,可采用市场法、收益法、成本法,与正常传统的评估无异。但是,对非持续经营企业的不良资产进行评估时,因其收益状况不佳、现金流极少甚至为负现金流,以及市场交易活跃程度极低,导致收益法、市场法的应用均受到极大限制,资产管理公司通常对该类股权处置采用滞后择机处置,以最大限度地实现回收价值。对于特定时点的评估，则需考虑处置时机、处置方式来确定评估方案和评估方法。

（四）其他不良资产的评估

其他不良资产主要包括土地使用权、商标权等无形资产以及收益凭证等流动性不佳的其他相关资产。

此外，我国金融不良资产评估实践已经突破了原有的不良资产处置领域，扩展至服务金融机构经营管理、风险防范等领域，主要集中在以下几个方面：

第一，金融不良资产处置评估。目前，除我国四大资产管理公司处置金融不良资产外，为保全资产，银行、中央汇金公司、中国建投公司以及地方金融企业也通过处置不良资产降低经营风险。不良资产处置要经过评估，这是资产评估作为国有资产监管手段的体现。

第二，金融机构经营管理中的价值判断和风险防范评估。面对庞大的不良资产，金融机构自主定价能力较弱，需要专业的评估机构提供贷款五级分类的判定、贷款质量分析、风险质量控制等服务，评估机构越来越多地担任金融企业经营中的顾问角色。资产评估行业以资产为基础的核实和调查，为评估师提供管理建议奠定了坚实的基础。此外，对上市银行的主要资产进行动态评估，有助于客观反映金融企业的经营状况和风险状况，能够为金融企业及时管理和化解金融风险提供参考。

第三，以财务报告为目的的评估。新会计准则实施后，资产管理公司持有的商业化债权作为金融资产以公允价值核算。为满足编制年度会计报告需要，企业通常委托评估机构完成该项工作。此外，在抵押贷款业务中，对不动产的公允价值进行动态、定期的评估也需要发挥资产评估的专业作用。

三、债权资产价值分析的评估技术方法

债权资产价值分析是对债权资产在评估基准日的价值或价值可实现程度进行分析、估算并形成专业意见的行为或过程，其分析方法主要基于两种途径：一种是以债务人和债务责任关联方为分析范围的途径，主要包括假设清算法、现金流偿债法和其他适用方法；另一种是以债权资产本身为分析范围的途径，主要包括交易案例比较法、专家打分法和其他适用方法。不同价值分析方法的分析思路和分析过程不同，形成的价值分析结论也就不同。

（一）以债务人和债务责任关联方为分析范围的途径

以债务人和债务责任关联方为分析范围的途径，实际上是从债权资产涉及的债务人和债务责任关联方偿还债务能力的角度进行分析的途径，主要适用于债务人或债务责任关联方主体资格存在、债务人或债务责任关联方配合并能够提供产权证明及近期财务状况等基本资料的情况。其操作思路主要是，通过对企业（含债务人、债务责任关联方）的资产质量进行分析评价，清查核实企业负债，判断企业的财务状况、经营能力和发展前景，从综合考察债务人和债务责任关联方偿还债务能力的角度来分析债权的可能受偿程度，并适当考虑其他影响因素，揭示和评价某一时点债权资产价值。

对债务人、债务责任关联方偿债能力的考察主要从以下方法中选择：假设清算法、现金流偿债法和其他适用方法。资产评估师应当根据企业的实际状况选用恰当方法，对债务人、债务责任关联方进行偿债能力分析，在此基础上确定债权可受偿金额或比例。

1. 假设清算法

假设清算法是指在假设对企业（债务人或债务责任关联方）进行清算偿债的情况下，基于企业的整体资产，从总资产中剔除不能用于偿债的无效资产，从总负债中剔除实际不必偿还的

无效负债，按照企业清算过程中的偿债顺序，考虑债权的优先受偿，以分析债权资产在某一时点从债务人或债务责任关联方所能获得的受偿程度的一种方法。

(1)假设清算法的适用范围

假设清算法主要适用于非持续经营条件下的企业以及仍在持续经营但不具有稳定净现金流或净现金流很小的企业。企业资产庞大或分布广泛的项目和不良债权与企业总资产的比率相对较小的项目，不宜采用假设清算法。

(2)价值分析程序

①对债权人的债权资料进行分析。

②剔除企业无效资产，确定有效资产。无效资产的剔除应当详细阐述依据并附相应证明材料。

③剔除债务人无效负债，确定有效负债。

④根据债务人的经营状态和分析目的采用适当的价值类型，对企业的有效资产进行评估，对负债进行确认。

⑤确定优先扣除项目，包括资产项优先扣除项目以及负债项优先扣除项目，优先扣除项目应当有确切的证明依据。

⑥确定一般债权受偿比例。

一般债权受偿比例＝(有效资产－资产项优先扣除项目)÷(有效负债－负债项优先扣除项目)

⑦确定不良债权的优先受偿金额。

⑧确定不良债权的一般债权受偿金额。

一般债权受偿金额＝(不良债权总额－优先受偿金额)×一般债权受偿比例

⑨分析不良债权的受偿金额及受偿比例。

不良债权受偿金额＝优先债权受偿金额＋一般债权受偿金额

受偿比例＝不良债权受偿金额÷不良债权总额

⑩分析或有收益、或有损失等其他因素对受偿比例的影响。

⑪确定不良债权从该企业可以获得的受偿比例。

⑫对特别事项进行说明。

(3)使用假设清算法应当注意的问题

①在假设清算法操作思路中，由于许多因素难以量化界定(主要表现为或有负债的不确定性、优先扣除项目金额的难以把握，以及资产变现的可能性等)，价值分析结论可以是区间值。

②使用假设清算法的关键是债务人能够提供其真实会计报表、界定准确的资产负债范围，资产评估师应当能够对企业提供的资产负债表履行相应的分析程序。

③对可能影响债权资产价值的信息应当在特别事项说明中充分披露。

④应当准确把握企业在持续经营和非持续经营情况下有效资产和有效负债的范围。

⑤确定优先债权受偿金额时，如果对应的资产价值小于优先债权，剩余的优先债权并入一般债权参与受偿；如果对应的资产价值大于优先债权，超过部分并入有效资产参与清偿。

⑥应当合理考虑土地使用权、职工安置费等重大因素对偿债能力的影响。

2. 现金流偿债法

现金流偿债法是指依据企业近几年的经营和财务状况，考虑行业、产品、市场、企业管理等因素的影响，对企业未来一定年限内可偿债现金流和经营成本进行合理预测分析，考察企业以未来经营及资产变现所产生的现金流清偿债务的一种方法。

(1)现金流偿债法的适用范围

①现金流偿债法主要适用于有持续经营能力并能产生稳定可偿债现金流量的企业。

②被评估企业经营规范、财务资料规范，资产评估师能够依据前3年财务报表对未来经营情况进行合理分析预测。

(2)现金流偿债法的程序

①收集企业财务资料和经营情况资料。

②分析企业历史资料，合理预测企业未来现金流量。

③结合资产处置方式和企业实际情况，合理确定企业未来现金流量中可用于偿债的比例(偿债系数)和预期偿债年限。

④确定折现率。折现率为基准利率(国债利率)与风险调整值之和。风险调整值应当考虑到不良贷款损失率、不良贷款企业使用资金的成本、预期企业利润率及企业生产面临的各类风险等因素。

⑤将企业预期偿债年限内全部可用于偿债的现金流量折现，测算偿债能力。

⑥对特别事项进行说明。

(3)使用现金流偿债法应当注意的问题

①企业未来现金流量应包括预期偿债年限内由经营带来的现金流量以及预期偿债期末由资产变现带来的现金流量。

②预期偿债年限、偿债系数、折现率的确定应有依据或合理解释。

③在预测中应当分析抵押物对企业现金流的影响。

④应当适当考虑企业非财务因素对偿债能力的影响，或在特别事项说明中予以披露。

(二)以债权资产本身为分析范围的途径

以债权资产本身为分析范围的途径，是指资产评估师基于债权人所掌握的材料，通过市场调查、比较类似交易案例以及专家估算等手段对债权资产价值进行综合分析的一种途径。这一途径主要适用于得不到债务人、债务责任关联方配合或债务人、债务责任关联方不具备相关资料的情况，主要包括交易案例比较法、专家打分法和其他适用方法。资产评估师应当根据债权资产的实际状况选用适当方法对债权资产进行分析，最终确定债权回收价值。

1. 交易案例比较法

首先通过定性分析，掌握债权资产的基本情况和相关信息，确定影响债权资产价值的各种因素，然后选取若干近期已经发生的与被分析债权资产类似的处置案例，对影响债权资产处置价格的各种因素进行量化分析，必要时可通过适当方法选取主要影响因素作为比较因素，与被分析债权资产进行比较并确定比较因素修正系数，对交易案例的处置价格进行修正，并综合修正结果得出被分析债权资产价值。当可获取的样本量足够大时，可以运用数理统计的方法(如回归分析、方差分析等)对样本进行分析，以此为基础测算债权资产的价值。

(1)交易案例比较法的适用范围

交易案例比较法主要适用于可以对债权资产进行因素定性分析以及有可供比较的债权资产交易案例的情形。

(2)交易案例比较法的程序

①对债权资产进行定性分析。定性分析主要借助如下资料进行：债权债务关系形成及其维权情况的全部档案资料；贷款历史形成、导致损失原因、企业经营状况、商业银行五级(或四级)分类资料；从当地政府相关部门(如工商、土地、房产等部门)或债务人主管部门获取的有关

债务人或债务责任关联方的信息;进行现场实地勘察或从债权处置人员处获取市场调查、询价资料等。通过分析这些资料,确定影响债权资产价值的各种因素。

②选择交易案例。选择3个以上(含3个)债权形态、债务人性质和行业交易条件相近的债权资产处置案例作为参照。

③对分析对象和参照物之间进行比较因素调整。比较因素包括但不限于:债权情况(包括贷款时间、本息结构、剥离形态等);债务人情况(包括行业、性质、规模、地域等);不良资产的市场状况;交易情况(处置方式、交易批量、交易时间、交易动机等)。交易案例样本比较多时,可以通过统计分析方法确定主要比较因素,剔除影响力较弱的因素。

④指标差异比较、量化。

⑤合理分析估测债权资产价值。

(3)使用交易案例比较法应当注意的问题

①资产评估师应当通过尽职调查获取必要的资料信息。

②能够获得类似或具有合理可比性的债权资产处置案例作为参照物,这些案例应当是近期发生的并且具备一定数量。

③债权资产如有抵押、担保等因素,应当单独分析。

2. 专家打分法

专家打分法是指通过匿名方式征询有关专家的意见,对专家意见进行统计、处理、分析和归纳,客观地综合多数专家经验与主观判断,对大量难以采用技术方法进行定量分析的因素做出合理估算,经过多轮意见征询、反馈和调整后,对债权价值和价值可实现程度进行分析的方法。

(1)专家打分法的适用范围

专家打分法适用于存在诸多不确定因素、采用其他方法难以进行定量分析的债权。

(2)专家打分法的程序

①选择专家。

②确定影响债权价值的因素,设计价值分析对象征询意见表。

③向专家提供债权背景资料,以匿名方式征询专家意见。

④对专家意见进行分析汇总,将统计结果反馈给专家。

⑤专家根据反馈结果修正自己的意见。

⑥经过多轮匿名征询和意见反馈,形成最终分析结论。

(3)使用专家打分法应当注意的问题

①选取的专家应当熟悉不良资产市场状况,有较高权威性和代表性,人数应适当。

②对影响债权价值的每项因素的权重及分值均应当向专家征询意见。

③多轮打分后统计方差如果不能趋于合理,应当慎重使用专家打分法得出的结论。

任务四　二手车资产评估

一、二手车的概念

迄今为止,国内尚未对二手车的评估建立起一套完整而科学的评测体系,这已成为阻碍二手车交易市场发展的“瓶颈”。在《二手车流通管理办法》中,明确地将“二手车”定义为:“从办理完注册登记手续到达到国家强制报废标准之前进行交易并转移所有权的汽车(包括三轮汽车、低速载货汽车，即原农用运输车，下同）、挂车和摩托车。”二手车交易是指二手车经营和直接交易活动；二手车经营是指二手车收购、销售、置换、拍卖、委托代理等经营活动；二手车经纪是指二手车经纪机构以收取佣金为目的，为促成他人交易二手车而从事居间、行纪或者代理等经营活动；二手车交易市场和二手车经纪公司均不得参与二手车经营活动。

二、二手车评估的方法

我国对二手车评估还没有统一的标准，二手车估价方法主要参照其他资产评估的方法，可以采用成本法、收益法、现行市价法、清算价格法和快速折旧法5种主要评估方法。以下主要介绍前3种方法。

（一）成本法

二手车评估使用的成本法，是指在现时条件下重新购置一辆全新状态的被评估二手车辆所需的全部成本（即完全重置成本，简称重置全价），减去该被评估车辆的各种陈旧贬值后的差额作为被评估车辆现时价格的一种评估方法。重置成本是购买一辆全新的与被评估车辆相同的车辆所支付的最低金额。重置成本有两种形式：复原重置成本和更新重置成本。复原重置成本指利用与被评估车辆相同的材料、制造标准、设计结构和技术条件等，以现时价格复原购置相同的全新车辆所需的全部成本。更新重置成本指利用新型材料、新技术标准、新设计等，以现时价格购置相同或相似功能的全新车辆所支付的全部成本。在进行重置成本计算时，应选用更新重置成本，如果不存在更新重置成本，则再考虑使用复原重置成本。

1. 影响车辆价值量变化的因素

影响车辆价值量变化的因素主要有实体性贬值、功能性贬值和经济性贬值三个因素。实体性贬值也叫有形损耗，是指机动车在存放和使用过程中，由于物理和化学原因而导致的车辆实体发生的价值损耗，即由于自然力的作用而发生的损耗；功能性贬值是由于科学技术的发展导致的车辆贬值，即无形损耗；经济性贬值是指由于外部经济环境变化所造成的车辆贬值，外部经济环境包括宏观经济政策、市场需求、通货膨胀和环境保护政策等。外界因素对车辆价值的影响不仅是客观存在的，而且对车辆价值的影响还相当大，所以在二手车的评估中不可忽视。

2. 成本法的估价模型

评估模型Ⅰ：

被评估车辆的评估值＝更新重置成本－实体性贬值－功能性贬值－经济性贬值

评估模型Ⅱ：

被评估车辆的评估值＝更新重置成本×成新率

评估模型Ⅲ：

被评估车辆的评估值＝更新重置成本×成新率×（1－折扣率）

在评估模型Ⅰ中，除了要准确了解二手车的更新重置成本和实体性贬值外，还必须计算其功能性贬值和经济性贬值，而这两个贬值因素要求估价人员对未来影响二手车的运营成本、收益乃至经济寿命有较为准确的估计，否则难以评估其市场价值。因此，模型Ⅰ让估价人员很难操作。评估模型Ⅲ是在评估模型Ⅱ的基础上再减去一定的折扣，从而估算出被评估二手车的价值。模型Ⅲ较模型Ⅰ而言，充分考虑了影响汽车价值的各种因素，可操作性强。

3. 重置成本的估算方法

（1）重置成本的构成。其计算公式如下：

更新重置成本＝直接成本＋间接成本

直接成本是指购置全新的同种车型时直接可以构成车辆成本的支出部分，它包括现行市场购置价格，加上运输费和办理落户手续时所缴纳的各种税费，如车辆购置税、车船税、落户上牌费、保险费等。间接成本是指购置车辆时所花费的不能直接计入购置成本的那部分成本，如购置车辆发生的管理费、专项贷款发生的利息、洗车费、美容费、停车管理费等。在实际的评估作业中，间接成本可忽略不计。

（2）重置成本的估算。第一种方法为直接询价法，即查询当地新车市场上被评估车辆处于全新状态下的现行市场售价。第二种方法为账面成本调整法，即对于那些无法从现行市场上寻找到重置成本的车型，如淘汰产品或是进口车辆，可根据汽车市场的物价变动指数调整得到二手车的重置成本。

重置成本＝账面原始成本×（车辆鉴定估价日的物价指数÷车辆购买日的物价指数）

或

重置成本＝账面原始成本×（1＋车辆购买日到鉴定估价日的物价变动指数）

4. 成新率的估算方法

成新率是指被评估车辆的新旧程度。二手车成新率是表示二手车的功能或使用价值占全新机动车的功能或使用价值的比例。它与有形损耗率一起反映了同一车辆的两个方面。成新率和有形损耗率的关系是：

成新率＝1－有形损耗率

确定成新率可以使用如下 6 种方法：

（1）使用年限法。车辆已使用年限是指从车辆登记日到评估基准日所经历的时间（进口车辆登记日为其出厂日）；车辆规定使用年限是指相关国家关于机动车强制报废标准中规定的使用年限。已使用年限计量的前提条件是车辆的正常使用条件和正常使用强度。在实际使用已使用年限指标时，应特别注意车辆的实际使用情况，而不是简单的日历天数。例如，对于某些以双班制运行的车辆，其实际使用时间为正常使用时间的两倍，因此该车辆的已使用年限应是车辆从开始使用到评估基准日所经历时间的两倍。

成新率＝（规定使用年限－已使用年限）÷规定使用年限×100％

（2）综合分析法。综合分析法是以使用年限法为基础，综合考虑车辆的实际技术状况、维护保养情况、原车制造质量、工作条件及工作性质等多种因素对二手车价值的影响，以系数调整成新率的一种方法。

成新率＝（规定使用年限－已使用年限）÷规定使用年限×综合调整系数×100％

使用综合分析法时要考虑的因素有：车辆的实际运行时间、实际技术状况；车辆使用强度、使用条件、使用和维护保养情况；车辆的原始制造质量；车辆的大修、重大事故经历；车辆外观质量等。综合分析法比较详细地考虑了影响二手车价值的各种因素，并用一个综合调整系数指标来调整车辆成新率，评估值准确度较高，因而适用于具有中等价值的二手车评估。这是二手车鉴定评估中最常用的方法之一。

（3）行驶里程法。车辆规定行驶里程是指按照国家强制报废标准规定的行驶里程。此方法与使用年限法相似，在按照行驶里程法计算成新率时，一定要结合二手车本身的车况，判断里程表的记录与实际二手车的物理损耗是否相符，防止由于人为变更里程表所造成的误差。由于里程表容易被人为变更，因此在实际应用中较少采用此方法。

（4）部件鉴定法。部件鉴定法也称技术鉴定法，是指在对二手车评估时，按其组成部分对整车的重要性和价值量的大小来加权评分，最后确定成新率的一种方法。其基本步骤为：①将车辆分成若干个主要部分，根据各部分制造成本占车辆制造成本的比重，按一定百分比确定权重。②以全新车辆各部分的功能为标准，若某部分功能与全新车辆对应部分的功能相同，则该部分的成新率为100%；若某部分的功能完全丧失，则该部分的成新率为0。③根据若干部分的技术状况给出各部分的成新率，分别与各部分的权重相乘，即得出各部分的权分成新率。④将各部分的权分成新率相加，即得到被评估车辆的成新率。在实际评估时，应根据车辆各部分价值量占整车价值的比重，调整各部分的权重。部件鉴定法费时费力，车辆各组成部分权重难以掌握，但评估值更接近客观实际，可信度高。它既考虑了车辆的有形损耗，也考虑了车辆由于维修或换件等追加投资使车辆价值发生的变化。这种方法一般用于价值较高的车辆的价格评估。

(5)整车观测法。整车观测法是通过评估专业人员的现场观察和技术检测，对被评估车辆的技术状况进行鉴定、分级，以确定成新率的一种方法。运用整车观测法应观察、检测或收集的技术指标主要包括：①车辆的现时技术状态。②车辆的使用时间及行驶里程。③车辆的主要故障经历及大修情况。④车辆的外观和完整性等。运用整车观测法估测车辆的成新率，要求评估专业人员必须具有一定的专业水平和丰富的评估经验，这是运用整车观测法准确判断车辆成新率的基本前提。整车观测法的判断结果没有部件鉴定法准确，一般用于中、低价值车辆成新率的初步估算，或作为利用综合分析法确定车辆成新率的参考依据。

总之，使用年限法、行驶里程法一般适用于价值量较低的车辆的评估；综合分析法一般适用于中等价值的车辆的评估；部件鉴定法适用于价值较高的机动车辆的评估；整车观测法则主要用于中、低价值的二手车辆的初步估算，或作为综合分析法鉴定估价要考虑的主要因素之一。

(6)综合成新率法。前面介绍的使用年限法、行驶里程法和部件鉴定法3种方法计算的成新率分别称为使用年限成新率、行驶里程成新率和现场查勘成新率。这3个成新率的计算只考虑了二手车的一个因素，因而就它们各自所反映的机动车的新旧程度而言，是不完全的，也是不完整的。为了全面反映二手车的新旧状态，我们在对二手车进行鉴定评估时可以采用综合成新率法，即将使用年限成新率、行驶里程成新率和现场查勘成新率分别赋予不同的权重，计算三者的加权平均成新率。这样，就可以尽量减小使用单一因素计算成新率给评估结果所带来的误差。

5. 折扣率的估算

上述成新率的估算方法往往只考虑了一种因素，如使用年限法计算的成新率仅仅考虑了使用年限因素对车辆的实体性贬值的影响，行驶里程法仅仅考虑了行驶里程因素所导致的损耗，部件鉴定法虽然考虑了各个部件的损耗情况，却没有充分考虑到年限以及行驶里程对车辆价值的影响。因此，为了避免单一因素成新率计算的不足，我们以一个折扣率来衡量其他因素对车辆价值影响的大小。折扣率的估算根据市场同种车型的供求关系、宏观经济政策和对车价变化的未来预期以及市场变现的难易程度等因素，由二手车估价师依据评估经验进行判定。

(二)收益法

1. 收益法的原理

收益法是将被评估的车辆在剩余寿命期内的预期收益折现为评估基准日的现值，以此来确定被评估车辆的价值。现值即车辆的评估值，它的确定依赖于未来预期收益。从原理上讲，收益法是基于这样的事实：人们之所以占有某车辆，主要是考虑这辆车能为自己带来一定的收益。如果某车辆的预期收益小，车辆的价格就不可能高；反之，车辆的价格肯定就高。投资者购买车辆时，一般先要进行可行性分析，只有其预计的内部回报率超过评估时的折现率，才肯购买车辆。应该注意的是，运用收益法进行评估是以车辆投入使用后连续获利为基础的，而在机动车的交易中，人们购买的目的往往不在于车辆本身，而在于车辆的获利能力。因此，该方法较适用于投资营运的车辆。

2. 收益法在评估二手车价值时的运用

运用收益法来评估车辆的价值反映了这样一层含义：收益法可以把车辆所有者期望的收益转换成现值，这一现值就是购买者未来能得到好处的价值体现。收益法中应确定的各评估参数如下：

(1)剩余使用寿命的确定。剩余使用寿命是指从评估基准日到车辆到达报废时的使用年限。如果剩余使用寿命估计过长，就会高估车辆的价格；反之，就会低估车辆的价格。因此，必须根据车辆的实际状况对剩余寿命作出正确的评定。在实际评估中，该参数的确定一般应参考国家强制报废标准。

(2)预期收益额的确定。在运用收益法时，收益额的确定是关键。收益额是指由评估对象在使用过程中产生的超出其自身价值的多余部分。对于预期收益额的确定应把握两点：第一，预期收益额指的是车辆使用带来的未来收益期望值，是通过预测分析获得的。无论是对于所有者还是购买者，判断某车辆是否有价值，首先应判断该车辆是否会带来收益。对于收益的判断，不仅仅是看现在的收益能力，更重要的是预测其未来的收益能力。第二，确定计量收益额的指标。

(3)折现率的确定。折现率是将未来预期收益折算成现值的比率。它是一种特定条件下的收益率，用以说明车辆取得该项收益的收益率水平。在计量折现率时必须考虑风险因素的影响，否则，就可能过高地估计车辆的价值。一般来说，折现率应包括无风险收益率和风险报酬率两方面的风险因素。在实际应用中，如果其他因素不好确定时，可以用利率代替折现率。

(4)收益法评估的程序：①调查营运车辆的经营行情及消费结构。②充分了解被评估车辆的使用情况和技术状况。③根据调查了解的结果，预测车辆的预期收益，确定折现率。④将预期收益折现处理，确定二手车评估值。

(5)收益法的优缺点。采用收益法的优点是：与投资决策相结合，容易被交易双方接受；能真实和较准确地反映车辆本金化的价格。采用收益法的缺点是：预期收益额预测难度大，受较强的主观判断和未来不可预见因素的影响。

【做中学 10－7】 某人拟购置一辆较新的普通桑塔纳轿车用作个体出租车经营使用，调查得到信息如下：该车辆登记日是 2018 年 4 月，已行驶 1.3 万公里，目前车况良好，能正常运行。如用于出租使用，全年可出勤 300 天，每天平均毛收入 450 元。如果评估基准日是 2020 年 2 月，请用收益法估算该车的价值。

评估过程如下：

从车辆登记之日起至评估基准日止，车辆投入运行已 2 年。根据行驶公里数、车辆外观和发动机等技术状况来看，该车辆原用于出租营运，使用及维护比较正常。根据国家有关规定和车辆状况，车辆剩余使用寿命为 6 年。

预期收益额的确定思路是：将 1 年的毛收入减去车辆使用的各种税款和费用，包括驾驶人员的劳务费等，以计算其税后纯利润。

根据目前银行储蓄年利率、国家债券利率、行业收益等情况，确定资金预期收益率为15%，风险报酬率为5%，具体计算步骤如下：

(1)确定车辆的剩余使用年限为6年。

(2)估测车辆的预期收益：

①预计年收入：

450×300=135 000(元)

②预计年支出：

每天耗油支出75元，年耗油支出为22 500元(75×300)；日常维修费12 000元；平均大修费用8 000元；牌照、保险、燃油附加税及各种规费、杂费30 000元；人员劳务费15 000元；出租车标付费6 000元。合计年支出费用为：

22 500+12 000+8 000+30 000+15 000+6 000=93 500(元)

③年毛收入为：

135 000−93 500=41 500(元)

④按个体工商户生产、经营所得适用税率和速算扣除数的有关规定，年收入在3万—6万元应缴纳所得税税率为20%，速算扣除数为3 750元，故车辆的年纯收益额为：

41 500−(41 500×20%−3 750)=36 950(元)

(3)确定车辆的折现率。该车辆的剩余使用寿命为6年，资金预期收益率为15%，再加上风险报酬率5%，故折现率为20%。

(4)计算车辆的评估值。假设每年的纯收入相同，则：

车辆的评估值=36 950×(P/A,20%,6)=36 950×3.325 5=122 877(元)

(三)现行市价法

现行市价法是指通过比较被评估车辆与最近售出类似车辆的异同，并将类似车辆的市场价格进行调整，从而确定被评估车辆价值的一种评估方法。现行市价法是最直接、最简单的一种评估方法。这种方法的基本思路是：通过市场调查选择一辆或几辆与被评估车辆相同或类似的车辆作为参照物，分析参照物的构造、性能、新旧程度、地区差别、交易条件及成交价格等，并与被评估车辆一一对照比较，找出两者的差别及差别反映在价格上的差额，经过调整，计算出被评估车辆的价格。

1. 现行市价法应用的前提条件

需要有一个充分发育、活跃的二手车交易市场，有充分的参照物可选取；参照物与被评估车辆有可比较的指标，技术参数等资料是可收集到的，并且价值影响因素明确，可以量化。

2. 采用现行市价法评估的步骤

(1)考察鉴定被评估车辆。收集被评估车辆的资料，包括车辆的类别、名称、型号等，了解车辆的用途、目前的使用情况，并对车辆的性能、新旧程度等进行必要的技术鉴定，以获得被评估车辆的主要参数。

(2)选择参照物。按照可比性原则选取参照物，车辆的可比性因素主要包括类别、型号、用途、结构、性能、新旧程度、成交数量、成交时间、付款方式等。参照物的选择一般应在3个以上。

(3)对被评估车辆与参照物之间的差异进行比较、量化和调整。被评估车辆与参照物之间的各种可比因素应尽可能地予以量化、调整。①销售时间差异的量化。在选择参照物时，应尽可能地选择在评估基准日成交的案例，以免去销售时间差异的量化步骤；若参照物的交易时间在评估基准日之前，可采用指数调整法将销售时间差异量化并予以调整。②车辆性能差异的量化。车辆性能差异的具体表现是车辆营运成本的差异，通过测算超额营运成本的方法可以将性能方面的差异量化。③新旧程度差异的量化。被评估车辆与参照物在新旧程度上不一定完全一致，参照物也未必是全新的，这就要求评估专业人员对被评估车辆与参照物的新旧程度的差异进行量化：差异量＝参照物价格×（被评估车辆成新率－参照物成新率）。④销售数量、付款方式差异的量化。销售数量大小、付款方式差异均会对车辆的成交单价产生影响，对销售数量差异的调整可采用未来收益的折现方法解决，对参照物采用分期付款方式成交的，可按当期银行利率将各期分期付款额折现累加得到一次性付款总额。

（4）汇总各因素差异量化值，求出车辆的评估值。对上述各差异因素量化值进行汇总，得出车辆的评估值，以公式表示为：

$$被评估车辆的价值＝参照物现行市价\times\sum差异量$$

或

$$被评估车辆的价值＝参照物现行市价\times差异调整系数$$

用现行市价法进行评估，了解市场情况是很重要的步骤，了解的情况越多，评估的准确性越高，这是评估的关键。运用现行市价法收购二手车的贸易企业一般要建立各类二手车技术、交易参数的数据库，以提高评估效率。用现行市价法评估已包含了该车辆的各种贬值因素，包括有形损耗的贬值、功能性贬值和经济性贬值，因而不需要专门计算贬值的影响。

【做中学 10－8】 市场上有6辆完全相同的车辆待出售。经调查，该地区市场上此类车辆平均每年只售出2辆；可选择的近期交易参照物单辆售价为4万元。试用现行市价法评估此6辆汽车的现值。

评估如下：

（1）直接以参照物的价格出售，即每辆汽车4万元。当年销售2辆汽车，可得销售收入为8万元（2×4）。

（2）其余4辆汽车如逐年销售，2年后才能售完。每辆汽车4万元，以参照物单价为标准，未来每年可得销售款8万元。以此为基础，折算4辆汽车的现值，适用的折现率为10%。根据未来收益现值法的公式，可计算4辆汽车的现值为：

$80\,000\times[1-(1+10\%)^{-2}]\div10\%\times(1+10\%)^{-1}=138\,843$（元）

（3）6辆汽车同时出售的评估值为：

$80\,000+138\,843=218\,843$（元）

3. 采用现行市价法的优缺点

（1）现行市价法的优点。能够客观反映二手车辆目前的市场情况，其评估的参数、指标可直接从市场获得，评估值能反映市场现实价格；评估结果易于被交易双方理解和接受。

（2）现行市价法的缺点。需要公开及活跃的市场作为基础，由于我国二手车交易起步时间短，发育尚不完善，寻找参照物有一定的困难；可比因素多而复杂，即使是同一天登记的同一个生产厂家生产的同一型号的产品，由于使用强度、使用条件、维护水平的差异，其实体损耗、新旧程度都各不相同。

如果评估专业人员经验丰富，熟悉车辆的评估鉴定程序、鉴定方法和市场交易情况，那么采用现行市价法评估时间会很短。因此，现行市价法特别适合应用于成批收购、鉴定和典当。

应知考核

一、单项选择题

1. 下列森林资源资产中，属于森林环境资源资产的是（　　）。

A. 林木资产　　B. 林地资产

C. 微生物资源资产　　D. 森林景观资源资产

2. 下列资源中，属于可再生资源的是（　　）。

A. 森林资源　　B. 土地资源

C. 非金属矿产资源　　D. 金属矿产资源

3. 下列森林资源中，不属于商品林的是（　　）。

A. 经济林　　B. 风景林　　C. 用材林　　D. 薪炭林

4. 下列森林资源中，属于森林景观资源的是（　　）。

A. 用材林　　B. 经济林　　C. 纪念林　　D. 防护林

5. 剩余价值法特别适用于（　　）的评估。

A. 成熟林林木资产　　B. 中龄林林木资产

C. 竹林资产　　D. 实验林资产

二、多项选择题

1. 下列资源中，属于生物资源的有（　　）。

A. 森林资源　　B. 动物资源　　C. 天然水资源　　D. 牧草资源

2. 林木资产主要包括（　　）。

A. 风景林　　B. 防护林　　C. 用材林　　D. 经济林

3. 森林资源价格主要构成因素有（　　）。

A. 生产成本　　B. 评估费用　　C. 资金时间价值　　D. 地租

4. 一个林区的森林，可以根据（　　）等因素的不同，划分成不同的林分。

A. 树种组成　　B. 森林起源　　C. 林相　　D. 地租

5. 收益法评估森林资源主要适用于（　　）。

A. 经济林资产　　B. 竹林资产　　C. 防护林资产　　D. 实验林资产

三、判断题

1. 森林资源资产是一种特殊资产，除具有一般资产的属性外，还具有可再生性、生长周期长、受自然因素影响大，以及兼具生态、社会和经济效益于一体的特性。（　　）

2. 珠宝首饰评估是指注册资产评估师（珠宝）依据相关法律、法规和资产评估准则，在对珠宝首饰进行鉴定分级分析的基础上，对珠宝首饰的价值进行分析、估算并发表专业意见的行为和过程。（　　）

3. 金融不良资产是指银行持有的次级、可疑及损失类贷款，金融资产管理公司收购或接管的金融不良债权，以及其他非银行金融机构持有的不良债权。（　　）

4. 对二手车进行鉴定评估时，可以采用综合成新率来反映二手车的新旧程度，即将使用年限成新率、行驶里程成新率和现场查勘成新率分别赋予不同的权重，计算三者的加权平均成新率。（　　）

5. 现行市价法特别适合应用于成批收购、鉴定和典当。（　　）

四、简述题

1. 简述森林资源资产评估的主要技术方法。
2. 简述珠宝首饰的评估原则。
3. 简述珠宝首饰的评估技术方法。
4. 简述债权资产价值分析的评估技术方法。
5. 简述二手车评估的方法。

应会考核

■ 观念应用

【背景资料】

某学校 2016 年 2 月购得某品牌 17 座客车一辆，于同年 3 月上牌使用。该车属普通漆，经市场调查得知，全新金属漆该品牌 17 座客车市场销售价格为 163 600 元，而金属漆较普通漆高出 5 000 元。如果综合调整系数为 0.75，试评估该车在 2020 年 2 月的市场价值。

【考核要求】

请计算该车的市场价值。

■ 技能应用

旅游公司欲出售一辆旅游客车（19 座以上），该车系北京—天津线路长途旅游客车，公司欲将车与线路经营权一同对外转让，线路经营权年限与车辆的报废年限相同。已知该车于 2016 年 10 月注册登记并投入营运，投资回报率为 15%，预期每年收入均为 20 万元，年营运成本均为 6 万元，适用所得税税率为 25%。

【技能要求】

请评估该车（含线路营运权）于 2020 年 10 月的价值[已知 $(P/A,15\%,4)=2.854\ 98$，$(P/A,20\%,4)=2.588\ 73$，$(P/A,15\%,6)=3.7848\ 8$，$(P/A,20\%,6)=3.325\ 51$]。

■ 案例分析

某企业将被评估林木资产皆伐后所得木材的市场销售总收入，扣除木材生产经营所消耗的成本和合理利润后，剩余的部分作为林木资产评估值。

【分析要求】

根据以上资料分析，企业采用的是什么方法？这种方法的适用范围是什么？

项目实训

【实训项目】

特殊资产评估。

【实训内容】

森林资源资产评估、珠宝首饰资产评估、金融不良资产评估和二手车资产评估四种特殊类型资产评估技术方法。

【实训目的】

掌握不同的评估方法在特殊资产评估中的应用，并加以区别。

【实训反思】

(1)掌握各类特殊资产评估的特点及评估具体方法。

(2)将实训报告填写完整。

《特殊资产评估》实训报告		
项目实训班级：	项目小组：	项目组成员：
实训时间：　年　月　日	实训地点：	实训成绩：
实训目的：		
实训步骤：		
实训结果：		
实训感言：		
不足与今后改进：		
项目组长评定签字：	项目指导教师评定签字：	

项目十一

企业价值评估

○ **知识目标：**

理解：企业、企业价值及企业价值评估的概念；企业价值评估的特点。

熟知：企业价值评估中一般范围和具体范围的界定；风险累加法、β系数法、不同收益口径的选择方法、年金法、分段法。

掌握：企业价值评估收益法、市场法、成本法的应用条件和具体应用。

○ **技能目标：**

在掌握企业价值评估方法的基础上，能够在具体的案例操作中，灵活地运用企业价值评估的基本方法，对企业价值进行科学、合理的估算。

○ **素质目标：**

通过对本项目的学习，加强对企业价值评估的基本认识，明确企业价值评估的基本概念和相关内容，为企业资产评估报告的编写打下基础。把学和做有机结合，做到学思用贯通、知信行统一，提高自己的职业道德素养。

○ **项目引例：**

企业价值评估的应用

待估企业预计未来5年的预期收益为100万元、120万元、150万元、160万元、200万元，假定本金化率为10%，试采用年金法估测企业的整体价值。另外，假定待估企业从未来第6年开始，企业的年收益率维持在200万元水平。试采用分段法估测企业的整体价值。

引例导学：上述提到的是企业价值的评估案例。那么，什么是企业价值评估？企业价值评估的方法有哪些？在企业价值评估中，如何应用这些方法？通过对本项目的学习，你将得到解答。

○ **知识精讲：**

任务一　企业价值评估概述

一、企业的概念及其特点

（一）企业的概念

从资产评估和企业价值评估的角度看，企业是以营利为目的、按照法律程序建立起来的经济实体；从形式上看，企业体现为在固定地点的相关资产的有序组合；从功能上和本质上看，企业是由构成它的各个要素资产围绕着一个系统目标，保持有机联系，发挥各自特定功能，共同构成一个有机的生产经营能力载体和获利能力载体，以及由此产生的相关权益的集合。现代企业不仅是一个经营能力和获利能力的载体，以及由此产生的相关权益的集合，而且是按照法律程序建立起来的并接受法律法规约束的经济组织。

（二）企业的特点

1. 营利性

企业作为一类特殊的资产，其存在的目的就是营利。为了达到营利的目的，企业需具备相应的功能。企业的功能是以企业的生产经营范围为依据，以其生产经营活动为主线，将若干要素资产有机组合起来形成的。

2. 合法性

企业首先是依法建立起来的经济组织，它的存在必须接受法律法规的约束。对企业的判断和界定必须首先从法律法规的角度，从合法性、产权状况等方面进行界定。

3. 整体性

构成企业的各个要素资产虽然各具不同性能，但它们是在服从特定系统目标前提下构成企业整体。也许构成企业的各个要素资产并非完整无缺，但它们可以综合在一起成为具有良好整体功能的资产综合体。从企业作为生产经营能力和获利能力载体的角度，企业具有整体性的特点。当然，即使构成企业的各个要素资产的个体功能良好，但如果它们之间的功能不匹配，它们组合而成的企业整体功能也未必很好。

4. 持续经营与环境适应性

企业要实现其营利目的，就必须保持持续经营，在持续经营中不断地创造收入、降低成本。而企业要在持续经营中实现营利目的，企业的要素资产不仅要有良好的匹配性和整体性，还必须能适应不断变化的外部环境及市场结构，适时地作出调整，包括生产经营方向、生产经营规模，即保持企业生产结构、产品结构与市场结构的协调。

5. 权益的可分性

虽然企业是由若干要素资产组成，但作为一个整体企业，从作为经营能力和获利能力载体的角度，企业的要素资产是不能随意拆分的。然而，与企业经营能力和获利能力载体相关的权益却是可分的。因此，企业的权益可划分为股东（投资者）全部权益和股东（投资者）部分权益。

二、企业价值的概念、表现形式和类型

（一）企业价值的概念

1. 企业价值是企业的公允价值

这不仅是由企业作为资产评估的对象所决定的，而且是由对企业进行价值评估的目的所决定的。企业价值评估的主要目的是为企业产权交易提供服务，使交易双方对拟交易企业的价值有一个较为清晰的认识。所以，企业价值评估应建立在公允市场假设之上，其揭示的是企业的公允价值。

2. 企业价值基于企业的盈利能力

人们创立企业或收购企业的目的不在于获得企业本身具有的物质资产或企业生产的具体产品，而在于获得企业产生利润（现金流）的能力并从中受益。因此，企业之所以能够存在价值并且能够进行交易是由于其具有产生利润（现金流）的能力。

3. 资产评估中的企业价值有别于账面价值、公司市值

企业的账面价值是一个以历史成本为基础进行计量的会计概念，可以通过企业的资产负

债表获得;公司市值是指上市公司全流通股股票的市场价格(市场价值之和)。在发达的资本市场上,由于信息相对充分,市场机制相对完善,公司市值与企业价值具有一致性。中国尚处在经济转型中,证券市场有待进一步规范、成熟,上市公司存在大量非流通股,因而不宜将公司流通股市值直接作为企业价值评估的依据。

(二)企业价值的表现形式

在资产评估实务中,企业价值可以进一步分为企业总资产价值、企业整体价值、企业投资资本价值、企业股东全部权益价值和企业股东部分权益价值。

1. 企业总资产价值

这是指企业流动资产价值加上固定资产价值、无形资产价值和其他资产价值之和。

2. 企业整体价值

这是指企业总资产价值(有形资产和无形资产的价值总和)减去企业负债中的非付息债务价值后的余值,或用企业所有者权益价值加上企业的全部付息债务价值表示。

3. 企业投资资本价值

这是指企业总资产价值减去企业流动负债价值后的余值,或用企业所有者权益价值加上企业的长期付息债务价值表示。

4. 企业股东全部权益价值

习惯上也称作企业的净资产价值,相当于企业的整体价值减去企业的所有债务价值。

5. 企业股东部分权益价值

这是企业一部分股权的价值,或股东全部权益价值的一部分。由于存在着控股权溢价和少数股权折价因素,股东部分权益价值并不必然等于股东全部权益价值与股权比例的乘积。在资产评估实务中,股东部分权益价值的评估通常是在取得股东全部权益价值后再来评定。同时,应当在评估报告中披露是否考虑了控股权和少数股权等因素产生的溢价或折价。

(三)企业价值的类型

从企业价值评估的目的、评估条件和委托方对评估报告使用的需求等对价值类型要求的角度,企业价值可分为市场价值和非市场价值两类。

1. 企业价值评估中的市场价值

从价值属性的角度,市场价值是指企业在评估基准日在公开市场上正常经营状态下最有可能实现的交换价值的估计值。

2. 企业价值评估中的非市场价值(市场价值以外的价值)

它是一系列不符合企业价值评估中的市场价值概念条件的价值形式的总称或组合,并不是一种具体的企业价值存在形式。非市场价值只适合价值类型分类使用,它并不直接出现在评估报告中。非市场价值又主要包括投资价值、持续经营价值、在用价值、保险价值和清算价值。

(1)投资价值,指企业对于具有明确投资目标的特定投资者或某一类投资者所具有的价值。

(2)持续经营价值,指被评估企业按照评估基准日的用途、经营方式、管理模式等继续经营下去所能实现的预期收益(现金流量)的折现值。

(3)在用价值,指作为企业组成部分的特定资产对其所属企业能够带来的价值,而并不考虑该资产的最佳用途或资产变现的情况。

(4)保险价值,指根据企业的保险合同或协议中规定的价值概念所确定的价值。

(5)清算价值,从性质上讲,指企业处于清算、迫售、快速变现等非正常市场条件下所具有的价值,或假定企业处于清算、迫售、快速变现等非正常市场条件下所具有的价值。

提示:对破产清算企业进行价值评估,实际上是对该企业的单项资产的变现价值之和进行判断与估计。

三、企业价值评估

(一)企业价值评估的概念

中国资产评估协会于 2011 年 12 月 30 日发布了《资产评估准则——企业价值》,并于 2012 年 7 月 1 日起施行。该准则规定:"企业价值评估,是指注册资产评估师对评估基准日特定目的下企业整体价值、股东全部权益价值或部分权益价值进行分析、估算并发表专业意见的行为和过程。"因此,企业价值评估是指由评估机构的专业人员,按照一定的目的,遵循客观经济规律,依据国家制定的规范与程序,运用科学的方法对企业整体价值、股东全部权益价值或部分权益价值进行评定和估算,并公正地发表评估意见的过程。

(二)企业价值评估的特点

企业价值评估具有以下特点:评估对象是由多个或多种单项资产组成的资产综合体;决定企业价值高低的因素是企业的整体获利能力;企业价值评估是一种整体性评估。

四、企业价值评估的范围界定

评估的范围界定是任何一项资产评估必须做的工作。就绝大部分有形、可确指的单项资产评估而言,其评估范围的界定相对比较容易,而对企业来讲,情况可能会复杂一些。企业评估的范围至少包括以下两个层次:其一是企业资产范围的界定;其二是企业有效资产的界定。我们把上述两个层次的评估范围称为企业价值评估的一般范围和企业价值评估的具体范围。

(一)企业价值评估的一般范围

企业价值评估的一般范围即企业的资产范围。从产权的角度界定,企业评估的范围应该是企业的全部资产。它包括企业产权主体自身占用及经营的部分、企业产权权力所能控制的部分(如全资子公司、控股子公司),以及非控股公司中的投资部分。在具体界定企业评估的资产范围时,应根据以下有关数据资料进行:(1)企业的资产评估申请报告及上级主管部门批复文件所规定的评估范围;(2)企业有关产权转让或产权变动的协议、合同、章程中规定的企业资产变动的范围;(3)涉及国有资产的企业评估,可参照其评估立项书中划定的范围。

(二)企业价值评估的具体范围

企业价值评估的具体范围,是指评估人员具体实施评估的资产范围,即有效资产范围。它是在评估的一般范围的基础上,经合理必要的重组后的评估范围。前面已经提到,企业的价值及其高低取决于企业的获利能力,而企业的获利能力是企业中有效资产共同作用的结果。将企业中的有效资产与非有效资产进行合理必要的划分,是进行企业价值评估的重要前提。

五、企业价值评估的程序

企业价值评估大致要经历明确评估基本事项、选择评估途径及其方法、搜集相关资料、运用评估技术分析判断企业价值、撰写企业价值评估报告。

(一)明确评估基本事项

根据企业、企业价值及企业价值评估的特点,评估人员在进行企业价值评估时,应当明确下列事项：委托方的基本情况；被评估企业的基本情况；评估目的；评估对象及其相关权益状况；价值类型及其概念；评估基准日；评估假设及限定条件。

（二）选择评估途径及其方法

评估人员在进行企业价值评估时，应当根据评估目的、被评估企业的情况、评估时的限定条件和评估的价值类型以及预计可搜集到的信息资料和相关条件，分析收益途径及方法、市场途径及方法和成本途径及方法的适用性，恰当选择一种或多种资产评估途径及方法。

由于企业价值评估的特殊性和复杂性，一般情况下，不宜单独使用成本途径及其方法评估企业价值。因此，在评估途径及其方法选择过程中，尽可能选择多种评估途径及其方法。如果确实受条件限制，只能选择成本途径及其方法，则应在企业价值评估报告中作出说明。

（三）搜集相关资料

评估人员在进行企业价值评估时，应当根据评估途径和方法等相关条件，搜集与被评估企业相关的信息资料。就一般情况而言，这些资料主要包括：企业性质、相关资产的权益状况等信息资料；企业经营历史、现状和发展前景资料；企业的财务资料，包括历史的、当前的和预期的；企业价值评估涉及的具体资产的详细情况资料；影响企业价值判断的国民经济情况和地区经济状况；被评估企业所在行业及相关行业的状况和发展前景；资本市场上与被评估企业相关的行业及企业的价格信息、可比财务数据等；被评估企业中具体资产的市场价格资料和技术资料；与企业价值评估有关的其他信息资料。

（四）运用评估技术分析判断企业价值

应根据评估目的对被评估企业在评估时点经营状况和面临的市场条件的影响，以及对企业价值评估结果的价值类型的影响，利用所选择的多种评估途径及其方法和所搜集到的信息资料，对影响企业价值的各种因素进行全面的分析，在充分分析的基础上，综合判定企业价值。

（五）撰写企业价值评估报告

评估人员在完成上述企业价值评估程序后，可根据评估项目的性质、评估过程以及委托方和相关当事人的要求，选择恰当的报告形式出具企业价值评估报告。同时，在评估报告中披露评估结果的价值类型和定义、在评估过程中是否考虑了控股权和少数股权等因素产生的溢价或折价，以及流动性对评估对象价值的影响。

六、企业价值评估在经济活动中的作用

企业价值评估是市场经济和现代企业制度相结合的产物。在发达国家经过长期发展，已形成多种模式的企业价值评估，并日趋成熟。目前我国正处于经济转型期，企业价值评估在对外开放和企业改革中的作用越来越突出。

（一）企业价值评估是利用资本市场实现产权转让的基础性专业服务

公司上市需要专业评估机构按照有关规定，制订合理的评估方案，运用科学的评估方法，评估企业的盈利能力及现金流量状况，对企业价值作出专业判断。与此同时，为企业的兼并和收购活动提供企业价值评估服务也已成为许多资产评估机构的核心业务之一。

由于战略性并购决策着眼于经济利益最大化，所以并购中对目标企业的价值评估非常重要。评估人员应在详细了解目标企业的情况、分析目标企业盈利能力和发展前景的基础上，评估目标企业的价值。

（二）企业价值评估在企业评价和管理中发挥着重要作用

以开发企业潜在价值为主要目的的价值管理正在成为当代企业管理的新潮流。管理人员

的业绩越来越多地取决于他们在提高企业价值方面的贡献。企业价值管理强调对企业整体获利能力的分析和评估，通过制定和实施合适的发展战略及行动计划，以保证企业的经营决策有利于增加企业股东的财富价值。

企业价值管理将使习惯运用基于会计核算的财务数据的企业管理人员的工作发生重大变化，使其不再满足于要求财务数据反映企业的历史，而是运用企业价值评估的信息展望企业的未来，并形成和提高利用企业当前资产在未来创造财富的能力。

任务二　收益法在企业价值评估中的应用

一、收益途径及其方法评估企业价值的核心问题

（一）要对企业的收益予以界定

企业的收益能以多种形式出现，包括净利润、净现金流、息前净利润和息前净现金流。选择以何种形式的收益作为收益法中的企业收益，会直接影响对企业价值的最终判断。

（二）要对企业的收益进行合理的预测

要求评估人员对企业的将来收益进行精确预测是不可能的。由于企业收益的预测直接影响着对企业盈利能力的判断，是决定企业最终评估值的关键因素，所以，在评估中应全面考虑影响企业盈利能力的因素，客观、公正地对企业的收益作出合理的预测。

（三）在对企业的收益作出合理的预测后，要选择合适的折现率

合适的折现率的选择直接关系到对企业未来收益风险的判断。由于不确定因素的客观存在，对企业未来收益的风险进行判断至关重要。能否对企业未来收益的风险作出恰当的判断，从而选择合适的折现率，对企业的最终评估值具有较大影响。

二、收益途径中具体方法的说明

（一）企业永续经营假设前提下的具体方法

1. 年金法

年金法是评价企业价值的一种具体技术方法，适用于未来收益相对稳定、所在行业发展相对稳定的企业价值评估。其公式为：

$$P=A/r$$

公式中，P 表示企业评估价值，A 表示企业每年的年金收益，r 表示资本化率。

用于企业价值评估的年金法，是将已处于均衡状态、其未来收益具有充分的稳定性和可预测性的企业的收益进行年金化处理，然后再把已年金化的企业预期收益进行还原，估测企业的价值。因此，上式又可以写成：

$$P=\sum_{i=1}^{n}[R_i\times(1+r)^{-i}]\div\sum_{i=1}^{n}[(1+r)^{-i}]\div r$$

公式中，$\sum_{i=1}^{n}[R_i\times(1+r)^{-i}]$ 表示企业前 n 年预期收益折现值之和，$\sum_{i=1}^{n}[(1+r)^{-i}]$ 表示年金现值系数，r 表示资本化率。

【做中学 11－1】 待估企业预计未来 5 年的预期收益额分别为 100 万元、120 万元、110

万元、130 万元、120 万元，假定资本化率为 10%。试用年金法估测待估企业价值。

$$P=\sum_{i=1}^{n}[R_i\times(1+r)^{-i}]\div\sum_{i=1}^{n}[(1+r)^{-i}]\div r$$

$$=(100\times0.9091+120\times0.8264+110\times0.7513+130\times0.6830+120\times0.6209)$$

$$\div(0.9091+0.8264+0.7513+0.6830+0.6209)\div10\%$$

$$=(91+99+83+89+75)\div3.7907\div10\%$$

$$=1\,153(\text{万元})$$

2. 分段法

分段法是将持续经营的企业的收益预测分为前后两段，其理由在于：

(1)在企业发展的前一个期间，企业处于不稳定状态，因此企业的收益是不稳定的；而在该期间之后，企业处于均衡状态，其收益是稳定的或按某种规律进行变化。

(2)对于前段企业的预期收益，采取逐年预测并折现累加的方法；而对于后段企业的预期收益，针对企业具体情况并按企业收益的变化规律，进行折现和还原处理。

(3)将企业前后两段收益现值加在一起便构成企业的收益现值。假设以前段最后一年的收益作为后段各年的年金收益，分段法的公式可写成：

$$P=\sum_{i=1}^{n}[R_i\times(1+r)^{-i}]+\frac{R_n}{r}\times(1+r)^{-n}$$

假设从($n+1$)年起的后段，企业预期年收益将按固定比率(g)增长，则分段法的公式可写成：

$$P=\sum_{i=1}^{n}[R_i\times(1+r)^{-i}]+\frac{R_n(1+g)}{r-g}\times(1+r)^{-n}$$

【做中学 11－2】 待估企业预计未来 5 年的预期收益额分别为 100 万元、120 万元、150 万元、160 万元、200 万元，并根据企业的实际情况推断，从第 6 年开始，企业的年收益额将维持在 200 万元水平上，假定资本化率为 10%，使用分段法估测企业的价值。

$$P=\sum_{i=1}^{n}[R_i\times(1+r)^{-i}]+\frac{R_n}{r}\times(1+r)^{-n}$$

$$=(100\times0.9091+120\times0.8264+150\times0.7513+160\times0.6830+200\times0.6209)$$

$$+200/10\%\times0.6209$$

$$=536+2\,000\times0.6209$$

$$=1\,778(\text{万元})$$

【做中学 11－3】 承【做中学 11－2】，假如评估人员根据企业的实际情况推断，企业从第 6 年起，收益额将在第 5 年的水平上以 2%的增长率保持增长，其他条件不变。试估测待估企业的价值。

$$P=\sum_{i=1}^{n}[R_i\times(1+r)^{-i}]+\frac{R_n(1+g)}{r-g}\times(1+r)^{-n}$$

$$=(100\times0.9091+120\times0.8264+150\times0.7513+160\times0.6830+200\times0.6209)$$

$$+200\times(1+2\%)\div(10\%-2\%)\times0.6209$$

$$=536+204\div8\%\times0.6209$$

$=536+2\ 550\times 0.620\ 9$

$=2\ 119$(万元)

(二)企业有限持续经营假设前提下的具体方法

首先,关于企业有限持续经营假设的应用。对企业而言,它的价值在于其所具有的持续盈利能力。一般来说,对企业价值的评估应该在持续经营前提下进行。只有在特殊的情况下,才能在有限持续经营假设前提下对企业价值进行评估,如企业章程已对企业经营期限作出规定,而企业的所有者无意逾期继续经营企业,则可在该假设前提下对企业进行价值评估。评估人员在运用该假设对企业价值进行评估时,应对企业能否适用该假设作出合理判断。

其次,企业有限持续经营假设是从最有利于回收企业投资的角度,争取在不追加资本性投资的前提下,充分利用企业现有的资源,最大限度地获取投资收益,直至企业无法持续经营为止。

最后,对于有限持续经营假设前提下企业价值评估的具体方法,其评估思路与分段法类似:将企业在可预期的经营期限内的收益加以估测并折现;将企业在经营期限后的残余资产的价值加以估测及折现;将两者相加。其数学表达式为:

$$P=\sum_{i=1}^{n}[R_i\times(1+r)^{-i}]+P_n\times(1+r)^{-n}$$

其中,P_n 为第 n 年企业资产的变现值,其他变量概念同前。

三、企业收益额及收益预测

(一)企业收益额

收益额是运用收益法评估整体企业的基本参数之一。在资产评估中,收益是根据投资回报的原理得出的资产在正常情况下所能得到的归产权主体的所得额。在企业价值评估中,收益额具体是指企业在正常条件下获得的归企业所有的所得额。在企业价值评估过程中,从可操作的角度,评估人员大多采用会计学上的收益。会计学上的收益概念,是指来自企业期间交易已实现收入与相应费用之间的差额。

1. 企业收益的界定

从理论上讲,企业收益是指归企业所有的可支配净收入。而用于企业价值评估的企业收益既可以是理论上的企业收益,也可以是其他口径的企业收益,它的作用主要是尽可能准确、客观地反映企业的获利能力。

2. 收益额的口径

由于不同的投资主体在企业中的投资或权益在资产实物形态上是难以划分的,只有在明确了企业收益的边界和口径,以及不同边界和口径下的企业收益与企业价值评估结果的口径的对应关系的基础上,才能根据被评估企业的具体情况,采取切实可行的收益折现方案或资本化方案,实现企业价值评估目标。

那么,应当选择什么口径下的企业收益作为收益法评估企业价值的基础呢?

一方面,应服从企业价值评估的目的,即企业价值评估的目的是评估反映股东全部权益价值(企业所有者权益或净资产价值),还是反映企业所有者权益及长期债权人权益之和的投资资本价值,或企业整体价值。

另一方面,对企业收益口径的选择,应在不影响企业价值评估目的的前提下,选择最能客观反映企业正常盈利能力的收益额作为对企业进行价值评估的收益基础。对于某些企业,净现金流量(股权自由现金流量)就能客观地反映企业的获利能力,而另一些企业可能要采用息前净现金流量(企业自由现金流量)才更能反映企业的获利能力。如果企业评估的目标是企业的股东全部权益价值(净资产价值),使用净现金流量(股权自由现金流量)最为直接,即评估人员直接利用企业的净现金流量(股权自由现金流量)评估出企业的股东全部权益价值(净资产价值)。

究竟是采用企业的净现金流量(股权自由现金流量)直接估算出企业的股东全部权益价值(净资产价值),还是采用迂回的方法,先估算出企业的整体价值或投资资本价值,再估算出企业的股东全部权益价值(净资产价值),取决于企业的净现金流量或企业的息前净现金流量哪一个更能客观地反映出企业的获利能力。

(二)企业收益预测

1. 对企业收益现状的分析和判断

对企业收益现状的分析和判断的着重点是了解与掌握企业在评估基准日的正常获利能力水平,为企业预期收益预测创造一个工作平台。

分析和判断一个企业的获利能力现状,可以通过一系列财务数据并结合企业生产经营的实际情况加以综合分析判断。必要时,还应对企业以前年度的获利能力情况作出判断,以确定企业现时的正常获利能力。

可作为分析和判断企业获利能力参考依据的财务指标主要有企业资金利润率、投资资本利润率、净资产利润率、成本利润率、销售收入利润率、企业资金收益率、投资资本收益率、净资产收益率、成本收益率、销售收入收益率等。

但应注意,评估人员不可以单凭上述企业的有关财务数据来断定企业现时的正常获利能力。要想较为客观地把握企业的正常获利能力,必须结合企业内部及外部影响企业获利能力的各种因素进行综合分析。例如,企业产品或服务的市场需求、市场竞争力和市场份额等,这些可以通过企业生产经营能力的利用率与产销率等指标进行推测。当然,评估人员也要十分注意企业产品或服务的成长性,以便对企业的市场因素作出正确的判断。再如,企业资金融通渠道,能源、动力、原材料等的供给情况,企业的产品和技术开发能力,企业的经营管理水平和管理制度,企业存量资产的状况及匹配情况,还有国家的政策性因素等,只有结合企业内部和外部的具体条件来分析企业的财务指标,才有可能正确认识企业的获利能力。

2. 企业收益预测的基础

对用于衡量企业盈利能力的企业收益不仅存在不同形式及口径上的界定问题,还存在收益预测基础的问题。企业收益预测的基础存在以下两个方面的问题:

(1)企业收益预测的出发点。预期收益预测的出发点是企业的实际收益。企业在评估时点的实际收益是企业内部与外部各种因素共同作用的结果。在这些因素中,许多是属于一次性的或偶然性的因素。企业价值评估的预期收益的基础,应该是在正常的经营条件下,排除影响企业盈利能力的偶然因素和不可比因素之后的企业正常收益。

(2)客观把握新的产权主体的行为对企业预期收益的影响。企业的预期收益既是企业存量资产运作的函数,又是未来新产权主体经营管理的函数。评估人员对企业价值的判断,只能基于对企业存量资产运作的合理判断,而不能基于对新产权主体行为的估测。新产权主体的行为不应成为预测企业预期收益的影响因素。

3. 企业收益预测的基本步骤

(1)评估基准日审计后企业收益的调整

①对审计后的财务报表进行非正常因素调整，主要是对损益表和现金流量表的调整，将一次性、偶发性或以后不再发生的收入或费用进行剔除，把企业评估基准日的利润和现金流量调整到正常状态下的数量，为企业预期收益的趋势分析打好基础。

②研究审计后报表的附注和相关披露，对在相关报表中揭示的影响企业预期收益的非财务因素进行分析，并在该分析的基础上对企业的收益进行调整，使之能反映企业的正常盈利能力。

(2)对企业预期收益趋势的总体分析和判断

这是在对企业评估基准日审计后实际收益调整的基础上，结合企业提供的预期收益和评估机构调查搜集到的有关信息的资料进行的。

(3)对企业预期收益的预测

在一般情况下，对企业的收益预测分两个时间段。对于已步入稳定期的企业而言，收益预测的分段较为简单：一是对企业未来3－5年的收益预测；二是对企业未来3－5年后的各年收益预测。对于仍处于发展期、收益不稳定的企业而言，对其收益预测的分段应是首先判断出企业在何时步入稳定期，其收益呈现稳定性，然后将其步入稳定期的前一年作为收益预测分段的时点。

①企业未来3－5年的收益预测。这是在评估基准日调整的企业收益或企业历史收益的平均收益趋势的基础上，结合影响企业收益实现的主要因素未来预期变化的情况，采用适当的方法进行的。

企业收益预测表(见表11－1)是一张可供借鉴的收益预测表。如测算的收益层次和口径与本表有差异，可在本表的基础上进行适当的调整。如采用其他方式测算企业收益，评估人员可自行设计企业收益预测表。

表11－1　　对企业20××－20××年收益预测表　　单位：万元

年度 指标	20××年	20××年	20××年	20××年	20××年
一、营业收入					
减：营业成本					
税金及附加					
销售费用					
管理费用					
财务费用					
加：公允价值变动收益					
投资收益					
二、营业利润					
加：营业外收入					
减：营业外支出					
三、营业利润总额					
减：所得税					

续表

年度 指标	20××年	20××年	20××年	20××年	20××年
四、净利润					
加:折旧和无形资产摊销					
减:追加资本性支出					
五、净现金流量					

②企业未来3—5年后的各年收益预测。企业未来3—5年的预期收益测算可以通过一些具体的方法进行,而对于企业未来更久远年份的预期收益,则难以用具体的方法测算。可行的方法是:在企业未来3—5年预期收益测算的基础上,从中找出企业收益变化的趋势,并借助某些手段,诸如采用假设的方式把握企业未来长期收益的变化区间和趋势。

四、折现率的选择原则和测算

(一)企业评估中折现率的选择原则

1. 折现率不低于投资的机会成本

在存在着正常的资本市场和产权市场的条件下,任何一项投资的回报率不应低于该投资的机会成本。在现实生活中,政府发行的国库券利率和银行储蓄利率可以作为投资者进行其他投资的机会成本。由于国库券的发行主体是政府,几乎没有破产或无力偿付的可能,投资的安全系数大。银行虽大多属于商业银行,但我国的银行仍属于国家垄断或严格监控,其信誉也非常高,储蓄也是一种风险极小的投资。因此,国库券利率和银行储蓄利率可看成是其他投资的机会成本,相当于无风险投资报酬率。

2. 行业基准收益率不宜直接作为折现率,但行业平均收益率可作为确定折现率的重要参考指标

我国的行业基准收益率是基本建设投资管理部门为筛选建设项目,从拟建项目对国民经济的净贡献方面,按照行业统一制定的最低收益率标准。凡是投资收益率低于行业基准收益率的拟建项目不得上马,只有投资收益率高于行业基准收益率的拟建项目才有可能得到批准进行建设。行业基准收益率旨在反映拟建项目对国民经济净贡献的高低,包括拟建项目可能提供的税收收入和利润,而不是对投资者的净贡献。因此,不宜直接将其作为企业产权变动时价值评估的折现率。随着我国证券市场的发展,行业平均收益率日益成为衡量行业平均盈利能力的重要指标,可作为确定折现率的重要参考指标。

3. 贴现率不宜直接作为折现率

贴现率是商业银行对未到期票据提前兑现所扣金额(贴现息)与期票票面金额的比率。贴现率虽然也是将未来值换算成现值的比率,但贴现率通常是银行根据市场利率和贴现票据的信誉程度来确定的。且票据贴现大多是短期的,并无固定周期。从本质上讲,贴现率接近于市场利率。而折现率是针对具体评估对象的风险而生成的期望投资报酬率。从内容上讲,折现率与贴现率并不一致,简单地把银行贴现率直接作为企业评估的折现率是不妥当的。

(二)折现率的测算

1. 累加法

累加法是采用无风险报酬率加风险报酬率的方式确定折现率或资本化率。其计算公式如下：

$$R=R_f+R_r$$

公式中，R 表示企业价值评估中的折现率，R_f 表示无风险报酬率，R_r 表示风险报酬率。

2. 资本资产定价模型

资本资产定价模型是用来测算权益资本折现率的一种工具。其计算公式如下：

$$R=R_g+(R_m-R_g)\times\beta\times\alpha$$

公式中，R 表示企业价值评估中的折现率，R_g 表示现行无风险报酬率，R_m 表示市场期望报酬率的历史平均值，β 表示被评估企业所在行业权益系统风险系数，α 表示企业特定风险调整系数。

3. 加权平均资本成本模型

加权平均资本成本模型是以企业的所有者权益和企业负债所构成的全部资本，以及全部资本所需求的回报率，经加权平均计算来获得企业评估所需折现率的一种数学模型。

$$WACC=E/(D+E)\times K_e+D/(D+E)\times(1-T)\times K_d$$

公式中，E 表示权益的市场价值，D 表示债务的市场价值，K_e 表示权益资本要求的投资回报率（权益资本成本），T 表示所得税率，K_d 表示债务资本要求的回报率（债务资本成本）。

有时也使用企业的所有者权益与长期负债所构成的投资资本，以及投资资本所要求的回报率，经加权平均计算来获得企业价值评估所需折现率。用数学公式表示为：

$$\text{企业评估的折现率}=\frac{\text{长期负债占投}}{\text{资资本的比重}}\times\frac{\text{长期负}}{\text{债成本}}+\frac{\text{所有者权益占}}{\text{投资资本的比重}}\times\frac{\text{净资产投资要求}}{\text{的回报率}}$$

$$\text{所有者权益(净资产)要求的回报率}=\text{无风险报酬率}+\text{风险报酬率}$$

任务三　市场法在企业价值评估中的应用

一、市场法的评估思路

企业价值评估中的市场法，是指将评估对象与参考企业、在市场上已有交易案例的企业、股东权益、证券等权益性资产进行比较以确定评估对象价值的评估思路。

市场法中常用的两种方法是参考企业比较法和并购案例比较法。参考企业比较法是指通过对资本市场上与被评估企业处于同一或类似行业的上市公司的经营和财务数据进行分析，计算适当的价值比率或经济指标，然后在与被评估企业比较分析的基础上，得出评估对象价值的方法。并购案例比较法是指通过分析与被评估企业处于同一或类似行业的公司的买卖、收购及合并案例，获取并分析这些交易案例的数据资料，计算适当的价值比率或经济指标，然后在与被评估企业比较分析的基础上，得出评估对象价值的方法。

二、市场法的适用条件

使用市场法应具备以下四个前提条件：(1)有一个充分发展、活跃的资本市场。(2)在上述资本市场中存在着足够数量的与评估对象相同或相似的参考企业，或在资本市场上存在着足够的交易案例。(3)能够收集并获得参考企业或交易案例的市场信息、财务信息及其他相关资料。(4)可以确信依据的信息资料具有代表性和合理性，且在评估基准日是有效的。

三、市场法评估的基本步骤

第一步，明确被评估企业的基本情况，包括评估对象的相关权益状况。

第二步，恰当选择与被评估企业进行比较分析的参考企业。评估人员应选择与评估对象在同一行业或受同一经济因素影响的参考企业或交易案例，并且应确信所选择的参考企业与被评估企业具有可比性。

第三步，对所选择的参考企业或交易案例的业务和财务情况进行分析，与评估对象的情况进行比较、分析并作必要的调整。根据评估项目的具体情况，评估人员可在适当的情况下考虑以下分析调整事项：调整被评估企业和参考企业财务报表的编制基础；调整不具有代表性的收入和支出，如非正常和偶然的收入与支出；调整非经营性资产、负债和溢余资产及与其相关的收入和支出；评估人员认为需要调整的其他事项。

第四步，选择并计算合适的价值乘数，并根据以上工作结果对价值乘数进行必要的调整。评估人员在选择、计算、使用价值比率时，应当考虑以下事项：选择的价值比率应当有利于合理确定评估对象的价值；用于计算价值比率的参考企业或交易案例数据应当适当和可靠；用于计算价值比率的相关数据口径和计算方式应当一致；被评估企业和参考企业或交易案例相关数据的计算方式应当一致；合理将参考企业或交易案例的价值比率应用于被评估企业。

第五步，将价值比率运用到与评估对象相对应的财务数据上，并考虑适当的调整，得出初步评估结果；对缺乏流动性折扣、控制权溢价等事项，评估人员应进行必要的分析并考虑在评估报告中作出适当披露。

第六步，根据被评估企业特点，对不同价值比率得出的数值予以分析，形成合理的评估结论。

四、参考企业比较法的具体运用

(一)参考企业的选择

1. 资本市场的选择

评估人员首先需要考虑的是在哪个资本市场上选择参考企业。在选择资本市场时，通常考虑的因素包括市场的成熟度、证券交易的活跃性和数据的可获得性。

2. 准参考企业的选择

在确定了所选择的资本市场后，就需要在其中选择合适的准参考企业。评估人员通常应当选择与被评估企业属于同一行业、从事相同或类似的业务或受相同经济因素影响的企业作为准参考企业。

3. 参考企业的最终选择

在确定了准参考企业后，评估人员需要在其中进行适当的筛选，以确定合适的参考企业。选择参考企业时，需要考虑的因素包括：所从事的行业及其成熟度；在行业中的地位及其市场占有率；业务性质、自成立起的发展历史；所提供的产品或服务；所处地域及其服务的目标市场；企业架构；企业的规模；资本结构及财务风险；运营风险；经营指标，包括盈利能力、收入及收益趋势、利润率水平等；资产及盈利的质量；分配股利能力；未来发展能力；是否具有商誉及其他无形资产；员工数量及经验；管理层情况；股票交易情况及股票价格的可获得性；其他。

在上述各种考虑因素中，根据所从事的行业和业务的相似性选择参考企业十分重要。所处地域及其服务的目标市场、企业规模、资本结构、资产及盈利的质量、企业财务比率的相似性，也是需要考虑的重要因素。

(二)对参考企业的财务报表进行分析和调整

评估人员应当从适当且可靠的渠道获得参考企业的财务信息。在获得参考企业的财务信息后，评估人员还需对其进行分析和调整，以使参考企业的财务信息尽可能准确、客观，使其与被评估企业的财务报表具有可比性。

(三)选择、计算、调整价值比率

在对参考企业的财务报表进行分析和调整后，评估人员需要选择合适的价值比率进行计算。选择价值比率应当有利于合理确定评估对象的价值。

价值比率表现为企业价值与可比指标的比率，它由分子和分母组成。价值比率的分子通常有以下两类：权益价值(P)和企业整体价值或投入资本价值(EV)。价值比率的分母一般包括以下几类：销售收入(Sales)；息税折旧及摊销前利润(EBITDA)；息税前利润(EBIT)；净利润(Earning)；净现金流(Free Cash Flow)；账面价值(Book Value)。

根据以上分子和分母的不同组合，价值比率有多种选择，如表 11—2 所示。

表 11—2　　价值比率的几种类型

分子 分母	权益价值	企业整体价值
销售收入	$P/Sales$(＊)	$EV/Sales$
息税折旧及摊销前利润	$P/EBITDA$(＊)	$EV/EBITDA$
息税前利润	$P/EBIT$(＊)	$EV/EBIT$
净利润	P/E	EV/E(＊)
净现金流	P/FCF(对股东的现金流)	EV/FCF(对企业整体的现金流)
账面价值	P/B(账面权益价值)	EV/B(账面总资产价值)

注：有(＊)的价值比率的分子和分母在一致性方面比较欠缺，在实际运用时需要谨慎选择。

(四)运用价值比率得出评估结果

在计算并调整参考企业的价值比率后，与评估对象相应的财务数据或指标进行相乘，便可计算得到相应的企业整体价值或权益价值。整体价值的计算方法如下：

企业整体价值＝企业市值(或权益价值)－溢余现金＋付息债务

上述计算结果仅代表部分股权的价值，如果评估对象具有控制权，则应当在适当及切实可行的情况下考虑控股权产生的溢价。此外，上述结果也未考虑可能适用的缺乏流动性折扣。对于缺乏流动性的投资，可能需要对其价值考虑一定的折扣，因此评估人员还应在适当及切实可行的情况下考虑流动性对评估对象价值的影响。

【做中学 11－4】 为评估 W 公司的价值，评估人员从市场上找到了 3 个(一般为 3 个以上的样本)相似的公司 A、B、C，然后分别计算各公司的市场价值与销售额的比率、与账面价值的比率以及与净现金流量的比率。这里的比率即为可比价值倍数(V/X)，得到结果如表 11—3 所示。

表 11—3　　　　　　　　　　　　相似公司比率汇总表

	A 公司	B 公司	C 公司	平均
市价/销售额	1.2	1.0	0.8	1.0
市价/账面价值	1.3	1.2	2.0	1.5
市价/净现金流量	2.0	1.5	2.5	2.0

把 3 个样本公司的各项可比价值倍数分别进行平均,就得到了应用于 W 公司评估的 3 个倍数。需要注意的是,计算出来的各个公司的比率或倍数在数值上相对接近是十分重要的。如果它们差别很大,则意味着平均数附近的离差是相对较大的,所选样本公司与目标公司在某项特征上就存在着较大的差异性,此时的可比性就会受到影响,需要重新筛选样本公司。

如表 11—3 所示,得出的数值结果具有较强的可比性。此时假设 W 公司的年销售额为 1 亿元,账面价值为 6 000 万元,净现金流量为 5 000 万元,然后我们使用从表 11—3 中得到的 3 个倍数计算出 W 公司的指示价值,再将 3 个指示价值进行算术平均,如表 11—4 所示。

表 11—4　　　　　　　　　　　　W 公司的评估价值　　　　　　　　　　　　单位:万元

项　目	W 公司实际数据	可比公司平均比率	W 公司指示价值
销售额	10 000	1.0	10 000
账面价值	6 000	1.5	9 000
净现金流量	5 000	2.0	10 000
W 公司的平均价值			9 667

从表 11—3 中得到的 3 个可比价值倍数分别是 1.0、1.5、2.0,然后将 W 公司的 3 个指标 10 000 万元、6 000 万元、5 000 万元分别乘以 3 个可比价值倍数,得到 W 公司的 3 个指示价值 10 000 万元、9 000 万元、10 000 万元,最后将 3 个指示价值进行算术平均,得到 W 公司的评估价值为 9 667 万元。

五、并购案例比较法的具体运用

首先,并购案例比较法与参考企业比较法的基本思路是一致的。两者的区别是:参考企业比较法是通过对参考企业的经营和财务数据进行分析,计算适当的价值比率;而并购案例比较法则是通过分析与被评估企业处于同一或类似行业的公司的买卖、收购及合并案例,计算适当的价值比率。

其次,并购案例的选取。评估人员在选择合适的并购案例时,需要了解所获取途径的相对可靠性。在选取并购案例时,通常需要考虑以下因素:行业分类;并购案例的发生期间,一般距离评估基准日不超过 3 年;并购案例已完成。在适当的情况下,对评估对象本身以前发生的并购交易也可以考虑选取为并购案例,但需要考虑交易时间、交易具体情况的差异所可能产生的影响。

再次,对并购案例的具体情况进行了解和分析。在选取并购案例后,需要对并购案例的具体情况进行了解和分析,包括交易日期、交易价格、收购的股权比例、影响交易价格的其他重要交易条款(如付款条件等)。

最后,针对具体情况选取合适的价值比率,经过适当的计算和调整,得出评估结果。对价值比率的选取、计算和调整，以及运用价值比率估算评估结果的程序与参考企业比较法基本一致。

任务四　成本法在企业价值评估中的应用

一、成本法的评估思路

企业评估中的成本法也称资产加和法，是指在合理评估企业各项资产价值和负债的基础上确定企业价值的评估思路。运用成本法评估企业价值，就是以资产负债表为基础，对各单项资产及负债的现行公允价格进行评估，并在各单项资产评估值加和的基础上扣减负债评估值，从而得到企业净资产价值。其基本计算公式为：

企业整体价值＝流动资产价值＋长期性投资价值＋固定资产价值＋无形资产价值＋其他资产价值

股东全部权益价值＝企业整体价值－企业负债

二、成本法的适用条件

成本法主要适用于新的企业或完工不久的企业和清算中的公司。成本法不适用于拥有大量无形资产（包括商誉）的公司。

三、成本法评估的基本步骤

第一，确定评估基准日的财务报表，财务报表通常应是经过审计的。

第二，采用具体的评估方法对各项资产和负债进行评估，确定各项资产和负债的市场价值。

第三，评估并加上资产负债表外的特定有形资产、无形资产和负债。

第四，考虑资产负债表调整对税收的影响，以及资产负债表上是否要扣除递延税款。

第五，评估结果汇总，最后确定所有者权益的评估值。

四、评估人员在选择成本法时应当注意的事项

第一，在进行成本法评估之前，应对企业的盈利能力以及相匹配的单项资产进行认定，以便在委托方委托的评估范围基础上，进一步界定被纳入企业盈利能力范围内的资产和闲置资产的界限，明确评估对象的作用空间和评估前提。

第二，成本法以资产负债表为基础，以各单项资产及负债的现行公允价格替代历史价格，但由于受会计核算制度的制约，并不是企业所有资产的价值都能经过会计程序得以量化，最终出现在会计报表上，成为总资产的组成部分。采用成本法评估时，评估人员往往以会计报表上的总资产和负债为依据，忽略报表之外的资产和负债项目，使企业价值的资产、负债构成不全面。另外，采用成本法容易少评或漏评，不能体现企业的完整价值。因此，在运用成本法进行评估时，应当考虑被评估企业所拥有的所有有形资产、无形资产以及应当承担的负债。

第三，在持续经营假设前提下，一般不宜运用加和法对企业价值进行评估。因为运用成本法评估企业价值，是通过分别估测构成企业的所有可确指资产后加和而成，无法把握持续经营企业价值的整体性，也难以把握各个单项资产对企业的贡献。对企业各单项资产间的工艺匹

配和有机组合因素产生的整合效应，即不可确指的无形资产，无法进行有效衡量。因此，在一般情况下，不宜单独运用成本法评估一个在持续经营假设前提下的企业价值。

应知考核

一、单项选择题

1. 企业价值评估的对象是（　　）。

A. 全部有形资产　　B. 全部无形资产
C. 全部有形资产和无形资产　　D. 多个或多种单项资产组成的资产综合体

2. 企业价值是由（　　）决定的。

A. 社会必要劳动时间　　B. 建造企业的原始投资额
C. 企业获利能力　　D. 企业生产能力

3. 企业价值评估建立在（　　）假设基础之上。

A. 公允市场　　B. 持续经营　　C. 价值最大化　　D. 利润最大化

4. 以下选项中，（　　）不能作为企业价值评估中的收益。

A. 净利润　　B. 所得税　　C. 净现金流量　　D. 息前净利润

5. 企业价值评估的一般前提是企业的（　　）。

A. 独立性　　B. 持续经营性　　C. 整体性　　D. 营利性

二、多项选择题

1. 在企业价值评估中，企业价值的表现形式包括（　　）。

A. 投入资本价值　　B. 长期投资价值
C. 股东全部权益价值　　D. 长期负债价值

2. 下列各项中，不宜直接作为企业产权变动时价值评估的折现率的有（　　）。

A. 投资报酬率　　B. 行业基准收益率　　C. 机会成本　　D. 贴现率

3. 市场法在企业价值评估中的适用条件有（　　）。

A. 活跃资本市场　　B. 相同或相似企业
C. 企业交易的市场信息　　D. 资料具有代表性

4. 非市场价值主要包括（　　）。

A. 持续经营价值　　B. 投资价值
C. 在用价值　　D. 保险价值和清算价值

5. 企业价值评估的特点有（　　）。

A. 资产综合体　　B. 整体获利能力
C. 个体获利能力相加　　D. 整体性评估

三、判断题

1. 企业价值取决于其要素资产组合的整体盈利能力，不具备现时或潜在盈利能力的企业也就不存在整体企业价值。（　　）

2. 评估企业价值时，对企业价值的判断，只能基于对企业存量资产运作的合理判断，而不能基于对新产权主体行为的估测。（　　）

3. 国库券利率和银行储蓄利率可看成是其他投资的机会成本，相当于风险投资报酬率。（ ）

4. 合适的折现率的选择对企业评估影响无关紧要。（ ）

5. 预期收益预测的出发点是企业的实际收益。（ ）

四、简述题

1. 评估中的企业价值如何界定？
2. 如何对企业收益进行预测和检验？
3. 年金法和收益法的使用条件是什么？具体如何应用？
4. 简述市场法的应用条件和具体应用。
5. 简述成本法（资产加和法）的应用条件和具体应用。

应会考核

■ 观念应用

【背景资料】

假定社会平均资金收益率为8%，无风险报酬率为4%，被评估企业所在行业的平均风险与社会平均风险的比率为1.5，被评估企业长期负债占全部投资资本的40%，平均利息率为6%，所有者权益占投资资本的60%。

【考核要求】

试求用于评估该企业投资资本价值的资本化率。

■ 技能应用

1. 星海公司未来5年的预期利润总额分别为300万元、330万元、320万元、340万元、350万元，自第6年起利润总额固定在350万元。该企业前5年的税率为18%，自第6年起恢复为25%。评估人员认为该企业的折现率和资本化率均为10%。用分段法计算该星海公司的价值（计算结果以"万元"为单位，小数点后保留两位）。

2. 星海公司进行股份制改组，根据企业过去经营情况和未来市场形势，预测其未来5年的收益额分别是13万元、14万元、11万元、12万元和15万元。根据银行利率及经营风险情况，确定其折现率和资本化率分别为10%和11%。试采用年金法确定星海公司的整体价值。

【技能要求】

请对上述内容进行计算。

■ 案例分析

某被评估企业基本情况如下：

(1)该企业未来5年的预期利润总额分别为100万元、110万元、120万元、120万元、130万元，从第6年开始，利润总额将在第5年的基础上，每年比前一年度增长2%。

(2)该企业适用的所得税税率为25%。

(3)据调查，评估基准日社会平均收益率为9%，无风险报酬率为4%，被评估企业所在行业的基准收益率为9%，企业所在行业的平均风险与社会平均风险的比率(β)为1.2。

(4)被评估企业生产经营比较平稳，将长期经营下去。

【分析要求】

试评估该企业的净资产价值。

项目实训

【实训项目】

企业价值评估。

【实训内容】

企业价值评估的基本程序及评估方法的应用。

【实训目的】

掌握企业价值评估的方法并区别应用。

【实训反思】

(1)掌握企业价值评估的范围。

(2)掌握企业价值评估收益法的思路、适用范围和应用。

(3)掌握企业价值评估的市场法和成本法。

(4)将实训报告填写完整。

<table>
<tr><th colspan="3">《企业价值评估》实训报告</th></tr>
<tr><td>项目实训班级：</td><td>项目小组：</td><td>项目组成员：</td></tr>
<tr><td>实训时间：　　年　　月　　日</td><td>实训地点：</td><td>实训成绩：</td></tr>
<tr><td colspan="3">实训目的：</td></tr>
<tr><td colspan="3">实训步骤：</td></tr>
<tr><td colspan="3">实训结果：</td></tr>
<tr><td colspan="3">实训感言：</td></tr>
<tr><td colspan="3">不足与今后改进：</td></tr>
<tr><td colspan="3">项目组长评定签字：　　　　　　　　项目指导教师评定签字：</td></tr>
</table>

项目十二

资产评估报告与档案

○ **知识目标：**

理解：资产评估报告的基本概念和作用、资产评估档案的内容和管理与工作底稿的编制。

熟知：资产评估报告的作用和利益相关者对资产评估报告的使用。

掌握：资产评估报告的基本内容、种类和技术要点。

○ **技能目标：**

在掌握资产评估报告基本概念的基础上，熟知资产评估报告的编制步骤及其编制技术要点。

○ **素质目标：**

通过对本项目的学习，加强对资产评估报告的基本认识，明确资产评估报告的作用，了解国有资产评估报告的基本内容。把学和做有机结合，做到学思用贯通、知信行统一，提高自己的职业道德素养。

○ **项目引例：**

资产评估报告编制的事项

中发国际资产评估有限责任公司接受北京天桥青鸟科技股份有限公司的委托，依据国家有关资产评估的法律、法规和政策，本着独立、客观、公正、科学的原则，运用法定或公认的方法及程序，在四川君和会计师事务所审计的基础上，对北京天桥青鸟科技股份有限公司转让其持有的四川省广播电视网络有限责任公司25%的股权所涉及的全部资产及相关负债进行了评估。本公司评估人员在资产占有方有关人员的密切配合和大力协助下，对委估资产进行了实地察看与核对，同时进行了必要的市场调研与询证以及有必要实施的其他评估程序，对委估资产在2020年12月31日所表现出的市场价值作出了公允反映。本次评估的资产评估申报资料和资产产权证明文件由委托方和资产占有方提供，提供方对资料的真实性、合法性、完整性负责。

引例导学：上述提到的只是资产评估报告的一部分。那么，什么是资产评估报告？资产评估报告有什么作用？如何编制资产评估报告？要注意哪些问题？通过对本项目的学习，你将得到解答。

○ **知识精讲：**

任务一　资产评估报告概述

一、资产评估报告的概念及制度概述

资产评估报告是指资产评估机构及其资产评估专业人员遵守法律、行政法规和资产评估准则，根据委托履行必要的评估程序后，由资产评估机构对评估对象在评估基准日特定目的下的价值出具的专业报告。资产评估专业人员应当根据评估业务的具体情况，提供能够满足委托人和其他评估报告使用人合理需求的评估报告，并在评估报告中提供必要信息，使评估报告使用人能够合理理解评估结论。资产评估报告应当按照一定格式和内容进行编写，反映评估目的、假设、程序、标准、依据、方法、结果及适用条件等基本信息。

《国际资产评估准则》(IVS)、美国《专业评估执业统一准则》(USPAP)以及《英国皇家特许测量师学会评估专业准则》(RICS红皮书)对资产评估报告主要是从评估报告的要素和内容方面进行规范。我国2007年发布了《资产评估准则——评估报告》，并于2017年进行了修订，主要是从内容要求方面对评估报告进行规范。2008年发布的《企业国有资产评估报告指南》及2010年发布的《金融企业国有资产评估报告指南》均于2017年予以修订，是从国有资产评估报告的基本内容与格式方面，对评估报告的标题、文号、目录、声明、摘要、正文、附件、评估明细表和评估说明等进行规范。

二、资产评估报告的作用

从资产评估机构与评估专业人员的角度，资产评估报告主要有以下几个方面的作用：

第一，对委托评估的资产提供价值意见。资产评估报告是经具有资产评估资格的机构根据委托评估资产的特点和要求，组织由评估师及相应的专业人员组成的评估队伍，运用科学的方法对被评估资产价值进行评定和估算后，通过报告书的形式提出的价值意见。该价值意见不代表任何当事人一方的利益，是一种独立专家估价的意见，具有较强的公正性与客观性，因而成为委托评估资产作价的重要参考。

第二，资产评估报告是反映和体现资产评估工作情况，明确委托方、受托方有关方面责任的依据。资产评估报告用文字的形式，对受托资产评估业务的目的、背景、范围、依据、程序、方法等方面和评定的结果进行说明和总结，体现了评估机构的工作成果。同时，资产评估报告也反映和体现了受托资产评估机构与执业人员的权利与义务，并以此来明确委托方、受托方有关方面的法律责任。在资产评估现场工作完成后，评估机构和评估专业人员就要根据现场工作取得的有关资料和估算数据，撰写评估结果，向委托方报告。负责评估项目的评估师也同时在报告书上行使签字的权利，并提出报告使用的范围和评估结果实现的前提等具体条款。当然，资产评估报告也是评估机构履行评估协议和向委托方或有关方面收取评估费用的依据。

第三，对资产评估报告进行审核，是管理部门完善资产评估管理的重要手段。资产评估报告是反映评估机构和评估专业人员职业道德、执业能力水平以及评估质量高低和机构内部管理机构完善程度的重要依据。有关管理部门通过审核资产评估报告，可以有效地对评估机构的业务开展情况进行监督和管理。

第四，资产评估报告是建立评估档案、归集评估档案资料的重要信息来源。评估机构和评估专业人员在完成资产评估任务之后，都必须按照档案管理的有关规定，将评估过程中收集的资料、工作记录以及资产评估过程的有关工作底稿进行归档，以便进行评估档案的管理和使用。由于资产评估报告是对整个评估过程的工作总结，其内容包括评估过程中的各个具体环节与各有关资料的收集和记录，因此，不仅资产评估报告的底稿是评估档案归集的主要内容，撰写资产评估报告过程采用的各种数据、各个依据、工作底稿和资产评估报告制度中形成的有关文字记录等都是资产评估档案的重要信息来源。

三、资产评估报告的种类

资产评估报告可按不同的标准进行分类。

（一）按法律定位划分

评估机构开展涉及国有资产或者公共利益等事项，法律、行政法规规定需要评估的法定评估业务，所出具的评估报告为法定评估业务评估报告，比如国有资产评估报告，除此以外开展的评估业务所出具的评估报告为非法定评估业务评估报告。

（二）按评估对象划分

按资产评估对象，资产评估报告可分为整体资产评估报告和单项资产评估报告。对（企业、单位或业务等）整体资产进行评估所出具的资产评估报告称为整体资产评估报告；对一项资产，或若干项以独立形态存在、可以单独发挥作用或以个体形式进行销售的资产进行评估所出具的资产评估报告称为单项资产评估报告。尽管资产评估报告的基本格式是一样的，但因整体资产评估与单项资产评估在具体业务上存在一些差别，两者在报告的内容上也必然会存在差别。一般情况下，整体资产评估报告的报告内容不仅包括资产，也包括负债和股东（所有者权益）方面；而单项资产评估报告除在建工程外，一般不考虑负债和以整体资产为依托的无形资产等。

（三）按报告的繁简程度划分

按照评估报告的繁简程度，评估报告可以分为完整型评估报告、简明型评估报告和限制型评估报告。评估专业人员应在评估报告中明确说明评估报告的类型。

完整型评估报告、简明型评估报告、限制型评估报告三种评估意见的根本区别在于所提供的信息的详细程度不同。完整型评估报告与简明型评估报告之间的重要区别在于提供资料的详细程度。简明型评估报告应该包含对解决评估问题具有重要意义的信息予以概略说明。限制型评估报告是仅仅为委托人使用的。

（四）按评估基准日划分

根据评估基准日的不同选择，评估报告可以分为评估基准日为现在时点的现实性评估报告、评估基准日为未来时点的预测性评估报告、评估基准日为过去时点的追溯性评估报告。如某法院委托进行司法诉讼评估，法院欲了解诉讼标的在三年前某一时点的市场价值，委托评估机构进行评估，此时出具的评估报告即是追溯性评估报告。又如某银行发放抵押贷款，银行欲了解抵押物在两年后某一时点的市场价值，委托评估机构进行评估，此时出具的评估报告即是预测性评估报告。

四、资产评估报告的内容要求

根据资产评估报告准则，资产评估报告的主要内容通常包括标题及文号、目录、声明、摘要、正文、附件。

（一）资产评估报告声明

（1）本资产评估报告依据财政部发布的资产评估基本准则和中国资产评估协会发布的资产评估执业准则和职业道德准则编制。

（2）委托人或者其他资产评估报告使用人应当按照法律、行政法规规定和资产评估报告载明的使用范围使用资产评估报告；委托人或者其他资产评估报告使用人违反前述规定使用资产评估报告的，资产评估机构及资产评估专业人员不承担责任。

（3）资产评估报告仅供委托人、资产评估委托合同中约定的其他资产评估报告使用人和法律、行政法规规定的资产评估报告使用人使用；除此之外，其他任何机构和个人不能因得到资产评估报告而成为资产评估报告的使用人。

（4）资产评估机构及资产评估专业人员提示资产评估报告使用人应当正确理解评估结论，评估结论不等同于评估对象可实现价格，评估结论不应当被认为是对评估对象可实现价格的保证。

（5）资产评估机构及资产评估专业人员遵循独立、客观和公正的原则，遵守法律、行政法规和资产评估准则，并对所出具的资产评估报告依法承担责任。

（6）提醒资产评估报告使用人关注评估结论成立的假设前提、资产评估报告特别事项说明和使用限制。

（7）其他需要声明的内容。

（二）资产评估报告摘要

通常提供资产评估业务的主要信息及评估结论。

（三）资产评估报告正文

委托人及其他资产评估报告使用人；评估目的；评估对象和评估范围；价值类型；评估基准日；评估依据；评估方法；评估程序实施过程和情况；评估假设；评估结论；特别事项说明；资产评估报告使用限制说明；资产评估报告日；资产评估专业人员签名和资产评估机构印章。

（四）资产评估报告附件

评估对象所涉及的主要权属证明资料；委托人和相关当事人的承诺函；资产评估机构及签名资产评估专业人员的资格证明文件；资产评估汇总表或明细表。

任务二　国有资产评估报告的基本内容

一、国有资产评估报告的构成

国有资产评估报告主要包括企业国有资产评估报告、金融企业国有资产评估报告、文化企业国有资产评估报告、行政事业单位国有资产评估报告等。

根据资产评估报告准则，中国资产评估协会发布了《企业国有资产评估报告指南》和《金融企业国有资产评估报告指南》，分别对资产评估机构及资产评估师根据企业国有资产评估管理和金融企业国有资产管理的有关规定开展资产评估业务、编制和出具相关国有资产评估报告进行了规范。除了体现各自的业务和资产特点外，两个评估指南在基本内容和要求上具有较强的共性。现以《企业国有资产评估报告指南》为例进行介绍。

《企业国有资产评估报告指南》所指企业国有资产评估报告，由标题、文号、目录、声明、摘要、正文、附件、评估说明和评估明细表构成。

二、标题、文号、目录、声明和摘要

(一)标题、文号和目录

资产评估报告标题应当简明清晰,一般采用"企业名称+经济行为关键词+评估对象+资产评估报告"的形式。

资产评估报告文号包括评估机构特征字、种类特征字、年份、报告序号。

目录应当包括每一部分的标题和相应页码。

(二)评估报告声明

《企业国有资产评估报告指南》规定的评估声明的主要内容基本参考资产评估报告准则的要求。资产评估师需要注意的是,准则的要求仅是一般性声明内容,资产评估师在执行具体评估业务时,还应根据评估项目的具体情况,增加或细化声明内容。

(三)评估报告摘要

资产评估报告摘要应当简明扼要地反映经济行为、评估目的、评估对象和评估范围、价值类型、评估基准日、评估方法、评估结论及其使用有效期、对评估结论产生影响的特别事项等关键内容。对影响评估结论的特别事项,无需将评估报告正文中"特殊事项说明"的内容全部反映在评估报告摘要中,而应主要反映在已经确定评估结论的前提下,所发现的可能影响评估结论但非资产评估师执业水平和能力所能评定估算的有关重大事项。在资产评估实践中,对资产评估结论影响程度较大的判断标准,评估师可以根据事项本身的性质和事项影响评估结论的金额进行判断。例如,一笔涉诉的、正处于审理阶段的大额应收款项,评估报告出具日无法判断其可收回的可能性和收回的具体数额,尽管以账面值列示,但其存在较大的不确定性,应提醒评估报告使用人注意,所列示的账面值(评估值)不能替代未来的法院裁定结果。对评估结论影响重大、可能直接导致评估结论使用时不确定的"评估基准日期后重大事项",资产评估师也应在摘要中提醒报告使用人注意,评估结论未反映该期后事项的影响。

评估报告摘要应当采用下述文字提醒评估报告使用人阅读全文:"以上内容摘自资产评估报告正文,欲了解本评估项目的详细情况和合理理解评估结论,应当阅读资产评估报告正文。"该提示性文字旨在使资产评估报告使用人明晰,尽管摘要反映了评估报告的关键内容和主要信息,但它还不足以使评估报告使用者全面理解评估结论,因此需要提示评估报告使用人应当按照评估报告正文的内容正确理解评估报告和合理使用评估结论。

三、评估报告正文

(一)绪言

绪言一般采用包含下列内容的表述格式:

×××(委托人全称):

×××(评估机构全称)接受贵单位(公司)的委托,按照法律、行政法规和资产评估准则规定,遵循独立、客观和公正的原则,采用×××评估方法(评估方法名称),按照必要的评估程序,对×××(委托人全称)拟实施×××行为(事宜)涉及的×××(资产——单项资产或者资产组合、企业、股东全部权益、股东部分权益)在××××年××月××日的××价值(价值类型)进行了评估。现将资产评估情况报告如下。

(二)委托人、被评估单位(或者产权持有单位)和资产评估委托合同约定的其他资产评估报告使用人概况

1. 基本要求

(1)所有描述应客观、真实,并有依据来源,例如一些经营统计资料、获奖情况、行业地位、名次、排位等数据,因资产评估师并未对这些信息进行尽职调查和核查,原则上应在评估报告中谨慎出现;

(2)篇幅应适度,占评估报告的比重不宜过大;

(3)不得带有任何诱导、恭维和推荐的陈述,也不得出现评估机构介绍性内容;

(4)需简要说明本次评估所对应的经济行为。

2. 关于委托人、评估委托合同中约定的其他评估报告使用人

评估报告使用人通常根据委托人要求和法律法规规定,在评估委托合同中进行约定,并在评估报告中明确说明委托人以外的其他评估报告使用人。

评估报告中应当阐明委托人和其他评估报告使用人的身份,包括名称或类型。该名称可以是可确指的法人、自然人,如某某公司、某某自然人;也可以是不确指的一类群体。

3. 关于被评估单位(或者产权持有单位)

资产评估报告应当介绍评估对象的产权持有单位,当评估对象为股权或所有者权益等整体资产权益时,还需要介绍相应的被评估单位。

产权持有单位的完整表述为"评估对象的产权持有单位"。现行国有资产评估项目备案文件格式明确采用了这个提法。明确和介绍评估对象的产权持有单位,既是界定和明晰国有资产评估委托关系、满足资产评估报告披露的要求,也可以方便国有资产评估报告出具后备案文件的制作,满足国有资产评估项目备案的需要。

评估对象为股权或所有者权益等整体资产权益时,产权持有单位是指股权或所有者权益等整体资产权益的拥有者,与相关股权或所有者权益等对应的被投资单位则称为被评估单位。

4. 关于交叉持股的情形

在国有资产评估项目实践中,特别是企业价值评估项目实践中,存在交叉持股的现象,应当列示交叉持股图并简述交叉持股关系及是否属于同一控制的情形。存在关联交易的,应当说明关联方、交易方式等基本情况。

5. 关于繁简程度

委托人和评估委托合同约定的其他评估报告使用人概况介绍的内容要求比较简单,一般包括名称、法定住所及经营场所、法定代表人、注册资本及主要经营范围等。而对被评估单位(或者产权持有单位)的概况,区分企业价值评估和单项资产或者资产组合评估两种不同的业务,提出不同的繁简要求。

企业价值评估中,被评估单位(或者产权持有单位)概况一般包括:(1)名称、法定住所及经营场所、法定代表人、主要经营范围、注册资本、公司股东及持股比例、股权变更情况及必要的公司产权和经营管理结构、历史情况等;(2)近三年资产、财务、经营状况;(3)委托人与被评估单位(或者产权持有单位)之间的关系(如产权关系、交易关系)。

单项资产或者资产组合评估中,被评估单位(或者产权持有单位)概况一般包括名称、法定住所及经营场所、法定代表人、注册资本及主要经营范围等。委托人与被评估单位(或者产权持有单位)为同一企业的,按对被评估单位的要求编写。

（三）评估目的

资产评估是为满足特定经济行为的需要而进行的。资产评估特定目的贯穿于资产评估的全过程，影响着评估专业人员对评估对象的界定、价值类型的选择等，是评估专业人员进行具体资产评估时必须首先明确的基本事项。因此，评估目的总是依托于具体的经济行为。在资产评估实践中，引起资产评估的经济行为主要有资产转让、企业兼并、企业出售、企业联营、股份经营、中外合资（合作）、企业清算、担保、企业租赁、债务重组等。

《中华人民共和国企业国有资产法》、《企业国有资产评估管理暂行办法》等规定了涉及国有资产必须进行资产评估的情形。我国对国有资产评估项目对应的经济行为依法实施审批，其批准单位分别为国务院和各级人民政府、各级国有资产监督管理机构、中央企业及其各级子企业等。相应的经济行为文件是这些机构和单位按照权限签发的批复文件。执行相关资产评估业务，应当以相关经济行为批准文件或有效材料作为评估对应的经济行为文件。

资产评估师应当在评估报告中清晰、明确地说明评估目的、评估所对应的经济行为以及该经济行为获得批准的相关情况。

（四）评估对象和评估范围

1. 基本概念

对于企业价值评估，评估对象可以分为两类，即企业整体价值和股东权益价值（全部或部分）。与此对应的评估范围是评估对象涉及的资产及负债内容，包括房地产、机器设备、股权投资、无形资产、债权和债务等。将股东全部权益价值或股东部分权益价值作为评估对象，采用资产基础法或以被投资企业经营为基础采用收益法对其评估时，股东全部权益或股东部分权益对应的法人资产和负债属于评估范围，本身并不是评估对象。

对于单项资产评估，《金融不良资产评估指导意见》规定，金融不良资产评估业务中，根据项目具体情况和委托人的要求，评估对象可能是债权资产，也可能是用以实现债权清偿权利的实物类资产、股权类资产和其他资产。无形资产评估准则规定，无形资产评估分为单项无形资产评估和无形资产组合评估。《专利资产评估指导意见》规定，专利资产评估业务的评估对象是指专利资产权益，包括专利所有权和专利使用权。《专利资产评估指导意见》规定，执行专利资产评估业务，应当在要求委托人根据评估对象的具体情况和评估目的对专利资产进行合理的分离或者合并的基础上，恰当进行单项专利资产或者专利资产组合的评估。机器设备评估准则规定，机器设备的评估对象分为单台机器设备和机器设备组合对应的全部或者部分权益。单台机器设备是指以独立形态存在、可以单独发挥作用或者以单台的形式进行销售的机器设备。机器设备组合是指为了实现特定功能，由若干机器设备组成的有机整体。机器设备组合的价值不必然等于单台机器设备价值的简单相加。不动产资产评估准则规定，不动产评估对象可以是不动产对应的全部权益，也可以是不动产对应的部分权益。《实物期权评估指导意见》规定，执行涉及实物期权评估的业务涉及的实物期权主要包括增长期权和退出期权等。

企业国有资产评估报告说明评估对象时，应根据已经发布施行的相关评估准则中关于评估对象的规范，描述评估对象的相关信息。

2. 国有资产评估项目不同情形下的评估对象和评估范围

国有资产评估项目具体区分为企业价值评估项目和单项资产或者资产组合评估项目等不同的情形。

对单项资产或者资产组合评估项目，除按资产评估报告准则规定描述评估对象的法律权属状况、经济状况和物理状况等基本情况外，还需要对委托评估资产的数量内容，如土地面积、建筑物面积、设备数量、无形资产数量等情况进行描述，对评估对象和评估范围的信息披露内容应包括资产类型、规格型号、结构、数量、购置(生产)年代、生产(工艺)流程、地理位置、使用状况、企业名称、住所、注册资本、所属行业、在行业中的地位和影响、经营范围、财务和经营状况等，还应当特别了解有关评估对象权利受限状况。

对企业价值评估项目，在最终分析确定评估结论时，应当考虑国有资产评估项目管理对审计的要求、引用其他专业评估机构评估结论的情况等。

3. 评估对象和评估范围与经济行为的一致性

评估对象和评估范围与经济行为涉及的评估对象和评估范围一致，既是资产评估准则的要求，也是国有资产监督管理机构的基本要求。《企业国有资产评估管理暂行办法》(国资委令第 12 号)第十二条规定，凡需经核准的资产评估项目，企业在资产评估前应当向国有资产监督管理机构报告“资产评估范围的确定情况”。

《企业国有资产评估管理暂行办法》第十五条规定，企业提出资产评估项目核准申请时，应当向国有资产监督管理机构报送“与评估目的相对应的经济行为批准文件或有效材料”、“所涉及的资产重组方案或者改制方案、发起人协议等材料”、“与经济行为相对应的审计报告”。《企业国有资产评估管理暂行办法》第十六条规定，国有资产监督管理机构应当对“资产评估范围与经济行为批准文件确定的资产范围是否一致”进行审核。

企业价值评估报告应当说明“委托评估对象和评估范围与经济行为涉及的评估对象和评估范围是否一致，不一致的应当说明原因”。这要求资产评估师要反映企业出具的“关于进行资产评估有关事项的说明”中关于评估对象与评估范围的内容。

委托评估对象和评估范围与经济行为涉及的评估对象和评估范围的一致性，一般不应由资产评估师来确认，而是由委托人和相关当事人根据其经批准拟实施的经济行为确认并提供给评估机构。资产评估师一般应要求委托人和相关当事人在申报表或申报材料上以签名、盖章等符合法律规定的方式，确认评估对象和评估范围。

(五)价值类型和评估基准日

1. 价值类型

企业国有资产评估报告应当明确价值类型及其定义。选择市场价值以外的价值类型，还应当说明价值类型选择理由。例如，处于被迫出售、快速变现等非正常市场条件下的价值评估，以及机器设备、房屋建筑物或者其他有形资产等的拆零变现价值评估等，一般认为是可以采用市场价值以外的价值类型的。

2. 评估基准日

评估基准日的确定在资产评估实务中影响重大，评估基准日应根据经济行为的性质确定，并尽可能与评估目的的实现日接近。评估基准日由委托人确定，资产评估师可以根据专业经验提供建议。评估报告中应当披露评估基准日(含格式)以及确定评估基准日所考虑的主要因素。

(六)评估依据

1. 法律法规依据和评估准则依据

资产评估师应当根据与评估项目相关的原则，在评估报告中说明执行资产评估业务所遵循的具体法律法规和评估准则规范。

2. 权属依据

资产法律权属状况是个法律问题，对资产的所有权及其他与所有权相关的财产权进行界定或发表意见需要履行必要的法律程序，应当由具有相应专业能力的人士(如律师)或部门(如产权登记部门)来进行。

由于资产的价值与其法律权属状况有着密切关系，资产评估准则要求资产评估专业人员在执业过程中应当关注评估对象法律权属状况，收集评估对象的产权资料，对委托人和相关当事人提供的评估对象法律权属资料进行必要的核查和验证，并对资产评估专业人员履行相关资产评估程序情况、评估对象产权情况以及所存在瑕疵对评估结论和评估报告使用的影响等进行必要的披露。

《资产评估基本准则》还要求资产评估专业人员在评估报告中对评估对象的法律权属及其证明资料来源予以必要说明。

因此，资产评估师应当根据与评估项目相关的原则，在评估报告中说明执行资产评估业务所依托的评估对象的权属依据。

权属依据通常包括国有资产产权登记证书，投资人出资权益的证明文件，与不动产、知识产权资产、资源性资产及运输设备等动产相关的权属证书或其他证明文件，债权持有证明文件，从事特定业务所需的经营许可证书等。需要根据资产评估对象、资产评估项目涉及的具体资产类型等有针对性地选用。

3. 取价依据

评估报告应当说明执行资产评估项目采用的支持评估结论的取价依据。取价依据通常包括：

(1)企业提供的取价依据相关资料一般包括企业本身的财务会计和经营，资产购建、使用及管理等资料。

(2)国家有关部门发布的取价依据相关资料一般包括统计资料、技术标准和政策文件等资料。

(3)评估机构收集的取价资料，应当是除国家有关部门发布和企业提供的资料外，评估机构自行收集并依据的市场交易、专业资讯、研究分析等资料。

注意：由于统计口径不同等原因，不同部门发布同一指标的统计资料的结果可能存在差异，国家有关部门发布的政策文件也可能存在多次调整标准的情况。因此，评估取价依据应当列示相关资料的名称、提供或发布的单位及时间等信息。

4. 经济行为依据

资产评估报告应当说明执行资产评估项目所对应的经济行为依据。经济行为依据包括两个方面：一是有效批复文件；二是其他文件资料。

国有资产评估项目经济行为的有效批复文件，包括国务院、各级人民政府、国务院国有资产监督管理机构、地方国有资产监督管理机构、中央企业及其各级子企业等按照规定权限签发的经济行为批准文件。

经济行为的其他文件资料是可以说明经济行为及其所涉及的评估对象与评估范围的其他文件资料，包括：

(1)国有企业在诉讼过程中以及民事强制执行中，由人民法院委托资产评估机构评估涉诉国有资产价值的情形，人民法院出具的委托函；

(2)中央企业涉及经济行为决策的党组会议纪要；

(3)国有独资公司董事会决议，国有资本控股公司、国有资本参股公司股东会、股东大会或者董事会决议；

(4)资产转让、置换合同协议；

(5)人民法院发布的有关当事方的破产公告；

(6)可以说明经济行为及其所涉及的评估对象与评估范围的其他文件资料。

资产评估委托合同是资产评估机构评估执业的行为依据，不是与评估目的对应的“经济行为依据”。

注意：(1)评估依据的表述方式应当明确、具体，具有可验证性，使任何评估报告阅读者可以根据报告中披露的评估依据的名称、发布时间或文号找到相应的评估依据。例如，取价依据应披露为“××省建筑工程综合预算定额(××年)”，而不是“××省及××市建设、规划、物价等部门关于建设工程相关规费的规定”。(2)评估依据具有代表性，且在评估基准日是有效的。作为评估依据，应满足相关、合理、可靠和有效的要求。相关是指所收集的价格信息与评估对象具有较强的关联性；合理是指所收集的价格信息能反映评估对象的特点，不能简单地用行业或社会平均的价格信息推理具有明显特殊性质的资产价值；可靠是指经过对信息来源和收集过程的质量控制，所收集的资料具有较高的置信度；有效是指所收集的资料能够有效地反映评估基准日评估对象在模拟条件下可能的价格水平。

(七)评估方法

1. 基本披露要求

资产评估报告应当说明所选用的评估方法及其理由，披露评估方法运用实施的过程。

首先需简单说明总体思路和主要评估方法及适用原因；其次要按评估对象和所涉及的资产(负债)类型逐项说明所选用的具体评估方法。

采用成本法的，应介绍估算公式，并对所涉及资产的重置价值及成新率的确定方法作简要说明。

采用市场法的，应简单介绍参照物(交易案例)的选择原则、比较分析与调整因素等。

采用收益法等方法的，应介绍采用收益法的技术思路，主要测算方法、模型或计算公式，明确预测收益的类型以及预测方法与过程、折现率的选择和确定等情况。

2. 关于企业价值评估两种以上方法的披露

企业价值评估准则规定，对同一评估对象采用多种评估方法时，应当对各种初步评估结论进行分析，结合评估目的、不同评估方法使用数据的质量和数量，采用定性或者定量分析方式形成最终评估结论。《关于加强企业国有资产评估管理工作有关问题的通知》(国资委产权〔2006〕274号)规定，“涉及企业价值的资产评估项目，以持续经营为前提进行评估时，原则上要求采用两种以上方法进行评估，并在评估报告中列示，依据实际状况充分、全面分析后，确定其中一个评估结论作为评估报告使用结果”。《企业国有资产评估报告指南》规定，未采用两种以上评估方法进行评估的，评估报告应当披露其他基本评估方法不适用的原因或所受的操作限制。采用两种以上方法进行评估的，还应当说明评估结论确定的方法。

评估报告对评估方法、过程和主要参数确定的原则进行必要的说明，体现了国有资产评估项目的特点。从国有资产监管机构的角度来看，评估报告是通过评估机构签字盖章方式出具的、可以作为核准备案文件的依据。另外，评估报告也是国有资产交易各方进行交易决策的重要参考。因此，评估报告应当分别说明两种以上评估方法选取的理由和评估结论确定的方法。这主要包括两个方面的内容：

(1)企业价值评估报告应说明的是整体企业价值评估的两种以上方法及其选取的理由。其主要内容是说明评估方法选取的依据和理由、所选方法的总体思路和基本模型，以及在两个以上初步结果的基础上是如何得出最终评估结论的。在评估实践中，通常是在综合考虑不同评估方法和初步评估结果的合理性以及所使用数据的质量和数量的基础上，确定其中一个评估结果作为评估报告的评估结论。

(2)企业价值评估中采用两种以上评估方法对所涉及的长期股权投资的评估，也应当说明两种以上方法选取的理由以及评估结论确定的方法。同时，按长期股权投资清单，列示各股权两种以上评估方法以及确定最终评估结论的方法。

(八)评估程序实施过程和情况

评估报告应当说明自接受评估项目委托起至出具评估报告止的主要评估工作过程，一般包括以下内容：

(1)接受项目委托，确定评估目的、评估对象与评估范围、评估基准日，拟订评估计划等过程；

(2)指导被评估单位清查资产、准备评估资料，核实资产与验证资料等过程；

(3)选择评估方法、收集市场信息和估算等过程；

(4)评估结论汇总、评估结论分析、撰写报告和内部审核等过程。

评估报告中的评估过程内容，主要说明评估程序实施过程和评估的总体情况，而不是详细说明如何评估。

(九)评估假设

《资产评估基本准则》规定，资产评估专业人员执行资产评估业务，应当合理使用评估假设，并在评估报告中予以披露。资产评估报告准则规定，评估报告应当披露所使用的评估假设。《企业国有资产评估报告指南》遵循了上述准则的原则规范要求，规定“资产评估报告应当说明资产评估所使用的假设”。

(十)评估结论

《企业国有资产评估报告指南》规定，资产评估报告应当以文字和数字形式清晰说明评估结论。评估结论通常是确定的数值。境外企业国有资产评估报告的评估结论可以用区间值表达。具体要求包括：

1. 评估结论的表达方式

国有资产评估报告结果的表达方式：应当依据评估结论在国有资产交易领域中的作用，满足国有资产管理的需要。

国有资产监督管理机构下达的资产评估项目核准文件和经国有资产监督管理机构或所出资企业备案的资产评估项目备案表，是企业办理产权登记、股权设置和产权转让等相关手续的必备文件。《企业国有资产评估管理暂行办法》(国资委第 12 号令)规定：“企业进行与资产评估相应的经济行为时，应当以经核准或备案的资产评估结论为作价依据，当交易价格低于评估结论的 90％时，应当暂停交易，在获得原经济行为批准机关同意后方可继续交易。”国务院国有资产监督管理委员会同财政部联合发布的《企业国有产权转让管理暂行办法》第十三条规定：“在清产核资和审计的基础上，转让方应当委托具有相关资质的资产评估机构依照国家有关规定进行资产评估。评估报告经核准或者备案后，作为确定企业国有产权转让价格的参考依据。在产权交易过程中，当交易价格低于评估结论的 90％时，应当暂停交易，在获得相关产权转让批准机构同意后方可继续进行。”《中华人民共和国企业国有资产法》第四十二条规定：“企业改制应当按照规定进行清产核资、财务审计、资产评估，准确界定和核实资产，客观、公正地确定资产的价值。企业改制涉及以企业的实物、知识产权、土地使用权等非货币财产折算为国有资本出资或者股份的，应当按照规定对折价财产进行评估，以评估确认价格作为确定国有资本出资额或者股份数额的依据，不得将财产低价折股或者有其他损害出资人权益的行为。”《中华人民共和国企业国有资产法》第五十五条规定：“国有资产转让应当以依法评估的、经履行出资人职责的机构认可或者由履行出资人职责的机构报请本级人民政府核准的价格作为依据，合理确定最低转让价格。”从这一系列规定中不难看出，作为企业国有资本出资额或者股份数额的依据（评估确认价格），都要求评估结论是一个确定的数值。因此，企业国有资产评估要求评估结论通常是确定的数值。《企业国有资产评估项目备案工作指引》对境外评估或估值报告的评估结论采用区间值的，要求应当在区间之内确定一个最大可能值，并说明确定依据。

《金融企业国有资产评估报告指南》也规定，特殊情况下，在与经济行为相匹配的前提下，评估结论可以用区间值表示，同时给出确定数值评估结论的建议。《金融不良资产评估指导意见》规定，债权资产价值分析结论可以是明确的数值，也可以是区间值，采用区间值时应当确信区间值的合理性并予以充分说明。

2. 企业价值评估和单项资产（或者资产组合）评估结论披露的不同要求

采用资产基础法进行企业价值评估，应当以文字形式说明资产、负债、所有者权益（净资产）的账面价值、评估价值及其增减幅度，并同时采用评估结论汇总表反映评估结论。这是为了满足国有资产评估项目监管需要。资产评估结论表是国有资产评估项目备案表的主要内容之一。它不但清晰地说明了评估的主要资产类型，也说明了评估前后企业账面价值的变动情况，国有资产有关监管方可以很直观地据此编制相关批复文件。

单项资产或者资产组合评估应当以文字形式说明账面价值、评估价值及其增减幅度。

3. 采用两种以上方法进行企业价值评估的披露要求

采用两种以上方法进行企业价值评估的，除单独说明评估价值和增减变动幅度外，应当说明两种以上评估方法结果的差异及其原因和最终确定评估结论的理由。

（十一）特别事项说明

资产评估报告应当说明评估程序受到的限制、评估特殊处理、评估结论瑕疵等特别事项以及期后事项，通常包括下列内容：

1. 引用其他机构出具报告结果的披露要求

近年来，国有资产评估项目，尤其是中央企业改制评估项目，同时委托资产评估机构、土地估价机构和矿业权评估机构以同一个评估基准日对企业重组改制设立公司行为涉及的资产、土地使用权和矿业权进行评估，然后由资产评估机构汇总评估结论的实际情况普遍存在。在汇总时，有的进行了调整，如房地合一评估时，不汇总土地估价机构报告相应的土地评估价值；有的直接汇总，情况较为复杂。国有资产监督管理机构十分关注资产评估机构如何引用、引用中做出了哪些调整等信息。

资产评估引用其他机构评估结论的现象，是由我国评估行业的管理体制所决定的。资产评估报告应当披露引用其他机构出具报告结论的情况，并说明承担引用不当的相关责任。

2. 权属资料不全面或者存在瑕疵的情形

存在评估对象法律权属瑕疵和设定产权前提进行评估时，应披露的内容为：第一，说明法律权属瑕疵和设定产权前提的事实；第二，说明本次评估处理的方法及处理结果；第三，说明此种处理可能产生的后果；第四，提出企业做出的承诺和声明的责任；第五，资产评估师披露此种处理不影响评估结论的合理性。所有披露内容不应与企业出具的相关承诺函的内容相矛盾。

3. 评估程序受到限制的情形

在国有资产评估项目中，经常会遇到因客观原因无法进行实地勘查的情形，通常有：

(1)资产性能、资产放置地点限制现场清查，如地下深埋管线、空中架设输配电线路、生产过程中的在产品、异地置放资产、分散分布的资产等。

(2)涉及商业、国家秘密限制现场清查，如军工企业存货等。

(3)清查技术手段限制现场清查，如空中架设输配电线路的长度和材质检测、输油管道中的存货盘点、环境危害性和合规性鉴定、建筑结构强度测定、建筑面积测量、房屋建筑物沉降测试、白蚁蚁害检测、危房鉴定等事项。

(4)诉讼保全限制，如法院查封的资产等。

存在特殊的资产置放方式时，应披露的内容为：首先，说明特殊的资产置放方式、资金金额和占总资产的比例以及采取的清查方法；其次，说明这种处理对评估结论的影响及其程度；最后，说明此种处理不影响评估结论的合理性。

4. 评估资料不完整的情形

例如，权属等主要资料不完整或存在瑕疵等。

5. 评估基准日存在的法律、经济等未决事项

评估基准日存在的法律、经济等未决事项主要是重大合同、重大诉讼等事项。存在影响资产状况从而影响资产评估价值的重大合同、重大诉讼事项对整个评估结论构成实质性的影响时，应披露的内容为：首先，说明重大合同、重大诉讼事项的情况；其次，说明本次评估处理的方法及处理结果；再次，说明此种处理可能产生的后果；最后，提出此种处理的责任。所有披露内容不应与事实相矛盾。

6. 关于担保、租赁及其或有负债(或有资产)的披露

担保、租赁及其或有负债(或有资产)等都有可能对企业价值以及参考企业价值确定交易价格产生影响，但该等事项在经济行为实现时、实现后的状况无法预知，也无法估计其对企业价值的影响程度，不是资产评估师执业水平和能力所能评定估算的有关事项。评估报告应当说明该类事项的性质、金额及与评估对象的关系，并提示评估报告使用人注意该事项对评估结论可能产生的影响。

7. 关于期后事项的披露

资产评估中的期后事项，通常是指评估基准日至评估报告日之间发生的、可能对评估结论产生影响的事项。例如国家调整税收政策、中央银行调整存贷款利率等，都会对评估结论产生影响。

资产评估师应当在切实可行的情况下，在评估报告中充分披露“评估报告评估基准日期后重大事项”，说明其内容，估计其对资产价值的影响；如无法作出估计，应当说明其原因。

8. 关于经济行为对评估结论的影响

某些情况下，企业拟实施经济行为的进度和安排与评估工作的进度和安排衔接不紧密，可能影响到评估工作甚至评估结论。因此，《企业国有资产评估报告指南》要求披露本次资产评估对应的经济行为中，可能对评估结论产生重大影响的瑕疵情形。

例如，某企业重组改制评估项目，根据经济行为实施的安排，在股份公司设立前，将全部纳入改制范围的房屋土地办理产权证，但在评估报告出具时，部分房产和土地仍未办理产权证。该部分房产、土地在办理产权证时，可能与评估申报的信息不同，从而影响评估结论。

9. 总体要求

评估报告应当说明对特别事项的处理方式、特别事项对评估结论可能产生的影响，并提示

评估报告使用人关注其对经济行为的影响。

对于客观存在的特殊事项，资产评估师不同的处理方式对报告使用人的决策有直接影响。例如，房屋所有权所载明的面积与实际面积不一致时，实务中存在按实际面积或按证载面积处理两种不同的方式，根据单位面积估算房屋价值也会因此而不同。尽管资产评估处理的一般原则是根据证载面积确定评估价值，但当企业按测绘机构测量的面积重新确权，并正在办理房屋所有权证时，资产评估师可以按照测绘机构测量的面积进行估算；当企业申报的面积明显比证载面积更为符合实际情况时，也可以按申报的面积确定其评估价值。但不论进行何种合理的处理，资产评估师都应当对事项本身以及对事项的处理方式作出说明，以使报告使用人全面了解评估信息。

（十二）资产评估报告使用限制说明

除按照资产评估报告准则的相关要求，企业国有资产评估报告应当关注以下几点：

1. 关于评估报告的法律效力

根据现行国有资产管理制度，国有资产评估报告需要经核准或备案后，与核准文件、备案表一起使用。国有资产监督管理机构对企业报送的资产评估报告和有关材料进行审核后，对符合规定条件的，按规定下达核准文件。核准文件是相关经济行为中涉及资产和产权价值的确认文件，是国有资产产权交易重要的参考，也是企业办理产权登记、股权设置等相关手续的必备文件。国有资产评估项目备案表是企业依法履行法定资产评估的有效证明，是相关经济行为中涉及资产和产权价值的确认文件，是国有资产产权交易的重要参考，也是企业办理产权登记、股权设置等相关手续的必备文件。国有资产评估报告是“核准文件”和“备案表”形成的基础文件，但最终直接作为交易参考和企业办理产权登记、股权设置等使用的并不只是国有资产评估报告，还应包括报告的“核准文件”和“备案表”。

2. 关于评估程序受限时评估报告的使用限制

在评估程序受限的情况下，评估结论所依赖的假设条件具有重要作用。例如，资产性能的限制、存放地点的限制、诉讼保全的限制、技术性能的局限、商业或国家秘密的局限等均对现场勘查产生影响，因此，评估报告应当披露因评估程序受限造成的评估报告的使用限制。

3. 关于报告的摘抄、引用和披露

考虑国有资产评估项目管理的要求以及现行有关评估报告信息摘抄、引用和披露的其他规范，《企业国有资产评估报告指南》规定，未征得出具资产评估报告的资产评估机构同意，资产评估报告的内容不得被摘抄、引用或者披露于公开媒体，法律、行政法规规定以及相关当事人另有约定的除外。

4. 关于使用人和使用范围

评估报告仅供委托人、评估委托合同中约定的其他评估报告使用人和国家法律、行政法规规定的评估报告使用人使用；除此之外，任何机构和个人不能由于得到评估报告而成为评估报告的使用人。

委托人或者评估报告使用人应当按照法律规定和评估报告载明的使用范围使用评估报告；委托人或者评估报告使用人违反前述规定使用评估报告的，资产评估机构及资产评估师不承担责任。

5. 关于评估结论的理解和使用有效期

评估报告使用人应当正确理解评估结论，评估结论不等同于评估对象可实现的价格，评估结论不应当被认为是对评估对象可实现价格的保证。委托人或者评估报告使用人应当在评估报告载明的评估结论的使用有效期内使用报告。

（十三）资产评估报告日和签名盖章

资产评估报告应当载明资产评估报告日。资产评估报告日通常为评估结论形成的日期，可以不同于资产评估报告的签发日。

资产评估报告正文应当由至少两名承办该评估业务的资产评估师签名，并加盖资产评估机构印章。声明、摘要和评估明细表上通常不需要另行签名盖章。

四、评估报告附件

（一）评估报告附件的内容

（1）与评估目的相对应的经济行为文件；

（2）被评估单位专项审计报告；

（3）委托人和被评估单位法人营业执照；

（4）委托人和被评估单位（或者产权持有单位）产权登记证；

（5）评估对象涉及的主要权属证明资料；

（6）委托人和相关当事人的承诺函；

（7）签名资产评估师的承诺函；

（8）资产评估机构资格证书；

（9）资产评估机构法人营业执照副本；

（10）负责该评估业务的资产评估师资格证明文件；

（11）资产评估委托合同；

（12）其他重要文件。

（二）基本要求

（1）评估报告附件内容应当与本评估项目的评估目的、评估方法、评估结论相关联。评估报告附件应当列示与评估目的对应的经济行为文件和资产评估委托合同、与实际相符的评估主体合法有效的资格文件、与评估对象一致的相关资产的权属文件资料、评估中实际所依据的重要的取价依据文件资料。

（2）评估报告附件的签章应当清晰、完整。附件为复印件的，应当与原件一致。

（3）附件的相关内容应当与评估报告的摘要、正文一致。例如，所附经济行为文件描述的相关资产处置方案是确立评估范围的依据。又如，企业价值评估所附评估基准日会计报表账面数据应当与评估范围一致等。

（三）关于审计报告作为附件的要求

审计报告不仅是企业申请备案核准的必报资料之一，而且是评估工作的基础依据。《企业国有产权转让管理暂行办法》（财政部、国资委令第 3 号）规定："在清产核资和审计的基础上，转让方应当委托具有相关资质的资产评估机构依照国家有关规定进行资产评估。"《企业国有资产评估管理暂行办法》（国资委令第 12 号）规定，企业提出资产评估项目核准申请时，应当向国有资产监督管理机构报送"与经济行为相对应的审计报告"。《关于加强企业国有资产评估管理工作有关问题的通知》（国资委产权〔2006〕274 号）规定，对企业进行价值评估，企业应当提供与经济行为相对应的评估基准日审计报告。同时该文件附件"国有资产评估项目备案表"、"接受非国有资产评估项目备案表"填报说明中提出，"当评估对象为企业产权（股权）时，账面价值应当为审计后账面值"。根据国有企业改制的相关规定，在资产评估前，应聘请有资格的中介机构进行独立的财务审计。

企业价值评估准则提出，“企业价值评估中的资产基础法，是指以被评估单位评估基准日的资产负债表为基础，合理评估表内及可识别的表外各项资产、负债价值，确定评估对象价值的评估方法”。从中可以看出，采用资产基础法进行企业价值评估，其评估对象是企业各项资产和负债。其中，资产和负债的确认和计量是否符合会计准则和相关会计规范，是需要由注册会计师发表审计意见的。企业价值评估是建立在审计基础上的，注册会计师通过合规性和真实性审计以确定资产的账面价值，企业价值评估的资产范围也因此确定。资产基础法的评估结论也是通过资产负债表的形式表示的。因此，有关资产和负债账面记录的合规性、真实性等的财务会计资料，是表明资产评估范围极其重要的依据之一，同时它们也有助于资产评估师合理规避评估执业风险。

国有企业改制设立公司，通常情况下，财务审计的对象包括改制企业母公司及所属境内外全资子企业、控股子企业以及其他需要审计的企业、单位。审计的内容为改制企业（包括其下属子企业）一定期限内的会计报表。受托会计师事务所在对改制企业（包括其下属子企业）的财务状况、经营成果、现金流量、资产质量等基本经营情况进行全面审计的基础上，形成审计结论，对企业编制的会计报表及其附注发表客观、公正的审计意见。

改制审计报告是改制方案的依据，是改制资产评估的基础，未经审计不得实施改制资产评估。审计报告除一定程度上是评估的对象和范围依据外，还对主要报表项目在比较会计期间的重大变动情况作出说明。资产评估师利用审计报告时，需关注审计报告披露的可能对评估处理产生重要影响的相关事项，包括：土地使用权、探矿权、采矿权等重大资产使用或处置情况说明；改制过程中涉及的债权债务处置等重大事项的说明；改制企业应付工资、应付福利费、职工教育经费余额的处理情况；企业改制清产核资清查出的损失的处理情况及各项资产减值准备计提情况的说明；按照国家有关规定计提的各项资产减值准备的政策依据、披露以及资产减值准备的财务核销情况的说明等。

因此，《企业国有资产评估报告指南》规定：“按照法律、行政法规规定需要进行专项审计的，应当将企业提供的与经济行为相对应的评估基准日专项审计报告（含会计报表和附注）作为资产评估报告附件。”

（四）关于引用其他机构报告附件的处理

《企业国有资产评估报告指南》规定：“如果引用其他机构出具的报告结论，根据现行有关规定，所引用的报告应当经相应主管部门批准（备案）的，应当将相应主管部门的相关批准（备案）文件作为评估报告的附件。”比如，与评估经济行为相关的划拨土地使用权处置等土地使用权估价报告、矿业权价款处置等矿业权评估报告需经相关国土资源行政主管部门备案，需将已取得的相关批准（备案）文件作为评估报告的附件。

五、评估说明

（一）评估说明的构成

评估说明包括评估说明使用范围声明、委托人和被评估单位（或者产权持有单位）编写的《企业关于进行资产评估有关事项的说明》和资产评估师编写的《资产评估说明》。

评估说明使用范围声明，应当写明评估说明使用单位或部门的范围及限制条款。

委托人和被评估单位（或者产权持有单位）可以共同编写或者分别编写《企业关于进行资产评估有关事项的说明》。委托人单位负责人和被评估单位（或者产权持有单位）负责人应当对所编写的说明签名、加盖相应单位公章并签署日期。《企业关于进行资产评估有关事项的说明》包括以下内容：一是委托人、被评估单位（或者产权持有单位）各自概况；二是关于经济行为的说明；三是关于评估对象与评估范围的说明；四是关于评估基准日的说明；五是可能影响评估工作的重大事项说明；六是资产负债情况、未来经营和收益状况预测说明；七是资料清单。

《资产评估说明》是对评估对象进行核实、评定估算的详细说明，主要包括以下内容：一是评估对象与评估范围说明；二是资产核实总体情况说明；三是评估技术说明；四是评估结论及分析。

（二）评估对象与评估范围说明

1. 基本内容

评估对象与评估范围说明的内容包括三个方面：委托评估的评估对象与评估范围；委托评估的资产类型、账面金额；委托评估的资产权属状况（含应当评估的相关负债）。说明的具体编写，应当注意下列几种情况：

（1）评估对象与评估范围为非股权单项资产或者资产组合时，应简要介绍具体内容，如资产的类型、数量、特征及相关权属状况，以便报告使用人简明了解。

（2）评估对象为企业价值时，评估范围如包含下属独立核算企业，应介绍公司产权、管理架构图，按母公司会计核算口径简要介绍各级次报表单位，涉及多家单位时应以列表方式介绍。

（3）对于与评估对象存在密切关系而不在评估范围内的资产，应予特别说明，如房屋构筑物所占用的土地情况及是否在评估范围内等。

（4）如委托人另行委托其他专业评估机构对土地使用权、矿业权等资产进行评估，应对此事项进行说明，同时应关注其所出具报告中评估对象的价值定义；当评估对象存在土地出让金、矿业权价款等预计负债时，需根据经济行为方案内涵所确定的拟支付主体，恰当考虑本评估范围是否应包括这部分负债。

（5）关于委托评估的资产账面价值，应特别说明是否经过审计以及所发表的审计意见类型及简要情况。

（6）资产权属状况应重点介绍评估范围内房产、土地、矿业权等办证情况。

评估对象与评估范围说明应当根据企业价值评估、单项资产或者资产组合评估的不同情况，确定内容的详略程度。

2. 实物资产的分布情况及特点

对实物资产的分布情况及特点的说明应包括实物资产的类型、数量、分布情况和存放地点，实物资产的技术特点、实际使用情况、大修理及改扩建情况等。具体编写应做到：

（1）实物资产说明原则是首先总体介绍分类情况，在此前提下重点介绍各类资产构成情况，在各类资产中突出介绍有代表性的、价值量大的资产。

（2）评估对象与评估范围为单项资产时，直接介绍具体情况。对资产组合的介绍，应体现先分类再具体的原则。

（3）评估对象为企业价值，评估范围为单一企业、无下属单位，其说明应体现先分类再具体的原则；评估范围包括多级下属单位时，应分别介绍各单位情况。

（4）对固定资产的技术特点、实际使用情况、大修理及改扩建情况等，应选择有代表性的、价值量大的资产介绍。

3. 企业申报的账面记录或者未记录的无形资产情况

评估对象为企业价值时，应说明企业账面记录或者未记录的无形资产情况，对于企业实际存在的、账面未记录的专利或非专利技术等无形资产，应介绍其评估基准日的基本情况及形成过程。

4. 企业申报的表外资产(如有申报)的类型、数量

应说明企业申报的表外资产的类型、数量等，并介绍其在评估基准日的基本情况及形成过程以及企业提供的相关资产权属资料。

5. 引用其他机构出具的报告的结果所涉及的资产类型、数量和账面金额(或者评估值)

对资产组合或者企业价值评估项目，企业已另行委托其他机构对经济行为涉及的部分资产进行评估，资产评估报告引用其他机构出具的报告的结论时，应当详细说明所涉及的资产类型、数量和账面金额(或者评估值)；同时应当说明所引用其他机构出具的报告载明的评估范围、评估目的、评估基准日以及评估报告的批准情况。

(三)资产核实总体情况说明

资产核实总体情况说明通常包括人员组织、实施时间、核实过程、影响事项及处理方法、核实结论。

1. 资产核实人员组织、实施时间和过程说明

主要说明参加资产评估工作核实的人员情况、人员专业和地域分组情况、时间进度以及核实的总体过程。

资产核实的过程，通常可分为现场核实工作准备阶段和现场核实工作阶段。现场核实工作准备阶段主要包括审核企业申报的明细表、安排调整完善现场工作计划、进入现场前的准备工作、选择适当的进场时间。现场核实工作阶段主要说明评估专业人员进行的询问、函证、核对、监盘、勘查、检查等工作情况，并说明获取评估业务需要的基础资料、了解评估对象现状、关注评估对象法律权属等总体过程。

2. 影响资产核实的事项及处理方法

影响资产核实的事项一般包括资产性能的限制、存放地点的限制、诉讼保全的限制、技术性能的局限、涉及商业秘密和国家秘密，以及评估基准日正在进行的大修理、改扩建情况等。对于不能采用现场调查方式直接核实的资产，应当说明原因、涉及范围及处理方法。

通常情况下，对于因资产性能的限制(如输配电线路资产、地下管线资产等)而影响资产核实的事项，应当说明对资产是否存在、存在状态、权属资料三个方面采取的措施。对资产技术状态，应说明查阅技术档案、检测报告、运行记录等历史资料情况以及是否利用专业机构的检测结果对资产技术状态作出判断。

对于因存放地点的限制(如分布十分广泛的固定资产、工艺流程中的在产品等)而影响资产核实的事项，应当说明对资产是否存在、存在状态、权属资料三个方面采取的措施。如检查资产负债表日后发生的销货交易凭证、账务处理凭证、相关资产管理凭证及台账，向使用者、存放地、购货顾客或供应商的函证以及获取的实物照片等。

对于因诉讼保全的限制而影响资产核实的事项，如查封资产，应当说明对资产是否存在、存在状态、权属资料三个方面采取的措施。例如，向相关部门的函证、获取的实物照片等。

对于因涉及商业秘密和国家秘密而影响资产核实的事项，应当说明对资产是否存在、存在状态、权属资料三个方面采取的措施。例如，收集可以证明资产运行情况和能够为企业产生相关收益的文件。对资产技术状态，应说明查阅技术档案、检测报告、运行记录等历史资料情况以及是否利用专业机构的检测结果对资产技术状态作出判断。

对于因评估基准日正在进行的大修理、改扩建而影响资产核实的事项，应当说明对资产是

否存在、存在状态、权属资料三个方面采取的措施。例如，收集证明资产运行情况和能够为企业产生相关收益的文件，收集大修理、改扩建设计(或类似文件)的情况。

如果采用抽样方法对资产进行核实，应当说明所采取的抽样方法，并说明抽样方法对作出“是否存在、存在状态”总体判断结果的可靠性。

采取任何非现场核查方法，均应在此部分作说明。

3. 核实结论

核实结论应当说明资产核实结果是否与账面记录存在差异及其程度。通常核实结果不应与账面记录有差异，在审计评估同时进行的项目中，对于不一致的情形，应当要求被评估单位作出解释，查明情况后在评估值中作处理。也可以根据评估实物清查的结果，与企业、审计师协调进行追溯至评估基准日的调整，以做到账、表、实相符。

对权属资料不完善的，应说明查验权属资料的截止日，并说明企业提供的有关权属证明的情况。

对企业申报的账外资产，应说明核实情况、相关当事人确认的情况。

(四)评估技术说明

评估技术说明应当考虑不同经济行为和不同评估方法的特点，介绍评定估算的思路及过程。

1. 评估技术说明的体例

(1)评估对象与评估范围为非股权单项资产及资产组合的，应按照资产的类型及特征、评估目的及选择的价值类型，结合评估对象的清查核实情况及相关资料的收集情况，分别介绍各类资产评估方法、作价依据及各主要参数的确定过程；在各类资产中，选取有代表性的典型案例揭示评估值的确定过程；最后，说明各类资产的评估结论及变动原因分析。

(2)评估对象为企业价值的，应按照企业特点、评估目的及选择的价值类型，结合评估对象的清查核实情况及相关资料的收集情况，全面介绍评估方法、作价依据及各主要参数的确定过程；对各项资产及负债，按明细表中会计科目分类，分别选取有代表性的评估案例，揭示该科目中各类资产评估值的确定过程；最后，说明各项资产和负债的评估结论及变动原因分析。

(3)评估范围如存在会计并表核算单位(含全资、控股子公司及非法人独立会计主体)，应以母公司评估说明为主体，对会计并表核算单位应按所属级次，分别以说明附件方式介绍。

2. 成本法(或资产基础法)评估说明

采用成本法评估单项资产或者资产组合、采用资产基础法评估企业价值，应当根据评估项目的具体情况以及资产负债类型编写评估技术说明。各项资产负债评估技术说明应当包含资产负债的内容和金额、核实方法、评估值确定的方法和结果等基本内容。

3. 收益法评估说明

采用收益法进行企业价值评估，应当根据行业特点、企业经营方式和所确定的预期收益口径以及评估的其他具体情况等编写评估技术说明。企业的资产、财务分析和调整情况以及评估方法运用实施过程说明通常包括以下内容：

(1)收益法的应用前提及选择理由和依据；

(2)收益预测的假设条件；

(3)企业经营、资产、财务分析；

(4)收益模型选择理由及基本参数说明；

(5)收益期限及明确预测期的说明；

(6)收益预测的说明；

(7)折现率的确定说明；

(8)预测期后价值确定说明；

(9)其他资产和负债评估说明；

(10)评估价值。

4. 市场法评估说明

采用市场法进行企业价值评估，应当根据行业特点、被评估企业实际情况以及上市公司比较法或者交易案例比较法的特点等编写评估技术说明。企业的资产、财务分析和调整情况以及评估方法运用实施过程说明通常包括以下内容：

(1)具体方法、应用前提及选择理由；

(2)企业经营、资产、财务分析；

(3)分析选取确定可比企业或交易案例的说明；

(4)价值比率的选择及因素修正说明；

(5)评估对象价值比率的测算说明；

(6)评估价值。

(五)评估结论及分析

1. 评估结论

采用两种或两种以上方法进行企业价值评估时，应当说明不同评估方法结论的差异及其原因和最终确定评估结论的理由。对于存在多家被评估单位的情况，应当分别说明其评估价值。对于不纳入评估汇总表的评估结论，应当单独列示。

2. 评估价值与账面价值比较变动情况及说明

比较评估价值与账面价值，首先应详细说明账面价值与评估价值的构成要素，将不可比的因素剔除，进而说明构成要素中同一要素的变化幅度及理由。

3. 折价或者溢价情况

股东部分权益的价值并不必然等于股东全部权益价值与股权比例的乘积，因为在某些情况下，同一企业内不同股东的同等股份权益的价值可能会不相等。如果考虑了控股权和少数股权等因素产生的溢价或折价，应当说明溢价与折价测算的方法，对其合理性作出判断。

六、评估明细表

(一)基本要求

评估明细表可以根据《企业国有资产评估报告指南》的基本要求和企业会计核算所设置的会计科目，结合评估方法特点进行编制。

(1)单项资产或者资产组合评估、采用资产基础法进行企业价值评估，评估明细表包括被评估资产负债会计科目的评估明细表和各级汇总表。

(2)采用收益法进行企业价值评估，可以根据收益法评估参数和盈利预测项目的构成等具体情况，设计评估明细表的格式和内容。

(3)采用市场法进行企业价值评估，可以根据评估技术说明的详略程度，决定是否单独编制符合市场法特点的评估明细表。

(二)格式和内容要求

1. 资产、负债会计科目的评估明细表格式和内容基本要求

(1)表头应当含有资产或负债类型(会计科目)名称、被评估单位(或者产权持有单位)、评估基准日、表号、金额单位、页码。

(2)表中应当含有资产或负债的名称(明细)、经营业务或者事项内容、技术参数、发生(购、建、创)日期、账面价值、评估价值、评估增减幅度等基本内容。必要时,在备注栏对技术参数或者经营业务、事项情况进行注释。

(3)表尾应当标明被评估单位(或者产权持有单位)填表人员、填表日期和评估专业人员。

(4)评估明细表按会计明细科目、一级科目逐级汇总,并编制资产负债表(方式)的评估汇总表及以人民币万元为金额单位的评估结果汇总表。

(5)会计计提的减值准备在相应会计科目(资产或负债类型)合计项下和相关科目汇总表中列示。

(6)评估结果汇总表应当按以下顺序和项目内容列示:流动资产、非流动资产、资产总计、流动负债、非流动负债、负债总计、净资产等类别和项目。

2. 采用收益法中的现金流量折现法进行企业价值评估

评估明细表通常包括以下内容:

(1)资产负债表、利润调整表(如果有调整时);

(2)现金流量测算表;

(3)营业收入预测表;

(4)营业成本预测表;

(5)税金及附加预测表;

(6)销售费用预测表;

(7)管理费用预测表;

(8)财务费用预测表;

(9)营运资金预测表;

(10)折旧摊销预测表;

(11)资本性支出预测表;

(12)折现率计算表;

(13)溢余资产和非经营性资产分析表。

收益法评估明细表表头应当含有评估参数或预测项目名称、被评估单位(或者产权持有单位)、评估基准日、表号、金额单位等。

此外,被评估单位(或者产权持有单位)为两家以上的,评估明细表应当按被评估单位(或者产权持有单位)分别归集,自成体系。

任务三 资产评估报告的编制与使用

一、资产评估报告的编写步骤

(一)整理工作底稿和归集有关资料

资产评估现场工作结束后,有关评估专业人员必须着手对现场工作底稿进行整理,按资产的性质进行分类。同时对有关询证函、被评估资产背景资料、技术鉴定情况和价格取证等有关材料进行归集和登记。对现场未予确定的事项,还需进一步落实和核查。这些现场工作底稿和有关资料都是编制资产评估报告的基础。

（二）评估明细表的数字汇总

在完成现场工作底稿和有关资料的归集任务后，评估专业人员应着手评估明细表的数字汇总。评估明细表的数字汇总应根据明细表的不同级次，先进行明细表汇总，然后分类汇总，再到资产负债表式的汇总。在数字汇总过程中应反复核对各有关表格数字的关联性和各表格栏目之间数字的勾稽关系，防止出错。

（三）评估初步数据的分析和讨论

在完成评估明细表的数字汇总、得出初步的评估数据后，应召集参与评估工作过程的有关人员，对资产评估报告的初步数据的结论进行分析和讨论，比较各有关评估数据，复核记录估算结果的工作底稿，对存在作价不合理的部分评估数据进行调整。

（四）编写资产评估报告

编写资产评估报告分两步完成，首先草拟出资产评估报告，然后与委托方沟通交流，听取其意见，在独立、客观、公正的前提下，修改完成资产评估报告。

（五）资产评估报告的签发与送交

资产评估专业人员撰写出资产评估正式报告后，经审核无误，应当由至少两名承办该项业务的资产评估专业人员签名，并加盖评估机构印章。法定评估业务的评估报告应当由至少两名承办该项业务的资产评估师签名，并加盖资产评估机构印章。

资产评估报告签发盖章后，即可连同评估说明及评估明细表送交委托人。

二、资产评估报告编写的技术要点

资产评估报告编制的技术要点是指在资产评估报告制作过程中的主要技能要求，具体包括文字表达、格式与内容方面的技能要求以及复核与反馈等方面的技能要求等。

资产评估专业人员应在执行必要的评估程序后，编制并由所在评估机构出具评估报告，并在评估报告中提供必要信息，使评估报告使用人能够合理理解评估结论。资产评估专业人员应根据评估业务具体情况，提供能够满足委托人和其他评估报告使用人合理需求的评估报告。

（一）文字表达方面的技能要求

资产评估报告既是一份对被评估资产价值发表专业意见的重要法律文件，又是一份用来明确资产评估机构和资产评估专业人员工作责任的文字依据。其文字表达要求既要清楚、准确，又要提供充分的依据说明，还要全面地叙述整个评估的具体过程；表达内容必须明确，不得使用模棱两可的措辞；报告陈述既要简明扼要，又要把有关问题说明清楚，不得使用带有任何诱导、恭维和推荐性的陈述。

（二）格式和内容方面的技能要求

对资产评估报告格式和内容方面的要求，按照现行政策规定，应该遵循资产评估报告准则，涉及企业、金融企业国有资产评估的，还应该分别遵循《企业国有资产评估报告指南》和《金融企业国有资产评估报告指南》的有关规定。

（三）复核及反馈方面的技能要求

资产评估报告的复核与反馈也是资产评估报告制作的具体技能要求。评估专业人员通过对工作底稿、评估说明、评估明细表和报告正文的文字、格式及内容的复核和反馈，可以使有关错误、遗漏等问题在出具正式报告之前得到修正。对评估专业人员来说，资产评估工作是一项由多个评估专业人员同时作业的中介业务，每个评估专业人员都有可能因能力、水平、经验、阅历及理论方法的限制而产生工作盲点和工作疏忽，所以，对资产评估报告初稿进行复核就成为必要。就对被评估资产情况的熟悉程度来说，大多数资产委托人和占有方对委托评估资产的分布、结构、成新率等具体情况总会比评估机构和评估专业人员更熟悉，所以在出具正式报告之前征求委托人意见、收集反馈意见也很有必要。

对资产评估报告必须建立起多级复核和交叉复核制度，明确复核人的职责，防止流于形式的复核。收集反馈意见主要是通过委托人或评估对象产权持有人等熟悉资产具体情况的人员。对委托人或者产权持有人的反馈信息，评估专业人员应谨慎对待，本着独立、客观、公正的态度处理其反馈意见。

（四）撰写报告应注意的事项

资产评估报告的制作技能除了需要掌握上述三个方面的技术要点外，还应注意以下事项：

一是实事求是，切忌出具虚假报告。报告必须建立在真实、客观的基础上，不能脱离实际情况，更不能无中生有。报告拟订人应是参与该项目并较全面了解该项目情况的主要评估专业人员。

二是坚持一致性原则，切忌表里不一。报告文字、内容前后要一致，摘要、正文、评估说明、评估明细表的内容与格式、数据要一致。

三是提交报告要及时、齐全和保密。在完成资产评估工作后，评估专业人员应按业务委托合同的约定时间及时将报告送交委托人；送交报告时，报告及有关文件要送交齐全；此外，还要做好客户保密工作，尤其是对评估涉及的商业秘密和技术秘密，更要加强保密工作。

四是评估机构应当在资产评估报告中明确评估报告使用人、报告使用方式，提示评估报告使用人合理使用评估报告。应注意防止报告的恶意使用，避免报告的误用，以合法规避执业风险。

五是资产评估专业人员执行资产评估业务，应当关注评估对象的法律权属，并在评估报告中对评估对象法律权属及其证明资料来源予以必要说明。资产评估专业人员不得对评估对象的法律权属提供保证。

六是资产评估专业人员执行资产评估业务受到限制而无法实施完整的评估程序时，应当在评估报告中明确披露受到的限制、无法履行的评估程序和采取的替代措施。

三、资产评估报告的使用

资产评估报告由评估机构出具后，委托人、评估报告使用人可以根据所载明的评估目的和评估结论进行恰当、合理使用，例如作为资产转让的作价基础、作为企业进行会计记录或调整账项的依据等。但是，评估报告的使用应当符合法律规定和评估报告载明的使用范围。

根据我国法律规定，国有资产在转让过程中，通常将评估报告所确定的资产评估价格作为底价或最低成交价格。例如《企业国有资产法》规定，国有资产转让应当以依法评估的、经履行出资人职责的机构认可或者由履行出资人职责的机构报经本级人民政府核准的价格为依据，合理确定最低转让价格；《拍卖法》规定，拍卖国有资产，依照法律或者按照国务院规定需要评估的，应当经依法设立的评估机构评估，并根据评估结果确定拍卖标的的保留价；《公路法》规定，国道等公路收费权的转让，必须进行资产评估，国道等公路收费权出让的最低成交价，以国有资产评估机构评估的价值为依据确定。委托人或者评估报告使用人应当按照上述法律规定使用评估报告。

在评估报告中，评估报告的使用范围（评估报告限制使用）作为其中一个内容，通常应明确下列事项：第一，评估报告只能用于评估报告载明的评估目的和用途；第二，评估报告只能由评估报告载明的评估报告使用者使用；第三，除法律规定及相关当事方另有约定外，未征得出具评估报告的评估机构同意，评估报告的内容不得被摘抄、引用或披露于公开媒体；第四，评估报告在载明的结论使用有效期内使用。

委托人或者评估报告使用人按照评估报告载明的使用范围使用评估报告，是履行评估委托合同确定义务的具体表现。如果委托人或者评估报告使用人违反法律规定使用评估报告，或者不按照评估报告载明的使用范围使用评估报告，例如不按评估目的和用途使用或者超过有效期使用评估报告等，所产生的不利后果评估机构和评估专业人员不承担责任。

任务四　资产评估档案

一、资产评估档案的基本概念

资产评估档案是指资产评估机构开展资产评估业务形成的，反映资产评估程序实施情况、支持评估结论的工作底稿、资产评估报告及其他相关资料。工作底稿是资产评估专业人员在执行评估业务过程中形成的，反映评估程序实施情况、支持评估结论的工作记录和相关资料。评估基本程序包括明确业务基本事项、签订业务委托合同、编制资产评估计划、进行评估现场调查、收集整理评估资料、评定估算形成结论、编制出具评估报告、整理归集评估档案等内容。工作底稿是判断一个评估项目是否执行了这些基本程序的主要依据，应反映资产评估专业人员实施现场调查、评定估算等评估程序，支持评估结论。

二、资产评估工作底稿的内容

资产评估工作底稿一般分为管理类工作底稿和操作类工作底稿。

（一）管理类工作底稿

管理类工作底稿是指在执行资产评估业务过程中，为受理、计划、控制和管理资产评估业务所形成的工作记录及相关资料。管理类工作底稿通常包括以下内容：一是评估业务基本事项的记录；二是评估委托合同；三是评估计划；四是评估业务执行过程中重大问题处理记录；五是评估报告的审核记录及其他相关资料。

以企业价值评估为例，上述 5 项内容可以细化为以下 12 个方面：

1. 评估业务基本事项

评估业务基本事项的工作底稿应反映以下内容：

（1）评估项目的洽谈人、委托人名称，相关当事人（主要是产权持有人）名称、地址，以及法定代表人、企业性质、注册资金、经营期限、经营范围、联系人等基本情况；

（2）相关当事人与委托人的关系；

（3）评估报告使用人及与委托人、产权持有人等相关当事人的关系；

（4）相关经济行为的背景情况及评估目的；

（5）评估对象和评估范围；

（6）评估范围内的资产状况，包括评估对象基本情况及资产分布情况，资产的数量及各类资产、负债账面值，资产质量现状，实物资产存放地，账外资产、或有资产、或有负债、特殊资产情况，资产历次评估、调账情况，相关当事人所处行业、法律环境、会计政策、股权状况等相关情况；

(7)价值类型；

(8)评估基准日；

(9)评估假设、限制条件；

(10)评估报告的类型、提交时间和方式；

(11)评估服务费总额、支付时间和方式。

资产评估专业人员在项目承接洽谈阶段，应尽可能了解以上内容，以更好地控制评估风险。

2. 评估项目风险评价

评估项目风险评价的工作底稿应反映以下内容：

(1)项目洽谈人通过对委托人和相关当事人的要求、评估目的、资产状况等基本情况的了解，对评估项目是否存在风险作出的判断；

(2)风险可控情况，化解风险、防范风险的主要措施；

(3)评估机构按规定流程，通过对评估项目基本情况了解、评估项目风险调查分析，对是否承接项目作出的决定或签署的意见。

3. 评估委托合同

评估委托合同的工作底稿应反映评估委托合同签订以及评估目的、评估对象和范围、评估基准日、价值类型、评估服务费、评估报告类型、评估报告提交时间和方式发生变更等的过程。

4. 评估计划

评估计划工作底稿的主要内容为：

(1)对实施评估程序的具体步骤、时间进度、参与人员、技术方案等的安排；

(2)在评估过程中根据情况变化作出的调整记录；

(3)评估机构对评估计划的审核、批准情况。

5. 委托人、相关当事人提供的主要资料清单

该部分工作底稿应反映资产评估专业人员根据不同的评估方法、不同的评估对象，要求委托人、相关当事人提供的相关评估资料。例如，对某一个大型国有企业整体资产价值的评估，要求提供的资料主要包括以下几个方面：

(1)企业基本情况介绍；

(2)针对本次评估项目的具体资料；

(3)被评估单位财务资料；

(4)被评估单位主要产品的生产和销售资料；

(5)宏观经济形势的影响及行业竞争状况；

(6)未来计划和预测资料。

6. 聘请相关专家的主要情况

评估项目聘用相关专家有关情况的工作底稿应反映需要聘请专家解决的问题，拟聘请专家个人的简况、专业或专长。

7. 评估过程中重大问题处理记录

评估过程中重大问题处理记录工作底稿应反映评估项目实施过程中，资产评估专业人员遇到重大问题逐级请示、根据批示意见处理的记录。

8. 委托人的反馈意见和管理部门评审意见

相关底稿可以反映委托人提供的反馈意见、国有资产等管理部门提出的评审意见以及评估机构及其资产评估专业人员对相关意见的处理信息等。

9. 评估报告审核情况

审核是评估机构保证评估质量、降低评估风险的重要手段，是评估机构的内部质量控制程序的重要组成部分。审核工作底稿应反映评估机构实施内部审核情况及审核意见。

10. 评估报告送达情况

评估报告送达可编制评估报告签收单，送交委托人时，由送交人签字、收件人签收，交接过程应形成相应的工作底稿。

11. 委托人、相关当事人等外部机构提供的与评估活动相关的工作底稿

(1)与评估目的对应的经济行为文件；

(2)经济行为方案(重组方案、改制方案等)；

(3)委托人、被评估单位的营业执照；

(4)被评估单位的企业国有资产产权登记证；

(5)被评估单位的合同、章程、验资报告；

(6)被评估单位的评估基准日及前3—5年的会计报表；

(7)被评估单位的评估基准日及前3—5年的审计报告；

(8)被评估单位的非经营性资产、负债，溢余资产情况说明；

(9)委托人及被评估单位提供的重大未决事项、期后事项及其他特殊事项的材料及说明；

(10)委托人、被评估单位出具的“关于进行资产评估有关事项的说明”；

(11)委托人、被评估单位承诺函等。

12. 资产评估专业人员在评估中形成的其他管理类工作底稿

资产评估专业人员在评估中形成的其他管理类工作底稿应于归档时一并保存。内容通常包括：

(1)与委托人、相关当事人和其他中介机构往来的资料；

(2)项目核准或备案文件；

(3)专家讨论会记录；

(4)资产评估专业人员认为需要保存的其他相关资料。

(二)操作类工作底稿

操作类工作底稿是指在履行现场调查、收集评估资料和评定估算程序时所形成的工作记录及相关资料。操作类工作底稿产生于评估工作的全过程，由资产评估专业人员及其助理人员编制，反映资产评估专业人员在执行具体评估程序时所形成的工作成果。

1. 操作类工作底稿的主要内容

(1)现场调查阶段收集的现场调查记录与相关资料。不同评估方法下的现场调查工作底稿内容不同，资产评估专业人员应根据评估目的和资产状况，合理确定资产(含负债)的调查量，并编制相应的工作底稿。内容一般包括以下几方面：①委托人、相关当事人申报的资产明细表及相关资料；②通过询问、核对、勘查、函证等方式获得的评估业务需要的基础资料；③核实评估对象的存在性和完整性，调查评估对象的品质和使用状况的记录；④查验实行登记制度的评估对象的法律权属证书过程；⑤因受客观条件限制，确实无法实施现场调查而采用适当的替代程序的情况；⑥与评估业务相关的财务、审计等资料；⑦在现场调查阶段收集的与评估相关的资料。

(2)评估工作实施中收集的评估资料。在整个评估工作过程中，评估专业人员除了整理和收集管理类工作底稿外，还应收集所有与评估工作有关的操作类工作底稿，具体包括以下内容：①市场调查及数据分析资料；②相关的历史和预测资料；③询价记录；④其他专家鉴定及专业人士报告；⑤委托人及相关当事人提供的说明、证明和承诺；⑥其他相关资料。

(3)评估估算阶段形成的评定估算记录等相关资料。在评定估算阶段所做的工作，均需编制相应的工作底稿，以支持评估结论，一般包括以下内容：①根据不同的评估对象、资料收集情况等相关条件，选用与其相适应的评估方法的理由；②选取相应的计算公式的理由；③评定估算过程中收集的各类资产的定价依据；④与计算评估结论有关的各类参数的取值依据；⑤价值分析、计算、判断过程记录；⑥评估结论形成过程记录；⑦评定估算中形成的与评估相关的其他资料。

2. 操作类工作底稿的分类

按照评估方法划分，操作类工作底稿一般可分为成本法工作底稿、收益法工作底稿和市场法工作底稿。

(1)成本法(或资产基础法)工作底稿。资产评估专业人员运用资产基础法对企业进行整体价值评估时，应在工作底稿中反映被评估企业拥有的有形资产、无形资产以及应当承担的负债，记录根据其具体情况分别选用市场法、收益法、成本法的现场调查、评定估算过程。

(2)收益法工作底稿。资产评估专业人员采用收益法评估企业资产价值时，应与委托人充分沟通，获得委托人关于被评估企业资产配置和使用情况的说明，包括对非经营性资产、负债和溢余资产状况的说明。资产评估专业人员进行现场调查后，应汇集资产的账面值、调查值形成工作底稿。

资产评估专业人员应在与委托人和相关当事方协商并获得有关信息的基础上，采用适当的方法，对被评估企业前几年的财务报表中影响评估过程和评估结论的相关事项进行必要的分析调整，以合理反映企业的财务状况和盈利能力。工作底稿应完整地反映对企业资产、负债、盈利状况进行调整的原因，调整的内容、过程和结果，企业财务报表数据调整前后的变化。

资产评估专业人员应在工作底稿中反映以下内容：①对企业财务指标进行分析的过程；②对企业未来经营状况和收益状况进行的分析、判断和调整过程；③根据企业经营状况和发展前景，预测期内的资产、负债、损益、现金流量的预测结果，以及企业所在行业现状及发展前景，合理确定收益预测期以及预测期后的收益情况和相关终值的计算、收益现值的计算过程；④综合考虑评估基准日的利率水平、市场投资回报率、加权平均资金成本等资本市场相关信息和企业、所在行业的特定风险等因素，合理确定资本化率或折现率的过程。

在采用收益法对企业整体价值进行分析和评估时，企业如有非经营性资产、负债和溢余资产，评估专业人员应当编制相应的非经营性资产、负债和溢余资产的现场调查、评定估算工作底稿。

(3)市场法工作底稿。资产评估专业人员在采用市场法评估企业整体价值时，应在工作底稿中反映收集的参考企业、市场交易案例的资料，反映所选择的参考企业、市场交易案例与被评估企业具有可比性的资料。

资产评估专业人员应对被评估企业与参考企业、市场交易案例之间的相似性和差异性进行比较、分析、调整的过程以及对所选价值乘数计算的过程编制相应的工作底稿。

评估股东部分权益价值时的工作底稿应反映资产评估专业人员对流动性和控制权对评估对象价值影响的处理情况。

三、评估工作底稿的编制要求

评估工作底稿的编制不但直接影响到资产评估的质量，还是资产评估专业人员佐证自己在评估过程中客观、公正地履行程序的依据。资产评估专业人员在评估业务完成后，应及时整理工作底稿。评估工作底稿编制的具体要求包括：

（一）作为底稿的相关资料的确认

资产评估专业人员收集委托人和相关当事人提供的重要资料作为工作底稿，应当由提供方对相关资料进行确认，包括但不限于签字、盖章、法律允许的其他方式等。

（二）目录和索引号编制

细化的工作底稿种类繁多，不编制索引号和页码将很难查找，利用交叉索引和备注说明等形式能完整地反映工作底稿间的勾稽关系并避免重复。资产评估专业人员应当根据评估业务特点和工作底稿类别，编制工作底稿目录，建立反映工作底稿间勾稽关系的索引号。比如评估项目中的汇率，评估基准日 1 美元兑换 7.0 元人民币，评估过程中，在“库存现金”、“银行存款”、“应收账款”、“应付账款”等多个科目都要引用，编制工作底稿时，可以在现金的工作底稿中保存汇率的询价依据，其他科目的评估中只要注明交叉索引就能很方便地找到依据。

（三）底稿审核

工作底稿一般是评估项目组成员在评估时编制的，由于种种原因，编制人可能产生差错、遗漏等问题，因此，在工作底稿的编制过程中，需要经过必要的审核程序，包括对文字、数字、计算过程等内容的审核。

四、评估工作底稿的归档

资产评估业务完成后，资产评估专业人员应将工作底稿与评估报告等归集形成评估档案后，及时向档案管理人员移交，并由所在资产评估机构按照国家有关法律、法规及评估准则的规定妥善管理。在工作底稿归档的具体工作中，评估机构应做到以下几个方面：

（一）评估档案归集

为了保证档案管理的规范性，资产评估机构应明确档案管理人员对评估业务档案进行管理。每项业务完成后，资产评估专业人员应及时安排完整归集归档资料，编制目录并装订成册，经检查合格后，移交档案管理人员。

（二）确定档案的内容及形式

档案的形式除了纸质文件，还有电子文档或其他介质形式。对于纸质文件，应分类并装订成册。

（三）电子文档的管理

由于电子文档或其他介质形式的业务档案存在着可修改以及经过长时间保存或技术进步等原因导致的数据难以读取等问题，具体操作中，评估机构、资产评估专业人员及档案管理人员应做到：

1. 做好电子文件收集、积累的基础工作

电子文件的特性决定了电子文件的收集不同于纸质档案，其收集、积累的范围、方法和要求也不同于纸质档案。对于工作底稿的电子档案应及时收集和整理，并建立与其相应的纸质文件之间的标识关系，尤其是对无纸化系统生成的电子文件，应有更严格的措施。必要时，应在收集、积累过程中制作备份文件，以免系统发生意外情况时电子文件信息丢失。

2. 严格电子文件的归档管理

电子文件归档是将应归档的电子文件经过整理确定档案属性后，从电子计算机的存储器或其他网络存储器上，拷贝或刻录到可脱机的存储载体上，以便长期保存的工作过程。

根据工作底稿的特性，通常将电子介质工作底稿与相关的纸质文件结合归档。在归档时间上，评估机构在将纸质工作底稿进行归档时应同时进行电子文档的归档。

为提高工作底稿电子文档的保存质量，工作底稿的电子文档可以刻录成光盘，与工作底稿的纸质文件存放在一起；对于工作底稿电子文档较少的项目，几个项目的电子文档可以放在一起。另外，评估机构还应配备相应的服务器，对公司一切工作底稿的电子文档进行备份。

3. 加强电子文件软件、硬件设施管理

为保证对工作底稿电子档案的管理，评估机构可以积极开辟电子档案存储的新途径，为档案管理部门配备必要的计算机刻录设备，对应归档的电子文件、数据资料采用通用格式的光盘存储。评估机构要及时修补管理软件的安全漏洞，对防火墙和防病毒软件实现自动升级，做好档案上传、下载的安全等级和访问权限管理。在硬件管理上，要进一步完善电子文件和计算机设备的保管设施和环境，保证电子介质档案的安全。

4. 重视和加快电子文件管理人员的培养

从事电子文件管理的人员需具备档案管理方面的基础知识和计算机信息技术等多方面的技术技能，评估机构在工作底稿电子文档管理中配备相应的专业管理人员，有利于提高管理的效率。

五、资产评估档案的保存

资产评估专业人员通常应当在资产评估报告日后 90 日内将工作底稿与资产评估报告等归集形成评估档案，并由所在资产评估机构按照国家有关法律、行政法规和相关资产评估准则的规定妥善管理。重大或者特殊项目的归档时限不晚于资产评估结论有效期届满后 30 日。档案管理人员应登记造册、整齐存放、妥善保管，并定期(如每年年底)对档案进行核对，确保业务档案的安全、完整。对于电子文档或者其他介质的评估档案，资产评估机构应当在法定保存期限内妥善保存。

提示：《资产评估法》规定，一般评估业务的评估档案保存期限不少于 15 年，法定评估业务的评估档案保存期限不少于 30 年。评估档案的保存期限，自资产评估报告日起算。

六、评估档案的保密与查阅

评估档案涉及客户的商业秘密，评估机构、资产评估专业人员有责任为客户保密。评估机构应建立评估档案保密制度，并认真履行保密责任。

档案管理人员要加强保密观念，明确保密档案的范围和保密要求，严格执行公司内部的各项保密规定和纪律。

项目完成并归档后，资产评估机构不得对在规定保存期内的评估档案非法删改或者销毁。对违反规定并造成损失的人员，由档案行政管理部门、有关主管部门依法处理。

资产评估档案的管理应当执行保密制度。除下列情形外，评估档案不得对外提供：第一，司法部门按法定程序进行查询的；第二，资产评估行政管理部门依法调阅的；第三，依法有权审核资产评估业务的其他政府部门按规定程序对资产评估档案进行查阅的；第四，资产评估行业协会按规定程序对执业质量进行检查的；第五，其他依法可以查阅的情形。

公司评估专业人员需要查阅评估档案，应按规定办理借阅手续。

应知考核

一、单项选择题

1. 按照评估报告的繁简程度，将资产评估报告类型划分为完整型、简明型和(　　)。
A. 保留型　　B. 拒绝发表意见型
C. 反对型　　D. 限制型

2. 按资产评估对象，资产评估报告可分为整体资产评估报告和(　　)。
A. 单项资产评估报告　　B. 分项资产评估报告
C. 单一资产评估报告　　D. 简单资产评估报告

3. 以下关于资产评估报告摘要与资产评估报告正文的关系描述中，不正确的是(　　)。
A. 摘要与资产评估报告正文具有同等法律效力
B. 摘要必须与资产评估报告揭示的结果一致，不得有误导性内容
C. 声明、摘要和评估明细表上通常不需要另行签名盖章
D. 摘要简单，不能够把专业的评估工作说清楚，其效力低于资产评估报告正文

4. 资产评估工作底稿一般分为管理类工作底稿和(　　)。
A. 操作类工作底稿　　B. 说明类工作底稿
C. 评价类工作底稿　　D. 使用类工作底稿

5. 评估档案的保存期限，起算日是(　　)。
A. 资产评估报告日　　B. 资产评估基准日
C. 资产评估开始日　　D. 资产评估结束日

二、多项选择题

1. 按照评估方法划分，操作类工作底稿一般可分为(　　)。
A. 成本法工作底稿　　B. 收益法工作底稿
C. 市场法工作底稿　　D. 管理类工作底稿

2. 以下关于电子文档的管理说法中，正确的有(　　)。
A. 做好电子文件收集、积累的基础工作
B. 严格电子文件的归档管理
C. 加强电子文件软件、硬件设施管理
D. 重视和加快电子文件管理人员的培养

3. 资产评估报告正文阐明的评估依据包括(　　)。
A. 行为依据　　B. 法律法规依据和评估准则依据
C. 产权依据　　D. 取价依据

4. 撰写资产评估报告应注意的事项有(　　)。
A. 实事求是，切忌出具虚假报告
B. 坚持一致性原则，切忌表里不一
C. 提交报告要及时、齐全和保密
D. 明确评估报告使用人、报告使用方式

5. 在评估报告中,评估报告的使用范围通常应明确的事项有(　　)。

A. 评估报告只能用于评估报告载明的评估目的和用途

B. 评估报告只能由评估报告载明的评估报告使用者使用

C. 除法律规定及相关当事方另有约定外,未征得出具评估报告的评估机构同意,评估报告的内容不得被摘抄、引用或披露于公开媒体

D. 评估报告在载明的结论使用有效期内使用

三、判断题

1. 资产评估报告摘要不具有法律效力,只是将资产评估报告中的关键内容列示在资产评估报告正文之前,以便使有关各方了解该资产评估报告提供的主要信息,方便使用者使用。(　　)

2. 客户可以按照资产评估报告揭示的评估值对会计账目进行调整。(　　)

3. 资产评估专业人员不得对评估对象的法律权属提供保证。(　　)

4. 一般评估业务的评估档案保存期限不少于30年。(　　)

5. 法定评估业务的评估档案保存期限不少于15年。(　　)

四、简述题

1. 简述资产评估报告的作用。

2. 简述资产评估报告的内容要求。

3. 简述资产评估报告的编写步骤。

4. 简述资产评估报告编写的技术要点。

5. 简述资产评估工作底稿的内容。

应会考核

■ 观念应用

【背景资料】

李某系A资产评估公司的注册资产评估师、部门经理和项目负责人,于2020年5月8日与甲企业商讨房地产评估事宜。由于李某曾于2017年5月至2018年10月在甲企业财务部门任经理,双方比较熟悉,故甲企业以该企业房地产平均每平方米评估价值不低于8 000元为条件,决定是否委托A评估公司进行评估。李某为了评估公司的利益,口头承诺了甲企业的要求,并接受了甲企业的评估委托。李某按照资产评估协议书的要求在5日内完成了对甲企业房地产的评估,评估结果为每平方米7 300元。因李某曾对甲企业有过口头承诺,即不动产评估值不低于每平方米8 000元,李某认为7 300元/平方米与8 000元/平方米之差并未超过约定价格的10%,属于正常误差范围,而且资产评估本身就是一种估计,带有咨询性质,故以每平方米8 000元出具了评估报告;并打电话给本所已在外地开会一周的注册资产评估师周某,得到允许后,加盖李某本人和周某的注册资产评估师印章并签字,又以项目负责人的名义签字,加盖公章出具了资产评估报告,交予甲企业;同时将该评估报告送给在乙企业当顾问的评估专家赵某一份。

【考核要求】

请根据以上背景资料，指出4处违反资产评估行业规范的行为，并说明理由。

■ 技能应用

开达资产评估事务所于2020年8月6日至25日对洪利制衣厂的企业整体资产在2020年6月30日的市场价值进行了评估，评估报告于2020年8月30日提交给了委托人。

【技能要求】

请问该评估结果的有效时间截止到什么时候？

■ 案例分析

下面是大连××资产评估事务所出具的初步报告。

评估报告

大华电器有限责任公司：

我所接受贵公司委托，根据国家有关资产评估的规定和其他法律法规规定，对贵公司以与星海公司联营为目的的全部资产进行了评估。评估中结合贵公司的具体情况，实施了包括财产清查在内的我们认为必要的评估程序。现将评估结果报告如下：

1. 资产评估机构(略)。

2. 委托方和资产占有方(略)。

3. 评估目的：为贵公司与星海公司联营之目的，评估贵公司净资产现行价值。

4. 评估范围和对象：本次评估范围为大华公司拥有的全部资产、负债和所有者权益。评估对象为大华公司的整体资产。

5. 评估原则：根据国家国有资产管理及评估的有关法规，我所遵循独立性、科学性和客观性的评估工作原则，并以贡献原则、替代原则和预期原则为基础进行评估。

6. 评估依据：

(1)××省国有资产管理局《关于同意大华公司与星海公司联营的批复》；

(2)委托方提供的资产清单及其他资料；

(3)有关资产的产权证明及相关资料；

(4)委托方提供的有关会计凭证、会计报表及其他会计资料；

(5)与委托方资产取得、销售业务相关的各项合同及其他资料。

7. 评估基准日：2020年9月30日。

8. 评估方法：根据委托方评估目的和评估对象，此次评估方法为成本法，价格标准为重置成本标准。

9. 评估过程(略)。

10. 评估结果：在实施了上述评估程序和评估方法后，贵公司截至评估基准日的资产、负债和所有者权益价值为：资产总额41 504 342元；负债总额22 722 000元；净资产价值18 782 342元。

11. 评估结果有效期：根据国家有关规定，本报告有效期1年。自报告提交日2020年12月20日起至2021年12月19日止。

12. 评估说明：

(1)流动资产评估：

①货币资金账面价值421 588元，其中现金21 325元、银行存款400 263元，考虑到货币资金即为现值无需折现，经总账明细账与日记账核实一致并对现金盘点无误后，按贴现值

确认。

②应收账款账面价值 5 481 272 元，经与明细账核对，确认评估值为 5 083 252 元。

③存货账面价值 11 072 460 元，抽查比例为 60%，在质量检测与抽查核实的基础上，确认评估值为 10 852 500 元。

④其他流动资产(略)。

流动资产账面价值 18 845 502 元，评估值为 17 401 832 元。

(2)长期投资评估(略)。

(3)固定资产评估(略)。

(4)其他资产评估(略)。

(5)负债审核确认(略)。

评估结果汇总表(简略格式)

单位：元

项　目	账面价值	评估值	增减值	增减率
流动资产	18 845 502	17 451 832	−1 393 670	−7.4%
固定资产	20 248 470	23 542 510	3 294 040	16.27%
长期投资	500 000	510 000	10 000	2%
资产总计	39 593 972	41 504 342	1 910 370	4.82%
流动负债	14 450 000	14 250 000	−200 000	−1.38%
长期负债	8 862 000	8 462 000	−400 000	−4.51%
负债合计	23 312 000	22 722 000	−60 000	−2.57%
净资产	16 281 972	18 782 342	2 510 370	15.42%

13. 其他事项说明(略)。

14. 评估结果有效的其他条件(略)。

15. 评估时间：本次评估工作自 2020 年 10 月 4 日起至 2020 年 12 月 20 日止，本报告提交日期为 2020 年 12 月 20 日。

中国注册资产评估师：××(签字盖章)

××资产评估事务所：(盖章)

2020 年 12 月 20 日

【分析要求】

结合上述报告，回答下列问题：

(1)请找出评估报告中的错误。

(2)大华电器有限责任公司在使用该机构纠正错误后出具的正式报告时，应注意哪些问题？

项目实训

【实训项目】

资产评估报告的编制。

【实训内容】

资产评估报告的要素及编制技术。

【实训目的】

掌握资产评估报告编制的规范、要点和方法。

【实训反思】

(1)掌握资产评估报告的应有要素。

(2)掌握资产评估报告编制的基本技巧和方法。

(3)熟悉我国资产评估报告编制的规范与国际上的区别。

(4)将实训报告填写完整。

《资产评估报告的编制》实训报告		
项目实训班级：	项目小组：	项目组成员：
实训时间：　　年　　月　　日	实训地点：	实训成绩：
实训目的：		
实训步骤：		
实训结果：		
实训感言：		
不足与今后改进：		
项目组长评定签字：	项目指导教师评定签字：	

附　录

附表一　　　　**复利终值系数表**

期数	1%	2%	3%	4%	5%	6%	7%	8%	9%	10%
1	1.010 0	1.020 0	1.030 0	1.040 0	1.050 0	1.060 0	1.070 0	1.080 0	1.090 0	1.100 0
2	1.020 1	1.040 4	1.060 9	1.081 6	1.102 5	1.123 6	1.144 9	1.166 4	1.188 1	1.210 0
3	1.030 3	1.061 2	1.092 7	1.124 9	1.157 6	1.191 0	1.225 0	1.259 7	1.295 0	1.331 0
4	1.040 6	1.082 4	1.125 5	1.169 9	1.215 5	1.262 5	1.310 8	1.360 5	1.411 6	1.464 1
5	1.051 0	1.104 1	1.159 3	1.216 7	1.276 3	1.338 2	1.402 6	1.469 3	1.538 6	1.610 5
6	1.061 5	1.126 2	1.194 1	1.265 3	1.340 1	1.418 5	1.500 7	1.586 9	1.677 1	1.771 6
7	1.072 1	1.148 7	1.229 9	1.315 9	1.407 1	1.503 6	1.605 8	1.713 8	1.828 0	1.948 7
8	1.082 9	1.171 7	1.266 8	1.368 6	1.477 5	1.593 8	1.718 2	1.850 9	1.992 6	2.143 6
9	1.093 7	1.195 1	1.304 8	1.423 3	1.551 3	1.689 5	1.838 5	1.999 0	2.171 9	2.357 9
10	1.104 6	1.219 0	1.343 9	1.480 2	1.628 9	1.790 8	1.967 2	2.158 9	2.367 4	2.593 7
11	1.115 7	1.243 4	1.384 2	1.539 5	1.710 3	1.898 3	2.104 9	2.331 6	2.580 4	2.853 1
12	1.126 8	1.268 2	1.425 8	1.601 0	1.795 9	2.012 2	2.252 2	2.518 2	2.812 7	3.138 4
13	1.138 1	1.293 6	1.468 5	1.665 1	1.885 6	2.132 9	2.409 8	2.719 6	3.065 8	3.452 3
14	1.149 5	1.319 5	1.512 6	1.731 7	1.979 9	2.260 9	2.578 5	2.937 2	3.341 7	3.797 5
15	1.161 0	1.345 9	1.558 0	1.800 9	2.078 9	2.396 6	2.759 0	3.172 2	3.642 5	4.177 2
16	1.172 6	1.372 8	1.604 7	1.873 0	2.182 9	2.540 4	2.952 2	3.425 9	3.970 3	4.595 0
17	1.184 3	1.400 2	1.652 8	1.947 9	2.292 0	2.692 8	3.158 8	3.700 0	4.327 6	5.054 5
18	1.196 1	1.428 2	1.702 4	2.025 8	2.406 6	2.854 3	3.379 9	3.996 0	4.717 1	5.559 9
19	1.208 1	1.456 8	1.753 5	2.106 8	2.527 0	3.025 6	3.616 5	4.315 7	5.141 7	6.115 9
20	1.220 2	1.485 9	1.806 1	2.191 1	2.653 3	3.207 1	3.869 7	4.661 0	5.604 4	6.727 5
21	1.232 4	1.515 7	1.860 3	2.278 8	2.786 0	3.399 6	4.140 6	5.033 8	6.108 8	7.400 2
22	1.244 7	1.546 0	1.916 1	2.369 9	2.925 3	3.603 5	4.430 4	5.436 5	6.658 6	8.140 3
23	1.257 2	1.576 9	1.973 6	2.464 7	3.071 5	3.819 7	4.740 5	5.871 5	7.257 9	8.954 3
24	1.269 7	1.608 4	2.032 8	2.563 3	3.225 1	4.048 9	5.072 4	6.341 2	7.911 1	9.849 7
25	1.282 4	1.640 6	2.093 8	2.665 8	3.386 4	4.291 9	5.427 4	6.848 5	8.623 1	10.835
26	1.295 3	1.673 4	2.156 6	2.772 5	3.555 7	4.549 4	5.807 4	7.396 4	9.399 2	11.918
27	1.308 2	1.706 9	2.221 3	2.883 4	3.733 5	4.822 3	6.213 9	7.988 1	10.245	13.110
28	1.321 3	1.741 0	2.287 9	2.998 7	3.920 1	5.111 7	6.648 8	8.627 1	11.167	14.421
29	1.334 5	1.775 8	2.356 6	3.118 7	4.116 1	5.418 4	7.114 3	9.317 3	12.172	15.863
30	1.347 8	1.811 4	2.427 3	3.243 4	4.321 9	5.743 5	7.612 3	10.063	13.268	17.449

续表

期数	12%	14%	16%	18%	20%	22%	24%	26%	28%	30%
1	1.120 0	1.140 0	1.160 0	1.180 0	1.200 0	1.220 0	1.240 0	1.260 0	1.280 0	1.300 0
2	1.254 4	1.299 6	1.345 6	1.392 4	1.440 0	1.488 4	1.537 6	1.587 6	1.638 4	1.690 0
3	1.404 9	1.481 5	1.560 9	1.643 0	1.728 0	1.815 8	1.906 6	2.000 4	2.097 2	2.197 0
4	1.573 5	1.689 0	1.810 6	1.938 8	2.073 6	2.215 3	2.364 2	2.520 5	2.684 4	2.856 1
5	1.762 3	1.925 4	2.100 3	2.287 8	2.488 3	2.702 7	2.931 6	3.175 8	3.436 0	3.712 9
6	1.973 8	2.195 0	2.436 4	2.699 6	2.986 0	3.297 3	3.635 2	4.001 5	4.398 0	4.826 8
7	2.210 7	2.502 3	2.826 2	3.185 5	3.583 2	4.022 7	4.507 7	5.041 9	5.629 5	6.274 9
8	2.476 0	2.852 6	3.278 4	3.758 9	4.299 8	4.907 7	5.589 5	6.352 8	7.205 8	8.157 3
9	2.773 1	3.251 9	3.803 0	4.435 5	5.159 8	5.987 4	6.931 0	8.004 5	9.223 4	10.605
10	3.105 8	3.707 2	4.411 4	5.233 8	6.191 7	7.304 6	8.594 4	10.086	11.806	13.786
11	3.478 6	4.226 2	5.117 3	6.175 9	7.430 1	8.911 7	10.657	12.708	15.112	17.922
12	3.896 0	4.817 9	5.936 0	7.287 6	8.916 1	10.872	13.215	16.012	19.343	23.298
13	4.363 5	5.492 4	6.885 8	8.599 4	10.699	13.264	16.386	20.175	24.759	30.288
14	4.887 1	6.261 3	7.987 5	10.147	12.839	16.182	20.319	25.421	31.691	39.374
15	5.473 6	7.137 9	9.265 5	11.974	15.407	19.742	25.196	32.030	40.565	51.186
16	6.130 4	8.137 2	10.748	14.129	18.488	24.086	31.243	40.358	51.923	66.542
17	6.866 0	9.276 5	12.468	16.672	22.186	29.384	38.741	50.851	66.461	86.504
18	7.690 0	10.575	14.463	19.673	26.623	35.849	48.039	64.072	85.071	112.46
19	8.612 8	12.056	16.777	23.214	31.948	43.736	59.568	80.731	108.89	146.19
20	9.646 3	13.744	19.461	27.393	38.338	53.358	73.864	101.72	139.38	190.05
21	10.804	15.668	22.575	32.324	46.005	65.096	91.592	128.17	178.41	247.06
22	12.100	17.861	26.186	38.142	55.206	79.418	113.57	161.49	228.36	321.18
23	13.552	20.362	30.376	45.008	66.247	96.889	140.83	203.48	292.30	417.54
24	15.179	23.212	35.236	53.109	79.497	118.21	174.63	256.39	374.14	542.80
25	17.000	26.462	40.874	62.669	95.396	144.21	216.54	323.05	478.90	705.64
26	19.040	30.167	47.414	73.949	114.48	175.94	268.51	407.04	613.00	917.33
27	21.325	34.390	55.000	87.260	137.37	214.64	332.96	512.87	784.64	1 192.5
28	23.884	39.205	63.800	102.97	164.84	261.86	412.86	646.21	1 004.3	1 550.3
29	26.750	44.693	74.009	121.50	197.81	319.47	511.95	814.23	1 285.6	2 015.4
30	29.960	50.950	85.850	143.37	237.38	389.76	634.82	1 025.9	1 645.5	2 620.0

附表二 复利现值系数表

期数	1%	2%	3%	4%	5%	6%	7%	8%	9%	10%
1	0.990 1	0.980 4	0.970 9	0.961 5	0.952 4	0.943 4	0.934 6	0.925 9	0.917 4	0.909 1
2	0.980 3	0.961 2	0.942 6	0.924 6	0.907 0	0.890 0	0.873 4	0.857 3	0.841 7	0.826 4
3	0.970 6	0.942 3	0.915 1	0.889 0	0.863 8	0.839 6	0.816 3	0.793 8	0.772 2	0.751 3
4	0.961 0	0.923 8	0.888 5	0.854 8	0.822 7	0.792 1	0.762 9	0.735 0	0.708 4	0.683 0
5	0.951 5	0.905 7	0.862 6	0.821 9	0.783 5	0.747 3	0.713 0	0.680 6	0.649 9	0.620 9
6	0.942 0	0.888 0	0.837 5	0.790 3	0.746 2	0.705 0	0.666 3	0.630 2	0.596 3	0.564 5
7	0.932 7	0.870 6	0.813 1	0.759 9	0.710 7	0.665 1	0.622 7	0.583 5	0.547 0	0.513 2
8	0.923 5	0.853 5	0.789 4	0.730 7	0.676 8	0.627 4	0.582 0	0.540 3	0.501 9	0.466 5
9	0.914 3	0.836 8	0.766 4	0.702 6	0.644 6	0.591 9	0.543 9	0.500 2	0.460 4	0.424 1
10	0.905 3	0.820 3	0.744 1	0.675 6	0.613 9	0.558 4	0.508 3	0.463 2	0.422 4	0.385 5
11	0.896 3	0.804 3	0.722 4	0.649 6	0.584 7	0.526 8	0.475 1	0.428 9	0.387 5	0.350 5
12	0.887 4	0.788 5	0.701 4	0.624 6	0.556 8	0.497 0	0.444 0	0.397 1	0.355 5	0.318 6
13	0.878 7	0.773 0	0.681 0	0.600 6	0.530 3	0.468 8	0.415 0	0.367 7	0.326 2	0.289 7
14	0.870 0	0.757 9	0.661 1	0.577 5	0.505 1	0.442 3	0.387 8	0.340 5	0.299 2	0.263 3
15	0.861 3	0.743 0	0.641 9	0.555 3	0.481 0	0.417 3	0.362 4	0.315 2	0.274 5	0.239 4
16	0.852 8	0.728 4	0.623 2	0.533 9	0.458 1	0.393 6	0.338 7	0.291 9	0.251 9	0.217 6
17	0.844 4	0.714 2	0.605 0	0.513 4	0.436 3	0.371 4	0.316 6	0.270 3	0.231 1	0.197 8
18	0.836 0	0.700 2	0.587 4	0.493 6	0.415 5	0.350 3	0.295 9	0.250 2	0.212 0	0.179 9
19	0.827 7	0.686 4	0.570 3	0.474 6	0.395 7	0.330 5	0.276 5	0.231 7	0.194 5	0.163 5
20	0.819 5	0.673 0	0.553 7	0.456 4	0.376 9	0.311 8	0.258 4	0.214 5	0.178 4	0.148 6
21	0.811 4	0.659 8	0.537 5	0.438 8	0.358 9	0.294 2	0.241 5	0.198 7	0.163 7	0.135 1
22	0.803 4	0.646 8	0.521 9	0.422 0	0.341 8	0.277 5	0.225 7	0.183 9	0.150 2	0.122 8
23	0.795 4	0.634 2	0.506 7	0.405 7	0.325 6	0.261 8	0.210 9	0.170 3	0.137 8	0.111 7
24	0.787 6	0.621 7	0.491 9	0.390 1	0.310 1	0.247 0	0.197 1	0.157 7	0.126 4	0.101 5
25	0.779 8	0.609 5	0.477 6	0.375 1	0.295 3	0.233 0	0.184 2	0.146 0	0.116 0	0.092 3
26	0.772 0	0.597 6	0.463 7	0.360 7	0.281 2	0.219 8	0.172 2	0.135 2	0.106 4	0.083 9
27	0.764 4	0.585 9	0.450 2	0.346 8	0.267 8	0.207 4	0.160 9	0.125 2	0.097 6	0.076 3
28	0.756 8	0.574 4	0.437 1	0.333 5	0.255 1	0.195 6	0.150 4	0.115 9	0.089 5	0.069 3
29	0.749 3	0.563 1	0.424 3	0.320 7	0.242 9	0.184 6	0.140 6	0.107 3	0.082 2	0.063 0
30	0.741 9	0.552 1	0.412 0	0.308 3	0.231 4	0.174 1	0.131 4	0.099 4	0.075 4	0.057 3

续表

期数	12%	14%	16%	18%	20%	22%	24%	26%	28%	30%
1	0.892 9	0.877 2	0.862 1	0.847 5	0.833 3	0.819 7	0.806 5	0.793 7	0.781 3	0.769 2
2	0.797 2	0.769 5	0.743 2	0.718 2	0.694 4	0.671 9	0.650 4	0.629 9	0.610 4	0.591 7
3	0.711 8	0.675 0	0.640 7	0.608 6	0.578 7	0.550 7	0.524 5	0.499 9	0.476 8	0.455 2
4	0.635 5	0.592 1	0.552 3	0.515 8	0.482 3	0.451 4	0.423 0	0.396 8	0.372 5	0.350 1
5	0.567 4	0.519 4	0.476 1	0.437 1	0.401 9	0.370 0	0.341 1	0.314 9	0.291 0	0.269 3
6	0.506 6	0.455 6	0.410 4	0.370 4	0.334 9	0.303 3	0.275 1	0.249 9	0.227 4	0.207 2
7	0.452 3	0.399 6	0.353 8	0.313 9	0.279 1	0.248 6	0.221 8	0.198 3	0.177 6	0.159 4
8	0.403 9	0.350 6	0.305 0	0.266 0	0.232 6	0.203 8	0.178 9	0.157 4	0.138 8	0.122 6
9	0.360 6	0.307 5	0.263 0	0.225 5	0.193 8	0.167 0	0.144 3	0.124 9	0.108 4	0.094 3
10	0.322 0	0.269 7	0.226 7	0.191 1	0.161 5	0.136 9	0.116 4	0.099 2	0.084 7	0.072 5
11	0.287 5	0.236 6	0.195 4	0.161 9	0.134 6	0.112 2	0.093 8	0.078 7	0.066 2	0.055 8
12	0.256 7	0.207 6	0.168 5	0.137 2	0.112 2	0.092 0	0.075 7	0.062 5	0.051 7	0.042 9
13	0.229 2	0.182 1	0.145 2	0.116 3	0.093 5	0.075 4	0.061 0	0.049 6	0.040 4	0.033 0
14	0.204 6	0.159 7	0.125 2	0.098 5	0.077 9	0.061 8	0.049 2	0.039 3	0.031 6	0.025 4
15	0.182 7	0.140 1	0.107 9	0.083 5	0.064 9	0.050 7	0.039 7	0.031 2	0.024 7	0.019 5
16	0.163 1	0.122 9	0.093 0	0.070 8	0.054 1	0.041 5	0.032 0	0.024 8	0.019 3	0.015 0
17	0.145 6	0.107 8	0.080 2	0.060 0	0.045 1	0.034 0	0.025 8	0.019 7	0.015 0	0.011 6
18	0.130 0	0.094 6	0.069 1	0.050 8	0.037 6	0.027 9	0.020 8	0.015 6	0.011 8	0.008 9
19	0.116 1	0.082 9	0.059 6	0.043 1	0.031 3	0.022 9	0.016 8	0.012 4	0.009 2	0.006 8
20	0.103 7	0.072 8	0.051 4	0.036 5	0.026 1	0.018 7	0.013 5	0.009 8	0.007 2	0.005 3
21	0.092 6	0.063 8	0.044 3	0.030 9	0.021 7	0.015 4	0.010 9	0.007 8	0.005 6	0.004 0
22	0.082 6	0.056 0	0.038 2	0.026 2	0.018 1	0.012 6	0.008 8	0.006 2	0.004 4	0.003 1
23	0.073 8	0.049 1	0.032 9	0.022 2	0.015 1	0.010 3	0.007 1	0.004 9	0.003 4	0.002 4
24	0.065 9	0.043 1	0.028 4	0.018 8	0.012 6	0.008 5	0.005 7	0.003 9	0.002 7	0.001 8
25	0.058 8	0.037 8	0.024 5	0.016 0	0.010 5	0.006 9	0.004 6	0.003 1	0.002 1	0.001 4
26	0.052 5	0.033 1	0.021 1	0.013 5	0.008 7	0.005 7	0.003 7	0.002 5	0.001 6	0.001 1
27	0.046 9	0.029 1	0.018 2	0.011 5	0.007 3	0.004 7	0.003 0	0.001 9	0.001 3	0.000 8
28	0.041 9	0.025 5	0.015 7	0.009 7	0.006 1	0.003 8	0.002 4	0.001 5	0.001 0	0.000 6
29	0.037 4	0.022 4	0.013 5	0.008 2	0.005 1	0.003 1	0.002 0	0.001 2	0.000 8	0.000 5
30	0.033 4	0.019 6	0.011 6	0.007 0	0.004 2	0.002 6	0.001 6	0.001 0	0.000 6	0.000 4

附表三 **年金终值系数表**

期数	1%	2%	3%	4%	5%	6%	7%	8%	9%	10%
1	1.000 0	1.000 0	1.000 0	1.000 0	1.000 0	1.000 0	1.000 0	1.000 0	1.000 0	1.000 0
2	2.010 0	2.020 0	2.030 0	2.040 0	2.050 0	2.060 0	2.070 0	2.080 0	2.090 0	2.100 0
3	3.030 1	3.060 4	3.090 9	3.121 6	3.152 5	3.183 6	3.214 9	3.246 4	3.278 1	3.310 0
4	4.060 4	4.121 6	4.183 6	4.246 5	4.310 1	4.374 6	4.439 9	4.506 1	4.573 1	4.641 0
5	5.101 0	5.204 0	5.309 1	5.416 3	5.525 6	5.637 1	5.750 7	5.866 6	5.984 7	6.105 1
6	6.152 0	6.308 1	6.468 4	6.633 0	6.801 9	6.975 3	7.153 3	7.335 9	7.523 3	7.715 6
7	7.213 5	7.434 3	7.662 5	7.898 3	8.142 0	8.393 8	8.654 0	8.922 8	9.200 4	9.487 2
8	8.285 7	8.583 0	8.892 3	9.214 2	9.549 1	9.897 5	10.260	10.637	11.029	11.436
9	9.368 5	9.754 6	10.159	10.583	11.027	11.491	11.978	12.488	13.021	13.580
10	10.462	10.950	11.464	12.006	12.578	13.181	13.816	14.487	15.193	15.937
11	11.567	12.169	12.808	13.486	14.207	14.972	15.784	16.646	17.560	18.531
12	12.683	13.412	14.192	15.026	15.917	16.870	17.889	18.977	20.141	21.384
13	13.809	14.680	15.618	16.627	17.713	18.882	20.141	21.495	22.953	24.523
14	14.947	15.974	17.086	18.292	19.599	21.015	22.551	24.215	26.019	27.975
15	16.097	17.293	18.599	20.024	21.579	23.276	25.129	27.152	29.361	31.773
16	17.258	18.639	20.157	21.825	23.658	25.673	27.888	30.324	33.003	35.950
17	18.430	20.012	21.762	23.698	25.840	28.213	30.840	33.750	36.974	40.545
18	19.615	21.412	23.414	25.645	28.132	30.906	33.999	37.450	41.301	45.599
19	20.811	22.841	25.117	27.671	30.539	33.760	37.379	41.446	46.019	51.159
20	22.019	24.297	26.870	29.778	33.066	36.786	40.996	45.762	51.160	57.275
21	23.239	25.783	28.677	31.969	35.719	39.993	44.865	50.423	56.765	64.003
22	24.472	27.299	30.537	34.248	38.505	43.392	49.006	55.457	62.873	71.403
23	25.716	28.845	32.453	36.618	41.431	46.996	53.436	60.893	69.532	79.543
24	26.974	30.422	34.427	39.083	44.502	50.816	58.177	66.765	76.790	88.497
25	28.243	32.030	36.459	41.646	47.727	54.865	63.249	73.106	84.701	98.347
26	29.526	33.671	38.553	44.312	51.114	59.156	68.677	79.954	93.324	109.18
27	30.821	35.344	40.710	47.084	54.669	63.706	74.484	87.351	102.72	121.10
28	32.129	37.051	42.931	49.968	58.403	68.528	80.698	95.339	112.97	134.21
29	33.450	38.792	45.219	52.966	62.323	73.640	87.347	103.97	124.14	148.63
30	34.785	40.568	47.575	56.085	66.439	79.058	94.461	113.28	136.31	164.49

续表

期数	12%	14%	16%	18%	20%	22%	24%	26%	28%	30%
1	1.000 0	1.000 0	1.000 0	1.000 0	1.000 0	1.000 0	1.000 0	1.000 0	1.000 0	1.000 0
2	2.120 0	2.140 0	2.160 0	2.180 0	2.200 0	2.220 0	2.240 0	2.260 0	2.280 0	2.300 0
3	3.374 4	3.439 6	3.505 6	3.572 4	3.640 0	3.708 4	3.777 6	3.847 6	3.918 4	3.990 0
4	4.779 3	4.921 1	5.066 5	5.215 4	5.368 0	5.524 2	5.684 2	5.848 0	6.015 6	6.187 0
5	6.352 8	6.610 1	6.877 1	7.154 2	7.441 6	7.739 6	8.048 4	8.368 4	8.699 9	9.043 1
6	8.115 2	8.535 5	8.977 5	9.442 0	9.929 9	10.442	10.980	11.544	12.136	12.756
7	10.089	10.731	11.414	12.142	12.916	13.740	14.615	15.546	16.534	17.583
8	12.300	13.233	14.240	15.327	16.499	17.762	19.123	20.588	22.163	23.858
9	14.776	16.085	17.519	19.086	20.799	22.670	24.713	26.940	29.369	32.015
10	17.549	19.337	21.322	23.521	25.959	28.657	31.643	34.945	38.593	42.620
11	20.655	23.045	25.733	28.755	32.150	35.962	40.238	45.031	50.399	56.405
12	24.133	27.271	30.850	34.931	39.581	44.874	50.895	57.739	65.510	74.327
13	28.029	32.089	36.786	42.219	48.497	55.746	64.110	73.751	84.853	97.625
14	32.393	37.581	43.672	50.818	59.196	69.010	80.496	93.926	109.61	127.91
15	37.280	43.842	51.660	60.965	72.035	85.192	100.82	119.35	141.30	167.29
16	42.753	50.980	60.925	72.939	87.442	104.93	126.01	151.38	181.87	218.47
17	48.884	59.118	71.673	87.068	105.93	129.02	157.25	191.73	233.79	285.01
18	55.750	68.394	84.141	103.74	128.12	158.40	195.99	242.59	300.25	371.52
19	63.440	78.969	98.603	123.41	154.74	194.25	244.03	306.66	385.32	483.97
20	72.052	91.025	115.38	146.63	186.69	237.99	303.60	387.39	494.21	630.17
21	81.699	104.77	134.84	174.02	225.03	291.35	377.46	489.11	633.59	820.22
22	92.503	120.44	157.42	206.34	271.03	356.44	469.06	617.28	812.00	1 067.3
23	104.60	138.30	183.60	244.49	326.24	435.86	582.63	778.77	1 040.4	1 388.5
24	118.16	158.66	213.98	289.49	392.48	532.75	723.46	982.25	1 332.7	1 806.0
25	133.33	181.87	249.21	342.60	471.98	650.96	898.09	1 238.6	1 706.8	2 348.8
26	150.33	208.33	290.09	405.27	567.38	795.17	1 114.6	1 561.7	2 185.7	3 054.4
27	169.37	238.50	337.50	479.22	681.85	971.10	1 383.1	1 968.7	2 798.7	3 971.8
28	190.70	272.89	392.50	566.48	819.22	1 185.7	1 716.1	2 481.6	3 583.3	5 164.3
29	214.58	312.09	456.30	669.45	984.07	1 447.6	2 129.0	3 127.8	4 587.7	6 714.6
30	241.33	356.79	530.31	790.95	1 181.9	1 767.1	2 640.9	3 942.0	5 873.2	8 730.0

附表四 **年金现值系数表**

期数	1%	2%	3%	4%	5%	6%	7%	8%	9%	10%
1	0.990 1	0.980 4	0.970 9	0.961 5	0.952 4	0.943 4	0.934 6	0.925 9	0.917 4	0.909 1
2	1.970 4	1.941 6	1.913 5	1.886 1	1.859 4	1.833 4	1.808 0	1.783 3	1.759 1	1.735 5
3	2.941 0	2.883 9	2.828 6	2.775 1	2.723 2	2.673 0	2.624 3	2.577 1	2.531 3	2.486 9
4	3.902 0	3.807 7	3.717 1	3.629 9	3.546 0	3.465 1	3.387 2	3.312 1	3.239 7	3.169 9
5	4.853 4	4.713 5	4.579 7	4.451 8	4.329 5	4.212 4	4.100 2	3.992 7	3.889 7	3.790 8
6	5.795 5	5.601 4	5.417 2	5.242 1	5.075 7	4.917 3	4.766 5	4.622 9	4.485 9	4.355 3
7	6.728 2	6.472 0	6.230 3	6.002 1	5.786 4	5.582 4	5.389 3	5.206 4	5.033 0	4.868 4
8	7.651 7	7.325 5	7.019 7	6.732 7	6.463 2	6.209 8	5.971 3	5.746 6	5.534 8	5.334 9
9	8.566 0	8.162 2	7.786 1	7.435 3	7.107 8	6.801 7	6.515 2	6.246 9	5.995 2	5.759 0
10	9.471 3	8.982 6	8.530 2	8.110 9	7.721 7	7.360 1	7.023 6	6.710 1	6.417 7	6.144 6
11	10.368	9.786 8	9.252 6	8.760 5	8.306 4	7.886 9	7.498 7	7.139 0	6.805 2	6.495 1
12	11.255	10.575	9.954 0	9.385 1	8.863 3	8.383 8	7.942 7	7.536 1	7.160 7	6.813 7
13	12.134	11.348	10.635	9.985 6	9.393 6	8.852 7	8.357 7	7.903 8	7.486 9	7.103 4
14	13.004	12.106	11.296	10.563	9.898 6	9.295 0	8.745 5	8.244 2	7.786 2	7.366 7
15	13.865	12.849	11.938	11.118	10.380	9.712 2	9.107 9	8.559 5	8.060 7	7.606 1
16	14.718	13.578	12.561	11.652	10.838	10.106	9.446 6	8.851 4	8.312 6	7.823 7
17	15.562	14.292	13.166	12.166	11.274	10.477	9.763 2	9.121 6	8.543 6	8.021 6
18	16.398	14.992	13.754	12.659	11.690	10.828	10.059	9.371 9	8.755 6	8.201 4
19	17.226	15.679	14.324	13.134	12.085	11.158	10.336	9.603 6	8.950 1	8.364 9
20	18.046	16.351	14.878	13.590	12.462	11.470	10.594	9.818 1	9.128 5	8.513 6
21	18.857	17.011	15.415	14.029	12.821	11.764	10.836	10.017	9.292 2	8.648 7
22	19.660	17.658	15.937	14.451	13.163	12.042	11.061	10.201	9.442 4	8.771 5
23	20.456	18.292	16.444	14.857	13.489	12.303	11.272	10.371	9.580 2	8.883 2
24	21.243	18.914	16.936	15.247	13.799	12.550	11.469	10.529	9.706 6	8.984 7
25	22.023	19.524	17.413	15.622	14.094	12.783	11.654	10.675	9.822 6	9.077 0
26	22.795	20.121	17.877	15.983	14.375	13.003	11.826	10.810	9.929 0	9.160 9
27	23.560	20.707	18.327	16.330	14.643	13.211	11.987	10.935	10.027	9.237 2
28	24.316	21.281	18.764	16.663	14.898	13.406	12.137	11.051	10.116	9.306 6
29	25.066	21.844	19.189	16.984	15.141	13.591	12.278	11.158	10.198	9.369 6
30	25.808	22.397	19.600	17.292	15.373	13.765	12.409	11.258	10.274	9.426 9

续表

期数	12%	14%	16%	18%	20%	22%	24%	26%	28%	30%
1	0.892 9	0.877 2	0.862 1	0.847 5	0.833 3	0.819 7	0.806 5	0.793 7	0.781 3	0.769 2
2	1.690 1	1.646 7	1.605 2	1.565 6	1.527 8	1.491 5	1.456 8	1.423 5	1.391 6	1.360 9
3	2.401 8	2.321 6	2.245 9	2.174 3	2.106 5	2.042 2	1.981 3	1.923 4	1.868 4	1.816 1
4	3.037 3	2.913 7	2.798 2	2.690 1	2.588 7	2.493 6	2.404 3	2.320 2	2.241 0	2.166 2
5	3.604 8	3.433 1	3.274 3	3.127 2	2.990 6	2.863 6	2.745 4	2.635 1	2.532 0	2.435 6
6	4.111 4	3.888 7	3.684 7	3.497 6	3.325 5	3.166 9	3.020 5	2.885 0	2.759 4	2.642 7
7	4.563 8	4.288 3	4.038 6	3.811 5	3.604 6	3.415 5	3.242 3	3.083 3	2.937 0	2.802 1
8	4.967 6	4.638 9	4.343 6	4.077 6	3.837 2	3.619 3	3.421 2	3.240 7	3.075 8	2.924 7
9	5.328 2	4.946 4	4.606 5	4.303 0	4.031 0	3.786 3	3.565 5	3.365 7	3.184 2	3.019 0
10	5.650 2	5.216 1	4.833 2	4.494 1	4.192 5	3.923 2	3.681 9	3.464 8	3.268 9	3.091 5
11	5.937 7	5.452 7	5.028 6	4.656 0	4.327 1	4.035 4	3.775 7	3.543 5	3.335 1	3.147 3
12	6.194 4	5.660 3	5.197 1	4.793 2	4.439 2	4.127 4	3.851 4	3.605 9	3.386 8	3.190 3
13	6.423 5	5.842 4	5.342 3	4.909 5	4.532 7	4.202 8	3.912 4	3.655 5	3.427 2	3.223 3
14	6.628 2	6.002 1	5.467 5	5.008 1	4.610 6	4.264 6	3.961 6	3.694 9	3.458 7	3.248 7
15	6.810 9	6.142 2	5.575 5	5.091 6	4.675 5	4.315 2	4.001 3	3.726 1	3.483 4	3.268 2
16	6.974 0	6.265 1	5.668 5	5.162 4	4.729 6	4.356 7	4.033 3	3.750 9	3.502 6	3.283 2
17	7.119 6	6.372 9	5.748 7	5.222 3	4.774 6	4.390 8	4.059 1	3.770 5	3.517 7	3.294 8
18	7.249 7	6.467 4	5.817 8	5.273 2	4.812 2	4.418 7	4.079 9	3.786 1	3.529 4	3.303 7
19	7.365 8	6.550 4	5.877 5	5.316 2	4.843 5	4.441 5	4.096 7	3.798 5	3.538 6	3.310 5
20	7.469 4	6.623 1	5.928 8	5.352 7	4.869 6	4.460 3	4.110 3	3.808 3	3.545 8	3.315 8
21	7.562 0	6.687 0	5.973 1	5.383 7	4.891 3	4.475 6	4.121 2	3.816 1	3.551 4	3.319 8
22	7.644 6	6.742 9	6.011 3	5.409 9	4.909 4	4.488 2	4.130 0	3.822 3	3.555 8	3.323 0
23	7.718 4	6.792 1	6.044 2	5.432 1	4.924 5	4.498 5	4.137 1	3.827 3	3.559 2	3.325 4
24	7.784 3	6.835 1	6.072 6	5.450 9	4.937 1	4.507 0	4.142 8	3.831 2	3.561 9	3.327 2
25	7.843 1	6.872 9	6.097 1	5.466 9	4.947 6	4.513 9	4.147 4	3.834 2	3.564 0	3.328 6
26	7.895 7	6.906 1	6.118 2	5.480 4	4.956 3	4.519 6	4.151 1	3.836 7	3.565 6	3.329 7
27	7.942 6	6.935 2	6.136 4	5.491 9	4.963 6	4.524 3	4.154 2	3.838 7	3.566 9	3.330 5
28	7.984 4	6.960 7	6.152 0	5.501 6	4.969 7	4.528 1	4.156 6	3.840 2	3.567 9	3.331 2
29	8.021 8	6.983 0	6.165 6	5.509 8	4.974 7	4.531 2	4.158 5	3.841 4	3.568 7	3.331 7
30	8.055 2	7.002 7	6.177 2	5.516 8	4.978 9	4.533 8	4.160 1	3.842 4	3.569 3	3.332 1

参考文献

1. 姜楠、王景升:《资产评估》,东北财经大学出版社 2019 年版。
2. 朱柯:《资产评估》,东北财经大学出版社 2018 年版。
3. 刘淑琴:《资产评估实务》,东北财经大学出版社 2019 年版。
4. 何雨谦:《资产评估学》,东北财经大学出版社 2019 年版。
5. 唐振达:《资产评估理论与实务》,东北财经大学出版社 2018 年版。
6. 中华人民共和国财政部:《投资性房地产评估指导意见》,2017 年版。
7. 中华人民共和国财政部:《金融不良资产评估指导意见》,2017 年版。
8. 中国资产评估协会:《资产评估基础》,中国财政经济出版社 2020 年版。
9. 中国资产评估协会:《资产评估相关知识》,中国财政经济出版社 2020 年版。
10. 中国资产评估协会:《资产评估实务(一)》,中国财政经济出版社 2020 年版。
11. 中国资产评估协会:《资产评估实务(二)》,中国财政经济出版社 2020 年版。
12. 中国资产评估协会,http://www.cas.org.cn。
13. 窦洪波、李贺:《资产评估基础》,上海财经大学出版社 2016 年版。